Workbook for
Contrastes

Grammaire du français courant

SECOND EDITION

Denise Rochat
Smith College

WITH

Catherine Bloom
Mount Holyoke College

Pearson

Harlow, England • London • New York • Boston • San Francisco • Toronto • Sydney
Dubai • Singapore • Hong Kong • Tokyo • Seoul • Taipei • New Delhi
Cape Town • São Paulo • Mexico City • Madrid • Amsterdam • Munich • Paris • Milan

Senior Acquisitions Editor: Rachel McCoy
Editorial Assistant: Bethany Gilmour Williamson
Executive Marketing Manager: Kris Ellis-Levy
Marketing Coordinator: Bill Bliss
Senior Managing Editor (Production): Mary Rottino
Associate Managing Editor (Production): Janice Stangel
Production Supervision: Nancy Stevenson
Composition/Full-Service Project Management: Assunta Petrone, Preparé Inc.
Development Editor for Assessment: Melissa Marolla Brown
Media/Supplements Editor: Meriel Martínez
Senior Media Editor: Samantha Alducin
Editorial Coordinator/Assistant Developmental Editor: Jennifer Murphy
Senior Operations Supervisor: Brian Mackey
Operations Specialist: Cathleen Petersen
Publisher: Phil Miller
Printer/Binder: LSC Communications
Cover Printer: LSC Communications

This book was set in 10.5/13 Minion.

42 2022

ISBN 10: 0-205-62848-6
ISBN 13: 978-0-205-62848-3

Table des matières

1

Le présent de l'indicatif
L'impératif

1-1 **Présent de l'indicatif.** Mettez les verbes entre parenthèses au présent de l'indicatif. (Voir *Contrastes*, Chapitre 1, sections 1 et 2.)

1. C'est moi qui (a) _____ (payer) ou c'est vous qui (b) _____ (payer)?

2. Je (a) _____ (s'appeler) Jacques; j'(b) _____ (avoir) vingt ans et j'(c) _____ (habiter) à Toulouse depuis cinq ans.

3. En octobre, nous (a) _____ (changer) d'horaire et nous (b) _____ (commencer) à travailler une heure plus tard.

4. Elle n' _____ (acheter) ses vêtements qu'en période de soldes (*during sales*).

5. Venez avec moi: je vous _____ (emmener) en voiture.

6. Tu (a) _____ (aller) à la fac demain? —Non, demain, je (b) _____ (ne pas pouvoir): je (c) _____ (devoir) aller chez le dentiste.

7. Vous (a) _____ (se tutoyer)? —Mais oui, bien sûr, nous (b) _____ (être) amis depuis si longtemps!

8. Papa est très matinal, il (a) _____ (se lever) vers six heures, mais nous, nous (b) _____ (se lever) plus tard, en tout cas pas avant huit heures.

9. Quand nous (a) _____ (aller) au cinéma, nous (b) _____ (se placer) en général au milieu de la salle.

10. Tu (a) _____ (répéter) ce soir? —Mais oui, tu sais bien que nous (b) _____ (répéter) cette pièce tous les soirs cette semaine!

11. En France, les adultes qui (a) _____ (ne pas se connaître) (b) _____ (se vouvoyer) (*to address someone formally*).

12. Depuis qu'elle (a) _____ (vivre) au bord de la mer, elle (b) _____ (être) en bien meilleure santé.

1-2 **Présent de l'indicatif.** Mettez les verbes entre parenthèses au présent de l'indicatif. (Voir *Contrastes*, Chapitre 1, sections 1 et 2.)

1. Qu'est-ce que vous (a) _____ (boire)? Un petit porto, un whisky, un verre de vin? —Non, merci, je (b) _____ (ne pas boire) d'alcool.

2. Vous (a) _____ (croire) ce que les journalistes (b) _____ (dire) à ce sujet?

3. D'habitude, je (a) _____ (recevoir) mon courrier le matin, sauf le jeudi où le facteur ne (b) _____ (venir) que l'après-midi.

4. Ce cycliste est extraordinaire: il _____ (battre) tous les records depuis trois ans.

5. Vous _____ (faire) bien de me le dire.

6. Ce film est bien? —Ah oui, c'est vraiment un bon film; ça _____ (valoir) la peine de le voir!

7. Quand il (a) _____ (sortir), mon grand-père (b) _____ (mettre) toujours son béret.

8. Les roses de Noël se _____ (cueillir) en décembre.

9. En principe, mes parents (a) _____ (devoir) rentrer la semaine prochaine; ils (b) _____ (vouloir) absolument être de retour pour fêter l'anniversaire de ma grand-mère: elle aura quatre-vingt-dix ans.

10. En général, mes petites amies (a) _____ (ne pas plaire) à mes parents: ils (b) _____ (croire) toujours qu'elles (c) _____ (avoir) une mauvaise influence sur moi.

11. Dans les grandes villes comme Paris ou New York, les gens _____ (prendre) le métro: c'est plus pratique et surtout plus rapide que la voiture.

12. Vous (a) _____ (voir) bien, ce n'est pas grave! Il (b) _____ (ne pas falloir) vous inquiéter! Tout va s'arranger.

13. Nous _____ (craindre) une tempête de neige pour ce week-end.

14. Qu'est-ce que vous _____ (lire) en ce moment?

1-3 **Devinette (*Riddle*).** Complétez le texte de la devinette suivante à partir des verbes de la liste ci-dessous, que vous mettrez au **présent de l'indicatif**. N'utilisez ces verbes qu'**une seule fois**. (Voir *Contrastes,* Chapitre 1, sections 1 à 3.)

> aller / s'appeler / avoir / se battre / boire / craindre / être / habiter / haïr (*to hate*) / manger / mesurer / opposer / perdre / porter / rapporter

Je (1) _____ gaulois. J'(2) _____ dans un petit village perdu de la Bretagne. J'(3) _____ les cheveux blonds et je (4) _____ de grosses moustaches. Certes, je ne (5) _____ qu'un mètre cinquante, mais on me (6) _____ (*people are afraid of me*). De temps en temps, je (7) _____ de la potion magique car je (8) _____ souvent contre de nombreux ennemis. Mon meilleur ami, qui (9) _____ Obélix, est tailleur et livreur de menhirs. Ensemble, nous (10) _____ souvent à la chasse et nous en (11) _____ de succulents sangliers que nous (12) _____ à la broche. Les Romains nous (13) _____ car nous leur (14) _____ une résistance sans faille et surtout, nous ne (15) _____ jamais aucune bataille. Qui suis-je?

1-4 **Être en train de + infinitif.** Complétez les phrases suivantes en employant l'expression **être en train de + infinitif.** Employez les indications entre crochets. (Voir *Contrastes,* Chapitre 1, N.B. 1-1.)

  1. *He's taking a shower.* [prendre] → Il _____ douche (f.).

  2. *Unfortunately, our team is losing.* [perdre] → Malheureusement, notre équipe _____.

  3. *We are busy planning a birthday party.* [organiser] → Nous _____ une fête d'anniversaire.

  4. *I am in the middle of baking a cake.* [confectionner] → Je _____ un gâteau.

1-5 **Si + verbe au présent.** Complétez les phrases suivantes en employant **si** + un verbe au **présent** de votre invention. (Voir *Contrastes,* Chapitre 1, section 3d.)

  1. Je t'appellerai ce soir si je _____.

  2. Prends ma voiture si tu _____.

  3. Nous allons généralement nous promener le dimanche si/s'il _____.

  4. Si tu _____, eh bien, fais-toi un sandwich.

  5. Si nous _____, nous irons passer nos vacances à Paris.

1-6 **Cela (Ça) fait/Il y a ou depuis.** Complétez les phrases suivantes de la façon qui convient en utilisant **Cela (Ça) fait/Il y a** *ou* **depuis.** Ajoutez **que**, si nécessaire. Employez les indications entre crochets, le cas échéant. (Voir *Contrastes*, Chapitre 1, section 3f.)

1. *Since I've been on campus, I've had a busy social life.* → (a) _____

sur le campus, j'(b) _____ une vie sociale bien remplie.

2. *I've been studying French for four years.* [étudier le français]

→ J'(a) _____ quatre ans. OU (b). _____

quatre ans que j' (c) _____.

3. *It's been snowing for two days.* [neiger] → (a) Il _____ deux jours.

OU (b) _____ deux jours qu'il (c) _____.

4. *I've been waiting for you for one hour!* [t'attendre] → (a) _____ une heure que je

t'(b) _____. OU Je t' _____ une heure.

1-7 **Impératifs affirmatifs et négatifs.** Complétez les réponses suivantes en mettant le verbe d'abord à l'**impératif affirmatif**, puis à l'**impératif négatif**. Employez les indications entre crochets, le cas échéant. Faites tous les changements nécessaires. (Voir *Contrastes*, Chapitre 1, section 4d.)

MODÈLE: • On l'attend? [1ʳᵉ p. pl.] → (a) Oui, **attendons-le.** (b) Non, **ne l'attendons pas.**

1. Et du pain, j'en achète? [2ᵉ p. sg.]

(a) Oui, _achètez-en_____.

(b) Non, _ne en achètez pas_____.

2. Nous t'accompagnons? [2ᵉ p. pl.]

(a) Oui, _accompagnez-toi_____.

(b) Non, _ne t'accompagnez pas_____.

3. On leur parle? [1ʳᵉ p. pl.]

(a) Oui, _parlons-leur_____.

(b) Non, _ne leur parlons pas_____.

4. Alors, j'y vais, oui ou non? [2ᵉ p. sg.]

(a) Oui, _vas-y_____.

(b) Non, _n'y vas pas_____.

5. Et les billets, je les réserve? [2ᵉ p. sg.]

(a) Oui, _réservez-les_____.

(b) Non, _ne les réservez pas_____.

6. Alors, cette exposition, on y va? [1ʳᵉ p. pl.]

(a) Oui, _allez-y_____.

(b) Non, _n'y allez pas_____.

1-8   Recette. Mettez les verbes entre parenthèses à la deuxième personne du **pluriel** de l'**impératif.**
(Voir *Contrastes*, Chapitre 1, sections 4 à 5.)

> **Pruneaux au vin et au cassis** (4 personnes)
>
> 250 g de gros pruneaux dénoyautés (*pitted prunes*)
>
> du sorbet au cassis (*black currant sorbet*)
>
> le zeste d'une orange
>
> $^1/_2$ bouteille de vin rouge
>
> 100 g de sucre en poudre (*granulated sugar*)
>
> 1 bâton de cannelle (*cinnamon stick*)

1. Dans une casserole, (a) ___Mettez___ (mettre) le sucre, le zeste d'orange, la cannelle et le vin et (b) ___Faites___ (faire) bouillir le tout.

2. ___Laissez___ (laisser) macérer les pruneaux pendant environ un quart d'heure.

3. (a) ___Enlevez___-les (enlever) et (b) ___Garnissez___-en (garnir) (*fill*) des coupes.

4. (a) ___Réduisez___ (réduire) le vin de cuisson jusqu'à ce qu'il devienne sirupeux, puis
   (b) ___versez___-le (verser) sur les pruneaux.

5. (a) ___Attendez___ (attendre) que les fruits soient complètement refroidis.
   (b) ___Accompagnez___ (accompagner) chaque coupe d'une boule de sorbet au cassis.

(D'après la recette des «Pruneaux au vin et au cassis», *Guide Cuisine*, novembre 2002, n° 137, page 58)

1-9   Recette. Mettez les verbes entre parenthèses à la deuxième personne du **pluriel** de l'**impératif.**
(Voir *Contrastes*, Chapitre 1, sections 4 et 5.)

> **Tarte Tatin** (6 personnes)
>
> 6 petites pommes bien fermes
>
> 100 g de sucre en poudre
>
> 200 g de beurre
>
> 1 œuf
>
> 250 g de farine
>
> 1 pincée de sel

1. _____ (préchauffer) (*preheat*) le four à 210 degrés centigrades.

2. (a) _____ (beurrer) un moule à tarte en fonte (*cast iron*) avec 25 g de beurre.
   (b) _____ (ajouter) 50 g de sucre.

3. (a) _____ (peler) les pommes, (b) _____-les (couper) en quatre et (c) _____-en (tapisser) (*cover*) le fond du moule.

4. (a) _____ (saupoudrer) (*sprinkle*) du reste de sucre et
   (b) _____ (parsemer) le tout de 25 g de beurre en noisettes (*in small chunks*).

5. (a) _____ (laisser) le sucre se caraméliser pendant un quart d'heure environ, puis
   (b) _____ (faire) tiédir (*cool down*) le tout hors du feu.

6. Pendant ce temps, _____ (mélanger) la farine, le sel, l'œuf et les 150 g de beurre restants dans un grand bol.

7. (a) _____ (pétrir) (*knead*) du bout des doigts pour obtenir une pâte régulière:
   (b) _____ (humecter) (*moisten*) avec un peu d'eau, si nécessaire.

8. (a) _____ (rouler) la pâte en boule puis, avec un rouleau à pâtisserie,
   (b) _____-la (étaler) en un cercle légèrement supérieur à celui du moule.

9. Pour transférer la pâte plus facilement, (a) _____-la (enrouler) sur le rouleau à pâtisserie, puis (b) _____-la (dérouler) au-dessus des pommes dans le moule.

10. (a) _____ (enfourner) et (b) _____ (prévoir) environ 30 minutes de cuisson: la croûte doit être dorée mais pas brûlée.

11. (a) _____ (enlever) la tarte du four mais (b) _____ (ne pas la démouler) tout de suite.

12. Après 5 minutes, (a) _____ (poser) un grand plat sur le moule;
    (b) _____ (retourner) le tout d'un geste rapide.

13. _____ (ôter) (*remove*) le moule avec précaution.

14. Pour une dégustation raffinée, _____ (présenter) les parts de tarte avec de la crème Chantilly. Bon appétit!

(D'après la recette de la «Tarte Tatin», *Cuisine Actuelle*, octobre–novembre 2002, n° hors-série, page 65)

1-10 Lettre de Marielle à Michel. Dans la lettre ci-dessous, mettez les verbes entre parenthèses à la deuxième personne du **singulier** de l'impératif. (Voir *Contrastes,* Chapitre 1, sections 4 et 5.)

Marielle ne rentrera que très tard du travail. Elle a donc laissé à son mari Michel une liste d'instructions très précises.

Mon chéri,

Juste un petit mot pour te rappeler que je ne serai pas de retour avant onze heures ce soir: j'ai une réunion suivie d'un dîner avec des clients importants. (1) _Se souviens_ (se souvenir) que Janine et Pierre viennent manger demain soir; j'aimerais donc que tu me fasses quelques courses si ça ne t'ennuie pas trop. D'abord, (2) _Sois_ (être) un amour et (3) _Va_ (aller) me chercher ma robe noire chez le teinturier; j'ai laissé le ticket sur la table dans l'entrée. Surtout, (4) _Ne l'oublies pas_(ne pas l'oublier), sinon ils ne te donneront pas la robe. Et tant que tu y es (*while you are at it*), (5) _profites_-en (profiter) pour y déposer tes chemises et ton costume d'été. Ensuite, (6) _Passes_ (passer) chez le boucher et (7) _Commandes_-leur (commander) un beau rôti de porc. (8) _Dites_-leur (dire) que je passerai le prendre en fin de matinée demain. S'ils ont de belles côtelettes d'agneau, (9) _prends_-en (prendre) deux. Nous les mangerons après-demain. En revenant, (10) _S'arrêtes_ (s'arrêter) au marché et (11) _Choisis_ (choisir) quelques belles endives, des radis, de la salade et des courgettes (*zucchini*). (12) _Vois_ (voir) aussi si tu peux me trouver une jolie barquette de framboises, mais (13) _fais_ (faire) attention, (14) _Ne te laisses pas_(ne pas se laisser) avoir: la dernière fois, le fruitier t'a vendu des abricots immangeables. (15) _Achètes_ (acheter) aussi de la crème fraîche et un bon camembert, pas trop fait (*not too ripe*). Avant de rentrer, (16) _Passes_ (passer) à la pâtisserie pour commander un Paris-Brest (*a ring-shaped cake with praline*). Janine et Pierre adorent ça. Et puis quand tu seras revenu à la maison, si tu en as encore la force et le courage, (17) _Nettoyes_ (nettoyer) le frigidaire et (18) _Ranges_ (ranger) un peu l'appartement. Je suis débordée et je ne vais pas avoir le temps de le faire avant demain soir. Tu es un ange! Je t'adore! À ce soir. (19) _Ne s'endormis pas_ (ne pas s'endormir) trop tôt... J'ai une grande nouvelle à t'annoncer! (20) _Devines_ (deviner) ce que c'est...

Bisous,

Marielle

[Pour savoir si Michel a suivi ou non les instructions de Marielle, voir Chapitre 9, exercice 9-18.]

2

Les articles
Quantités, préparations et substances
Omission de l'article

2-1 **Articles définis** vs **indéfinis.** Complétez les phrases suivantes par des articles définis ou indéfinis, suivant le sens et le contexte. (Voir *Contrastes*, Chapitre 2, sections 1 et 2.)

Qui est ce garçon?

1. C'est _____ ami.

2. C'est _____ ami de ma sœur.

Qu'est-ce que c'est que ça?

3. C'est _____ tableau de Picasso.

4. C'est _____ plus célèbre tableau de Picasso.

Qu'est-ce qu'il y a dans cette boîte?

5. _____ brochures.

6. _____ brochures que vous avez commandées.

7. _____ nouvelles brochures pour le programme d'études à Paris.

Qu'est-ce que vous avez fait hier après-midi?

8. Nous sommes allés voir _____ exposition (*art show*).

9. Nous sommes allés voir _____ exposition Cézanne dont tu nous avais parlé.

Qu'est-ce qu'il y a ce week-end?

10. (a) _____ compétition de natation; je crois que c'est celle qui a lieu tous (b) _____ ans.

2-2 **Articles définis** vs **indéfinis.** Complétez les phrases suivantes par des articles définis ou indéfinis, suivant le sens et le contexte. (Voir *Contrastes*, Chapitre 2, sections 1 et 2.)

1. Ils ont _____ fille et deux garçons.

2. Ne réveille pas _____ enfants: ils se sont couchés très tard hier soir; ils ont besoin de sommeil.

3. J'ai acheté _____ baffles (*loudspeakers*) pour ma voiture.

4. J'ai cassé par inadvertance _____ lecteur CD (*CD player*) de mon père.

5. Va me chercher _____ vase, n'importe lequel, pour que j'y mette ces fleurs.

6. Il ne raconte que _____ mensonges!

7. On ne peut pas toujours dire _____ vérité.

8. Ils ont beaucoup aimé _____ pièce (f.) qui se joue en ce moment au théâtre des Champs-Élysées.

9. J'ai vu _____ excellent film hier soir.

10. C'était sans aucun doute (a) _____ élève (b) _____ plus intelligent de la classe.

11. Normalement, _____ mercredi matin de 9 heures à 10 heures, j'ai mon cours de physique.

12. _____ hirondelles (*swallows*) des pays tempérés reviennent tous les ans au début du printemps.

2-3 Articles définis vs indéfinis. Complétez les phrases suivantes par des articles définis ou indéfinis, suivant le sens et le contexte. (Voir *Contrastes*, Chapitre 2, sections 1 et 2.)

(1) _____ hôtel où nous descendons d'habitude à Nice se trouve dans (2) _____ quartier très agréable. Il donne sur (3) _____ Promenade des Anglais d'où l'on a (4) _____ vue imprenable (*unrestricted view*) sur (5) _____ mer. Toute (6) _____ année, on y voit (7) _____ touristes attirés par (8) _____ soleil et (9) _____ beautés de (10) _____ Côte d'Azur (*the French Riviera*).

2-4 Articles définis vs indéfinis. Complétez les phrases suivantes par des articles définis ou indéfinis, suivant le sens et le contexte. (Voir *Contrastes*, Chapitre 2, sections 1 et 2.)

1. Cette famille vit dans _____ pauvreté.

2. Ces gens vivent dans _____ pauvreté indescriptible.

3. Je crois qu'ils comptent sur _____ aide financière, mais je ne sais pas laquelle.

4. Tu sais bien que c'est grâce à _____ aide financière de ses parents qu'il a réussi dans la vie!

5. Son dernier film s'est heurté à _____ hostilité du grand public.

6. Son dernier film a rencontré _____ hostilité inexplicable.

7. C'est _____ paysage que je préfère.

8. C'est _____ paysage magnifique.

9. _____ malheur n'arrive jamais seul.

10. _____ malheur, c'est qu'il a perdu son emploi.

2-5 Articles définis vs indéfinis. Complétez les phrases suivantes de la manière qui convient. Employez les indications entre crochets, le cas échéant. (Voir *Contrastes*, Chapitre 2, sections 1 et 2.)

MODÈLE: • *I'm not free on Mondays.* → Je ne suis pas libre **le lundi**.

1. *Breakfast is served at 7 a.m.* [petit déjeuner (m.)] → On sert _____ à 7 heures.

2. *He broke his ankle.* [cheville (f.)] → Il s'est cassé _____.

3. *What about wine? Do you generally prefer white or red?* [blanc (m.) / rouge (m.)] → Et pour le vin? Vous préférez en général (a) _____ ou (b) _____?

4. *Meetings usually take place on Mondays.* [réunion (f.)] → (a) _____ ont lieu généralement (b) _____.

5. *We go out a lot at night; last night, for example, we saw a great movie.* [soir (m.) / excellent film (m.)] → Nous sortons beaucoup (a) _____; hier soir, par exemple, nous avons vu (b) _____.

6. *Halloween is on October 31.* [octobre] → On fête Halloween _____.

7. *French people appreciate good food.* [Français / bonne chère] → (a) _____ apprécient (b) _____.

8. *I'll always remember the best meal I had in Paris.* [meilleur repas (m.)] → Je me souviendrai toujours _____ que j'ai fait à Paris.

9. *He's always had problems.* [problème (m.)] → Il a toujours eu _____.

10. *We've just received good news.* [bonnes nouvelles] → Nous venons de recevoir _____.

2-6 Articles indéfinis vs partitifs. Complétez les phrases suivantes par des articles indéfinis ou partitifs, suivant le sens et le contexte. (Voir *Contrastes,* Chapitre 2, sections 2 et 3.)

1. J'ai eu _____ chance.

2. J'ai eu _____ chance inouïe.

3. Il faut _____ argent pour vivre dans un quartier aussi chic!

4. Ils dépensent _____ argent fou.

5. En revenant, peux-tu acheter _____ vin? Je n'en ai plus.

6. En revenant, peux-tu acheter _____ vin qui irait bien avec les fruits de mer (*seafood*)?

7. Ajoutez _____ huile dans l'eau de cuisson des pâtes pour éviter qu'elles n'attachent (*so they won't stick*).

8. Pour assaisonner vos tomates, choisissez _____ bonne huile d'olive.

9. Mets _____ manteau, il fait froid.

10. Mets _____ sucre sur ton pamplemousse (*grapefruit*) si tu le trouves trop acide.

2-7 De/d' vs des. Complétez les phrases suivantes par la forme de l'article qui convient (**de/d'** ou **des**). (Voir *Contrastes,* Chapitre 2, section 3b.)

1. Elle a _____ bonnes idées.

2. Elle a toujours _____ idées originales.

3. Pour Noël, j'ai reçu _____ délicieux chocolats.

4. Si vous voulez vraiment lui faire plaisir, offrez-lui _____ chocolats pour son anniversaire.

5. Aux États-Unis, il y a (a) _____ immenses centres commerciaux où l'on trouve (b) _____ grands magasins comme Saks et Bloomingdale's.

6. Tu veux _____ petits pois avec ton steak?

7. Autour du bassin du Luxembourg, on apercevait (a) _____ jeunes gens qui faisaient (b) _____ grands sourires à (c) _____ jeunes Américaines.

8. Donne-lui quelque chose _____ autre à faire puisqu'elle veut se rendre utile!

2-8 Articles définis vs partitifs. Complétez les phrases suivantes par des articles définis ou partitifs, suivant le sens et le contexte. (Voir *Contrastes,* Chapitre 2, sections 1 et 3.)

1. Elle parle très vite, j'ai _____ peine à la comprendre.

2. Cela vaut vraiment _____ peine de visiter la région. Vous y découvrirez des merveilles.

3. Pierre? C'est _____ grand amour de sa vie!

4. Ce serait dommage qu'ils divorcent: il est évident qu'il y a encore _____ amour entre eux.

5. Avez-vous _____ temps d'aller prendre un café?

6. Il faut _____ temps pour vraiment connaître les gens.

7. Nous buvons _____ eau minérale à chaque repas.

8. Il n'aime pas _____ eau gazeuse.

9. Elle a vraiment _____ énergie, ta grand-mère! Je l'admire.

10. Avec (a) _____ crise du pétrole, il est urgent de trouver (b) _____ énergies renouvelables.

2-9 Articles définis vs **indéfinis** vs **partitifs.** Complétez les phrases suivantes par l'article qui convient. (Voir *Contrastes*, Chapitre 2, sections 1 à 3.)

1. Mon enfant a _____ fièvre (f.) depuis hier soir.

2. Mon enfant a (a) _____ forte fièvre: il vaut mieux qu'il n'aille pas à (b) _____ école aujourd'hui.

3. Il voudrait vivre à (a) _____ campagne car il apprécie (b) _____ calme.

4. «Mettre (a) _____ beurre dans (b) _____ épinards» est (c) _____ expression qui signifie améliorer sa situation matérielle.

5. C'est (a) _____ ancien combattant de (b) _____ guerre du Vietnam.

6. (a) _____ héros de ce film est (b) _____ gangster.

7. Marc est très musicien. Il joue (a) _____ violoncelle et (b) _____ flûte (f.) depuis qu'il est tout petit.

8. Mon grand-père commande toujours _____ choucroute (f.; *sauerkraut*) quand il va à Strasbourg.

2-10 Articles définis vs **indéfinis** vs **partitifs.** Complétez les phrases suivantes par l'article qui convient. Ajoutez les prépositions **à** ou **de**, si nécessaire. Faites la contraction ou l'élision lorsqu'elles s'imposent. (Voir *Contrastes*, Chapitre 2, sections 1 à 3.)

1. Michel est sorti avec _____ amis, je ne sais pas lesquels: il en a beaucoup!

2. Je préfère (a) _____ brie (b) _____ camembert.

3. Nous faisons _____ photo quand nous sommes en vacances.

4. C'est elle qui fait (a) _____ costumes de Halloween de ses enfants. Vraiment, je ne sais pas où elle trouve (b) _____ temps!

5. Vous croyez _____ revenants (*ghosts*)?

6. Elle boit rarement (a) _____ bière, elle préfère (b) _____ champagne, surtout avec (c) _____ huîtres.

7. Je crois que je vais acheter (a) _____ poisson (*some*) pour demain soir, par exemple (b) _____ darnes de saumon (*salmon steaks*).

8. Nous allons bientôt arriver _____ village où je suis né(e).

9. Cet été, nous avons passé nos vacances dans (a) _____ petit village (b) _____ Pyrénées, non loin de la frontière espagnole.

10. Ils ont eu (a) _____ ennuis en arrivant (b) _____ frontière parce qu'ils ne savaient pas qu'il leur fallait (c) _____ visa.

2-11 **Articles définis** vs **indéfinis** vs **partitifs.** Complétez les phrases suivantes par l'article qui convient. Ajoutez les prépositions **à** ou **de**, si nécessaire. Faites la contraction ou l'élision lorsqu'elles s'imposent. (Voir *Contrastes*, Chapitre 2, sections 1 à 3.)

1. Est-ce que tu connaîtrais par hasard _____ petit restaurant pas trop cher où l'on mange bien?

2. Hier soir, j'ai rencontré _____ fille très sympathique.

3. Je n'ai plus un sou. Pourrais-tu me prêter _____ argent, dix dollars? Je te les rendrai sans faute demain.

4. Ils ont vécu _____ Caire (*Cairo*) pendant plus de dix ans.

5. Je connais bien (a) _____ guitariste de ce groupe; c'est (b) _____ musicien extraordinaire.

6. Ajoutez _____ sel si vous trouvez que c'est trop fade (*bland*).

7. Combien de sucres prenez-vous dans votre café? _____ morceau ou deux?

8. Passe-moi _____ sucre en poudre (*granulated sugar*), s'il te plaît.

9. Elle prit soudain (a) _____ air méprisant et sortit en claquant (b) _____ porte.

10. Hier, (a) _____ monsieur nous a abordé(e)s dans (b) _____ rue pour nous poser (c) _____ questions pour (d) _____ sondage d'opinion (*opinion poll*).

11. J'aime beaucoup (a) _____ raisin: j'en mange souvent (b) _____ dessert.

12. Dans la vinaigrette, on peut ajouter (a) _____ moutarde et même (b) _____ thym (m.) ou (c) _____ estragon (m.).

2-12 **Récapitulation: articles définis, indéfinis et partitifs.** Complétez les phrases suivantes de la façon qui convient. Employez les indications entre crochets. (Voir *Contrastes*, Chapitre 2, sections 1 à 3.)

1. *I love pâté.* [pâté (m.)] → J'adore _____.

2. *Do you want some pâté?* [pâté (m.)] → Tu veux _____?

3. *This semester, I'm studying chemistry and French; I'm also doing math, and astronomy.* → Ce semestre, j'étudie (a) _____ chimie et (b) _____ français; je fais aussi (c) _____ maths et (d) _____ astronomie.

4. *Winters are very harsh in Quebec.* [hiver (m.) / le Québec] → (a) _____ sont très durs (b) _____.

5. *I was lucky!* [chance (f.)] → J'ai eu _____!

6. *It's my brother's fault.* [faute (f.)] → C'est _____ de mon frère.

7. *I bought red peppers; you like them, I hope?* [poivron rouge (m.)] → J'ai acheté _____; vous les aimez, j'espère?

8. *If you want good baguettes, go to the local bakery.* [bonnes baguettes] → Si tu veux _____, va à la boulangerie du coin.

9. *Gasoline went up a lot lately.* [essence (f.)] → _____ a beaucoup augmenté dernièrement.

10. *I need the car tonight.* [voiture (f.)] → J'ai besoin _____ ce soir.

2-13 Du, de l', de la, des. Indiquez si les articles **en gras** sont des articles partitifs, indéfinis ou définis contractés ou combinés avec la préposition **de** en sélectionnant la réponse qui convient. (Voir *Contrastes*, Chapitre 2, section 4.)

Choisissez UNE des quatre réponses pour chacune des phrases suivantes:

1. As-tu besoin **de la** voiture ce soir?
   - (a) article partitif
   - (b) article indéfini
   - (c) article défini <u>contracté</u> avec **de**
   - (d) article défini <u>combiné</u> avec **de**

2. Nous avons eu **de la** chance de trouver des places pour le concert de demain.
   - (a) article partitif
   - (b) article indéfini
   - (c) article défini <u>contracté</u> avec **de**
   - (d) article défini <u>combiné</u> avec **de**

3. J'ai plusieurs amis qui font **de l'**aviron (*crew*) tous les matins.
   - (a) article partitif
   - (b) article indéfini
   - (c) article défini <u>contracté</u> avec **de**
   - (d) article défini <u>combiné</u> avec **de**

4. Je me suis aperçue **de l'**erreur en relisant mon travail.
   - (a) article partitif
   - (b) article indéfini
   - (c) article défini <u>contracté</u> avec **de**
   - (d) article défini <u>combiné</u> avec **de**

5. Servez-vous **des** indications que je vous ai données.
   - (a) article partitif
   - (b) article indéfini
   - (c) article défini <u>contracté</u> avec **de**
   - (d) article défini <u>combiné</u> avec **de**

6. Pour le dessert, j'ai servi **des** éclairs.
   - (a) article partitif
   - (b) article indéfini
   - (c) article défini <u>contracté</u> avec **de**
   - (d) article défini <u>combiné</u> avec **de**

7. Elle fait **du** karaté depuis l'âge de douze ans; je crois même qu'elle est ceinture noire.
   - (a) article partitif
   - (b) article indéfini
   - (c) article défini <u>contracté</u> avec **de**
   - (d) article défini <u>combiné</u> avec **de**

8. Mon chat a une affection particulière pour le chien **du** voisin.
   - (a) article partitif
   - (b) article indéfini
   - (c) article défini <u>contracté</u> avec **de**
   - (d) article défini <u>combiné</u> avec de

2-14 La négation des articles. Complétez les phrases suivantes de la manière qui convient, si nécessaire. Sinon, mettez simplement un **x** dans votre réponse. (Voir *Contrastes*, Chapitre 2, sections 5 et 6.)

1. J'ai la grippe. → Je n'ai pas _____ grippe.

2. Il y avait du chauffage ce matin. → Il n'y avait pas _____ chauffage ce matin.

3. J'ai besoin du dictionnaire. → Je n'ai pas besoin _____ dictionnaire.

4. Il a trouvé un travail. → Il n'a pas trouvé _____ travail.

5. Il s'est aperçu des erreurs de son collègue. → Il ne s'est pas aperçu _____ erreurs de son collègue.

6. Nous faisons de la varappe (*rock-climbing*). → Nous ne faisons pas _____ varappe.

7. Il a répondu au téléphone. → Il n'a pas répondu _____ téléphone.

8. Ma petite sœur fait du judo et de la danse classique. → Ma petite sœur ne fait ni (a) _____ judo ni (b) _____ danse classique. OU Ma petite sœur ne fait pas (c) _____ judo ni (d) _____ danse classique.

9. Ils ont de l'argent. → Ils n'ont pas _____ argent.

10. En classe ce matin, le professeur a parlé de l'Union européenne. → En classe ce matin, le professeur n'a pas parlé _____ Union européenne.

2-15 La négation des articles. Complétez les phrases suivantes de la façon qui convient (transposition de la forme négative à la forme affirmative). (Voir *Contrastes*, Chapitre 2, sections 5 et 6.)

1. Il ne reste plus d'espoir. → Il reste encore _____ espoir.

2. Il n'y a pas de fautes dans votre dictée. → Il y a _____ fautes dans votre dictée.

3. Vous n'auriez pas une suggestion? → Vous auriez _____ suggestion?

4. En général, je ne bois pas de Coca. → En général, je bois _____ Coca.

5. Mon frère ne suit pas de cours de chimie ce semestre. → Mon frère suit _____ cours de chimie ce semestre.

6. Ils ne se rendent pas compte des dangers de la situation. → Ils se rendent très bien compte _____ dangers de la situation.

7. Cette résidence n'accepte ni les enfants ni les animaux. → Cette résidence accepte (a) _____ enfants et (b) _____ animaux.

8. Je ne prends ni sucre ni crème dans mon café. → Je prends (a) _____ sucre et (b) _____ crème dans mon café.

9. Ils n'ont pas d'enfants? —Si, bien sûr qu'ils ont _____ enfants puisque nous les avons rencontrés l'an dernier!

10. Elle n'a pas peur des araignées (*spiders*)? —Oh si, elle a très peur _____ araignées!

2-16 La négation des articles. Complétez les phrases suivantes. Ajoutez les prépositions **à** ou **de**, si nécessaire. Faites la contraction ou l'élision lorsqu'elles s'imposent. Sinon, mettez simplement un **x** dans votre réponse. (Voir *Contrastes*, Chapitre 2, sections 5 et 6.)

1. Elle n'aime pas _____ compliments, ça la met mal à l'aise.

2. Mes parents ont toujours eu des chats mais jamais _____ chiens.

3. Je n'ai pas _____ opinion sur la question.

4. Tu n'aurais pas _____ petite pièce (*small coin*) pour ce malheureux clochard (*poor homeless man*)?

5. Il ne mange ni (a) _____ viande ni (b) _____ poisson.

6. Elle n'a pas eu _____ chance.

7. Mes voisins ont le téléphone mais pas _____ câble, du moins pas encore.

8. Ah non, vous faites erreur. Je n'ai pas commandé _____ bière, j'ai commandé du vin.

9. Je crois que je n'ai plus (a) _____ farine (*flour*) ni (b) _____ œufs.

10. Ce médicament n'est pas efficace; il ne donne pas _____ résultats attendus.

11. Heureusement, elle ne s'est pas cassé _____ jambe en tombant dans l'escalier.

12. Le jour de l'enterrement, elle n'a pas versé _____ larme.

13. Qu'est-ce qu'elle conduit ? (a) _____ Toyota ou (b) _____ Honda?

14. N'achète pas (a) _____ chocolat, voyons! Tu sais bien que cet enfant est allergique (b) _____ chocolat!

15. Non, tu te trompes, ce n'est pas _____ autre côté, c'est de ce côté-ci.

2-17 Négation absolue vs **négation partielle.** Complétez les phrases suivantes de la façon qui convient. (Voir *Contrastes*, Chapitre 2, sections 5 et 6.)

1. *I didn't buy a new computer, I bought a new software program.* → Je n'ai pas acheté (a) _____ nouvel ordinateur, j'ai acheté (b) _____ nouveau logiciel.

2. *I didn't buy wine, I bought beer.* → Je n'ai pas acheté (a) _____ vin, j'ai acheté (b) _____ bière.

3. *I never eat red meat.* → Je ne mange jamais _____ viande rouge.

4. *I don't like frogs' legs.* → Je n'aime pas _____ cuisses de grenouille.

5. *These are not mussels, these are clams.* → Ce ne sont pas (a) _____ moules, ce sont (b) _____ palourdes.

6. *He doesn't have a [single] minute to himself.* → Il n'a pas _____ minute à lui.

7. *We don't have a cat.* → Nous n'avons pas _____ chat.

Nom: _____   Date: _____

2-18 Quantités déterminées vs quantités indéterminées. Complétez les phrases suivantes par l'article qui convient et/ou la préposition **de**, si nécessaire. Sinon, mettez simplement un **x** dans votre réponse. Faites la contraction ou l'élision lorsqu'elles s'imposent. (Voir *Contrastes*, Chapitre 2, sections 7 et 8.)

1. Vous voulez _____ thé (m.)?

2. Prenez une tasse _____ thé, cela vous réchauffera.

3. Tu veux (a) _____ crème et (b) _____ sucre dans ton café? —Merci, je ne prends jamais ni (c) _____ crème ni (d) _____ sucre dans mon café.

4. On dit qu'il faut boire un litre _____ eau par jour.

5. Et comme boisson, vous prendrez (a) _____ vin ou (b) _____ bière?

6. Il faudrait mettre _____ eau dans ce vase, sinon ces fleurs vont se faner.

7. Il y a moins _____ touristes cet été que l'été dernier.

8. Nombre _____ touristes préfèrent voyager en automne.

9. La plupart _____ gens se servent maintenant d'un portable (*cell phone*).

10. Donnez-moi une part (a) _____ quiche (f.) et une carafe (b) _____ vin rouge, s'il vous plaît.

11. N'oublie pas d'acheter (a) _____ jambon (m.), (b) _____ mortadelle (f.) et (c) _____ cornichons (m. pl.; *pickles*) pour ce soir.

12. Pour faire le pesto, il faut (a) _____ basilic (m.), (b) _____ pignons (*pine nuts*), (c) _____ ail (m.) et (d) _____ huile d'olive.

13. Pour le pot-au-feu, utilisez (a) _____ beau morceau (b) _____ bœuf (m.), (c) _____ bel os à moelle, (d) _____ oignons (m. pl.) dans lesquels vous aurez piqué (e) _____ clous (m. pl.) de girofle (*cloves*), une livre (f) _____ carottes, (g) _____ beaux poireaux, deux ou trois navets et un petit kilo (h) _____ tomates, sans oublier (i) _____ joli bouquet garni (*a bunch of fresh thyme, parsley, and bay leaves*).

14. Je vais vous faire visiter mon jardin: sous ma cuisine, en plein soleil, j'ai un carré (a) _____ herbes aromatiques et quelques plants (b) _____ tomates; plus loin, c'est le jardin (c) _____ agrément: j'y ai planté (d) _____ rosiers qui fleurissent jusqu'à Noël.

2-19 Quantités, préparations, etc. Complétez les phrases suivantes par l'article qui convient et/ou les prépositions **à** ou **de**, si nécessaire. Faites la contraction ou l'élision lorsqu'elles s'imposent. (Voir *Contrastes*, Chapitre 2, sections 1 à 9.)

1. Vous aimez (a) _____ canard (m.) (b) _____ orange (f.)? —Oui, j'aime beaucoup ça, mais ça ne me tente pas beaucoup aujourd'hui. Je crois que je vais prendre (c) _____ steak avec (d) _____ frites et (e) _____ salade verte, (f) _____ petite salade (g) _____ roquette (f.; *arugula*) par exemple.

2. Mes frères ont bon appétit. Ils ont commandé (a) _____ escargots et ensuite (b) _____ bon cassoulet (m.) toulousain. Pour le dessert, ils ont choisi (c) _____ mousse (f.) (d) _____ chocolat (m.) et un morceau (e) _____ tarte (f) _____ pommes.

3. Il faut que j'achète deux bouteilles (a) _____ eau minérale, deux kilos (b) _____ pommes de terre, (c) _____ salade, (d) _____ fromage: un morceau (e) _____ gruyère et une petite tranche (f) _____ chèvre (*goat cheese*). Il me faut aussi 250 grammes (g) _____ jambon.

2-20 Quantités, préparations, etc. Complétez les phrases suivantes par l'article qui convient et/ou les prépositions **à** ou **de**, si nécessaire. Faites la contraction ou l'élision lorsqu'elles s'imposent. (Voir *Contrastes*, Chapitre 2, sections 1 à 9.)

1. Vous aimez _____ pizza (f.)?

2. Tenez, puisque vous êtes de passage en Provence, nous allons vous faire goûter _____ bonne ratatouille (f.); c'est un plat typiquement provençal à base de légumes du pays.

3. Ils avaient tellement soif qu'ils ont fini toute _____ bière que j'avais achetée pour ce week-end!

4. Pourrais-tu demander _____ pain au serveur, s'il te plaît?

5. Voulez-vous une autre tranche (a) _____ gigot (*leg of lamb*)? —Oui, volontiers, j'adore (b) _____ gigot et le vôtre est succulent.

6. En général, je commande _____ blanquette (f.) de veau quand je déjeune (*when I have lunch*) dans ce petit restaurant. C'est la spécialité de la maison.

7. Aujourd'hui, je crois que je vais commander (a) _____ petite omelette (b) _____ jambon, avec (c) _____ verre (d) _____ vin, (e) _____ chablis (m.) par exemple.

8. Qu'allez-vous prendre comme entrée? (a) _____ huîtres ou (b) _____ saumon fumé?

9. J'adore (a) _____ pâté (m.) de campagne et (b) _____ terrine (f.) de lapin.

10. J'aime beaucoup (a) _____ escargots avec (b) _____ bonne petite sauce (c) _____ ail (m.). Tenez, je vais demander s'ils en ont: j'en prendrais bien (d) _____ douzaine.

2-21 Quantités, préparations, matières, etc. Complétez les phrases suivantes avec l'article qui convient et/ou les prépositions **à**, **de** ou **en**, si nécessaire. Sinon, mettez simplement un **x** dans votre réponse. Faites la contraction ou l'élision lorsqu'elles s'imposent. (Voir *Contrastes*, Chapitre 2, sections 1 à 10.)

1. Qu'est-ce que je peux vous offrir? (a) _____ rosé, (b) _____ doigt (c) _____ xérès (m.), (d) _____ bon petit pastis bien tassé, (e) _____ eau minérale avec une rondelle (f) _____ citron, (g) _____ bière, (h) _____ petit porto, un jus (i) _____ fruit, ou tout simplement (j) _____ café?

2. Reprenez donc encore un peu (a) _____ poulet, quelques (b) _____ haricots blancs, (c) _____ pommes de terre avec (d) _____ sauce (f.)! Et puis reprenez aussi (e) _____ vin! Vous aimez (f) _____ vin, n'est-ce pas? Alors vous en boirez bien (g) _____ petite goutte pour m'accompagner?

3. Aujourd'hui, je ne prends pas (a) _____ dessert parce que je me suis mise au régime! Il faut dire que depuis Noël, j'ai mangé trop (b) _____ chocolats. Ah là là! C'est mon péché mignon, (c) _____ pralinés. Il faut que je fasse attention, sinon je vais grossir et je ne pourrai plus entrer dans ma jolie robe (d) _____ soie.

4. Au restaurant, Jacques a commandé (a) _____ assiette (b) _____ charcuterie qui comprenait une ou deux tranches de prosciutto, quelques rondelles (c) _____ saucisson et (d) _____ mousse (f.) de pâté de canard. Ce n'est pas très régime, mais c'est si bon, avec (e) _____ pain tout frais, un peu (f) _____ beurre et (g) _____ petit pichet de vin rouge.

5. Pardon monsieur, ces verres là-bas sont (a) _____ cristal? —Ceux en vitrine? Ah non madame, ça, c'est (b) _____ plastique (m.)!

2-22 Quantités, préparations, matières, etc. Complétez les phrases suivantes de la manière qui convient. Employez les indications entre crochets. (Voir *Contrastes,* Chapitre 2, sections 1 à 10.)

1. *I bought myself a suede jacket.* [veste (f.) / daim (m.)] → Je me suis acheté

   _____.

2. *I'd like a pound of gruyere.* [livre (f.) / gruyère (m.)] → J'aimerais _____.

3. *For this dish, you need tomatoes and cheese.* [tomate (f.) / fromage (m.)] → Pour ce plat, il te faut

   _____.

4. *What about this sweater, is this cotton or wool?* [coton (m.) / laine (f.)] → Et ce pull, c'est

   (a) _____ ou (b) _____?

5. *My grandmother baked me an almond cake.* [gâteau (m.) / amandes (f. pl.)] → Ma grand-mère m'a

   confectionné _____.

6. *If you like cucumbers, I'll make you a cucumber salad.* [salade (f.) / concombres (m. pl.)] → Si tu aimes

   les concombres, je te ferai _____.

7. *I'll only take a bite of quiche.* [bouchée (f.) / quiche (f.)] → Je ne prendrai

   qu'_____.

8. *In Provence, you can find lavender everywhere.* [lavande (f.)] → En Provence, on trouve

   _____ partout.

9. *This café is always full of people on Friday nights.* [monde (m.) / vendredi soir] → Ce café est toujours

   plein _____.

10. *I don't have time to go out tonight, and anyway, I don't have money.* [temps (m. sg.) / argent (m.)] → Je

    n'ai pas (a) _____ de sortir ce soir, et de toute façon je n'ai pas

    (b) _____.

2-23 Article ou pas d'article? Complétez les phrases suivantes en ajoutant un article, si nécessaire. Sinon, mettez simplement un **x** dans votre réponse. Faites la contraction ou l'élision lorsqu'elles s'imposent. (Voir *Contrastes,* Chapitre 2, sections 11 et 12.)

1. Il parle toujours de son enfance avec _____ nostalgie.

2. Il parle toujours de son enfance avec _____ nostalgie teintée d'amertume (*bitterness*).

3. Nous sommes partis par _____ belle journée d'été.

4. Elle a fait cela par _____ jalousie.

5. Nous avons essayé de trouver des places pour le match de foot de la coupe du monde, mais sans

   _____ succès.

6. Son dernier roman s'est vendu, mais sans _____ succès attendu (*expected*).

7. J'irai l'accueillir en _____ personne à l'aéroport.

8. Elle est très intelligente: elle comprend tout en _____ clin d'œil (*in the blink of an eye*)!

9. Ils font le pont à Noël, comme _____ plupart des Français. (faire le pont: *to take a long weekend*)

10. Que prendrez-vous comme _____ dessert?

2-24 Article ou pas d'article? Complétez les phrases suivantes de la façon qui convient. Ajoutez les prépositions **à** ou **de**, si nécessaire. Sinon, mettez simplement un **x** dans votre réponse. Faites la contraction ou l'élision lorsqu'elles s'imposent. (Voir *Contrastes*, Chapitre 2, section 12.)

1. Cette pauvre tante Élise n'a vraiment pas _____ humour: un rien la vexe!

2. Cette pauvre tante Élise n'a pas le sens _____ humour.

3. C'est un bon professeur: elle enseigne avec _____ humour et ses étudiants apprennent en s'amusant.

4. La porte d'entrée de l'immeuble était ornée _____ grand écusson (*coat of arms*).

5. La porte d'entrée de l'immeuble était ornée _____ motifs mythologiques.

6. N'avons-nous pas tous besoin _____ amour?

7. Elle l'a fait par _____ amour pour lui.

8. Nous avons tous besoin _____ amour de nos proches.

9. Si tu ne te sers plus _____ aspirateur (*vacuum cleaner*), puis-je te l'emprunter? J'en ai besoin pour nettoyer la voiture.

10. Si tu n'as pas (a) _____ endives pour ta salade composée (*mixed salad*), choisis (b) _____ scarole (f.): c'est aussi une chicorée qui ira très bien avec des morceaux (c) _____ pommes, noix et gruyère.

2-25 De (sans article) vs de + article vs article (seul). Complétez les phrases suivantes de la façon qui convient. Ajoutez la préposition **de**, si nécessaire. Sinon, mettez simplement un **x** dans votre réponse. Faites la contraction ou l'élision lorsqu'elles s'imposent. (Voir *Contrastes*, Chapitre 2, section 13.)

1. Les meubles étaient couverts _____ poussière (*dust*).

2. Les meubles étaient couverts _____ épaisse poussière.

3. Est-ce que tu te rappelles _____ date de l'examen final?

4. Est-ce que tu te souviens _____ date de l'examen final?

5. Pour la vichyssoise (*leek and potato soup*), il faut utiliser _____ poireaux (*leeks*).

6. Pour la vichyssoise, on se sert _____ poireaux.

7. Ce pauvre monsieur Dufour est perclus _____ rhumatismes (*crippled with rheumatism*).

8. Elle a pris en charge _____ enfants de sa sœur.

9. Elle s'est toujours occupée _____ enfants de sa sœur.

10. Elle s'est longtemps occupée _____ enfants handicapés.

11. Abdelhak est ministre; c'est (a) _____ Marocain qui est aussi (b) _____ français par sa mère.

12. Elle n'est jamais à court (a) _____ idées: non seulement elle a (b) _____ bonnes idées mais elle a (c) _____ idées larges.

2-26 Récapitulation: article vs pas d'article. Complétez les phrases suivantes de la façon qui convient. Ajoutez les prépositions **à** ou **de**, si nécessaire. Sinon, mettez simplement un **x** dans votre réponse. Faites la contraction ou l'élision lorsqu'elles s'imposent. (Voir *Contrastes,* Chapitre 2, sections 11 à 13.)

1. Elle est (a) _____ professeur (b) _____ mathématiques.

2. Jean l'a rencontrée par _____ hasard à un colloque international de mathématiciens.

3. Nous n'avons pas _____ minute à perdre.

4. Ils ont (a) _____ bateau (b) _____ moteur.

5. Mes grands-parents ont (a) _____ ennuis en ce moment, (b) _____ gros ennuis de santé (*health problems*).

6. Vous n'aimez pas _____ asperges (*asparagus*)?

7. Ils n'avaient pas _____ asperges aujourd'hui au marché.

8. Elle fait beaucoup (a) _____ sport, notamment (b) _____ basket et (c) _____ équitation (*riding*).

9. Monsieur Desroches travaille comme (a) _____ jardinier chez (b) _____ gens aisés.

10. Le petit Paul s'est blessé avec (a) _____ couteau; je crois même que c'était (b) _____ couteau (c) _____ poche (*pocket knife*) que son grand-père lui avait donné pour son anniversaire.

11. Ils me l'ont dit avec (a) _____ gentillesse, par (b) _____ égard pour moi (*for my sake*).

12. Mon voisin est très indulgent avec (a) _____ enfants des autres mais en revanche, il est très sévère avec (b) _____ siens.

2-27 Récapitulation générale. Complétez les phrases suivantes de la façon qui convient. Employez les indications entre crochets. (Voir *Contrastes,* Chapitre 2, sections 1 à 13.)

1. *I need a blue pencil.* [crayon (m.) / bleu] → J'ai besoin _____.

2. *I'd like lasagna tonight.* [lasagnes (f. pl.)] → J'aimerais _____ ce soir.

3. *I'd really like a nice cold beer.* [bonne bière bien fraîche] → J'ai envie _____.

4. *Did you buy milk?* [lait (m.)] → Est-ce que tu as acheté _____?

5. *He showed a great deal of courage that day.* [grand courage (m.) / on dit « faire preuve <u>de</u> qqch »] → Il a fait preuve _____ ce jour-là.

6. *He showed courage that day.* [courage (m.)] → Il a fait preuve _____ ce jour-là.

7. *She did it for ambition's sake.* [ambition (f.)] → Elle l'a fait _____.

8. *For this dish, I need the freshest possible vegetables.* [légumes les plus frais possibles] → Pour ce plat, j'ai besoin _____.

9. *For this dish, I generally use frozen shrimp.* [crevettes surgelées] → Pour ce plat, je me sers généralement _____.

10. *Are you taking Chinese this semester?* [<u>c</u>hinois (avec une minuscule)] → Tu fais _____ ce semestre?

2-28 Récapitulation générale. Complétez les phrases suivantes de la façon qui convient. Employez les indications entre crochets. (Voir *Contrastes*, Chapitre 2, sections 1 à 13.)

1. *French people learn English in school.* [Français / anglais (m.) / école (f.)] →

   (a) _____ apprennent (b) _____ à

   (c) _____ .

2. *I didn't order vanilla ice cream; I ordered cream puffs with chocolate.* [glace (f.) / vanille (f.) / profiteroles (f. pl.) / chocolat (m.)] → Je n'ai pas commandé (a) _____ , j'ai

   commandé (b) _____ .

3. *Red is my favorite color.* → _____ est ma couleur préférée.

4. *What do you do for sports?* [sports] → Que fais-tu comme _____ ?

5. *I play tennis.* [tennis (m.)] → Je joue _____ .

6. *I'm without a car this morning.* [voiture (f.)] → Je suis sans _____ ce matin.

7. *I did my paper without anybody's help.* [aide (f.)] → J'ai fait ma rédaction sans

   _____ de personne.

8. *People are strange sometimes.* [gens (m. pl.)] → _____ sont étranges parfois.

9. *You wouldn't have a stapler to lend me by any chance?* [agrafeuse (f.)] → Vous n'auriez pas

   _____ à me prêter par hasard?

10. *She's French; I think she's a lawyer.* [avocate (f.)] → (a) _____ ; je crois qu'elle est

    (b) _____ .

3

Les pronoms objets directs et indirects
Les pronoms **y** et **en**

3-1   Pronoms objets directs. Complétez les réponses suivantes en remplaçant les mots **en gras** par les pronoms qui conviennent. (Voir *Contrastes*, Chapitre 3, section 1.)

MODÈLE: • Où est-ce qu'il a garé **sa voiture**? —Je crois qu'il **l'**a garée dans la rue.

1. Vous avez visité **le musée du Louvre**? —Oui, nous _____ avons visité hier.

2. Ne me dis pas que Thierry a oublié **ses dossiers** (*files*)! —Eh bien si, justement, il _____ a laissés chez lui!

3. Tu as perdu **tes belles boucles d'oreille** (*earrings*)? —Oui, je _____ ai perdues hier soir.

4. J'espère que vous avez réservé **votre place**? —Oui, ne vous inquiétez pas, je _____ ai réservée il y a une semaine.

5. Est-ce qu'ils ont déjà vendu **la maison de leurs parents**? —Non, ils ne _____ ont pas encore vendue.

6. Tu aimes **cette couleur**? —Non, franchement, je ne (a) _____ aime pas du tout, je

   (b) _____ trouve terne (*drab*).

7. Est-ce que je peux rappeler **Monsieur Danin**? —Oui, vous pouvez _____ rappeler ce soir si vous voulez, mais faites-le avant dix heures si possible.

8. Saurais-tu me démontrer **le théorème de Pythagore**? —Oh là, là, non, je serais bien incapable de te _____ démontrer!

9. Tu connais **cette fille**? —Oui, je _____ connais très bien, c'est ma voisine du dessus (*my upstairs neighbor*); elle est charmante.

10. **Ton ami François**? Oui, je _____ trouve très sympathique.

3-2   Pronoms objets directs vs **ça** vs **pronom neutre (le/l')**. Complétez les réponses suivantes en remplaçant les mots **en gras** par les pronoms qui conviennent. (Voir *Contrastes*, Chapitre 3, sections 1 à 3.)

MODÈLES: • Il a pris **la voiture**? —Oui, il **l'**a prise ce matin pour aller au travail.
             • Vraiment, il n'aime pas **les confitures** (*jams*)? —Non, il n'aime pas **ça**.
             • Tu n'as pas vu **qu'il était déçu**? —Si, je **l'**ai bien vu!

1. Est-ce que tu as remarqué **ces deux filles** là-bas? —Oui, je _____ ai remarquées, et alors (*so what*)?

2. Tu n'as pas remarqué **que ces deux filles se moquent de nous**? —Non, je ne _____ avais pas remarqué; tu crois vraiment?

3. Est-ce qu'il a revu **Véronique**? —Oui, il _____ a revue hier soir chez des amis.

4. Vraiment, il déteste **l'opéra**? —Oui, il déteste _____!

5. Quand est-ce que nous verrons **ta sœur**? —En principe, nous devrions _____ voir demain.

6. Tu crois qu'ils seront **à l'heure**? —Oh oui, en général, ils _____ sont.

7. Est-ce qu'ils savaient **qu'elle était malade**? —Oui, ils _____ savaient.

8. Vous aimez **les champignons** (*mushrooms*)? —Non, je vous avoue que je n'aime pas beaucoup _____.

9. Est-ce qu'on a retrouvé **sa voiture**? —Oui, on _____ a finalement retrouvée, mais dans un piteux état.

10. Est-ce qu'elle admettra **qu'elle avait tort**? —Non, tu la connais, elle ne _____ admettra jamais.

3-3 **Pronoms objets directs** vs ça vs **pronom neutre (le/l').** Répondez aux questions suivantes en remplaçant les mots **en gras** par les pronoms qui conviennent, si nécessaire. <u>Faites l'accord du participe passé lorsqu'il s'impose.</u> Employez les indications entre crochets. (Voir *Contrastes*, Chapitre 3, sections 1 à 3.)

MODÈLES: • Il a pris **la voiture**? [Non, … / aujourd'hui] → **Non, il ne l'a pas prise aujourd'hui.**
• Tu savais **qu'il faisait du russe**? [Oui, …] → **Oui, je le savais.**
• Tu aimes **le chocolat noir**? [Oui, … / adorer] → **Oui, j'adore ça.**

1. Quand est-ce que vous prenez **vos vacances**? [Nous... / au mois de mai]

_____

2. Tu aimerais **aller en France**? [Oui, j'... bien (*Yes, I'd love to.*)]

_____

3. **Tu rendras visite à tes grands-parents cet été**? [Oui, je... / espérer (*Yes, I hope so.*)]

_____

4. Est-ce qu'il a vendu **sa voiture**? [Oui, il... / à son frère]

_____

5. Est-ce qu'ils t'ont dit **qu'elle divorçait**? [Oui, ils me... (*Yes, they told me about it.*)]

_____

6. Vous aimez **le champagne**? [Oui, je... / adorer]

_____

7. Est-ce que tu as déjà vu **ce DVD**? [Non, je... / regarder (futur simple) ce soir]

_____

3-4 **Lui/leur.** Complétez les phrases suivantes par les pronoms qui conviennent. (Voir *Contrastes*, Chapitre 3, section 4.)

1. Il parle souvent **à sa voisine**. → Il _____ parle souvent.

2. Cet hôtel ne convenait pas **à mes parents**. → Cet hôtel ne _____ convenait pas.

3. N'oublie pas d'écrire **à ta grand-mère**. → N'oublie pas de _____ écrire.

4. Il ne faut pas trop en vouloir **à ton frère**. → Il ne faut pas trop _____ en vouloir.

5. Cela ferait plaisir **à Marc et Cécile**. → Cela _____ ferait plaisir.

3-5 **Pronoms objets directs** vs **ça** vs **pronom neutre (le/l')** vs **pronoms indirects.** Récrivez les phrases suivantes en remplaçant les mots **en gras** par les pronoms qui conviennent. <u>Faites l'accord du participe passé, si nécessaire.</u> (Voir *Contrastes*, Chapitre 3, sections 1 à 4.)

MODÈLES: • Tu as vu **Delphine?** → **Tu l'a vue?**
            • Tu as parlé **à Delphine?** → **Tu lui as parlé?**
            • Tu sais **qu'elle a été acceptée à Harvard?** → **Tu le sais?**
            • Tu sais qu'elle n'aime pas **les bonbons.** → **Tu sais qu'elle n'aime pas ça.**

1. Elle a appelé **son amie.**

   _____

2. Elle a téléphoné **à son amie.**

   _____

3. Ce portable (*cell phone*) appartient **à Marielle.**

   _____

4. Il n'aime pas **l'ail.**

   _____

5. J'ai toujours su **qu'il deviendrait célèbre.**

   _____

6. Il ressemble beaucoup **à ses frères.**

   _____

7. Ils ont toujours été **aimables** avec moi.

   _____

8. Le bébé souriait **à sa maman.**

   _____

9. J'ai toujours préféré les moules **aux huîtres.**

   _____

10. Va ouvrir **la fenêtre.**

   _____

3-6 **Pronoms objets directs** vs **pronom neutre (le/l')** vs **pronoms indirects.** Complétez les phrases suivantes en remplaçant les mots <u>soulignés</u> par les pronoms qui conviennent. N'oubliez pas les traits d'union après un impératif affirmatif. (Voir *Contrastes*, Chapitre 3, sections 1, 3 et 4.)

MODÈLES: • Il a montré <u>son nouvel ordinateur</u> à Michel? → Il **le lui** a montré?
            • Montre <u>ton nouvel ordinateur</u> <u>à Michel</u>. → Montre-**le-lui**. [Notez les traits d'union.]

1. J'ai prêté <u>ma voiture</u> <u>à Sonia</u>. → Je _____ ai prêtée.

2. Il a oublié de dire <u>à ses parents</u> <u>qu'il rentrerait tard</u>. → Il a oublié de _____ dire.

3. As-tu communiqué <u>notre nouvelle adresse</u> <u>à monsieur et madame Gervais</u>? → _____ as-tu communiquée?

4. Rapporte <u>ces bandes dessinées</u> (*cartoons*) <u>à tes copains</u>. → Rapporte _____.

5. Comment? Tu n'as pas dit <u>à Adeline</u> <u>que nous arriverions en retard</u>? → Comment? Tu ne _____ as pas dit?

6. Il a remis <u>sa démission</u> en mains propres <u>à son patron</u>. (*He handed his resignation to his boss in person.*)

   → Il _____ a remise en mains propres.

7. Il a chaudement recommandé <u>ce film</u> <u>à tous ses amis</u>. → Il _____ a chaudement recommandé.

8. J'avais pourtant dit <u>à Luc</u> <u>de ne pas m'attendre</u>! → Je _____ avais pourtant dit!

9. Envoie <u>cette carte d'anniversaire</u> <u>à ta mère</u>, je suis sûr(e) qu'elle lui plaira. → Envoie _____, je suis sûr(e) qu'elle lui plaira.

10. Son médecin a fortement déconseillé <u>à Thierry</u> <u>de faire du ski</u>. → Son médecin _____ a fortement déconseillé.

3-7 **Pronoms objets directs** vs **pronom neutre (le/l')** vs **pronoms indirects.** Complétez les phrases suivantes de la manière qui convient. <u>Faites l'accord du participe passé s'il s'impose.</u> Employez les indications entre crochets. (Voir *Contrastes*, Chapitre 3, sections 1, 3 et 4.)

1. *The pictures? Yes, they looked at them.* → Les photos (f. pl.)? Oui, ils _____ [regarder (passé composé)].

2. *The brochure? Yes, I gave it to them.* → La brochure? Oui, je _____ [donner (passé composé)].

3. *Where are my keys? I've been looking for them for the last ten minutes.* → Où sont mes clés (f. pl.)? Je _____ [chercher (présent)] depuis dix minutes.

4. *Did she tell it to him?* → Est-ce qu'elle _____ [dire (passé composé)]?

5. *Her friends? She waited for them for more than one hour but they never showed up!* → Ses amis? Elle _____ [attendre (passé composé)] pendant plus d'une heure, mais ils ne sont jamais arrivés!

6. *What about the cathedral? Did you show it to them?* → Et la cathédrale? Vous _____ [montrer (passé composé)]?

3-8 **Formes du pronom réfléchi.** Complétez les phrases suivantes par les pronoms réfléchis qui conviennent. N'oubliez pas d'ajouter un trait d'union après un impératif affirmatif. (Voir *Contrastes*, Chapitre 3, section 5 et Appendice 2, sections 1 et 2.)

1. Tu veux que je (a) _____ serve du balai pour nettoyer l'entrée? —Non, ne (b) _____ sers pas du balai, sers (c) _____ de l'aspirateur, ça ira plus vite!

2. Préférez-vous que nous (a) _____ installions dans la salle à manger? —Non, venez plutôt (b) _____ asseoir à la cuisine: il y fait plus chaud.

3. Ne (a) _____ adresse pas au directeur, ça ne sert à rien, adresse (b) _____ plutôt à sa secrétaire.

4. Et si je (a) _____ déguisais encore en vampire cette année? —Ah non, ne (b) _____ déguise pas en vampire, voyons! Déguise (c) _____ en autre chose, en sorcière (*witch*) par exemple!

5. Alors, c'est en Grèce que tu veux partir en vacances ou en Égypte? Décide _____ à la fin!

6. Si vous voulez changer de tête (*get a new look*), ne (a) _____ faites pas coiffer par Michèle, faites (b) _____ coiffer plutôt par Jacques! C'est un excellent visagiste.

7. Et si nous (a) _____ donnions rendez-vous à 8 heures? —Non, retrouvons (b) _____ plutôt à 7 heures.

8. D'après toi, à quelle heure est-ce que je devrais (a) _____ lever pour attraper l'avion de 8 heures? —Réveille (b) _____ à 5 heures 30: comme ça tu es sûr(e) de ne pas le rater.

9. Cessez de (a) _____ occuper de mes affaires et occupez (b) _____ un peu des vôtres!

10. Calme (a) _____, tu ne (b) _____ rends pas compte de ce que tu dis!

3-9 Me, te, se, nous, vous, lui, leur. Complétez les phrases suivantes de la manière qui convient. <u>Faites l'accord du participe passé lorsqu'il s'impose</u>. Employez les indications entre crochets. (Voir *Contrastes*, Chapitre 3, sections 4 et 5.)

1. *When did you get up this morning?* [se lever (passé composé)] → Quand est-ce que tu
   _____ ce matin?

2. *My neighbor never speaks to me.* [ne jamais adresser (présent)] → Mon voisin
   _____ la parole.

3. *They separated after two months of marriage.* [se séparer (passé composé)] → Ils
   _____ après deux mois de mariage.

4. *They said good-bye to each other.* [se dire (passé composé)] → Elles _____ au revoir.

5. *We promised [each other] to see each other again soon.* [se promettre (passé composé)] → Nous
   _____ de nous revoir bientôt.

6. *You don't realize the seriousness of the situation.* [ne pas se rendre compte (présent)] → Vous
   _____ de la gravité de la situation.

7. *I gave them flowers.* [offrir (passé composé)] → Je _____ des fleurs.

8. *They gave him the lead in the film.* [donner (passé composé)] → On _____ le rôle
   principal dans le film.

3-10 Récapitulation: pronoms objets directs vs indirects. Récrivez les phrases suivantes en remplaçant les mots <u>soulignés</u> par les pronoms qui conviennent. Faites tous les changements nécessaires, <u>y compris l'accord du participe passé lorsqu'il s'impose</u>. N'oubliez pas les traits d'union après un impératif affirmatif. (Voir *Contrastes*, Chapitre 3, sections 1 à 5.) Pour les exemples, voir l'exercice 3-6 ci-dessus.

1. Vous avez envoyé <u>à cette cliente</u> <u>la réponse qu'elle attendait</u>?

   _____

2. Est-ce que tu nous louerais <u>ta maison</u> pour cet été?

   _____

3. C'est ma tante qui m'a donné <u>cette belle gourmette en or</u> (*chain bracelet*).

   _____

4. Cet agriculteur nous vend toujours <u>les produits de sa ferme</u> à très bon prix.

   _____

5. N'oublie pas de souhaiter <u>son anniversaire</u> <u>à ta sœur</u>.

   _____

6. Ils ne nous ont pas expliqué <u>les vraies raisons de leur départ</u>.

   _____

7. Dois-je prêter <u>à Jacques</u> <u>les cent euros dont il a besoin</u>?

   _____

8. Réclame <u>à ces gens</u> <u>l'argent qu'ils te doivent</u> à la fin!

   _____

9. Il a racheté <u>cette voiture</u> <u>à ses parents</u>. (*He purchased this car from his parents.*)

   _____

10. Tu crois qu'on accordera <u>à Luc</u> <u>les délais supplémentaires qu'il demande</u>?

   _____

3-11 Le pronom «y». Récrivez les phrases suivantes en remplaçant les mots **en gras** par le pronom y, si nécessaire. (Voir *Contrastes*, Chapitre 3, section 6.)

1. Je retourne toujours **en France** avec plaisir.

   _____

2. Vous comprenez quelque chose **à la physique**?

   _____

3. Quand irons-nous **à Disney World**?

   _____

4. N'attachez pas trop d'importance **à ce problème**!

   _____

5. Il n'est jamais **à la maison** le week-end.

   _____

6. Je ne me ferai jamais **à son attitude**. (*I'll never get used to his/her attitude.*)

   _____

7. Pensez **à ce que je vous ai dit**!

   _____

8. Elle ne s'intéresse pas beaucoup **à ses études**.

   _____

9. Personne ne s'attendait **à ce qu'il gagne**.

   _____

10. Il n'a pas su répondre **à la question**.

    _____

3-12 Lui/leur vs y. Répondez aux questions suivantes en remplaçant les mots **en gras** par **lui/leur** ou y, si nécessaire. Sinon, mettez simplement un **x** dans votre réponse. (Voir *Contrastes*, Chapitre 3, sections 4 et 6.)

MODÈLES: • Il a prêté sa voiture **à Jim**. → Il **lui** a prêté sa voiture.
          • Vous allez **à l'aéroport**? → Vous y allez?

1. Vous avez parlé **aux Ricard**? —Oui, nous _____ avons parlé hier.

2. Tu vas **à la gym** demain? —Oui, j' _____ serai entre neuf et dix heures.

3. Elle a raconté **à son père** ce qui lui était arrivé? —Non, tu penses! Elle ne _____ a rien raconté!

4. La pièce a plu **à tes amis**? —Oui, elle _____ a beaucoup plu.

5. Le médecin n'a-t-il pas conseillé un autre médicament **à Sophie**? —Oui, je crois qu'il _____ en a conseillé un autre, mais je ne sais pas lequel.

6. Ce bus va bien **à la gare**? —Non, prenez l'autre; vous _____ serez en 15 minutes.

7. As-tu réfléchi **à ce que les gens diraient**? —Non, je n' _____ ai pas réfléchi parce que ça m'est égal.

8. Tu devrais donner un coup de brosse **à tes chaussures**. —Mais je _____ ai déjà donné un coup de brosse, ça ne se voit pas (*doesn't it show*)?

9. Si tu pouvais, tu irais **au Tibet**? —Ah ça, oui, j' _____ irais sans hésiter!

10. Vous avez répondu **à leur invitation**? —Oui, nous _____ avons répondu par courrier électronique.

3-13 Y vs en. Répondez aux questions suivantes en remplaçant les mots **en gras** par **y** ou **en**. (Voir *Contrastes*, Chapitre 3, sections 6 et 7.)

MODÈLES: • Il a loué **une voiture** pour le week-end. → Il **en** a loué une.
         • Il va souvent **à New York**. → Il **y** va souvent.
         • Fais attention **à ce vase**, j'**y** tiens beaucoup.

1. Elle a acheté **des croissants**? —Oui, elle _____ a acheté une demi-douzaine.

2. Tom, es-tu sûr **que Lisa a compris ce qu'elle doit faire**? —Non, je n' _____ suis pas sûr du tout.

3. Est-ce que vous avez assisté **à la conférence**? —Oui, j' _____ ai assisté avec deux de mes camarades.

4. Est-ce qu'il reste **de la confiture** (*jam*)? —Ah malheureusement, je crois qu'il n' _____ reste plus.

5. Il a renoncé **à faire sa demande de bourse**? —Oui, hélas, il _____ a renoncé car il n'avait aucune chance de l'obtenir.

6. Avez-vous besoin **de l'imprimante**? —Oui, j' _____ aurais besoin juste pour quelques minutes.

7. Est-ce qu'il s'habitue **à son poste de nuit** (*night shift*)? —Oui, il s' _____ habitue peu à peu, mais c'est encore pénible pour lui.

8. Tu as trouvé **de la roquette** (*arugula*)? —Non, je n' _____ ai pas trouvé.

9. Est-elle capable **de faire ce travail toute seule**? —Mais oui, elle _____ est parfaitement capable!

10. Ils vont souvent **au bord de la mer**? —Oui, ils _____ vont presque tous les week-ends.

3-14 Récapitulation. Complétez les phrases suivantes par les pronoms qui conviennent. N'oubliez pas les traits d'union après un impératif affirmatif. (Voir *Contrastes*, Chapitre 3, sections 1 à 10.)

1. Cette coupe de cheveux ne va pas du tout <u>à Vanessa</u>. → Cette coupe de cheveux ne _____ va pas du tout.

2. Reprends un peu <u>de mousse au chocolat</u>. → Reprends _____ un peu.

3. Va vite <u>à la boulangerie</u> et achète-moi deux <u>baguettes</u> pas trop cuites. → Vas (a) _____ vite et achète-m'(b) _____ deux pas trop cuites.

4. Flattée, l'actrice souriait <u>aux nombreux photographes</u> en prenant la pose. → Flattée, l'actrice _____ souriait en prenant la pose.

5. Réponds <u>à ton père</u> quand il t'appelle! → Réponds _____ quand il t'appelle!

6. J'ai deux <u>cousins</u> qui vivent <u>en France</u> depuis bientôt trois ans. → J'(a) _____ ai deux qui (b) _____ vivent depuis bientôt trois ans.

7. J'ai envie de commander une douzaine <u>d'huîtres</u>. → J'ai envie d'_____ commander une douzaine.

8. Je profite <u>de mes vacances</u> pour lire quelques <u>romans policiers</u>. → J'(a) _____ profite pour (b) _____ lire quelques-uns.

9. Vous pouvez rappeler <u>Monsieur Langlois</u> dans la soirée si vous tenez <u>à lui parler personnellement</u>. → Vous pouvez (a) _____ rappeler dans la soirée si vous (b) _____ tenez.

10. Ne dérange pas <u>ta sœur</u> pour cela, tu vois bien qu'elle est occupée! → Ne _____ dérange pas pour cela, tu vois bien qu'elle est occupée!

3-15 Récapitulation. Répondez aux questions suivantes en remplaçant les mots <u>soulignés</u> par les pronoms qui conviennent. Faites tous les changements nécessaires. Employez les indications entre crochets. (Voir *Contrastes*, Chapitre 3, sections 1 à 10.)

MODÈLE: • As-tu montré <u>ton nouvel ordinateur</u> <u>à Michel</u>? [Oui, je...] → **Oui, je le lui ai montré.**

1. Ils vous ont indiqué <u>la route à suivre</u>? [Oui, ils nous...]

_____

2. Vous avez songé <u>à cette alternative</u>? [Oui, j'...]

_____

3. Est-ce qu'elle t'a demandé <u>de passer la voir</u>? [Non, ...]

_____

4. Vous avez parlé <u>de cette possibilité</u> <u>à votre collègue</u>? [Oui, je...]

_____

5. Vous aimez <u>le roquefort</u>? [Ah oui, j'... / aimer beaucoup]

_____

6. Elle t'a expliqué <u>ce que tu dois faire</u>? [Oui, ... / bien expliquer]

_____

7. Tu as remis <u>les clés</u> <u>à la concierge</u>? [Oui, je...]

_____

8. Vous vous attendiez <u>à une telle réaction</u>? [Non, je...]

_____

3-16 Récapitulation. Répondez aux questions suivantes en remplaçant les mots <u>soulignés</u> par les pronoms qui conviennent, si nécessaire. Faites tous les changements qui s'imposent. Employez les indications entre crochets. (Voir *Contrastes*, Chapitre 3, sections 1 à 10.) Pour un modèle, voir l'exercice 3-15 ci-dessus.

1. Est-ce que tu as acheté <u>un tapis</u> (*rug*) <u>à ce marchand</u>? [Oui, je... / deux]

_____

2. Vous vous retrouvez souvent <u>dans ce petit café</u>? [Oui, nous... / tous les mardis]

_____

3. Tu as envie <u>de faire cette excursion</u>? [Non, franchement, je... / pas tellement envie]

_____

4. Est-ce qu'ils ont envoyé <u>cette circulaire</u> (*newsletter*) <u>à tous les propriétaires</u>? [Oui, ils... / mardi]

_____

5. Nous irons un jour <u>à New York</u>? [Oui, je te promets que nous...]

_____

6. Vous avez expliqué <u>à vos clients</u> <u>que nous aurions un retard de livraison</u>? [Oui, ne vous inquiétez pas, nous... / expliquer (passé composé)]

_____

3-17 Récapitulation. Complétez les phrases suivantes par les pronoms qui conviennent, si nécessaire. Sinon, mettez simplement un **x** dans votre réponse. (Voir *Contrastes*, Chapitre 3, sections 1 à 10.)

1. Vraiment, sa mère a dû être hospitalisée d'urgence? —Je n'(a) _____ suis pas absolument sûr(e) mais je (b) _____ crains en effet.

2. J'ai une longue composition, alors je dois m'(a) _____ mettre tout de suite, sinon je n'arriverai jamais à (b) _____ terminer à temps.

3. J'ai cherché ce document partout dans ma chambre, mais il n'(a) _____ est pas. Est-ce que quelqu'un (b) _____ aurait pris par mégarde (*by mistake*)?

4. Tu veux nous accompagner ce soir? Nous allons boire un verre avec des amis. —Oui, je _____ veux bien, avec plaisir!

5. Vous pensez que vous retrouverez du travail à Lyon? —Oui, enfin je (a) _____ espère car toute ma famille (b) _____ habite et je n'ai pas envie d'aller (c) _____ établir (*s'établir: to settle*) ailleurs.

6. La réunion a été annulée? Ça alors! Mais enfin, pourquoi est-ce qu'on ne me _____ a pas dit?

7. Mon grand-père a de moins en moins de mémoire. Il (a) _____ répète de plus en plus, bien qu'il n'(b) _____ soit pas du tout conscient.

8. J'aime beaucoup ces gens: je (a) _____ admire et je (b) _____ fais entièrement confiance.

9. Pour faire plaisir à mes parents, nous (a) _____ avons offert un voyage en France: je crois qu'ils (b) _____ iront au mois de juin.

10. Ne t'_____ fais pas! Ça s'arrangera!

3-18 Récapitulation. Complétez les phrases suivantes par les pronoms qui conviennent. N'oubliez pas les traits d'union après un impératif affirmatif. (Voir *Contrastes*, Chapitre 3, sections 1 à 10.)

1. Est-ce vraiment la meilleure solution? —Je me (a) _____ demande aussi. En fait, j'(b) _____ doute un peu, mais je n'ose (c) _____ dire qu'à toi.

2. Il a failli oublier son rendez-vous. Il ne s'_____ est souvenu qu'à la toute dernière minute.

3. Tu as dit à Martine qu'on se retrouvait à huit heures devant le cinéma? —Non pas encore, mais je (a) _____ téléphonerai tout à l'heure pour (b) _____ (c) _____ dire.

4. Eleni est brillante: elle (a) _____ sait mais ne s'(b) _____ vante jamais.

5. Vous _____ croyez, vous, à cette histoire? —Non, c'est une histoire à dormir debout (*a cock-and-bull story*)!

6. Leur arrogance finira par (a) _____ nuire (*hurt*) mais ils ne semblent pas s'(b) _____ préoccuper le moins du monde (*they don't seem to worry about it in the least*).

7. Tu n'es pas d'accord avec moi? —Si, si, je (a) _____ suis, mais ne m'(b) _____ veux pas trop si je ne (c) _____ dis pas tout haut (*if I don't say it out loud*): je ne veux pas avoir d'ennuis...

8. Son intuition féminine? À ta place, je ne m'_____ fierais pas trop... (*If I were you, I wouldn't trust it too much.*).

9. Excusez-moi, je _____ sauve (se sauver: *to run off*): on m'attend.

10. Si vous avez des questions, posez (a) _____-moi par courrier électronique. J'(b) _____ répondrai ce soir, je vous (c) _____ promets.

3-19 Récapitulation.

Complétez les réponses suivantes de la manière qui convient. <u>Faites l'accord du participe passé lorsqu'il s'impose.</u> Employez les indications entre crochets, le cas échéant. (Voir *Contrastes*, Chapitre 3, sections 1 à 10.)

1. *Did he notice that his bike had disappeared? —No, he didn't notice it right away.* [s'apercevoir <u>de</u> qqch (passé composé)] → Est-ce qu'il s'est aperçu que sa bicyclette avait disparu? —Non, _____ tout de suite.

2. *Did you buy a car? —No, but I rented one.* [louer (passé composé)] → Est-ce que tu as acheté une voiture?—Non, mais _____.

3. *Did you watch the game on television last night? —No, I didn't watch it, why? Who won?* [regarder (passé composé)] → Tu as regardé le match à la télévision hier soir? —Non, _____, pourquoi? Qui a gagné?

4. *Do you need the car for tonight? —No, thanks, I don't need it; I'm being picked up.* → Est-ce que tu as besoin de la voiture pour ce soir? —Non merci, _____; on vient me chercher.

5. *Did she explain to Marc why she had to leave earlier? —Yes, she did explain it to him.* [expliquer (passé composé)] → Est-ce qu'elle a expliqué à Marc pourquoi elle devait partir plus tôt? —Oui, _____.

6. *Are they going to think about your proposal at least? —I don't know, let's hope so!* → Vont-ils au moins réfléchir à votre proposition? —Je ne sais pas, _____!

7. *When did this lady leave the hotel? —She left it around eight o'clock.* [sortir <u>de</u> quelque part (passé composé)] → Quand cette dame a-t-elle quitté l'hôtel? —_____ vers huit heures.

8. *I hear that you're lending your dress to Adèle? — Yes, I'm lending it to her for Saturday's party.* [prêter (présent)] → Alors, il paraît que tu prêtes ta robe à Adèle? —Oui, _____ pour la soirée de samedi.

4

Les pronoms disjoints
Formes des pronoms dans certaines constructions idiomatiques

4-1   Pronoms disjoints. Complétez les phrases suivantes par les pronoms disjoints qui conviennent. <u>N'oubliez pas le trait d'union après un impératif affirmatif.</u> (Voir *Contrastes*, Chapitre 4, sections 1 et 2.)

1. Nous ne pouvons pas partir sans _____ puisqu'elle a nos billets.

2. Calme_____: les choses finiront par s'arranger!

3. Puisque ce sont _____ qui ont cassé la vitre, ils devront la remplacer.

4. Qui veut du chocolat? —_____! J'adore ça, donne-m'en deux barres, s'il te plaît!

5. Ni lui ni _____ ne savons résoudre ce problème de maths.

6. La météo a prévu du beau temps pour le 1er novembre mais _____, je suis sûre qu'il fera mauvais.

7. «On a souvent besoin d'un plus petit que _____.» (La Fontaine)

8. C'est à _____ que je m'adresse, mademoiselle, pas à votre voisine.

9. Comment, c'est _____, le meurtrier? Il a l'air doux comme un agneau!

10. On ne peut pas compter sur _____! Ils ne sont pas dignes de confiance (*reliable*)!

4-2   Pronoms disjoints. Complétez les phrases suivantes par les pronoms disjoints qui conviennent. <u>N'oubliez pas le trait d'union après un impératif affirmatif.</u> (Voir *Contrastes*, Chapitre 4, sections 1 et 2.)

1. Nous allons répartir les tâches du ménage: (a) _____, tu vas passer l'aspirateur et (b) _____, je vais faire la poussière (*I'll dust*).

2. C'est pour _____, ces belles fleurs? Oh, comme vous êtes gentil!

3. «On n'est jamais mieux servi que par _____-même.» [proverbe]

4. Vous faites trop de bruit, taisez_____ un peu! Je n'arrive pas à me concentrer.

5. Nous sommes en retard: dépêchons_____!

6. Ton mari et _____ avez bien raison de prendre la vie du bon côté!

7. J'ai beau avoir moins de cours qu'Olivia et Melissa, je travaille autant qu'_____ ce semestre.

8. Il a une voix de stentor (*a very loud voice*): on n'entend que _____!

9. Aux Jeux olympiques, ils ont trouvé plus forts qu'_____!

10. C'est _____ qui s'est chargée du repas de réception, de l'entrée au dessert.

11. L'orage a fait des ravages chez nos voisins; nous avons eu plus de chance qu'_____ puisque notre propriété n'a pas souffert.

12. Il t'a laissé tomber? Tant pis, tu te débrouilleras aussi bien sans _____!

4-3   **Pronoms disjoints et mise en relief.** Complétez les phrases suivantes par les pronoms qui conviennent en tenant compte des formes verbales dans les subordonnées. (Voir *Contrastes*, Chapitre 4, section 2g.)

1. C'est _____ qui ai cassé le verre en cristal: je suis désolé(e).

2. Ce sont _____, les personnes âgées, qui ont le plus souffert de la chaleur cet été.

3. Ce sont _____, les parents des élèves, qui ont le plus contribué à la soirée à bénéfices du lycée.

4. En fait, c'est _____ qui avons eu tort en croyant bien faire.

5. Comment se fait-il que ce soit _____, le moins bien classé, qui ait remporté la compétition de tennis?

6. C'est _____ qui avez alerté la police? Vous avez bien fait.

7. Dans tout cela, c'est donc _____, la plus jeune, qui a vu le plus juste.

8. Ce sont bien _____, les sœurs Tatin, qui ont inventé la fameuse tarte à l'envers (*upside-down tart*), n'est-ce pas?

9. Ce n'est pas normal: c'est toujours _____, les plus jeunes, qui faisons la vaisselle!

10. C'est _____, la plus âgée, qui devrais montrer l'exemple, et pourtant tu ne fais que des bêtises!

Nom: _____   Date: _____

4-4   **En** vs **de + pronom disjoint.** Récrivez les phrases suivantes en remplaçant les mots **en gras** par les pronoms qui conviennent (**en** ou **de + pronom disjoint**). Faites tous les changements nécessaires. (Voir *Contrastes*, Chapitre 4, sections 3b et 3c.)

MODÈLES: • Tu as entendu parler **de cette actrice**? → **Tu as entendu parler d'elle?**
   • Tu as entendu parler **de ce livre**? → **Tu en as entendu parler?**

1. Tu te souviens **de Laura**?

   _____

2. Tu te souviens **de ce film**?

   _____

3. Il est très fier **de ses résultats**!

   _____

4. Il s'est approché **de la dame** pour lui poser une question.

   _____

5. Il fait **de la natation** depuis l'âge de huit ans.

   _____

6. Je n'ai jamais entendu parler **de ce monsieur**.

   _____

7. (a) Pourriez-vous vous occuper **de ces gens**? (b) Je n'ai pas le temps **de le faire**.

   (a) _____
   (b) _____

8. Je me méfie un peu **de ce qu'ils disent**.

   _____

9. Ils n'ont pas tenu compte **du taux d'échange** (*exchange rate*).

   _____

10. Je dois absolument parler **de ce problème** à Michel.

   _____

4-5   **Le/l'(pronom neutre)** vs **en** vs **de + pronom disjoint.** Récrivez les phrases suivantes en remplaçant les mots **en gras** par les pronoms qui conviennent. Faites tous les changements nécessaires. (Voir *Contrastes*, Chapitre 4, sections 3a, 3b et 3c.)

1. Il est convaincu **de leur innocence**.

   _____

2. C'est à cause **de ses parents** qu'il est parti.

   _____

3. Est-ce qu'il méritait **de se faire renvoyer de la sorte** (*to get fired in such a way*)?

   _____

4. Tu as acheté **des cerises** (*cherries*)?

_____

5. Je ne lui ai pas encore parlé **de ce projet**.

_____

6. Malia s'occupe **de sa nièce** tous les mercredis.

_____

7. Ils ne m'ont pas demandé **de signer de reçu** (*receipt*).

_____

8. Cette décision dépend aussi **de Jean-Michel**.

_____
_____

4-6 **Y vs à + pronom disjoint.** Récrivez les phrases suivantes en remplaçant les mots **en gras** par les pronoms qui conviennent (**y** ou **à + pronom disjoint**). Faites tous les changements nécessaires. (Voir *Contrastes*, Chapitre 4, sections 4b et 4c.)

1. Je n'arrive pas à m'habituer **à cette idée**.

_____

2. Pour ce renseignement, adressez-vous **à madame Guérin**.

_____

3. J'ai souvent affaire **à ce monsieur** lorsque je vais dans cette agence.

_____

4. Mes parents sont formellement opposés **à mon projet**.

_____

5. Il est très attaché **à ses deux grandes sœurs**.

_____

6. Je n'ai pas fait attention **à ce qu'il disait**.

_____

7. Tu crois que papa consentira **à me laisser voyager avec Michel**?

_____

8. Nous tenons beaucoup **à nos grands-parents**.

_____

9. Cet appareil photo n'est pas **à Tania**, il est à moi.

_____

10. Quand est-elle allée **à Tahiti**?

_____

4-7 **Y** vs **lui/leur** vs **à + pronom disjoint.** Récrivez les phrases suivantes en remplaçant les mots **en gras** par les pronoms qui conviennent. Faites tous les changements nécessaires. (Voir *Contrastes*, Chapitre 4, section 4.)

1. Il s'est toujours opposé **à ses parents**.

   _____

2. Il s'est toujours opposé **aux volontés de ses parents**.

   _____

3. Ils ont l'intention de retourner un jour **à Montréal**.

   _____

4. Est-ce que ce livre appartient **à Céline**?

   _____

5. Est-ce que tu as fait attention **à ces deux filles** en entrant?

   _____

6. Je trouve qu'il ressemble **à son père**.

   _____

7. Vous n'allez tout de même pas renoncer **à vos vacances**?

   _____

4-8 **Récapitulation.** Récrivez les phrases suivantes en remplaçant les mots **en gras** par les pronoms qui conviennent. Faites tous les changements nécessaires. (Voir *Contrastes*, Chapitre 4, sections 3 et 4.)

1. Nous sommes très contents **de notre nouvel appartement**.

   _____

2. Tu as lu **ces deux articles**?

   _____

3. C'est Paul qui m'a emprunté **ma raquette de tennis**.

   _____

4. Elle s'attendait vraiment **à obtenir ce poste** (*to get that job*)?

   _____

5. Il faut **de la patience** pour comprendre tout cela!

   _____

6. L'orange et le rouge vont très bien **à Janie**.

   _____

7. Il ne faut pas avoir peur **du directeur**: il est très gentil.

   _____

8. Où as-tu trouvé **cette jolie robe**?

   _____

9. Le petit Victor ne ressemble pas du tout **à ses frères**.

   _____

10. Elle s'est complètement remise **de son accident**.

   _____

4-9 **Lui/leur** vs **à + pronom disjoint.** Récrivez les phrases suivantes en remplaçant les mots **en gras** par les pronoms qui conviennent. Faites tous les changements nécessaires. (Voir *Contrastes*, Chapitre 4, sections 4a, 4c et 5.)

1. Je ne songeais pas **à ta sœur** en disant cela.

_____

2. Tu ressembles de plus en plus **à ta sœur**.

_____

3. J'ai pensé **à mes parents** en voyant ce film.

_____

4. Tu as parlé **à tes parents**?

_____

5. Que vas-tu offrir **à tes parents** pour Noël?

_____

6. Donne un coup de chiffon **à la table**. (*Wipe off the table.*)

_____

7. Nous préférons Myriam **à son amie Lucie**.

_____

8. Quand elle a un problème, elle se confie **à son amie Lucie**.

_____

9. Elle confie souvent son enfant **à son amie Lucie**.

_____

10. Cette maison appartenait autrefois **à mon oncle**.

_____

4-10 **Pronoms multiples.** Récrivez les phrases suivantes en remplaçant les mots <u>soulignés</u> par les pronoms qui conviennent. Faites tous les changements nécessaires. (Voir *Contrastes*, Chapitre 3, section 10, Tableaux 4 et 5 + Chapitre 4, sections 1 à 5.)

MODÈLE: • Il faut que je réfléchisse <u>à ce qu'on m'a dit</u> avant de parler <u>de tout cela</u> <u>à mes parents</u>.
    → **Il faut que j'y réfléchisse avant de <u>leur</u> en parler.**

1. C'est grâce à <u>ta sœur</u> que j'ai pu parler <u>à Jacques</u> <u>de cette possibilité</u>.

_____

2. Est-ce vraiment <u>le maire</u> qui a accordé <u>les crédits nécessaires</u> (m. pl.) <u>à ces trois entreprises</u> (*businesses*)?

_____

3. As-tu offert <u>des chocolats</u> <u>à Nicole</u>?

_____

4. Nous avons immédiatement pensé <u>à Marc et Anne</u> en apprenant <u>cette nouvelle</u>.

_____

5. Faut-il absolument recourir <u>à la force</u> pour se débarrasser <u>de ce problème</u>?

_____

6. Il n'y a que <u>leurs mères</u> qui puissent faire <u>des remontrances</u> <u>à ces enfants</u>.

_____

7. J'ai dit <u>à Jean-Luc</u> ce que je pensais <u>de son attitude</u>.

_____

8. Ne dis pas <u>à mes parents</u> <u>que j'ai raté mon examen</u>!

_____

Nom: _____   Date: _____

4-11 Récapitulation. Complétez les phrases suivantes par les pronoms qui conviennent, si nécessaire. Sinon, mettez simplement un **x** dans votre réponse. Ajoutez les prépositions **à** ou **de** lorsqu'elles s'imposent. (Voir *Contrastes*, Chapitre 3, section 10, Tableaux 4 et 5 + Chapitre 4, sections 1 à 5.)

1. Karim s'est beaucoup attaché aux Girard et ne se séparera _____ qu'à regret.

2. Ils étaient si fiers de leur exploit qu'ils _____ parlaient à tout le monde.

3. Serge oublie toujours de prendre son portable, mais à force de (a) _____
   (b) _____ rappeler, peut-être qu'un jour, il s'(c) _____ souviendra!

4. Jacques est beaucoup plus jeune que son frère André, et donc bien moins avancé que _____ à l'école.

5. Madame Ledoux est absente et (a) _____ sera jusqu'à lundi prochain. Si vous
   (b) _____ désirez, vous pouvez (c) _____ laisser un message, ou alors
   (d) _____ rappeler lundi.

6. C'est bizarre! Le vendeur nous a regardés tous les deux comme s'il ne nous reconnaissait pas, ni toi ni
   (a) _____! C'est pourtant bien (b) _____ que nous nous adressons chaque fois que
   nous achetons une nouvelle voiture!

7. Si tu veux aller quelques jours au bord de la mer, j'(a) _____ irai avec toi, mais allons-
   (b) _____ par le TGV, ça sera plus rapide.

8. À quelle heure la victime a-t-elle quitté le restaurant? —Elle (a) _____ est sortie à 22 heures
   précises, monsieur le commissaire. —Comment pouvez-vous (b) _____ être si sûre,
   madame? —Je (c) _____ sais parce que j'ai regardé ma montre juste à ce moment-là.

9. J'ai rencontré Jean-Pierre et Sophie en sortant du métro et je _____ ai invités à dîner samedi
   soir.

10. Si vous (a) _____ tenez absolument, je peux rappeler ces gens tout de suite, mais, à mon avis,
    il vaut mieux attendre ce soir pour (b) _____ téléphoner. De cette manière, vous serez sûrs de
    (c) _____ joindre.

4-12 Récapitulation. Complétez les phrases suivantes par les pronoms qui conviennent. Ajoutez la préposition **à** ou **de**, si nécessaire. Sinon, mettez simplement un **x** dans votre réponse. <u>N'oubliez pas le trait d'union après un impératif affirmatif.</u> (Voir *Contrastes*, Chapitre 3, section 10, Tableaux 4 et 5 + Chapitre 4, sections 1 à 5.)

1. À qui est la voiture bleue? À Muriel? —Oui, cette voiture est (a) _____. C'est moi qui
   (b) _____ ai conseillé de (c) _____ acheter. Celle qu'elle avait avant, la rouge, ne
   (d) _____ appartenait pas; c'était celle de ses parents; elle (e) _____
   (f) _____ avait simplement empruntée (*she had simply borrowed **it** from **them***) pendant
   qu'ils étaient à l'étranger.

2. Je peux vous emprunter ce magazine? —Oui, bien sûr, mais rendez (a) _____
   (b) _____ quand vous aurez fini de le lire.

3. Connaissez-vous la Dordogne? —Non, mon mari et moi n'(a) _____ sommes encore jamais allés mais nous (b) _____ irons certainement un jour. —Ah, vous avez raison, je vous (c) _____ recommande: c'est une visite qui (d) _____ vaut la peine.

4. Pardon madame, que faut-il faire pour obtenir un permis de séjour? —Je n'(a) _____ sais rien, mais monsieur Guibert pourra certainement vous renseigner: adressez-vous (b) _____, je suis sûre qu'il pourra vous renseigner; (c) _____, vous savez, je n'(d) _____ connais rien!

5. Puisque le beaujolais nouveau est arrivé, nous pourrions peut-être nous (a) _____ procurer une caisse ou deux et inviter nos amis à le déguster; je suis sûr(e) que cela (b) _____ fera plaisir.

6. Ah, cette Vanessa! Elle est charmante, mais avec _____, on ne sait jamais à quoi s'attendre: elle est très imprévisible.

7. Tu veux toujours tout contrôler, mais la décision ne dépend pas que (a) _____ cette fois-ci; il faudra bien que tu t'(b) _____ fasses (*you'll have to get used to it*).

8. Janine est très efficace: c'est grâce à _____ que nous avons pu trouver des places pour ce soir.

9. Vos abricots sont bien mûrs? —Oui, madame. —Très bien, alors mettez m' _____ un kilo, s'il vous plaît.

10. J'ai reçu une augmentation! C'est fantastique! Je ne m'_____ attendais pas du tout!

11. Pourquoi insistes-tu toujours pour servir des épinards aux enfants? Tu sais bien qu'ils n'aiment pas (a) _____! —Mais enfin, voyons! Je leur (b) _____ donne parce que ça (c) _____ fait le plus grand bien: ils sont en pleine croissance et ont besoin de fer et de vitamines!

12. Ce marchand des quatre saisons [marchand ambulant de fruits et légumes] m'a vendu des poires immangeables: je n'(a) _____ achèterai plus chez (b) _____ désormais! Je ne (c) _____ fais plus confiance pour les produits frais!

4-13 **Pronoms multiples.** Complétez les phrases suivantes de la manière qui convient. Faites tous les changements nécessaires, y compris l'accord du participe passé lorsqu'il s'impose. Employez les indications entre crochets, le cas échéant. (Voir *Contrastes*, Chapitre 3, section 10, Tableaux 4 et 5 + Chapitre 4, sections 1 à 5.)

1. *Did you hear the question? —No, I didn't hear it.* → Est-ce que tu as entendu la question? —Non,

   je _____.

2. *Did she answer the question? —No, she didn't answer it.* → Elle a répondu à la question? —Non,

   elle _____.

3. *Did the dog scare your sister? —Yes, he really scared her.* [faire très peur] → Est-ce que le chien a fait

   peur à ta sœur? —Oui, il _____.

4. *Is your dog scared of the mailman? —Yes, my dog is really scared of him.* [avoir très peur] → Est-ce que

   ton chien a peur du facteur? —Oui, mon chien _____.

5. *Is the mailman scared of your dog? —Yes, he's deathly afraid of it!* → Est-ce que le facteur a peur de ton

   chien? —Oui, il_____ a une peur bleue!

6. *So, did you tell that story to your parents? —No, I haven't told them about it.* [ne pas raconter] → Alors,

   tu as raconté cette histoire à tes parents? —Non, je _____.

7. *Did you order croissants? —Yes, I ordered a dozen [of them].* → Est-ce que tu as commandé des

   croissants? —Oui, j' _____ une douzaine.

8. *Will you please call Lydia to tell her about it? —Sure, don't worry, I'll do it tonight.* → Tu veux

   bien téléphoner à Lydia pour (a)_____ parler? —Oui, ne t'inquiète pas, je

   (b) _____ ferai ce soir.

4-14 **Les pronoms dans certaines constructions idiomatiques.** Complétez les phrases suivantes de la façon qui convient. Employez les indications entre crochets. (Voir *Contrastes*, Chapitre 3, section 10, Tableaux 4 et 5 + Chapitre 4, sections 1 à 8.)

1. *He pulled her hair.* [tirer (passé composé)] → Il _____ cheveux (m. pl.).

2. *Does she miss her brother?* [manquer (présent)] → Est-ce que son frère _____?

3. *They didn't like the movie.* [ne pas plaire (passé composé)] → Le film _____.

4. *The police ran after them but they managed to escape.* [courir après qqn (passé composé)] → La police

   _____, mais ils ont réussi à s'échapper.

5. *I asked a question, but she didn't answer it.* [ne pas répondre (passé composé)] → J'ai posé une

   question, mais elle _____.

6. *He introduced me to her.* → Il (a) _____ a présenté(e) (b) _____.

5

Les adjectifs et pronoms démonstratifs

5-1 Adjectifs démonstratifs: formes simples. Complétez les phrases suivantes par l'adjectif démonstratif qui convient. (Voir *Contrastes*, Chapitre 5, sections 1 à 3.)

1. Ne prends pas _____ camembert: tu vois bien qu'il est trop fait (*too ripe*)!

2. Tu vois _____ VTT (vélo tous terrains = *mountain bike*) à quatorze vitesses qui est exposé? Ce sera mon cadeau de Noël.

3. Ne croyez pas toutes _____ histoires! Elles sont fausses.

4. _____ touristes japonais n'oublieront pas de si tôt la soirée qu'ils ont passée aux Folies-Bergères!

5. Fais attention à _____ enfant! Tu as failli l'écraser!

6. Ont-ils fini par acheter _____ belle maison de campagne qui leur faisait envie depuis si longtemps?

7. Enfin, tu vas voir _____ film! Ce n'est pas trop tôt!

8. Rappelle-moi le nom de _____ actrice, celle qui joue dans *Les Parapluies de Cherbourg*.

9. Comment s'appelle _____ plat typiquement nord-africain que l'on prépare avec de la farine de blé, des légumes et du mouton? [C'est le couscous.]

10. Regarde _____ ordinateur super-léger! C'est exactement ce qu'il me faudrait pour mes voyages!

5-2 Comment traduire *the blue one(s), the one that,* etc.? Complétez les phrases suivantes de la façon qui convient. (Voir *Contrastes*, Chapitre 5, section 3c.)

1. *Do you want the white napkins or the blue ones?* → Tu veux les serviettes blanches ou _____?

2. *Which poem do we have to memorize for tomorrow? The one by Baudelaire?* → Quel poème est-ce qu'on doit mémoriser pour demain? _____ de Baudelaire?

3. *We definitely prefer this apartment to the one we visited yesterday.* → Nous préférons nettement cet appartement-ci à _____ que nous avons visité hier.

4. *I need to buy myself sunglasses to replace the ones I lost the other day.* → J'ai besoin de m'acheter des lunettes de soleil pour remplacer _____ que j'ai perdues l'autre jour.

5. *I hesitate between these two pairs of shoes; should I take the black ones or the ones with the high heels?* → J'hésite entre ces deux paires de chaussures: dois-je prendre (a) _____ ou (b) _____ à talons hauts?

6. *So, which of these two girls did you play tennis with yesterday; the blonde [one] over there, or the one in jeans who's next to her?* → Alors, avec laquelle de ces deux filles as-tu joué au tennis hier: _____ là-bas, ou bien _____ en jeans à côté d'elle?

7. *Let's buy petits fours again; the ones we had yesterday were so good!* → Rachetons des petits fours: _____ que nous avons mangés hier étaient si bons!

8. *I don't really like this cotton sweater; the woolen one is much better.* → Je n'aime pas vraiment ce pull en coton; _____ en laine est bien mieux.

5-3 **Adjectifs démonstratifs: formes composées.** Complétez les phrases suivantes par les adjectifs démonstratifs qui conviennent, renforcés par **-ci** ou **-là**. (Voir *Contrastes*, Chapitre 5, section 4.)

1. Je ne connais pas très bien la route: dois-je prendre (a) _____ chemin (b) _____, à gauche, ou (c) _____ chemin (d) _____ qui va tout droit?

2. (a) _____ homme (b) _____ est d'un déplaisant! (*That man is so unpleasant!*) Je ne m'adresserai plus à lui désormais.

3. Il vaut mieux aller à (a) _____ magasin (b) _____, même s'il est un peu loin: on y trouve de tout!

4. J'hésite entre (a) _____ robe (b) _____, très mode, et (c) _____ robe (d) _____, plus classique. Laquelle devrais-je prendre?

5. À (a) _____ époque (b) _____, peu de gens avaient le téléphone.

6. On a prévu de la neige pour (a) _____ jours (b) _____.

7. Je vous déconseille le rugby et la boxe: (a) _____ sports (b) _____ sont trop brutaux pour quelqu'un comme vous!

8. (a) _____ enfant (b) _____ est sage comme une image (*That child is extremely well-behaved*). Si seulement le mien était comme lui!

9. Nous allons répartir les élèves en deux groupes: (a) _____ groupe (b) _____ aura monsieur Tardieu comme professeur et (c) _____ groupe (d) _____ aura madame Piron.

10. À (a) _____ heure (b) _____, (*At **this** time . . .*) elle doit être déjà arrivée.

11. Il a changé d'avis? Bon, très bien, mais à (a) _____ moment (b) _____ (*in **that** case*), il aurait fallu qu'il le dise!

12. Tu la détestes à (a) _____ point (b) _____? (*You hate her **that** much?*)

5-4   Adjectifs démonstratifs: formes simples et composées. Complétez les phrases suivantes en traduisant les mots *en gras* de la façon qui convient. Employez les indications entre crochets, le cas échéant. (Voir *Contrastes*, Chapitre 5, sections 1 à 4.)

MODÈLES: • *This Saturday, I'm going out.* → **Ce samedi**, je sors.
   • *That Saturday, I'm not free.* → **Ce samedi-là**, je ne suis pas libre.
   • *This course is easy, but that seminar is really difficult.* → **Ce cours-ci** est facile, mais **ce séminaire-là** est vraiment difficile.

1. *This engineer is Italian.* [ingénieur (m.)] → _____ est italien.

2. *These children are adorable.* [enfants (m. pl.)] → _____ sont adorables.

3. *This copy isn't mine.* [exemplaire (m.)] → _____ n'est pas à moi.

4. *Is that theater on **this street [right here]** or on **that boulevard [over there]**?* [rue (f.) / boulevard (m.)]
   → Est-ce que ce théâtre se trouve dans (a) _____ ou sur
   (b) _____?

5. *This dessert is delicious.* [dessert (m.)] → _____ est délicieux.

6. *This incident is disturbing.* [incident (m.)] → _____ est inquiétant.

7. *Which do you prefer? **These skates** or **those skis**?* [patins (m. pl.) / skis (m. pl.)] → Qu'est-ce que tu préfères? (a) _____ ou (b) _____?

8. *What is the Red Cross doing to help **these women** and **[these] children**?* → Que fait la Croix-Rouge pour aider (a) _____ et (b) _____?

9. *This place is wonderful!* [endroit (m.)] → _____ est merveilleux!

10. *I don't think we're free **that Saturday**.* → Je ne crois pas que nous soyons libres _____.

5-5   Pronoms démonstratifs variables: formes simples et composées. Complétez les phrases suivantes par les **pronoms démonstratifs variables** qui conviennent. Ajoutez **-ci** ou **-là**, si nécessaire. (Voir *Contrastes*, Chapitre 5, sections 1 à 4.)

1. Quel pull est-ce que je mets ce soir? (a) _____ en laine? —Non, mets (b) _____ en soie et cachemire, il te va mieux.

2. Tu as besoin d'un crayon? Tiens, prends _____.

3. Je trouve que les questions précédentes étaient moins difficiles que _____ (*these*).

4. Ces Picasso sont très beaux, mais je crois que je préfère tout de même _____ que nous avons vus à Paris.

5. Apporte-moi la grande casserole rouge, _____ qui est dans le placard, en bas à droite.

6. Tous _____ qui veulent acheter un billet sont priés de se rendre au guichet numéro 4.

7. Si tu ne veux pas conduire ta vieille voiture, emprunte _____ de tes parents!

8. La différence entre ces deux vins rouges? Eh bien, _____ est un bourgogne tandis que _____ est un bordeaux.

5-6 Récapitulation. Complétez les phrases suivantes par les **adjectifs ou pronoms démonstratifs variables** qui conviennent. Ajoutez **-ci** ou **-là**, si nécessaire. (Voir *Contrastes*, Chapitre 5, sections 1 à 4.)

1. (a) _____ appartement-ci est bien plus lumineux que (b) _____.

2. Viviane est la fille de Marianne, Adeline est _____ d'Hélène.

3. (a) _____ roses-ci sont bien plus belles que (b) _____, et pourtant elles ne sont pas plus chères.

4. J'ai trouvé (a) _____ objet au fond de (b) _____ tiroir; tu sais ce que c'est?

5. Tu repars par quel avion demain? —Par _____ de 15 heures 30.

6. Parmi les nombreux étudiants que je connais, _____ qui font de la politique sur le campus sont souvent les plus ambitieux.

7. _____ hôtel est agréable et très bien situé, vous ne trouvez pas?

8. Mon chat est un siamois; (a) _____ de ma sœur est un persan et (b) _____ de mon frère sont tous deux des abyssins.

5-7 Ce/c' vs **cela/ça.** Complétez les phrases suivantes par **ce/c'** ou **cela/ça**. (Voir *Contrastes*, Chapitre 5, sections 5 et 6.)

1. Tout _____ m'est parfaitement égal.

2. Si tu pouvais venir, _____ serait fantastique.

3. (a) _____ est vous qui avez téléphoné tout à l'heure? —Non, (b) _____ sont eux.

4. Allez-y, _____ vous changera les idées!

5. _____ est arrivé hier soir.

6. _____ m'est arrivé hier soir.

7. Hier, quand je lui ai téléphoné, _____ n'avait pas l'air d'aller très fort (*he/she wasn't doing so well*).

8. Tu as tout le temps des vertiges (*you are constantly feeling dizzy*). À mon avis, _____ n'est pas normal, il faudrait appeler un médecin.

9. Non, _____ ne sont pas des moules, ce sont des palourdes (*clams*).

10. Mais _____ est moi qui vous remercie! (*You're most welcome!*)

5-8 **Récapitulation: ce/c' vs ceci vs cela/ça.** Complétez les phrases suivantes par les **pronoms démonstratifs invariables** qui conviennent. (Voir *Contrastes*, Chapitre 5, sections 5 à 8.)

1. Rappelez-vous bien _____: l'argent ne fait pas le bonheur.

2. Tout (a) _____ que je sais, (b) _____ est qu'elle a donné sa démission (*she resigned*).

3. _____ m'a fait tellement rire que j'en ai pleuré. (*It made me laugh so hard that I cried.*)

4. _____ ne serait pas elle par hasard qui t'aurait pris ton dictionnaire?

5. Tu aimes le ballet moderne? —Oui, j'adore _____.

6. Non, non, ne buvez surtout pas (a) _____! Ça va vous rendre malade. Tenez, buvez plutôt

   (b) _____: un petit pastis bien tassé qui va vous remonter le moral, vous allez voir!

7. Cesse de manger tous ces bonbons! Tu sais bien que _____ fait grossir!

8. _____ qui lui fait le plus plaisir, c'est que nous pourrons passer Noël en famille avec elle.

5-9 **Récapitulation: démonstratifs variables et invariables.** Complétez les phrases suivantes par les **adjectifs** ou les **pronoms démonstratifs variables** ou **invariables** qui conviennent. Ajoutez les mots **-ci** ou **-là**, si nécessaire. (Voir *Contrastes*, Chapitre 5, sections 1 à 9.)

1. (a) _____ exercice-ci est vraiment difficile alors que (b) _____ était facile.

2. _____ alors! Je n'en reviens pas! (*You're kidding! I'm flabbergasted!*)

3. Vous aimez le caviar? —Ah non, je déteste _____!

4. (a) _____ idiot de Jean-Pierre a complètement oublié notre rendez-vous! Je vais lui dire

   (b) _____ que je pense de son attitude; (c) _____ va chauffer!

5. Il aime les films de Truffaut mais il déteste _____ de Godard.

6. Entre ces deux jeans, tu préfères (a) _____, le noir, ou l'autre? —Ah moi, j'avoue que je préfère

   le noir, mais (b) _____ est malheureusement le plus cher.

7. Mets la grande nappe, _____ en tissu de Provence.

8. (a) _____ est elle qui m'a parlé de (b) _____ roman. Tu ne crois pas que

   (c) _____ ferait un joli cadeau pour maman?

9. Pour mon anniversaire, est-ce que je pourrais avoir une belle bicyclette comme _____ de

   Daniel?

10. (a) _____ n'est pas la peine d'essayer d'écrire (b) _____ essai maintenant: il est trop

    tard. Tu t'y mettras demain.

11. Tu n'aimes pas l'opéra italien? —Non, _____ m'ennuie à mourir.

12. _____ appareil photo est ultra-perfectionné mais tout de même un peu cher.

13. Qui est (a) _____ homme? —Je crois que (b) _____ est un Américain qui travaille à

    l'ambassade.

14. Tu ne connais pas Brigitte, (a) _____ jolie brune qui fait de l'histoire de l'art? —Tu veux parler de (b) _____ qui sort avec Daniel, (c) _____ étudiant qui habite chez les Pariseau? Oui, je la connais, et alors?

15. Que voulez-vous que (a) _____ me fasse? Je ne sais rien de tout (b) _____. (*Why should I care? I know nothing about that.*)

5-10 Récapitulation: démonstratifs variables et invariables. Complétez les phrases suivantes par les **adjectifs** ou **pronoms démonstratifs variables** ou **invariables** qui conviennent. Ajoutez les mots **-ci** ou **-là**, si nécessaire. (Voir *Contrastes*, Chapitre 5, sections 1 à 8.)

1. Tiens, regarde (a) _____ fille là-bas, elle est mignonne, non? —Euh, laquelle? Je ne vois pas, il y a trop de monde. —Mais si, voyons, regarde un peu, (b) _____ qui porte un jean et un pull blanc. —Ah oui, je vois, mais qui est- (c) _____? Tu la connais, toi? —Mais oui, rappelle-toi voyons! (d) _____ est Yasmina, (e) _____ qui fait de l'histoire à la Sorbonne. Attends, je vais aller lui demander du feu (*ask for a light*).

2. De ces deux petits tableaux, lequel devrais-je prendre d'après toi: (a) _____ ou (b) _____? —Ah là là, (c) _____ n'est pas facile de choisir, ils sont très beaux tous les deux mais je crois que je préfère (d) _____ de droite, les couleurs sont plus vives. Achète-le pour tes parents, je suis sûre que (e) _____ leur fera plaisir.

3. Tiens, regarde cette photo de famille: (a) _____ qui sont devant, (b) _____ sont mes frères Laurel et Jean-Charles; (c) _____ qui est derrière, (d) _____ est mon père, et (e) _____ à côté de lui, eh bien, c'est ma mère.

4. _____ enfant est de plus en plus agaçant (*annoying*), tu ne trouves pas?

5. Oh, regarde (a) _____ imperméable (*raincoat*)! —Lequel? (b) _____ qui est exposé, à côté de (c) _____ manteaux d'hiver? —Oui, c'est exactement (d) _____ que je cherche (*what I'm looking for*): il est un peu cher, mais (e) _____ m'est égal. Je crois que je vais me l'offrir pour Noël.

6. Qu'est-ce que (a) _____ est d'après toi, (b) _____ outil bizarre? Tu sais comment (c) _____ s'appelle et à quoi (d) _____ sert?

7. Je ne suis pas du tout d'accord avec lui; _____ dit (*that said*), il est vrai que je peux aussi comprendre son point de vue.

8. Retenez bien _____: l'examen aura lieu lundi prochain, et non mardi.

9. (a) _____ dont (b) _____ pauvre Nadia aurait besoin en ce moment, c'est changer d'air (*to get a change of scene*).

10. C'est tout de même bizarre! Les cheveux de ma petite sœur sont blonds alors que les miens et _____ de mon frère aîné sont noirs.

11. Mon père est un peu plus jeune que _____ de Pauline.

12. Dommage que vous n'ayez pas tenu compte de _____ aspect dans votre analyse.

5-11 Récapitulation générale. Complétez les phrases suivantes en traduisant les mots *en gras* de la façon qui convient. Employez les indications entre crochets, le cas échéant. (Voir *Contrastes*, Chapitre 5, sections 1 à 9.)

MODÈLES: • *That jacket* really looks good on you. → **Cette veste** te va très bien.
           • *It* looks good on you. → **Ça** te va très bien.

1. *Bye, see you tonight!* → Au revoir, à _____!

2. *In those days*, television didn't exist. [époque (f.)] → À _____, la télévision n'existait pas.

3. *We don't see her much these days.* → On ne la voit pas beaucoup _____.

4. *You're not feeling well? In that case, go to bed!* [cas (m.)] → Tu ne te sens pas bien? _____, couche-toi!

5. *Don't call me at midnight; at that hour, I'm sleeping!* → Ne m'appelez pas à minuit: à _____, je dors!

6. *I don't care!* [employez **être égal**] → _____!

7. *It's unfair!* [injuste] → _____!

8. *I like it when you wear your hair like that; I think it suits you very well.* → J'aime bien quand tu te coiffes (a) _____ ; je trouve que (b) _____ très bien.

5-12 Écriture. Écrivez des phrases complètes de votre invention en employant les **adjectifs et pronoms démonstratifs** indiqués ci-dessous. (Voir *Contrastes*, Chapitre 5, sections 1 à 9.)

1. ce   _____
2. cet   _____
3. cette   _____
4. ces   _____
5. ce...-ci / celui-là   _____
6. cette...-ci / celle-là   _____
7. celui   _____
8. ceux   _____
9. celle   _____
10. celles   _____
11. cela   _____
12. ça   _____

6

L'interrogation directe

6-1 **Questions dont la réponse est oui/si ou non.** Formulez les questions correspondant aux réponses suivantes. Indiquez <u>tous</u> les niveaux de langue, dans l'ordre indiqué. Employez les indications entre crochets, le cas échéant. (Voir *Contrastes*, Chapitre 6, sections 1 à 3.)

MODÈLE: • Oui, j'ai faim. [tu]
      (a) Niveau familier: **Tu as faim?**
      (b) Question avec **est-ce que**: **Est-ce que tu as faim?**
      (c) Question par inversion: **As-tu faim?**

1. Oui, j'ai perdu mon ticket. [tu]

   (a) Niveau familier: _____

   (b) Question avec **est-ce que**: _____

   (c) Question par inversion: _____

2. Oui, Paul et moi sommes invités à son mariage. [vous]

   (a) Niveau familier: _____

   (b) Question avec **est-ce que**: _____

   (c) Question par inversion: _____

3. Oui, il va neiger ce soir.

   (a) Niveau familier: _____

   (b) Question avec **est-ce que**: _____

   (c) Question par inversion: _____

4. Si, si, ce clochard (*homeless man*) est un ancien courtier (*broker*).

   (a) Niveau familier: _____

   (b) Question avec **est-ce que**: _____

   (c) Question par inversion: _____

5. Oui, Ludovic a fait une fugue (*ran away*)!

   (a) Niveau familier: _____

   (b) Question avec **est-ce que**: _____

   (c) Question par inversion: _____

6. Non, ce n'est pas possible.

   (a) Niveau familier: _____

   (b) Question avec **est-ce que**: _____

   (c) Question par inversion: _____

7. Non, je n'ai pas oublié mon livre! [tu]

    (a) Niveau familier: _____

    (b) Question avec **est-ce que**: _____

    (c) Question par inversion: _____

8. Oui, tu peux lui demander ce service.

    (a) Niveau familier: _____

    (b) Question avec **est-ce que**: _____

    (c) Question par inversion: _____

6-2   **Questions dont la réponse est oui/si ou non.** Traduisez les phrases suivantes. Employez les indications entre crochets. Utilisez les deux niveaux de langues indiqués. (Voir *Contrastes*, Chapitre 6, sections 1 à 3.)

    1. *Did you go to school yesterday?* [*you* = tu (m. sg.)]

      (a) Question avec **est-ce que**: _____

      (b) Question par inversion: _____

    2. *May I help you?* [*you* = vous]

      (a) Question avec **est-ce que**: _____

      (b) Question par inversion: _____

    3. *Did Pierre get his visa?* [obtenir (passé composé) / visa (m.)]

      (a) Question avec **est-ce que**: _____

      (b) Question par inversion: _____

    4. *Didn't they call you back?* [*they* = ils / *you* = vous (m. pl.) / rappeler (passé composé)]

      (a) Question avec **est-ce que**: _____

      (b) Question par inversion: _____

    5. *What about bread, did she buy some?* [en acheter (passé composé)]

      (a) Question avec **est-ce que**: Et du pain, … _____

      (b) Question par inversion: Et du pain, … _____

    6. *Hadn't Kate told them about it?* [le leur dire (plus-que-parfait)]

      (a) Question avec **est-ce que**: _____

      (b) Question par inversion: _____

    7. *Could someone come pick us up?* [quelqu'un / pouvoir (conditionnel présent) / venir nous chercher]

      (a) Question avec **est-ce que**: _____

      (b) Question par inversion: _____

    8. *Will the Roussels be here tomorrow?* [les Roussel / être là (futur)]

      (a) Question avec **est-ce que**: _____

      (b) Question par inversion: _____

6-3 Où, quand, comment, combien et pourquoi. Complétez les phrases suivantes en employant les adverbes interrogatifs qui conviennent. (Voir *Contrastes*, Chapitre 6, sections 4 et 5.)

1. _____ vas-tu? —Très bien, merci.

2. _____ vas-tu? —Au supermarché.

3. _____ y vas-tu? —Parce que j'ai besoin de lait et de jus d'orange.

4. _____ coûtent ces radis (*radishes*)? —Un euro la botte (*bunch*).

5. _____ de croissants désirez-vous? —Un seul.

6. _____ rentrez-vous? —Dans une semaine.

7. Mais enfin, voyons, _____ est-ce que tu lui as dit ça? —Pour le faire enrager (*to make him mad*).

8. Jusqu'à _____ reste-t-il? —Jusqu'à jeudi.

9. _____ allez-vous vous y prendre (*manage*) pour trouver un studio? —Je n'en sais rien, je verrai bien.

10. Par _____ es-tu passé(e) pour venir? —Par l'autoroute, c'est plus court.

6-4 Où, quand, comment, combien et pourquoi. Formulez les questions correspondant aux mots **en gras** dans les réponses ci-dessous en employant **où**, **quand**, **comment**, **combien** ou **pourquoi**. Suivez les indications de niveaux de langue. Ajoutez une préposition, si nécessaire. (Voir *Contrastes*, Chapitre 6, sections 4 et 5.)

1. Bernard s'est cassé la jambe **en skiant**.

   (a) Question avec **est-ce que**: _____

   (b) Question par inversion: _____

2. Ils se sont rencontrés **il y a deux mois**.

   (a) Question avec **est-ce que**: _____

   (b) Question par inversion: _____

3. Ils ont appelé leur enfant **Julien**.

   (a) Question avec **est-ce que**: _____

   (b) Question par inversion: _____

4. Elle est restée chez elle **parce qu'elle était trop fatiguée**.

   (a) Question avec **est-ce que**: _____

   (b) Question par inversion: _____

5. Ce sac coûte **cent-vingt euros**.

   Question par inversion: _____

6. Elle (= la représentation) dure **deux heures vingt**.

   (a) Question avec **est-ce que**: _____

   (b) Question par inversion: _____

7. Il arrive **cet après-midi**.

   (a) Question avec **est-ce que**: _____

   (b) Question par inversion: _____

8. Ils sont partis **à la montagne**.

   (a) Question avec **est-ce que**: _____

   (b) Question par inversion: _____

9. Je ne le lui ai pas dit **parce que ça ne la regarde pas** (*it's no business of hers*). [tu]

   (a) Question avec **est-ce que**: _____

   (b) Question par inversion: _____

10. Ils viennent **du Portugal**.

   (a) Question avec **est-ce que**: _____

   (b) Question par inversion: _____

6-5   Où, quand, comment, combien et pourquoi. Traduisez les phrases suivantes. Employez les indications entre crochets. Utilisez les deux niveaux de langues indiqués. (Voir *Contrastes*, Chapitre 6, sections 4 et 5.)

   1. *Why is Tania sulking?* [faire la tête]

   (a) Question avec **est-ce que**: _____

   (b) Question par inversion: _____

   2. *When are you coming back?* [vous / revenir]

   (a) Question avec **est-ce que**: _____

   (b) Question par inversion: _____

   3. *How tall are you?* [*you* = tu / mesurer]

   (a) Question avec **est-ce que**: _____

   (b) Question par inversion: _____

   4. *Where did she go on vacation?* [aller en vacances (passé composé)]

   (a) Question avec **est-ce que**: _____

   (b) Question par inversion: _____

6-6   Quel, quelle, quels et quelles. Complétez les phrases suivantes en employant les adjectifs interrogatifs qui conviennent. (Voir *Contrastes*, Chapitre 6, sections 6 et 7.)

   1. Alors ma petite Ania, _____ histoire veux-tu que je te raconte ce soir?

   2. Sous _____ président américain Henri Kissinger était-il ministre des Affaires Étrangères (*Secretary of State*)?

   3. _____ exercices doit-on faire pour demain?

   4. Elle est partie à _____ heure?

   5. _____ personnes avez-vous rencontrées hier soir?

   6. Dans _____ hôtel est-il descendu (*did he stay*)?

   7. _____ vidéos avez-vous regardées sur le Web?

   8. De _____ pays vient-il? Du Chili?

   9. _____ âge ont-elles?

   10. _____ desserts avez-vous choisis?

6-7   Quel, quelle, quels et quelles. Formulez les questions correspondant aux mots **en gras** dans les réponses ci-dessous. Suivez les indications de niveaux de langue. Employez les mots entre crochets, le cas échéant. (Voir *Contrastes*, Chapitre 6, sections 6 et 7.)

1. **Elle a vingt ans.**
   (a) Question avec **est-ce que**: _____
   (b) Question par inversion: _____

2. **Il est minuit moins dix.**
   Question par inversion: _____

3. **Il fait froid.** [temps (m. sg.)]
   Question par inversion: _____

4. Ils sont allés **en Normandie et en Bretagne.** [on dit **aller** <u>dans</u> **des régions**]
   (a) Question avec **est-ce que**: _____
   (b) Question par inversion: _____

5. Du judo? J'en fais tous **les mardis.** [tu / faire du judo / jour]
   (a) Question avec **est-ce que**: _____
   (b) Question par inversion: _____

6. Ma nouvelle robe? Elle est **rouge.** [De... / couleur (f.) / ta nouvelle robe]
   Question par inversion: _____

7. Il faut descendre (*get off*) <u>à</u> la station **Montparnasse.**
   (a) Question avec **est-ce que**: _____
   (b) Question par inversion: _____

6-8   Lequel, laquelle, lesquels et lesquelles. Complétez les phrases suivantes en employant les pronoms interrogatifs qui conviennent. Ajoutez **à** ou **de** et faites les contractions, si nécessaire. (Voir *Contrastes*, Chapitre 6, sections 6 et 7.)

1. Ce roman existe en plusieurs éditions: _____ voulez-vous? —Donnez-moi la moins chère, s'il vous plaît.

2. _____ de ces deux films as-tu préféré?

3. Est-ce qu'on peut s'asseoir à une petite table? —Oui, bien sûr, _____ préférez-vous? Celle dans le coin là-bas vous conviendrait (*suit you*)? Oui? Alors mettez-vous là, vous serez tranquilles.

4. Nous avons de nombreux modèles: _____ voulez-vous voir? —Montrez-moi ceux qui sont en vitrine.

5. Entre ces deux sacs de voyage, _____ te paraît le plus pratique? Le rouge ou le noir?

6. Bon, alors, tu prends ton portable (*cell phone*) ou ton ordinateur? —J'hésite...
   —_____ as-tu le plus besoin? Du portable ou de l'ordinateur?

7. Je n'ai pas compris ce que le professeur nous a dit en classe au sujet de ces sculptures. —Il en a mentionné plusieurs; _____ fais-tu allusion? À celles de Rodin?

8. Alors madame, parmi toutes ces bottes, _____ allez-vous prendre? —Je crois que je vais prendre celles à talons hauts.

9. Alexandre Dumas est un de mes auteurs préférés. —_____ parles-tu? Du père ou du fils?

10. Maintenant que tu as observé plusieurs cours, _____ vas-tu choisir?

6-9 **Quel, quelle, etc.** vs **lequel, laquelle, etc.** Complétez les phrases suivantes en employant soit les adjectifs, soit les pronoms interrogatifs qui conviennent. Ajoutez **à** ou **de** et faites les contractions, si nécessaire. (Voir *Contrastes*, Chapitre 6, sections 6 et 7.)

1. _____ de ces deux ceintures (*belts*) préfères-tu? Celle en cuir ou celle en toile?

2. _____ vins rouges préférez-vous? Les bordeaux ou les bourgognes?

3. (a) _____ est le nom de ce vieux film qu'ils ont passé à la télévision l'autre jour?

   —(b) _____? Celui avec Brigitte Bardot?

4. J'habite juste à côté du cinéma. —Heuh, attends, je ne vois pas ce que tu veux dire...; à côté _____? Celui qui fait le coin de la rue?

5. Dans _____ région passent-ils leurs vacances?

6. Et cette actrice, voyons, comment s'appelle-t-elle déjà? C'est une splendide brune, j'ai son nom sur le bout de la langue (*tip of my tongue*)... —Ce ne sont pas les belles brunes qui manquent! Sophia Loren? Catherine Zeta-Jones? Audrey Tautou? Penelope Cruz?... _____ parles-tu? De celle qui était dans le film d'hier soir?

7. _____ sont les équipes qui ont gagné les demi-finales de la coupe du monde de football?

8. Parmi toutes ces personnes, _____ faut-il que je m'adresse en premier?

9. _____ étaient vos responsabilités dans cette compagnie?

10. Quand vous parlez de crise économique, à _____ événements précis vous référez-vous?

6-10 **Qui, que, quoi.** Complétez les phrases suivantes par le pronom interrogatif qui convient à la forme (longue ou courte) qui s'impose. (Voir *Contrastes*, Chapitre 6, section 8.)

1. De _____ parlez-vous? —De monsieur Dupin, notre prof de maths.

2. De _____ parlez-vous? —De l'examen de maths de demain.

3. _____ tu as fait toute la matinée? —Rien, j'ai dormi.

4. _____ est-il arrivé?

5. _____ est arrivé en retard? —Jean-Claude, comme d'habitude!

6. _____ ils t'ont dit ? —Qu'ils auraient la réponse demain.

7. À _____ en as-tu parlé? —À personne.

8. Avec _____ vas-tu réparer cette fuite d'eau (*leak*)? —Il me faudrait une clé anglaise (*wrench*).

9. _____ as-tu mangé à midi? —Un sandwich au jambon.

10. En _____ est ce pull ? —C'est du cachemire.

6-11 Qui, que, quoi. Formulez les questions correspondant aux mots **en gras** dans les réponses ci-dessous. Employez <u>uniquement</u> **qui, que/qu', quoi.** Suivez les indications de niveaux de langue et employez les mots entre crochets, le cas échéant. (Voir *Contrastes*, Chapitre 6, section 8.)

MODÈLE: • C'est un éteignoir (*candle-snuffer*).
　　　　　　　(a) Question avec **est-ce que:** **Qu'est-ce que c'est?**
　　　　　　　(b) Question par inversion: **Qu'est-ce?**

1. C'est **un cendrier** (*ashtray*).

   Question avec **est-ce que:** _____

2. Elle a cassé **une assiette**.

   (a) Question avec **est-ce que:** _____

   (b) Question par inversion: _____

3. Je pense **à ce que nous pourrions faire ce week-end**. [tu]

   (a) Question avec **est-ce que:** _____

   (b) Question par inversion: _____

4. **Nathalie** a appelé.

   Question SANS **est-ce que:** _____

5. Il **regarde la télévision**. [faire]

   (a) Question avec **est-ce que:** _____

   (b) Question par inversion: _____

6. **Un café**. [tu / vouloir]

   (a) Question avec **est-ce que:** _____

   (b) Question par inversion: _____

7. On confectionne cette tarte **avec des pommes ou des poires**.

   (a) Question avec **est-ce que:** _____

   (b) Question par inversion: _____

8. Ce sont **les Rodieux**.

   Question par inversion: _____

6-12 Questions pour un portrait-robot (questions par inversion). Voici le portrait-robot (*profile*) de Jeanne Calment, une Française qui, à sa mort en 1997, passait pour la doyenne de l'humanité (c'est-à-dire la personne la plus âgée du monde, selon l'état civil). Formulez les questions correspondant aux mots **en gras** dans les réponses ci-dessous. Utilisez <u>uniquement des questions par inversion.</u> (Voir *Contrastes*, Chapitre 6, sections 1 à 8.)

1. Elle est née **en 1875**.

   Question par inversion: _____

2. Elle s'appelait **Jeanne**.

   Question par inversion: _____

3. Elle a eu **un seul enfant**.

   Question par inversion: _____

4. Elle est célèbre **parce qu'elle a vécu si longtemps**.

   Question par inversion: _____

5. Elle a vécu **à Arles**.

   Question par inversion: _____

6. Elle vendait **des crayons** dans sa jeunesse.

   Question par inversion: _____

7. Elle vendait des crayons **à Van Gogh**.

   Question par inversion: _____

8. Elle est morte **à cent-vingt-deux ans**!

   Question par inversion: _____

9. Le secret de sa longévité, ce fut **son humour**.

   Question par inversion: _____

10. C'est **Jeanne Calment**.

    Question par inversion: _____

6-13 **Récapitulation: les questions par inversion.** Reformulez les questions suivantes en employant <u>uniquement des questions par inversion</u> (inversion stylistique ou inversion à double sujet). (Voir *Contrastes*, Chapitre 6, sections 1 à 10.)

1. Pourquoi est-ce que Jacques a changé d'avis?

   Question par inversion: _____

2. Où est-ce que ton frère a garé la voiture?

   Question par inversion: _____

3. Les vacances commencent quand cet été?

   Question par inversion: _____

4. Tous ces vergers (*orchards*) appartiennent à qui?

   Question par inversion: _____

5. Berlioz a vécu à quelle époque?

   Question par inversion: _____

6. Dans quelle université est-ce que Jim étudie?

   Question par inversion: _____

7. Ce polyglotte parle combien de langues?

   Question par inversion: _____

8. Votre professeur vous a recommandé quel cours?

   Question par inversion: _____

6-14 Récapitulation: les questions par inversion. Formulez les questions correspondant aux mots **en gras** dans les réponses ci-dessous. <u>Employez uniquement les questions par inversion</u>. (Voir *Contrastes*, Chapitre 6, sections 1 à 10.)

1. Lucas boude (*is sulking*) **parce qu'il est jaloux de son petit frère**.

   Question par inversion: _____

2. Cette femme a **trois enfants**.

   Question par inversion: _____

3. Michel a dit **qu'il était d'accord**.

   Question par inversion: _____

4. Marie a pris **le vol Air France**.

   Question par inversion: _____

5. Ces gants [m. pl.] (*gloves*) ont coûté **trente euros**.

   Question par inversion: _____

6. Paul a **dix-sept ans**.

   Question par inversion: _____

7. Valérie et son mari habitent **en banlieue** (*in the suburbs*).

   Question par inversion: _____

8. Fadia et Mélanie se sont retrouvées **au café du coin**.

   Question par inversion: _____

6-15 Récapitulation. Formulez les questions correspondant aux mots **en gras** dans les réponses ci-dessous. Employez <u>les questions par inversion</u>. Utilisez les indications entre crochets. (Voir *Contrastes*, Chapitre 6, sections 1 à 10.)

1. **Cinq** valises ont été égarées (*lost*).

   Question par inversion: _____

2. Les grévistes (*strikers*) demandent **de meilleures conditions de travail**.

   Question par inversion: _____

3. **Ce sont Antoine et Stéphane qui** nous l'ont dit.

   Question par inversion: _____

4. Cette église date **du XIIᵉ siècle**. [dater <u>de</u> tel et tel siècle]

   Question par inversion: _____

5. Les voleurs sont entrés **par la fenêtre**.

   Question par inversion: _____

6. Le train arrive **à neuf heures pile** (*exactly*).

   Question par inversion: _____

7. Le médecin lui a recommandé **de ne pas faire de sport pendant un mois**. [on dit **recommander qqch**]

   Question par inversion: _____

6-16 Interview (travail oral et écrit). Préparez une quinzaine de questions (avec **est-ce que** ou par inversion) que vous poserez oralement à votre partenaire en prenant des notes pour les réponses. Mettez ensuite votre interview au net et rendez-la par écrit. (Voir *Contrastes*, Chapitre 6, sections 1 à 10.)

7

L'appartenance

7-1 **Adjectifs possessifs.** Complétez les phrases suivantes par les adjectifs possessifs qui conviennent. Traduisez les indications entre crochets, le cas échéant. (Voir *Contrastes*, Chapitre 7, sections 2 et 3.)

1. Caroline a _____ leçon de piano tous les mardis après-midi.

2. Les enfants, il fait froid aujourd'hui: mettez (a) _____ vestes et (b) _____ gants!

3. Tu iras jouer chez (a) _____ amie lorsque tu auras fini

    (b) _____ devoirs, pas avant!

4. Il est facile d'oublier _____ parapluie lorsqu'on n'a plus à s'en servir.

5. Victor, (a) _____ chambre est dans un tel désordre: range donc un peu (b) _____

    affaires!

6. Il y a deux heures que je travaille à ce problème de maths: j'y perds _____ latin (idiomatique:

    I'm lost)!

7. Que ferez-vous de (a) _____ maison pendant (b) _____ congé sabbatique à

    l'étranger?

8. Cette femme a passé _____ vie à se dévouer pour les autres.

9. On dit que (a) _____ nièce me ressemble; il paraît même qu'elle est (b) _____

    portrait tout craché (*spitting image*) à (c) _____ [*her*] âge, ce qui n'est pas étonnant puisque

    (d) _____ [*her*] mère et moi sommes sœurs jumelles.

10. Nous leur avons écrit mais _____ lettre est restée sans réponse.

11. (a) _____ voisins immédiats nous ont demandé de relever (b) _____ courrier (*pick

    up their mail*) et de nous occuper de (c) _____ animaux (*pets*) pendant (d) _____

    absence.

12. Ton thé t'a-t-il ôté _____ toux (f.)? (*French tongue twister: Did your tea help cure/stop your

    cough?*)

13. Il a fallu quelques secondes au boxeur pour reprendre _____ esprits.

14. Chacun a droit à _____ opinion!

15. «Comme on fait _____ lit, on se couche.» (Proverbe: *As you make your bed, so you must

    lie in it.*)

7-2 Adjectifs et pronoms possessifs. Complétez les phrases suivantes par les adjectifs et pronoms possessifs qui conviennent. Ajoutez les prépositions **de** ou **à**, si nécessaire et faites les contractions qui s'imposent. Traduisez les indications entre crochets, le cas échéant. (Voir *Contrastes*, Chapitre 7, sections 2 et 3.)

1. Tu as perdu (a) _____ beau stylo à plume (*fountain pen*)? Sers-toi (b) _____ [*mine*] en attendant d'en acheter un autre.

2. Je veux bien vous communiquer (a) _____ impressions concernant ce candidat, mais d'abord, dites-moi (b) _____.

3. Ne t'occupe pas de (a) _____ affaires (f. pl.) à moi, occupe-toi donc (b) _____.

4. En ce moment, (a) _____ mari me prête (b) _____ voiture dont il n'a pas besoin, parce que (c) _____, qui commence à se faire vieille, est en réparation.

5. Puisqu'elles ont demandé (a) _____ vacances pour le mois de juillet, je vais demander (b) _____ [*mine*] pour le mois d'août.

6. Chers amis, merci de (a) _____ bons vœux (*wishes*); à notre tour de vous présenter (b) _____.

7. J'ai reçu (a) _____ résultats (m. pl.) d'examen ce matin; et toi, as-tu reçu (b) _____?

8. Il faut une heure seulement à Paul pour faire (a) _____ devoirs tandis qu'il en faut bien le double à son frère pour terminer (b) _____.

9. Vous voulez savoir comment j'ai réussi (a) _____ dernière opération en bourse (*stock-exchange transaction*)? Mais grâce à (b) _____ [*my*] courtier (*broker*), bien sûr! Faites comme moi, adressez-vous (c) _____ [*yours*], qui n'est pas si mauvais puisqu'il a formé (*trained*) (d) _____ [*mine*]!

10. Quand on fume trop, on a de la peine à reprendre _____ souffle.

11. Si tu n'as pas de dictionnaire, je peux te prêter _____.

12. Elle nous a présenté sa famille, alors maintenant, nous aimerions lui présenter _____.

13. Ton lecteur DVD ne marche pas? Demande donc à Christiane et à Paul: je suis sûre qu'ils te permettront d'utiliser _____.

14. Ne comptez pas trop sur eux: _____ intentions sont bonnes mais ils ont la mémoire courte.

7-3   Adjectifs et pronoms possessifs. Complétez les phrases suivantes de façon à ce que vos réponses correspondent aux mots *en gras*. (Voir *Contrastes*, Chapitre 7, sections 2 et 3.)

1. *Ask Marie and Sarah at what time **their** flight leaves.* → Demande à Marie et Sarah à quelle heure part _____ avion.

2. *I'd like a new digital camera for **my** birthday.* → J'aimerais un nouvel appareil photo numérique pour _____ anniversaire.

3. *If it's okay with you, let's exchange **our** telephone numbers: here is **ours**; what's **yours**?* → Si vous êtes d'accord, échangeons (a) _____ numéros de téléphone: voici (b) _____, quel est (c) _____?

4. *You know, of course, the Louvre museum and **its** famous painting, the Mona Lisa?* → Vous connaissez, bien sûr, le musée du Louvre et _____ célèbre tableau, la Joconde?

5. *I do see **your** car, but I don't see **mine**.* → Je vois bien (a) _____ voiture, mais je ne vois pas (b) _____.

6. ***Her** grandparents are both sixty; how old are **yours**?* → (a) _____ grands-parents ont tous deux soixante ans; quel âge ont (b) _____?

7. *It's not **my** fault; it's **theirs**.* → Ce n'est pas (a) _____ faute, c'est (b) _____.

7-4   Leur: adjectif possessif vs **pronom possessif** vs **pronom objet indirect.** Indiquez la fonction de **leur** en choisissant UNE des trois réponses pour chacune des phrases suivantes. (Voir *Contrastes*, Chapitre 7, N.B. 7-1.)

1. C'est **leur** voiture?
   (a) adjectif possessif
   (b) pronom possessif
   (c) pronom objet indirect

2. Cette voiture? Non, ce n'est pas la **leur**, c'est celle de Bernard.
   (a) adjectif possessif
   (b) pronom possessif
   (c) pronom objet indirect

3. Tu **leur** as dit que nous sortions ce soir?
   (a) adjectif possessif
   (b) pronom possessif
   (c) pronom objet indirect

4. J'aime beaucoup les chats, alors quand mes voisins sont partis en vacances, je **leur** ai proposé de prendre le leur et de m'en occuper pendant leur absence. [Pour les fonctions des deux autres «leur», voir les phrases 5 et 6.]
   (a) adjectif possessif
   (b) pronom possessif
   (c) pronom objet indirect

5. J'aime beaucoup les chats, alors quand mes voisins sont partis en vacances, je leur ai proposé de prendre le **leur** et de m'en occuper pendant leur absence.

   (a) adjectif possessif

   (b) pronom possessif

   (c) pronom objet indirect

6. J'aime beaucoup les chats, alors quand mes voisins sont partis en vacances, je leur ai proposé de prendre le leur et de m'en occuper pendant **leur** absence.

   (a) adjectif possessif

   (b) pronom possessif

   (c) pronom objet indirect

7. Malheureusement, le chat s'est échappé et depuis trois jours, il demeure introuvable. Comment vais-je le **leur** annoncer quand ils reviendront?

   (a) adjectif possessif

   (b) pronom possessif

   (c) pronom objet indirect

8. Ce studio est à eux? Oui, il **leur** appartient, mais en ce moment, c'est leur fils aîné qui l'occupe (*lives there*). [Pour la fonction de l'autre «**leur**», voir la phrase 9.]

   (a) adjectif possessif

   (b) pronom possessif

   (c) pronom objet indirect

9. Ce studio est à eux? Oui, il leur appartient, mais en ce moment, c'est **leur** fils aîné qui l'occupe.

   (a) adjectif possessif

   (b) pronom possessif

   (c) pronom objet indirect

10. Quoique (*Although*) j'aime beaucoup notre maison, je préfère nettement la **leur**: elle est bien plus spacieuse (*much roomier*).

    (a) adjectif possessif

    (b) pronom possessif

    (c) pronom objet indirect

7-5 Transformez les phrases suivantes en employant les constructions avec **être à**, **appartenir à**, puis le **pronom possessif** qui convient. Remplacez les noms **en gras** par les pronoms qui leur correspondent. (Voir *Contrastes*, Chapitre 7, sections 1 à 4.)

MODÈLE: • C'est mon chien.
　　　　　　　(a) [Il / **être à**]: **Il est à moi.**
　　　　　　　(b) [Il / **appartenir à**]: **Il m'appartient.**
　　　　　　　(c) [C'est + **pronom possessif**]: **C'est le mien.**

1. C'est notre maison (f.).
　(a) [Elle / **être à**] _____
　(b) [Elle / **appartenir à**] _____
　(c) [C'est + **pronom possessif**] _____

2. C'est votre DVD (m.)?
　(a) [Il / **être à**] _____
　(b) [Il / **appartenir à**] _____
　(c) [C'est + **pronom possessif**] _____

3. Ce n'est pas ta veste.
　(a) [Elle / **être à**] _____
　(b) [Elle / **appartenir à**] _____
　(c) [Ce n'est pas + **pronom possessif**] _____

4. Ce sont les livres de **mes frères**.
　(a) [Ils / **être à**] _____
　(b) [Ils / **appartenir à**] _____
　(c) [Ce sont + **pronom possessif**] _____

5. Ce ne sont pas les affaires (f. pl.) de **Julien**.
　(a) [Elles / **être à**] _____
　(b) [Elles / **appartenir à**] _____
　(c) [Ce ne sont pas + **pronom possessif**] _____

6. C'est ton auto (f.)?
　(a) [Elle / **être à**] _____
　(b) [Elle / **appartenir à**] _____
　(c) [C'est + **pronom possessif**] _____

7. Ce sont nos photos (f. pl.).
　(a) [Elles / **être à**] _____
　(b) [Elles / **appartenir à**] _____
　(c) [Ce sont + **pronom possessif**] _____

8. Ce n'est pas ma montre.
　(a) [Elle / **être à**] _____
　(b) [Elle / **appartenir à**] _____
　(c) [Ce n'est pas + **pronom possessif**] _____

9. C'est votre portable (m.; *cell phone*)?
　(a) [Il / **être à**] _____
　(b) [Il / **appartenir à**] _____
　(c) [C'est + **pronom possessif**] _____

10. Ce sont les passeports (m. pl.) de **Julie et Catherine**.
　(a) [Ils / **être à**] _____
　(b) [Ils / **appartenir à**] _____
　(c) [Ce sont + **pronom possessif**] _____

7-6 **Le génitif anglais.** Complétez les phrases suivantes de façon à ce que vos réponses correspondent aux mots **en gras**. (Voir *Contrastes*, Chapitre 7, section 5.)

1. *This isn't **my bike**; it's **my brother's**.* → Ce n'est pas (a) _____ vélo (m.), c'est

   (b) _____ .

2. *This is not **our car**, it's **our friends'**.* → Ce n'est pas (a) _____ voiture (f.), c'est

   (b) _____ .

3. *Tell me, are these **your** cousins? —No, these are **Jim's**.* → Dis-moi, ce sont

   (a) _____ cousins (m. pl.)? —Non, ce sont (b) _____ .

4. *Are these **your** gloves? —No, they are **Laura's**.* → Ce sont (a) _____ gants (m. pl.)?

   —Non, ce sont (b) _____ .

5. *Are these **his** keys or **Paul's**?* → Est-ce que ce sont (a) _____ clés (f. pl.) ou

   (b) _____ ?

7-7 **Parties du corps: adjectif possessif vs article défini.** Complétez les phrases suivantes par les adjectifs possessifs ou par les articles définis qui conviennent. Faites la contraction avec la préposition **à**, si nécessaire. (Voir *Contrastes*, Chapitre 7, sections 6 à 8.)

1. Ludovic est très distrait: il a toujours _____ tête dans les nuages.

2. Jean-Luc et Xavier se sont battus à la récréation: Jean-Luc a donné un grand coup de pied dans

   (a) _____ jambes de Xavier, qui est tombé et s'est mis à pleurer parce que (b) _____

   genou (*knee*, m.) droit saignait.

3. Pour me réveiller, je me suis passé de l'eau froide sur _____ visage.

4. Il mit tendrement (a) _____ main sur l'épaule de Colette, contempla (b) _____

   magnifiques yeux gris, la prit dans (c) _____ bras et déposa un léger baiser... sur le bout de

   (d) _____ nez.

5. Pour attirer l'attention de sa mère, l'enfant la tirait d'une main par (a) _____ manche (f.)

   tandis que de (b) _____ autre, il essayait d'atteindre les bonbons qu'il convoitait

   (*was coveting*).

6. Pour cette fois, je fermerai _____ yeux sur ce que tu as fait (*I'll be tolerant about what you did*),

   mais ne recommence plus jamais!

7. Tu as mal (a) _____ dents? —Oui, une de (b) _____ dents de sagesse (*wisdom teeth*)

   me fait horriblement mal depuis hier. Je n'ai pas fermé (c) _____ œil de la nuit (*I didn't sleep

   a wink*).

8. Cet homme est très mal élevé: il ne peut pas s'asseoir sans poser _____ pieds sur la table! Quel

   malotru (*What a boor*)!

9. Arrête à la fin! Tu nous casses _____ pieds avec tes plaisanteries stupides! [familier]

10. De plus en plus énervé, il saisit soudain son voisin par (a) _____ cravate (f.) et se mit à lui

    crier des injures dans (b) _____ oreilles (f. pl.).

11. Il s'approcha d'elle et prit _____ main dans la sienne.

12. Tous ceux qui sont d'accord, levez _____ main!

7-8   Parties du corps: adjectif possessif vs article (défini ou indéfini). Complétez les phrases suivantes par les adjectifs possessifs ou par les articles (définis ou indéfinis) qui conviennent. Faites la contraction avec la préposition **à**, si nécessaire. (Voir *Contrastes*, Chapitre 7, sections 6 à 8.)

1. Pour tenter de cacher sa rougeur, elle se couvrit (a) _____ visage de (b) _____ mains.

2. Il arriva, (a) _____ cravate (f.) de travers et (b) _____ cheveux tout ébouriffés (*disheveled*).

3. Marc ne sait vraiment pas s'habiller: la couleur de (a) _____ chemise (f.) ne va jamais avec celle de (b) _____ veston (*jacket*, m.).

4. Il avait _____ air complètement désemparé. (*He looked totally helpless.*)

5. Ne mets pas (a) _____ main gauche sur (b) _____ genoux (*lap*, m. pl.) quand tu manges, ce n'est pas poli; mets-la sur la table. [En France en effet, comme dans la plupart des autres pays européens (sauf en Angleterre), on garde généralement les deux mains sur la table quand on mange.]

6. Depuis qu'elle a eu cet accident, _____ dos la fait terriblement souffrir.

7. Si vous avez mal _____ dos, je vous conseille de faire des massages; cela vous soulagera.

8. Depuis quelque temps, ma grand-mère perd (a) _____ mémoire et oublie tous (b) _____ rendez-vous!

9. À cinq ans, tu avais (a) _____ petit visage tout rond et (b) _____ beaux cheveux bouclés.

10. Il portait (a) _____ vieux chapeau melon qui lui donnait (b) _____ air d'un clown.

11. J'ai mal (a) _____ pied gauche depuis que je me suis tordu (b) _____ cheville (f.) en patinant (*skating*).

12. À force de faire (a) _____ yeux doux à Marianne, Antoine a fini par lui tourner (b) _____ tête.

13. Ils avaient mis des journaux sur _____ tête pour se protéger de la pluie.

14. Elle a décidé de se laisser pousser _____ cheveux.

15. Après ce qu'il m'a fait, je ne pourrai plus jamais le regarder dans _____ yeux. (*I'll never be able to look him in the eye.*)

16. Elle a toujours (a) _____ ongles vernis et manucurés; comment fait-elle pour avoir (b) _____ ongles aussi parfaits?

7-9 Récapitulation. Complétez les phrases suivantes de la manière qui convient. Traduisez les indications entre crochets, le cas échéant. (Voir *Contrastes*, Chapitre 7, sections 1 à 8.)

1. Oh zut (*Darn*)! J'ai perdu (a) _____ carnet (m.) de métro! J'espère que toi, tu as toujours

   (b) _____! —Oui, ne t'en fais pas, il nous reste assez de tickets pour le retour.

2. Tu as mal à _____ tête? Tiens, prends ces deux aspirines!

3. Ma fille aime beaucoup ce chaton (*kitten*) mais il ne (a) _____ appartient pas. C'est

   (b) _____ des voisins. —Ah bon? Il est à (c) _____? —Oui, mais ils ne s'en occupent

   pas beaucoup, alors il vient souvent chez nous. Il faut dire qu'il est bien mignon. Vous avez vu? Il a

   (d) _____ petit nez tout rose et (e) _____ minuscule tache blanche sur

   (f) _____ poitrine (*chest*, f. sg.).

4. Tu ne pourrais pas faire un peu plus attention où tu mets (a) _____ [*your*] affaires? Tu les as

   encore laissé traîner par terre et j'ai failli me rompre (b) _____ cou (*neck*).

5. Pardon, c'est votre sac de voyage? —Ah non, ce n'est pas (a) _____ [*ours*]; je crois que c'est

   (b) _____ [*theirs*].

6. Donne-moi (a) _____ [*my*] écharpe, s'il te plaît; si tu ne la trouves pas, eh bien, passe-moi

   (b) _____ de ma sœur.

7. Les Roulet aiment beaucoup (a) _____ vieil appartement. Il (b) _____ appartient

   depuis très longtemps.

8. Cette superbe voiture est à Grégoire?! —Oui c'est (a) _____. —Pas possible! Je n'y crois pas!

   —Mais si, je te dis, cette Ferrari est bel et bien à (b) _____! Tu sais bien qu'il vient d'hériter de

   son oncle.

9. Pardon, madame, ces lunettes de soleil ne sont pas à (a) _____ [*yours*], elles sont à

   (b) _____ [*mine*]! —Oh, excusez-moi, mademoiselle, je ne me rendais pas compte que

   c'étaient (c) _____ [*yours*]. (d) _____ [*Mine*] sont exactement pareilles!

10. La famille de Jeff est richissime, mais _____ de Marc est très modeste.

11. Excusez-moi madame, c'est (a) _____ [*your*] magazine (m.)? —Ah non monsieur, ce n'est pas

    (b) _____; je crois que c'est (c) _____ de la dame à côté.

12. Le bébé jouait à cache-cache (*hide-and-seek*) avec son père en mettant (a) _____ figure dans

    (b) _____ mains.

13. Des délinquants lui ont donné un grand coup sur (a) _____ tête et lui ont arraché

    (b) _____ portefeuille (*wallet*, m.).

14. Les amis de la petite Lucie sont plutôt calmes et bien élevés, mais _____ de son frère Jean-

    Marie sont absolument impossibles!

7-10 Récapitulation. Complétez les phrases suivantes de la manière qui convient. Employez les indications entre crochets, le cas échéant. (Voir *Contrastes*, Chapitre 7, sections 1 à 8.)

1. *Are these Sandra's things? —No, these are ours.* → Est-ce que ce sont les affaires (f. pl.) de Sandra?
   —Non, ce sont _____.

2. *Annie made a mistake with the keys; instead of giving them theirs, she gave them yours.* → Annie s'est
   trompée avec les clés: au lieu de leur donner (a) _____, elle leur a donné
   (b) _____.

3. *My throat hurts* [gorge (f.)]. → J'ai mal (a) _____. OU
   (b) _____ me fait mal.

4. *He sprained his ankle.* [se fouler (passé composé)] → Il _____ cheville (f.).

5. *Is this bathrobe yours?* → Est-ce que ce peignoir est _____?

6. *Is this dog yours? —No, ours is a poodle.* → Est-ce que ce chien vous (a) _____?
   —Non, (b) _____ est un caniche.

7. *Why is she sulking?* [utilisez une expression idiomatique avec **tête**] → Pourquoi est-ce qu'elle
   _____?

8. *Does she need my help?* → A-t-elle besoin de _____ aide (f.)?

9. *My parents are very generous.* [expression idiomatique avec **cœur** et **main**] →
   (a) _____ ont (b) _____.

10. *She's not my friend, she's Bob's.* → Ce n'est pas (a) _____, c'est
    (b) _____.

7-11 Récapitulation. Complétez les phrases suivantes de la façon qui convient. Employez les indications entre crochets, le cas échéant. (Voir *Contrastes*, Chapitre 7, sections 1 à 8.)

1. *Is this your book? —No, it's not mine, it's my friend Marie's.* → C'est (a) _____
   livre? —Non, ce n'est pas (b) _____, c'est (c) _____.

2. *Whose room is this? —It's not ours, it's Paul and Jack's.* → (a) _____
   est cette chambre? —Ce n'est pas (b) _____, c'est
   (c) _____ Paul et Jack.

3. *Do you prefer to borrow my car or theirs?* [voiture (f.)] → Tu préfères emprunter
   _____?

4. *I'd forgotten to take my sunglasses, so David lent me his.* → J'avais oublié de prendre
   (a) _____ lunettes (f. pl.) de soleil, alors David m'a prêté
   (b) _____.

5. *Is this computer yours?* → Cet ordinateur _____?

6. *My mother is blond and has blue eyes, while my little sister has magnificent red hair and great big green
   eyes.* → Ma mère est blonde et a (a) _____ bleus, tandis que ma
   petite sœur a (b) _____ roux et
   (c) _____ verts.

7. *I have a headache.* → J'ai _____.

8. *We had to listen very carefully because he couldn't raise his voice.* [employez des expressions idiomatiques
   avec **oreille** et **voix**] → Nous avons dû (a) _____ parce qu'il ne
   pouvait pas (b) _____.

8

La négation

8-1 **Négation des verbes.** Complétez les phrases suivantes de manière à traduire les éléments **en gras**. Suivez les indications entre crochets, le cas échéant. (Voir *Contrastes*, Chapitre 8, section 1.)

1. *I don't like this song.* → Cette chanson _____ (me plaire).

2. *She didn't get up very early this morning.* → Elle _____ (se lever) très tôt ce matin.

3. *The car? He didn't use it last night.* → La voiture? Il _____ (s'en servir) hier soir.

4. *On Saturdays, there aren't many of them [i.e. people, etc.].* → Le samedi, il _____ (y en avoir) beaucoup.

5. *She didn't tell it to him.* → Elle _____ (le lui dire).

6. *Don't come back before tomorrow.* [2e pers. pl.] → _____ (revenir) avant demain.

7. *Isn't she the oldest in the family?* [employez la question par <u>inversion</u>] → _____ (être) l'aînée de la famille?

8. *Jim and I prefer not to know about this.* → Jim et moi préférons _____ (le savoir).

9. *She's disappointed that she wasn't selected.* → Elle est déçue de _____ (être sélectionnée).

10. *We'd never manage without him.* → Nous _____ (y arriver: conditionnel présent) jamais sans lui.

11. *Careful not to lock the door behind you.* → Attention de _____ (verrouiller) la porte en sortant.

12. *Don't think about it!* [2e pers. sg.] → _____ (y penser)!

13. *Don't give it to them.* [2e pers. sg.] → _____ (le leur donner).

14. *It's better not to wait for them.* → Il est préférable de _____ (les attendre).

8-2 **Négation des articles.** Complétez les phrases suivantes de la manière qui convient. Analysez bien **les articles** mis en évidence. (Voir *Contrastes*, Chapitre 8, section 2.)

1. Elle aime **les** aubergines (*eggplant*). → Elle n'aime pas _____ aubergines.

2. Il a eu **le** courage de lui dire la vérité. → Il n'a pas eu _____ courage de lui dire la vérité.

3. J'ai toujours eu **des** animaux chez moi. → Je n'ai jamais eu _____ animaux chez moi.

4. Je comprends **les** revendications des manifestants. → Je ne comprends pas _____ revendications des manifestants.

5. Il faut **de la** farine pour faire ce gâteau. → Il ne faut pas _____ farine pour faire ce gâteau.

6. Ils ont **un** pied-à-terre à Paris. → Ils n'ont pas _____ pied-à-terre à Paris.

7. Cette actrice a **de la** présence sur scène. → Cette actrice n'a pas _____ présence sur scène.

8. J'ai besoin **du** cendrier (*ashtray*). → Je n'ai pas besoin _____ cendrier.

8-3 **Négation absolue** vs **négation partielle.** Complétez les phrases suivantes de la manière qui convient. (Voir *Contrastes*, Chapitre 8, section 3.)

1. Je voulais confectionner un dessert, mais je n'ai plus _____ sucre.

2. J'ai commandé de la sole, pas _____ colin (*codfish*, m.).

3. Ce n'est pas (a) _____ gin (m.), c'est (b) _____ vodka (f.).

4. Il ne mange jamais _____ viande rouge.

5. Avec le steak, on boit généralement (a) _____ rouge et non (b) _____ blanc.

6. Je n'ai vraiment pas eu _____ chance.

7. Et ces drôles de fleurs, ce ne sont pas _____ orchidées? —Si, si! C'est une variété très rare d'orchidées.

8. C'est fini, je n'achèterai plus _____ framboises (*raspberries*) dans ce magasin, elles sont trop chères et n'ont aucun goût.

9. La prochaine fois, n'achète pas (a) _____ framboises, achète (b) _____ fraises (*strawberries*).

10. Elle n'a pas prononcé _____ parole de toute la soirée!

8-4 **Étude de vocabulaire: pronoms et adverbes.** Complétez les réponses suivantes de la façon qui convient. (Voir *Contrastes*, Chapitre 8, section 4, Tableau 1.)

MODÈLE: • Tu as rencontré **quelqu'un**? → Non, je n'ai rencontré **personne**.

1. Est-ce qu'elle t'en a **déjà** parlé? → Non, elle ne m'en a _____ parlé.

2. **Quelqu'un** est venu? → Non, _____ est venu.

3. Tu as vu **quelqu'un**? → Non, je n'ai vu _____.

4. Vous y comprenez **quelque chose**? → Non, nous n'y comprenons _____.

5. As-tu **quelques** *ou* **des** idées à ce sujet? → Non, je n'ai _____ idée à ce sujet.

6. Tu vas **quelque part** ce week-end? → Non, je ne vais _____.

7. Vous allez **souvent** à l'opéra? → Non, nous n'y allons presque _____.

8. Elle est **encore** au bureau? → Non, elle n'y est _____.

9. Vous vous voyez **souvent**? → Non, on ne se voit quasiment _____.

10. Vous avez **déjà** fini le semestre? → Non, _____, il nous reste encore trois semaines de cours.

8-5   Tournures négatives idiomatiques: «n'avoir qu'à + infinitif» et «rien qu'à + nom».
Complétez les phrases suivantes par une phrase logique de votre invention. (Voir *Contrastes*, Chapitre 8, section 4, Tableau 2.)

MODÈLES: • Si tu as froid, tu n'as qu'à... → **Si tu as froid, tu n'as qu'à mettre un pull.** (*If you are cold, just put on a sweater.*)
• On voyait bien qu'il était furieux rien qu'à... → **On voyait bien qu'il était furieux rien qu'à sa façon de nous regarder.** (*You could see he was furious just by the way he was looking at us.*)

1. Si tu as faim, tu n'as qu'à...

   _____.

2. J'ai déjà commandé le gâteau, il n'y aura plus qu'à...

   _____.

3. On reconnaît *la Joconde (Mona Lisa)* rien qu'à...

   _____.

4. J'aurais reconnu Suzanne rien qu'à...

   _____.

5. Ma présentation orale est presque prête; je n'ai plus qu'à...

   _____.

6. Si vous ne voulez pas y aller aujourd'hui, vous n'avez qu'à...

   _____.

7. En général, les touristes reconnaissent le Louvre rien qu'à...

   _____.

8-6   Tournures négatives idiomatiques. Complétez les phrases suivantes de manière à traduire les éléments *en gras*. Utilisez <u>uniquement</u> des tournures idiomatiques. (Voir *Contrastes*, Chapitre 8, section 4, Tableau 2.)

1. *She works **more than ever**.* → Elle travaille _____.

2. *She **never works on Mondays**.* → Elle _____ (travailler) le lundi.

3. *The mail **hasn't come yet**? How come?* → Comment? Le courrier _____ (arriver: passé composé)?

4. *One recognizes Charlie Chaplin **just by the way** he walks.* → On reconnaît Charlie Chaplin _____ sa démarche.

5. *She **has no reason** to complain.* → Elle _____ raison de se plaindre.

6. ***No one is supposed** to leave town before the end of the inquiry.* → _____ (devoir) s'absenter avant la fin de l'enquête.

7. *What are you doing for New Year's Eve? —Oh, **not much**.* → Qu'est-ce que vous faites pour la Saint-Sylvestre? —Oh, _____.

8. *Do you like that restaurant? No, frankly, **not that much**.* → Vous aimez ce restaurant? Non, franchement, _____.

9. *This is silk, **not cotton**.* → C'est de la soie, _____ coton (m.).

10. *If you are cold, **just wear** my jacket.* → Si tu as froid, tu _____ mettre ma veste.

8-7 Ni... ni... Récrivez les phrases suivantes en les mettant à la forme négative. (Voir *Contrastes*, Chapitre 8, section 5.)

MODÈLE: • J'aime Paul et Jean. → **Je n'aime ni Paul ni Jean.** (*I like neither Paul nor John. / I don't like either Paul or John.*)

1. Ils aiment l'opéra et la musique classique.

_____

2. J'ai un chien et un chat.

_____

3. Nous avons mangé de la mousse au chocolat et de la tarte aux pommes.

_____

4. Ce film est intéressant et amusant.

_____

5. C'est du sucre en poudre ou de la farine.

_____

8-8 Ni... ni... Complétez les phrases suivantes de la façon qui convient, si nécessaire. Sinon, mettez simplement un **x** dans votre réponse. Employez les indications entre crochets, le cas échéant. (Voir *Contrastes*, Chapitre 8, section 5.)

1. *I don't want either dessert or coffee.* → Je ne veux ni (a) _____ dessert
   (b) _____ café. OU Je ne veux pas (c) _____ dessert
   (d) _____ café.

2. *Neither she nor I understood what he said.* [comprendre (passé composé)] →
   _____ ce qu'il a dit.

3. *He's neither generous nor honest.* → (a) _____ généreux
   (b) _____ honnête.

4. *It's neither water nor vodka, it's white vinegar.* → (a) _____ eau (f.)
   (b) _____ vodka (f.), c'est (c) _____ vinaigre (m.).

5. *They like neither wine nor beer.* [aimer] → Ils (a) _____ vin (m.)
   (b) _____ bière (f.).

6. *Neither you nor your friends will know how to get there.* [toi / tes amis / savoir (futur simple)] →
   _____ comment y aller.

7. *It's neither chicken nor turkey, it's pork.* → Ce n'est pas (a) _____ poulet (m.)
   (b) _____ dinde (f.), c'est (c) _____ porc (m.). OU Ce n'est
   (d) _____ poulet (e) _____ dinde, c'est
   (f) _____ porc.

8. *I can't either ski or skate.* [skier / patiner] → Je ne sais _____.

9. *He's neither sick nor tired; he's just feeling a little lazy today.* [malade / fatigué] → Il
   _____, il se sent simplement un peu paresseux aujourd'hui.

10. *These keys are neither his nor mine.*
    → (a) [employez des **pronoms possessifs**] Ces clés (f. pl.) ne sont _____.
    → (b) [employez la construction **être à** + **pronoms disjoints**] Ces clés ne sont _____.
    → (c) [employez la construction **appartenir à** + **pronoms disjoints** ici] Ces clés n'appartiennent
    _____.

8-9   La restriction. Récrivez les phrases suivantes en remplaçant les mots **en gras** par une expression synonyme ou en les utilisant dans une autre construction. Faites tous les changements nécessaires. Employez les indications entre crochets, le cas échéant. (Voir *Contrastes*, Chapitre 8, section 6.)

1. Je bois **seulement/uniquement** du lait écrémé (*skim*).

   _____

2. **Seul** Jean peut comprendre cela.

   _____

3. Elle a **seulement** dix-sept ans.

   _____

4. Il nous reste **seulement/uniquement** deux jours de vacances.

   _____

5. Elle se plaint **constamment/tout le temps**. [Elle ne fait...]

   _____

8-10   Restriction avec ne... que (*only/nothing but/just*). Complétez les phrases suivantes de la façon qui convient. Employez les indications entre crochets, le cas échéant. (Voir *Contrastes*, Chapitre 8, section 6.)

1. *Marie only eats fish.* [manger] → Marie _____ poisson (m.).
2. *My little brother only likes vanilla ice cream.* [aimer] → Mon petit frère _____ glace (f.) à la vanille.
3. *Sebastian is the only one who's willing to help me.* → (a) Il n'y a _____ veuille bien m'aider. (b) Sébastien est _____ veuille bien m'aider.
4. *She does nothing but watch TV all day.* [regarder] → Elle _____ la télévision toute la journée.
5. *I'm not just doing French this semester; I'm also taking sociology, political science, and economics.* [faire du français] → _____ ce semestre, je suis aussi des cours de sociologie, de sciences politiques et d'économie.
6. *She's only thirteen, but she looks older.* [treize ans] → _____, mais on lui en donnerait plus.
7. *We only eat the fruit and vegetables from our garden.* → _____ les fruits et les légumes de notre jardin.
8. *You only have to see him to understand why he doesn't go unnoticed.* [employez une expression idiomatique] → Il _____ le voir pour comprendre pourquoi il ne passe pas inaperçu.
9. *I'm just passing through.* → Je _____ passer.
10. *They have only a week of vacation.* → Ils _____ semaine (f.) de vacances.

8-11   Omission de «pas». Complétez les phrases suivantes de la façon qui convient en omettant l'adverbe **pas** si possible, et à plus forte raison lorsque c'est obligatoire. Employez les indications entre crochets, le cas échéant. (Voir *Contrastes*, Chapitre 8, sections 7 et 8.)

1. *Why are you accusing me? I didn't do anything!* [faire (passé composé)] → Pourquoi m'accuses-tu? Je _____!
2. *She is Belgian, if I'm not mistaken.* [idiomatique] → Elle est belge, si je

   _____.

3. *But I won't know anyone at that party!* [connaître (futur simple)] → Mais je

   _____ à cette soirée!

4. *I don't have either the time or the money.* [temps (m.) / argent (m.)] →

   _____.

5. *I have no idea!* → Je _____ idée (f.)!

6. *We only have ten minutes left.* [rester] → Il ne nous _____ dix minutes.

7. *I don't have more than ten minutes.* → _____ dix minutes.

8. *He's just talking off the top of his head!* [idiomatique] → Il dit

   _____ quoi!

9. *You don't own a tuxedo? That's no problem* or *Never mind, I'll lend you one!* [employez une expression idiomatique avec **tenir**] → Tu n'as pas de smoking? _____, je t'en prêterai un!

10. *He's doesn't know what to do any more.* → Il ne sait _____.

8-12 Récapitulation. Récrivez les phrases suivantes à la forme négative en faisant porter la négation sur les mots **en gras**. Faites tous les changements nécessaires. Omettez l'adverbe **pas** lorsque c'est possible. Employez les indications entre crochets, le cas échéant. (Voir *Contrastes*, Chapitre 8, sections 1 à 9.)

MODÈLES: • J'ai rencontré **quelqu'un**. → Je n'ai rencontré **personne**.
  • J'**ai** faim. → Je **n'ai pas** faim.

1. Je préfère lui **parler** tout de suite.

   _____

2. **Dites**-le-leur!

   _____

3. Nous l'avons **déjà** vu **quelque part**.

   _____

4. Elle est soulagée d'**être arrivée** avant eux. [Elle regrette de...]

   _____

5. Ils sont partis **en se disant** au revoir.

   _____

6. Elle a **des parents** <u>et</u> **des amis**.

   _____

7. J'ai **un cadeau** pour eux.

   _____

8. **Certains** de ses livres **sont déjà épuisés** (*out of print*).

   _____

9. Il **se sert de la** voiture ce soir.

   _____

10. C'est étonnant qu'elles soient **déjà** là. [C'est ennuyeux qu'elles...]

    _____

11. Les deux adolescents ont traversé la frontière (*border*) **mais ils ont été inquiétés** par la police. [sans]

    _____

12. Il reste **encore du** pain.

    _____

13. Ils connaissent **déjà tout le monde** dans le voisinage.

    _____

14. Il apprécie **tout**: la bonne chère (*good food*) <u>et</u> les bons vins.

    _____

15. J'**ose toujours** lui dire ce que je pense.

    _____

8-13 Récapitulation. Complétez les phrases suivantes de la façon qui convient. Employez les indications entre crochets, le cas échéant. (Voir *Contrastes*, Chapitre 8, sections 1 à 9.)

1. *We didn't see anything.* [voir (passé composé)] → On _____.

2. *He's not a doctor, he's only a medical student.* [étudiant / employez une tournure synonyme de **seulement**] → Il n'est pas médecin, il n' _____ en médecine.

3. *They came back home without making any noise.* [bruit (m.)] → Ils sont rentrés _____.

4. *I don't know any of these movies.* [connaître] → Je _____ de ces films.

5. *She found neither apricots nor cherries at the market.* [abricot (m.) / cerise (f.)] → Elle n'a trouvé _____ au marché.

6. *She's sorry she didn't speak to him earlier.* [parler (infinitif passé)] → Elle est désolée de _____ plus tôt.

7. *Be careful not to fall.* [tomber] → Fais attention de _____.

8. *There's only mineral water left and nothing else.* [rester (employez une expression synonyme de **seulement**) / eau minérale] → Il _____ et rien d'autre.

8-14 Récapitulation. Complétez les phrases suivantes de la façon qui convient. Employez les indications entre crochets, le cas échéant. (Voir *Contrastes*, Chapitre 8, sections 1 à 9.)

1. *She's a vegan; she eats neither eggs nor cheese.* [œuf (m.) / fromage (m.)] → Elle est végétalienne; elle ne mange _____.

2. *I didn't say anything to anybody.* [dire (passé composé)] → Je _____.

3. *Neither you nor your brother have ever been to Quebec City?* [aller (passé composé)] → Ni toi ni ton frère _____ à Québec?

4. *I don't know how to thank you.* [savoir] → Je _____ vous remercier.

5. *Have you ever read his novels? —No, in fact I've never heard of this author.* [lire (passé composé) / entendre (passé composé)] → Est-ce que vous (a) _____ ses romans? —Non, en fait, je (b) _____ parler de cet auteur.

6. *You wouldn't have seen my cat by any chance?* [voir (conditionnel passé)] → Vous _____ mon chat par hasard?

7. *They haven't called back yet?* [rappeler (passé composé)] → Ils _____?

8. *I'm on a diet; I don't eat either chocolates or candy.* [manger / chocolats (m. pl.) / bonbons (m. pl.)] → Je suis au régime: je _____.

8-15 Récapitulation. Complétez les phrases suivantes de la façon qui convient. Employez les indications entre crochets, le cas échéant. (Voir *Contrastes*, Chapitre 8, sections 1 à 9.)

1. *I'm sorry I didn't notice this mistake.* [remarquer (infinitif passé)] → Je suis désolé(e) de _____ cette erreur.

2. *They haven't always been that well off.* [être (passé composé)] → Ils _____ aussi riches.

3. *I didn't understand anything about this chapter.* [comprendre (passé composé)] → Je _____ à ce chapitre.

4. *He didn't find his keys anywhere.* [trouver (passé composé)] → Il

   (a) _____ ses clés

   (b) _____.

5. *You wouldn't have a one-dollar bill, by any chance?* [avoir (conditionnel présent) / billet (m.)] → Tu

   _____ d'un dollar par hasard?

6. *If you don't have a car, just rent one!* → Si tu (a) _____

   voiture, tu n'(b) _____ en louer une.

7. *She's just talking off the top of her head.* [idiomatique] → Elle dit

   _____ quoi.

8. *Their house isn't finished yet; there's neither heat nor electricity.* [terminée / chauffage (m.) / électricité

   (f.)] → Leur maison n'est (a) _____ : il n'y a

   (b) _____.

9. *One recognizes Fred Astaire just by the way he dances.* [sa façon de danser (employez une expression

   idiomatique] → On reconnaît Fred Astaire _____.

10. *Is he out of the office? —Not that I know of . . .* [idiomatique] → Il est absent? —Pas

    _____ ...

8-16 Ne explétif vs **ne négatif.** Complétez les phrases suivantes de manière à traduire les éléments *en gras*. Employez soit le **ne** explétif, soit le **ne** négatif suivi de l'adverbe **pas**, selon le sens de la phrase. (Voir *Contrastes*, Chapitre 8, section 10.)

1. *We are worried that they'll **make** other mistakes.* → Nous avons peur qu'ils _____ [faire (subjonctif présent)] d'autres erreurs.

2. *I am afraid that she'll **lose** her job.* → Je crains qu'elle _____ [perdre (subjonctif présent)] son travail.

3. *I won't go there unless they **come** pick me up.* → Je n'irais pas à moins qu'on _____ [venir (subjonctif présent)] me chercher.

4. *Hurry up before the train **leaves**!* → Dépêche-toi avant que le train _____ [repartir (subjonctif présent)]!

5. *I'm afraid that the weather **might not be nice** this weekend.* → J'ai peur qu'il _____ [faire (subjonctif présent)] beau ce week-end.

6. *Don't call them before I**'ve talked** to them.* → Ne les appelle pas avant que je _____ [leur parler (subjonctif passé)].

7. *We'll go tomorrow, unless she**'s not** available.* → Nous irons demain, à moins qu'elle _____ [être (subjonctif présent)] disponible.

8. *His parents are concerned that he **has failed** his exams.* → Ses parents craignent qu'il _____ [échouer (subjonctif passé)] à ses examens.

9. *That documentary is less interesting than I **thought**.* → Ce documentaire est moins intéressant que je _____ [penser (imparfait)].

10. *This candidate is more eloquent than I **expected**.* → Ce candidat est plus éloquent que je _____ [s'y attendre (imparfait)].

9

Le passé de l'indicatif
Le récit au passé

9-1 **Imparfait.** Complétez les phrases suivantes en mettant les verbes entre parenthèses à l'imparfait. (Voir *Contrastes*, Chapitre 9, sections 1 et 2.)

1. *When I was ten, I used to take dance lessons twice a week.* → Quand j'(a) _____ (avoir) dix ans, je (b) _____ (faire) de la danse deux fois par semaine.

2. *It was snowing and we were shivering with cold.* → Il _____ (neiger) et nous (b) _____ (grelotter) de froid.

3. *If only I could OR I wish I could help them!* → Si seulement je _____ (pouvoir) les aider!

4. *We didn't mean to disturb you, we were just coming to borrow your stapler.* → Nous ne (a) _____ (vouloir) pas vous déranger, nous (b) _____ (venir) juste vous emprunter votre agrafeuse.

5. *She made herself a sandwich because she was hungry.* → Elle s'est fait un sandwich parce qu'elle _____ (avoir) faim.

6. *What would you do if one day you were in my shoes?* → Que ferais-tu si tu _____ (être) un jour à ma place?

7. *The fuses blew while they were preparing dinner.* → Les fusibles ont sauté pendant qu'ils _____ (préparer) le dîner.

8. *What if we went to Greece for our honeymoon?* → Et si nous _____ (aller) en Grèce pour notre lune de miel?

9. *I thought/was under the impression [that] she was mad at me.* → Je (a) _____ (croire) qu'elle (b) _____ (être) fâchée contre moi.

10. *They used to go out together when they were students.* → Ils (a) _____ (sortir) ensemble quand ils (b) _____ (être) étudiants.

9-2 **Imparfait.** Inventez la fin des phrases suivantes selon les indications entre crochets. Mettez les verbes à l'imparfait. (Voir *Contrastes*, Chapitre 9, sections 1 et 2.)

1. Quand ma grand-mère habitait encore à Toulouse, nous... [habitude]

_____

2. Ah, si seulement... ! [souhait]

_____

3. Aujourd'hui je suis à l'heure, mais hier, ... parce que... [description, puis explication]

_____

4. Je... [vouloir *ou* venir (politesse)]

_____

5. Quand Marc est rentré chez lui, son frère... [action prise dans son déroulement]

_____

6. Et si nous... [suggestion]

_____

7. Quand Tom et moi sommes arrivés à New York, ... [description de la météo]

_____

8. Émilie a appelé pendant que je... [action prise dans son déroulement]

_____

9. Ce matin, je (f.) ... [état d'esprit/santé, etc.]

_____

10. Je le ferais volontiers si je (m.) ... [hypothèse irréelle]

_____

9-3 **Rédaction à l'imparfait.** Écrivez un paragraphe d'une dizaine de phrases dans lesquelles vous décrirez ce que vous et vos ami(e)s aviez l'**habitude** de faire lorsque vous étiez encore au lycée (*high school*). Utilisez uniquement l'imparfait. (Voir *Contrastes*, Chapitre 9, sections 1 et 2.)

PAR EXEMPLE: Lorsque j'étais au lycée, je me levais tous les jours à...

9-4 **Passé proche.** Complétez les phrases suivantes en employant le verbe **venir** au présent ou à l'imparfait, selon le cas + **infinitif**. Employez les verbes entre parenthèses. (Voir *Contrastes*, Chapitre 9, section 3 et N.B. 9-3.)

1. *They had just left the hotel when they heard the explosion.* → Ils _____ (quitter) l'hôtel lorsqu'ils ont entendu l'explosion.

2. *She's just bought herself a new car.* → Elle _____ (s'acheter) une nouvelle voiture.

3. *Tom and I had just met when he was transferred to Toronto.* → Tom et moi _____ (se rencontrer) quand il a été transféré à Toronto.

4. *I had just finished my diploma when I was offered that job.* → Je _____ (terminer) mon diplôme quand on m'a offert ce poste.

5. *They've just called to say that they'd be a little late.* → Ils _____ (appeler) pour dire qu'ils seraient un peu en retard.

6. *The countryside was beautiful because it had just snowed.* → La campagne était très belle parce qu'il _____ (neiger).

7. *Let's hurry! The train has just pulled into the station.* → Dépêchons-nous! Le train _____ (entrer) en gare.

8. *I just realized that I left my keys at home.* → Je _____ (se rendre compte) que j'ai laissé mes clés chez moi.

9. *You're going out again? But you just got home!* → Tu ressors? Mais tu _____ (rentrer)!

10. *You had just been born when we moved into this house.* → Tu _____ (naître) quand nous avons emménagé dans cette maison.

9-5 Passé composé. Complétez les phrases suivantes en mettant les verbes entre parenthèses au passé composé. Attention au choix de l'auxiliaire, à l'accord du participe passé et à la place de l'adverbe, le cas échéant. (Voir *Contrastes*, Chapitre 9, sections 4 et 5.)

1. Il (a) _____ (se présenter) au directeur et lui (b) _____ (remettre) son CV ainsi que sa lettre de motivation (*cover letter*).

2. Madame Thibaudeau _____ (être) ravie de faire votre connaissance et espère vous revoir bientôt.

3. Et toi, Tania, avec qui est-ce que tu (f.) _____ (sortir) hier soir?

4. Est-ce que tu _____ (déjà sortir) le parasol?

5. En vieillissant, mon grand-père _____ (devenir) complètement sourd.

6. Il _____ (faire) un froid terrible tout l'hiver dernier; heureusement que cet hiver-ci, il fait plus doux.

7. Un prisonnier _____ (s'évader) en sciant les barreaux de sa cellule.

8. Il m' _____ (donner) de vieilles photos de famille; tu veux les voir?

9. Hier, j'ai croisé Jacqueline au Luxembourg. Comme nous ne nous étions pas vues depuis une éternité (*for ages*), nous (a) _____ (s'asseoir) sur un banc et nous (b) _____ (passer) tout l'après-midi à bavarder de tout et de rien.

10. Comme il commençait à pleuvoir, on _____ (vite rentrer) les chaises de jardin.

11. Et toi, Julien, où as-tu passé tes vacances? —Je _____ (aller) en Italie.

12. Elles _____ (se disputer) pour des questions d'héritage.

13. Rappelle-moi, Julie, je ne me souviens plus très bien, tu _____ (naître) en quelle année?

14. Nous _____ (avoir) beaucoup de peine à les joindre (*reach them by phone*).

15. Hier, il _____ (pleuvoir) toute la journée.

16. Mes amis (a) _____ (arriver) avant-hier par le train de 18 heures 12 et (b) _____ (repartir) ce matin par celui de 11 heures 15.

17. Ma grand-mère est allée au cinéma hier soir, mais le film qu'elle (a) _____ (voir) (b) _____ (ne pas lui plaire).

18. Il paraît que Jean-Luc _____ (se faire) opérer d'une hernie il y a quelques jours et qu'il devra rester encore quelques jours à l'hôpital.

9-6 Interviews au passé composé (exercice écrit puis oral). Préparez d'abord une liste des huit ou dix **événements majeurs** de votre week-end (ou de vos dernières vacances). Employez <u>uniquement</u> des verbes au **passé composé**. Travaillez ensuite avec une autre personne et posez-vous mutuellement des questions (au passé composé) sur vos activités. (Voir *Contrastes*, Chapitre 9, sections 4 à 6.)

9-7 Passé proche vs **passé composé.** Complétez les phrases suivantes en mettant les verbes entre parenthèses au passé proche ou composé, suivant le sens et le contexte. Attention au choix de l'auxiliaire et du semi-auxiliaire, à l'accord du participe passé et à la place de l'adverbe, le cas échéant. (Voir *Contrastes*, Chapitre 9, sections 3 à 6.)

1. *She hurt herself falling down the stairs.* → Elle _____ (se faire) mal en tombant dans les escaliers.

2. *They haven't answered my e-mail yet.* → Ils _____ (ne pas encore répondre) à mon courriel.

3. *I've just received your letter.* → Je _____ (recevoir) votre lettre.

4. *Delphine, do you recommend this restaurant to us? —Yes, I've never been disappointed by their cuisine.*
   → Delphine, tu nous recommandes ce restaurant? —Oui, je _____ (ne jamais être) déçue par leur cuisine.

5. *He's always had problems in school [and he still does].* → Il _____ (toujours avoir) des problèmes à l'école.

6. *The movie has just started.* → Le film _____ (commencer).

7. *The movie started ten minutes ago.* → Le film _____ (commencer) il y a dix minutes.

8. *You cannot forget this movie once you've seen it.* → On ne peut pas oublier ce film une fois qu'on l' _____ (voir).

9. *He worked many years for UNESCO.* → Il _____ (travailler) pour l'UNESCO pendant plusieurs années. [UNESCO: *United Nations Educational, Scientific and Cultural Organization.*]

10. *They've just gotten married.* → Ils _____ (se marier).

9-8 **Habitude au passé: imparfait** vs **passé composé.** Mettez les verbes entre parenthèses à l'imparfait ou au passé composé, suivant le sens et le contexte. Attention au choix de l'auxiliaire, à l'accord du participe passé et à la place de l'adverbe, le cas échéant. (Voir *Contrastes,* Chapitre 9, section 7.)

1. Mes cousins (a) _____ (venir souvent) nous voir lorsque nous
   (b) _____ (vivre) encore à Montpellier, mais maintenant que nous habitons Strasbourg, ils ne viennent plus, c'est trop loin pour eux.

2. Ils _____ (toujours skier) dans les Rocheuses et continuent d'aller à Vail chaque année.

3. L'an dernier, nous (a) _____ (faire) du vélo tous les dimanches, mais cette année, nous (b) _____ (ne pas en faire) une seule fois!

4. Autrefois, David (a) _____ (jouer) au hockey mais il y a deux ans, il
   (b) _____ (se fouler) une cheville (*sprained an ankle*) et depuis lors il n'en fait plus.

5. Ces gens _____ (être toujours) charmants avec nous, je les apprécie beaucoup.

6. Quand mon petit frère (a) _____ (avoir) cinq ou six ans, il
   (b) _____ (vouloir) toujours qu'on lui lise une histoire le soir: ça le
   (c) _____ (détendre) et il (d) _____ (s'endormir) presque tout de suite après; mais le jour où il (e) _____ (apprendre) à lire, il
   (f) _____ (ne plus jamais vouloir) qu'on lui fasse la lecture; il
   (g) _____ (se mettre) à lire tout seul, la nuit, avec une lampe de poche, sous les couvertures.

Nom: _____   Date: _____

9-9 **Imparfait** vs **passé composé.** Mettez les verbes entre parenthèses à l'imparfait ou au passé composé, suivant le sens et le contexte. Attention au choix de l'auxiliaire, à l'accord du participe passé et à la place de l'adverbe et/ou des pronoms, le cas échéant. (Voir *Contrastes*, Chapitre 9, sections 1 et 2 et sections 4 à 7.)

1. Quand elle (a) _____ (rentrer) vers 22 heures, son frère

   (b) _____ (dormir) déjà.

2. Ah bon, vous _____ (ne pas aimer) le film d'hier soir? Et pourquoi ça?

3. Pourquoi est-ce que, l'autre jour, tu (a) _____ (ne pas acheter) ce pull (*sweater*)

   qui (b) _____ (aller) si bien avec ton pantalon? —Parce que je

   (c) _____ (ne pas aimer) la couleur: tu sais bien que le vert pâle ne me va pas du

   tout.

4. Vous (a) _____ (aller) faire du ski dans les Alpes autrefois, n'est-ce pas, Olivier et

   Anne? —Oui, c'est exact, mais l'hiver dernier, nous (b) _____ (aller) skier dans les

   Pyrénées.

5. Ce matin, l'avion (a) _____ (ne pas pouvoir) décoller (*take off*) parce qu'il y

   (b) _____ (avoir) trop de brouillard.

6. (a) _____ (ranger: *I was cleaning up*) ma chambre quand le téléphone

   (b) _____ (sonner).

7. Quand il (a) _____ (avoir) vingt ans, il (b) _____ (monter) les

   escaliers quatre à quatre (*used to rush up the stairs*), mais maintenant qu'il en a soixante, il ne peut plus!

8. J'aime beaucoup cette actrice; j' _____ (toujours admirer) son élégance discrète et

   raffinée.

9. Tu aimes le camembert? Tiens, c'est bizarre, moi qui (a) _____ (croire) que tu

   (b) _____ (détester) ça!

10. Vers quatre heures du matin, j'(a) _____ (entendre) un bruit bizarre:

    j'(b) _____ (avoir) soudain très peur. Je croyais que c'était un voleur, mais

    heureusement, ce n'(c) _____ (être) rien qu'un brusque coup de vent.

11. Il m'a pris(e) à part parce qu'il (a) _____ (vouloir) me demander discrètement si je

    (b) _____ (pouvoir) lui prêter un peu d'argent.

12. Est-ce que quelqu'un (a) _____ (voir) mon sac? —Oui, il est dans l'entrée, là où tu

    (b) _____ (le laisser) en rentrant tout à l'heure!

13. C'est vrai? Ils (a) _____ (gagner)? Formidable! J'en (b) _____

    (être) sûr(e)!

14. Je me demande bien (*I really wonder*) pourquoi il t'_____ (dire) ça...

15. Ce matin, j'(a) _____ (mettre) plus d'une heure pour arriver au bureau, tellement

    la circulation (b) _____ (être) dense! J'(c) _____ (tourner) en

    rond pendant vingt minutes pour essayer de trouver à me garer (*park*) dans les petites rues près d'ici,

    mais comme je ne (d) _____ (trouver: *wasn't finding anything*) rien, je

    (e) _____ (aller) dans un garage payant.

9-10 Récapitulation: imparfait vs passé proche vs passé composé. Complétez les phrases suivantes en mettant les verbes aux temps qui conviennent, suivant le sens et le contexte. Attention au choix de l'auxiliaire, à l'accord du participe passé et à la place de l'adverbe et/ou des pronoms, le cas échéant. (Voir *Contrastes*, Chapitre 9, sections 1 à 7.)

1. *They had just gotten home when they heard the news.* → Ils (a) _____ (rentrer) quand ils (b) _____ (apprendre) la nouvelle.

2. *I didn't mean to disturb you, I just wanted to say hello to you.* → Je (a) _____ (ne pas vouloir) vous déranger, je (b) _____ (venir) juste vous dire un petit bonjour.

3. *She knocked on the door to see whether I was free.* → Elle (a) _____ (frapper) à la porte pour voir si j'(b) _____ (être) libre.

4. *We brought up the old mirror to the attic.* → Nous _____ (monter) le vieux miroir au grenier.

5. *We used to see her once in a while when she was still living in the neighborhood.* → On la (a) _____ (voir) de temps en temps quand elle (b) _____ (vivre) encore dans le quartier.

6. *She was really tired last night when she came back, so she immediately went to bed.* → Elle (a) _____ (être) très fatiguée hier soir en revenant, alors elle (b) _____ (se coucher) immédiatement.

7. *We had just arrived in Paris when we ran into them on the Boulevard Saint-Michel.* → Nous (a) _____ (arriver) à Paris lorsque nous les (b) _____ (croiser) par hasard sur le Boulevard Saint-Michel.

8. *We got up very early this morning.* → Nous (f. pl.) _____ (se lever) très tôt ce matin.

9. *We only learned about it yesterday.* → Nous ne _____ (l'apprendre) qu'hier.

10. *I didn't call him back because I was sick.* → Je (a) _____ (ne pas le rappeler) parce que j' (b) _____ (être) malade.

9-11 Plus-que-parfait. Mettez les verbes entre parenthèses au plus-que-parfait. Attention au choix de l'auxiliaire, à l'accord du participe passé et à la place de l'adverbe et/ou des pronoms, le cas échéant. (Voir *Contrastes*, Chapitre 9, section 8.)

1. Ah bon, il est encore au bureau? C'est bizarre, je croyais qu'il _____ (déjà partir).

2. Quand je suis allé(e) au guichet l'autre jour, il ne restait déjà plus rien pour le concert de ce soir. L'employé m'a dit que tous les billets _____ (être) vendus en moins de deux heures la veille (*the day before*).

3. Il était tard, le théâtre _____ (fermer) ses portes depuis longtemps.

4. Nous avons eu de fortes chutes de neige ces deux derniers jours, et pourtant la météo _____ (ne pas prévoir) de tempête avant demain.

5. Où est passé mon portable? Il me semble pourtant que je l' _____ (mettre) dans mon sac, mais je ne le trouve plus.

6. Oh, excuse-moi, j' _____ (complètement oublier) que tu n'aimais pas le saumon fumé; je vais te préparer autre chose.

7. Vous n'avez toujours pas reçu ces deux romans? —Non monsieur, je regrette. —C'est ennuyeux. Je vous les _____ (pourtant commander) il y a plus de deux semaines: je voulais être sûr de les avoir pour Noël!

8. Ils viennent d'avoir des jumeaux? Ça alors! Mais c'est formidable! Et moi qui croyais qu'ils _____ (divorcer)!

9. Dès que nous _____ (finir) nos devoirs, mes frères et moi allions jouer dans le jardin jusqu'à l'heure du dîner.

10. Jacques ne savait plus que faire: la veille, aucun de ses amis _____ (ne vouloir) l'aider.

11. Alors, petite cachottière (*So, you sneaky little thing*), tu _____ (ne pas me dire) que tu sortais avec Marc...

12. Cette nuit-là, le vent (a) _____ (se lever) (*the wind had started*), la température (b) _____ (tomber) à moins vingt degrés au-dessous de zéro et à notre réveil, plusieurs tuyaux (c) _____ (déjà geler): on a dû faire venir (*we had to call*) le plombier.

13. À 11 heures du soir dans cette petite ville de province, les magasins seront fermés! —Ah, c'est vrai, je _____ (ne pas y penser)!

14. Si vous _____ (se donner) la peine (*If you had bothered*) de relire ce passage, vous l'auriez mieux compris.

15. Je n'ai pas réussi à trouver cette boutique, je ne sais pas pourquoi: tu m' _____ (pourtant bien expliquer) où elle se trouvait l'autre jour.

16. Il a pris un somnifère parce qu'il _____ (mal dormir) la veille.

17. Nous serions venus plut tôt si on nous l' _____ (demander).

9-12 Imparfait vs **plus-que-parfait** vs **passé composé.** Mettez les verbes entre parenthèses à l'imparfait, au plus-que-parfait ou au passé composé, selon le cas. Attention au choix de l'auxiliaire, à l'accord du participe passé et à la place de l'adverbe et des pronoms, le cas échéant. (Voir *Contrastes,* Chapitre 9, sections 1 et 2 et sections 4 à 8.)

1. Hier, quand nous (a) _____ (rentrer), le téléviseur était allumé: nous

     (b) _____ (oublier) de l'éteindre en partant.

2. Mon frère (a) _____ (se moquer) de moi sous prétexte que je

     (b) _____ (ne rien comprendre) au film d'hier soir, mais c'est lui qui n'a rien

     compris!

3. À cette époque-là, elle sortait avec quelqu'un dont elle _____ (faire) la

     connaissance lors d'un voyage à l'étranger.

4. Pourrais-tu me rapporter la vidéo que je t'_____ (prêter) avant de partir en

     vacances? J'aimerais la revoir.

5. J'ai retrouvé le document que vous m'_____ (demander) l'autre jour; vous en avez

     toujours besoin?

6. Ce week-end, nous (a) _____ (revoir) des amis que nous (b) _____

     (rencontrer) lors de notre précédent séjour à Paris. Pour les amuser, nous leur

     (c) _____ (faire) visiter le campus et nous les (d) _____

     (emmener) à une soirée: il y (e) _____ (avoir) un monde fou (*lots of people*) et

     nous (f) _____ (bien s'amuser).

7. Quand Anouk (a) _____ (apprendre) qu'elle (b) _____

     (gagner) le premier prix, elle (c) _____ (pousser) un cri de joie et

     (d) _____ (se mettre) à rire: elle (e) _____ (ne pas arriver) à y

     croire.

8. Il avait sa routine: une fois qu'il (a) _____ (terminer) son travail, il

     (b) _____ (se rendre) au café du coin pour retrouver des amis.

9. Il a longtemps travaillé comme mécanicien, comme l' _____ (faire) son père avant

     lui, mais maintenant, il est à la retraite.

10. Si tu _____ (vraiment vouloir) partir en vacances avec elle l'an dernier, tu aurais

     pu, rien ne t'en empêchait; avoue que c'est toi qui n'en avais pas envie!

11. Dans le temps (*In the past*), quand mon grand-père (a) _____ (être) médecin de

     campagne, il (b) _____ (toujours commencer) sa journée par la tournée de ses

     patients à domicile (*by visiting his patients at home*).

12. Ils (a) _____ (toujours savoir) que leur fils était doué (*gifted*), mais ils

     (b) _____ (ne pas penser) qu'il l'était à ce point.

9-13 **Le récit au passé: le week-end d'Annick (imparfait vs plus-que-parfait vs passé composé).**
Mettez les verbes de ce petit récit à l'imparfait, au plus-que-parfait ou au passé composé, selon le sens et le contexte. Attention au choix de l'auxiliaire, à l'accord du participe passé et à la place de l'adverbe, le cas échéant. (Voir *Contrastes*, Chapitre 9, sections 1 à 9.)

Le week-end dernier, Annick (1) _____ (bien s'amuser). Vendredi, elle

(2) _____ (aller) à une soirée. Il y (3) _____ (avoir) beaucoup de

monde et elle y (4) _____ (retrouver) tout plein d'amis qu'elle

(5) _____ (ne pas voir) depuis longtemps. Elle (6) _____ (danser)

jusqu'à deux heures du matin; la musique (7) _____ (être) vraiment bien.

Samedi, elle (8) _____ (se lever) à dix heures. Il (9) _____ (faire)

beau, elle (10) _____ (être) de bonne humeur. Elle (11) _____

(faire) sa toilette, puis elle (12) _____ (descendre) en ville pour rejoindre une amie.

Elles (13) _____ (aller) dans un petit café où elles (14) _____

(prendre) leur petit déjeuner. Ensuite, elles (15) _____ (faire) quelques courses

ensemble: Annick (16) _____ (avoir) envie de s'acheter une robe qu'elle

(17) _____ (remarquer) dans la vitrine d'une petite boutique quelques jours plus tôt.

Comme elle (18) _____ (oublier) son chéquier dans sa chambre, son amie lui

(19) _____ (prêter) de l'argent. Après leurs achats, elles (20) _____

(téléphoner) à leurs amis Bob et Lisa qui les (21) _____ (immédiatement

inviter) à une autre soirée. Annick et son amie (22) _____ (être) ravies et elles

(23) _____ (accepter) sans hésiter. Comme c'(24) _____ (être)

Halloween, il (25) _____ (falloir) trouver des costumes: elles

(26) _____ (décider) de se déguiser en fantômes parce que

c'(27) _____ (être) plus facile et qu'elles (28) _____ (ne pas avoir)

assez de temps ni d'argent pour trouver quelque chose de plus original. À huit heures, elles

(29) _____ (partir) rejoindre Bob et Lisa. Toute la nuit, elles

(30) _____ (beaucoup danser) et pas mal bu. Annick (31) _____

(rentrer) à quatre heures du matin.

Dimanche, en se réveillant, comme elle (32) _____ (ne pas se sentir) très bien, elle

(33) _____ (prendre) deux aspirines puis (34) _____ (se

rendormir). Vers deux heures de l'après-midi, elle (35) _____ (commencer) à faire son

devoir de français: le professeur (36) _____ (demander) aux étudiants d'écrire une

rédaction au passé, ce qu'elle (37) _____ (faire) en moins d'une heure, après quoi elle

(38) _____ (sortir) se promener pour dissiper son mal de tête qui

(39) _____ (s'aggraver) entre-temps (*had gotten worse in the meantime*). Après le dîner,

elle (40) _____ (se coucher) et a dormi jusqu'au lendemain matin.

9-14 Le récit au passé: ce que j'ai fait le week-end dernier (imparfait vs plus-que-parfait vs passé composé). Racontez par écrit ce que vous avez fait le week-end dernier en prenant pour modèle l'exercice précédent. Mettez vos verbes à l'imparfait, au plus-que-parfait et au passé composé, selon le sens et le contexte. Attention au choix de l'auxiliaire, à l'accord du participe passé et à la place de l'adverbe, le cas échéant. (Voir *Contrastes*, Chapitre 9, sections 1 à 9.)

9-15 Imparfait vs passé composé. Complétez les phrases suivantes en mettant les verbes aux temps qui conviennent. Attention au choix de l'auxiliaire, à l'accord du participe passé et à la place de l'adverbe et/ou des pronoms, le cas échéant. (Voir *Contrastes*, Chapitre 9, sections 1 à 9.)

1. *It snowed all morning.* → Il ___neigeait___ (neiger) toute la matinée.

2. *When I woke up this morning, it was snowing.* → Quand je (a) ___je réveillé___ (se réveiller) ce matin, il (b) ___neigeait___ (neiger). ___neden___

3. *They were supposed to leave at nine o'clock, but the flight was delayed for security reasons.* → Ils (a) ___ont doit___ (devoir) partir à neuf heures du matin, mais le vol (b) ___était___ (être) retardé pour des raisons de sécurité.

4. *Where did you put my book? —I left it on the table.* → Où est-ce que tu (a) ___a mis___ (mettre) mon livre? —Je l'(b) ___ai laissé___ (laisser) sur la table.

5. *When I was little, I believed in Santa Claus.* → Quand j'(a) ___étais___ (être) petit(e), je (b) ___croyais___ (croire) au Père Noël.

6. *I always thought [that] she would come back.* → J'(___ai toujours cru___) (toujours croire) qu'elle reviendrait.

7. *The accident happened very fast; we didn't have time to realize what was going on.* → L'accident (a) ___est arrivé___ (arriver) très vite; nous (b) ___n'avons pas eu___ (ne pas avoir) le temps de réaliser ce qui (c) ___s'est passé___ (se passer).

8. *We were right in the middle of breakfast when the door bell rang.* → Nous (a) ___prenais___ (prendre) notre petit déjeuner lorsqu'on (b) ___a sonné___ (sonner) à la porte.

9. *How about going to Rome for our vacation next year?* → Et si nous ___allions___ (aller) en vacances à Rome l'an prochain?

10. *Why didn't you eat anything for lunch? —Because I wasn't hungry.* → Pourquoi est-ce que tu (a) ___n'as rien mangé___ (ne rien manger) à midi? —Parce que je (b) ___n'ai pas eu faim___ (ne pas avoir faim).

9-16 **Récapitulation: imparfait** vs **plus-que-parfait** vs **passé composé** vs **passé proche.** Complétez les phrases suivantes en mettant les verbes entre parenthèses aux temps qui conviennent, selon le sens et le contexte. Attention au choix de l'auxiliaire, à l'accord du participe passé et à la place de l'adverbe et/ou des pronoms, le cas échéant. (Voir *Contrastes,* Chapitre 9, sections 1 à 9.)

1. *Did you understand what she said?* → Est-ce que vous (a) _avez compréndu_ (comprendre) ce qu'elle (b) _a dit_ (dire)?

2. *I meant to ask him a favor.* → Je _ai voulu_ (vouloir) lui demander un service.

3. *Did you know about it? —Yes, I learned it through my parents.* → Tu le (a) _savais_ (savoir)? —Oui, je l'(b) _apprais_ (apprendre) par mes parents.

4. *They've always been very happy together [i.e., they still are today].* → Ils _étaient_ (être toujours) très heureux ensemble.

5. *Why did they separate? Weren't they happy together?* → Pourquoi est-ce qu'ils (a) _se dat séparés_ (se séparer)? Ils (b) _n'étaient pas_ (ne pas être) heureux ensemble?

6. *If only I had bought that lottery ticket!* → Si seulement j'_avais acheté_ (acheter) ce billet de loterie!

7. *They used to see each other when she was still living in Chicago.* → Ils (a) _se voyaient_ (se voir) quand elle (b) _vivait_ (vivre) encore à Chicago.

8. *The little girl started to cry because she [had] hurt herself falling.* → La petite fille (a) _s'est mis_ (se mettre) à pleurer parce qu'elle (b) _s'était fait_ (se faire) mal au genou en tombant.

9. *We were tired because we had driven all night long.* → Nous (a) _étions_ (être) fatigué(e)s parce que nous (b) _avions roulé_ (rouler) toute la nuit.

10. *We hadn't been told that the museum would be closed.* → On _ne nous avons pas dit_ (ne pas nous dire) que le musée serait fermé.

9-17 **La transposition au passé: le journal de Samba, étudiant de Sciences Po.** Transposez cet extrait de journal au passé. Mettez les verbes **en gras** aux temps qui conviennent dans la 2ᵉ version. Faites tous les changements nécessaires. Attention à l'accord du participe passé et à la place des adverbes, le cas échéant. (Voir *Contrastes,* Chapitre 9, sections 9 à 11.)

> Il **est** neuf heures du soir et il n'y **a** rien d'intéressant à la télévision.

→ Il (1) _____ (être) neuf heures du soir et il n'y (2) _____ (avoir) rien d'intéressant à la télévision.

> Comme je **meurs** de soif et que je **me sens** un peu seul, je **sors** prendre une bière dans un café du quartier.

→ Comme je (3) _____ (mourir) de soif et que je (4) _____ (se sentir) un peu seul, je (5) _____ (sortir) prendre une bière dans un café du quartier.

(suite)

Là, j'**aperçois** mon amie Suzanne qui **boit** un verre avec des amis.

→ Là, j'(6) _____ (apercevoir) mon amie Suzanne qui (7) _____ (boire) un verre avec des amis.

Elle me **voit** et m'**invite** à les rejoindre.

→ Elle m'(8) _____ (voir) et m'(9) _____ (inviter) à les rejoindre.

Ce **sont** presque tous des étudiants comme moi, en train de discuter de leurs projets de vacances.

→ C'(10) _____ (être) presque tous des étudiants comme moi, en train de discuter de leurs projets de vacances.

La plupart d'entre eux ne **savent** pas encore très bien ce qu'ils **feront**.

→ La plupart d'entre eux ne (11) _____ (savoir) pas encore très bien ce qu'ils (12) _____ (faire).

Benoît **annonce** qu'il **aimerait** aller au Maroc, mais Suzanne lui **fait** remarquer qu'il **fait** trop chaud là-bas en été: elle **préfère** aller en Norvège visiter les fjords et il **est** évident qu'elle **compte** sur Benoît pour qu'il l'**accompagne**.

→ Benoît (13) _____ (annoncer) qu'il (14) _____ (aimer) aller au Maroc, mais Suzanne lui (15) _____ (faire) remarquer qu'il (16) _____ (faire) trop chaud là-bas en été: elle (17) _____ (préférer) aller en Norvège visiter les fjords et il (18) _____ (être) évident qu'elle (19) _____ (compter) sur Benoît pour qu'il l'(20) _____ (accompagner).

Lui ne **semble** guère emballé (*thrilled*) par cette idée. Il lui **dit** qu'il **verra**, que ça **dépendra** d'un tas de choses.

→ Lui ne (21) _____ (sembler) guère emballé par cette idée. Il lui (22) _____ (dire) qu'il (23) _____ (voir), que ça (24) _____ (dépendre) d'un tas de choses.

Pour ne pas trop blesser Suzanne qui **a pris** un petit air triste tout à coup, Benoît, dont la nouvelle petite amie **habite** dans un studio juste au-dessus du mien, **se lance** dans une histoire cousue de fil blanc (*a cock-and-bull story*).

→ Pour ne pas trop blesser Suzanne qui (25) _____ (prendre) un petit air triste tout à coup, Benoît, dont la nouvelle petite amie (26) _____ (habiter) dans un studio juste au-dessus du mien, (27) _____ (se lancer) dans une histoire cousue de fil blanc.

(suite)

Il **explique** que ses parents lui **ont fait** la morale et qu'il **faut** absolument qu'il
soit reçu à (*pass*) ses examens, sinon il n'**aura** pas de vacances du tout, et nul (*hopeless*) comme
il l'**est**, il **risque** de passer tout son été à Paris.

→ Il (28) _____ (expliquer) que ses parents lui (29) _____ (faire)
la morale et qu'il (30) _____ (falloir) absolument qu'il (31) _____
(être) reçu à ses examens, sinon il n'(32) _____ (avoir) pas de vacances du tout, et nul
comme il l'(33) _____ (être), il (34) _____ (risquer) de passer tout
son été à Paris.

Bien entendu, Suzanne **ne croit pas** un mot de ce qu'il **dit**, et comme Benoît **voit** qu'elle
va lui faire une scène d'un instant à l'autre, il **s'esquive** (*slips away*) en prétextant qu'il **est** tard et
qu'il **doit** se lever tôt pour assister à son cours de droit constitutionnel.

→ Bien entendu, Suzanne (35) _____ (ne pas croire) un mot de ce qu'il
(36) _____ (dire), et comme Benoît (37) _____ (voir) qu'elle
(38) _____ (aller) lui faire une scène d'un instant à l'autre, il
(39) _____ (s'esquiver) en prétextant qu'il (40) _____ (être) tard
et qu'il (41) _____ (devoir) se lever tôt pour assister à son cours de droit constitutionnel.

Après son départ précipité, comme Suzanne **a** l'air de broyer du noir (*seems to be down
in the dumps*), je **reste** un peu avec elle pour lui changer les idées.

→ Après son départ précipité, comme Suzanne (42) _____ (avoir) l'air de broyer du
noir, je (43) _____ (rester) un peu avec elle pour lui changer les idées.

Bien sûr, je **me garde bien** de lui révéler que la nouvelle copine de Benoît **est** ma voisine
du dessus: Suzanne me **poserait** des tas de questions auxquelles je ne **veux** pas avoir à répondre.
Je ne **tiens** pas à être mêlé à leurs histoires.

→ Bien sûr, je (44) _____ (bien se garder) de lui révéler que la nouvelle copine de
Benoît (45) _____ (être) ma voisine du dessus: Suzanne
m'(46) _____ (poser) (*would have asked*) des tas de questions auxquelles je ne
(47) _____ (vouloir) pas avoir à répondre. Je ne (48) _____ (tenir)
pas à être mêlé à leurs histoires.

Vers une heure du matin, je **raccompagne** Suzanne chez elle. Au moment de la quitter, je lui **dis**,
l'air de ne pas y toucher (*in a seemingly detached manner*), que j'**ai** des ancêtres scandinaves, que mon
norvégien **est** un peu rouillé (*rusty*), mais que si elle **a** besoin de compagnie pendant ses vacances,
on **peut** toujours s'arranger, entre copains bien sûr, et sans aucune obligation.

→ Vers une heure du matin, j'(49) _____ (raccompagner) Suzanne chez elle. Au
moment de la quitter, je lui (50) _____ (dire), l'air de ne pas y toucher, que
j'(51) _____ (avoir) des ancêtres scandinaves, que mon norvégien
(52) _____ (être) un peu rouillé, mais que si elle (53) _____
(avoir) besoin de compagnie pendant ses vacances, on (54) _____ (pouvoir) toujours
s'arranger, entre copains bien sûr, et sans aucune obligation.

(suite)

Elle **se met** à rire en me disant que je **suis** le meilleur ami du monde. On **se fait** la bise en se promettant qu'on **ira** voir un film ensemble samedi soir.

→ Elle (55) _____ (se mettre) à rire en me disant que

j'(56) _____ (être) le meilleur ami du monde. On (57) _____ (se faire) la bise en se promettant qu'on (58) _____ (aller) voir un film ensemble samedi soir.

Quand je **rentre**, il **est** près de deux heures du matin. Au-dessus de chez moi, tout **est** calme et je **m'endors** presque immédiatement.

→ Quand je (59) _____ (rentrer), il (60) _____ (être) près de deux heures du matin. Au-dessus de chez moi, tout (61) _____ (être) calme et je (62) _____ (s'endormir) presque immédiatement.

9-18 **La transposition au passé: la journée de Michel, mari de Marielle.** Transposez ce fragment de journal au passé. Mettez les verbes **en gras** aux temps qui conviennent dans la 2ᵉ version. Faites tous les changements nécessaires. Attention à l'accord du participe passé et à la place des adverbes, le cas échéant. (Voir *Contrastes*, Chapitre 9, sections 9 à 11; pour la lettre de Marielle à Michel, voir Chapitre 1, exercice 1-10.)

Ce matin, en partant, Marielle me **rappelle** dans une lettre qu'elle ne **sera** pas de retour avant onze heures parce qu'elle **a** une réunion suivie d'un dîner d'affaires (*business dinner*) avec des clients importants.

→ Hier matin, en partant, Marielle m'(1) _____ (rappeler) dans une lettre qu'elle ne

(2) _____ (être) pas de retour avant onze heures parce qu'elle

(3) _____ (avoir) une réunion suivie d'un dîner d'affaires avec des clients importants.

Comme Janine et Pierre **doivent** venir dîner demain, elle m'**a dressé** une longue liste de choses à faire.

→ Comme Janine et Pierre (4) _____ (devoir) (*were supposed to*) venir dîner le lendemain, elle m'(5) _____ (dresser) une longue liste de choses à faire.

D'abord, je **vais** chercher sa robe noire chez le teinturier—elle **a mis** le ticket bien en évidence sur la table dans l'entrée—et pendant que j'y **suis** (*while I am at it*), je leur **laisse** mes chemises et mon costume d'été, comme Marielle me l'**a suggéré**.

→ D'abord, je (6) _____ (aller) chercher sa robe noire chez le teinturier—elle

(7) _____ (mettre) le ticket bien en évidence sur la table dans l'entrée—et pendant que

j'y (8) _____ (être), je leur (9) _____ (laisser) mes chemises et mon

costume d'été, comme Marielle me l'(10) _____ (suggérer).

Ensuite, je **passe** chez le boucher et je lui **commande** un carré d'agneau (*rack of lamb*). Marielle m'**a demandé** de prendre du porc, mais moi, je n'**aime** pas tellement ça...

→ Ensuite, je (11) _____ (passer) chez le boucher et je lui

(12) _____ (commander) un carré d'agneau. Marielle

m'(13) _____ (demander) de prendre du porc, mais moi, je

n'(14) _____ (aimer) pas tellement ça...

(suite)

Je **dis** au boucher qu'on **passera** prendre la commande demain en fin de matinée.

→ J'(15) _____ (dire) au boucher qu'on (16) _____ (passer)

prendre la commande le lendemain en fin de matinée.

Comme ils **ont** de beaux pâtés, j'en **prends** une tranche. Avec un verre de rouge et une baguette, ce **sera** mon déjeuner, et tant pis si Marielle **se plaint** que ça la **fait** grossir. De toute façon, d'ici qu'elle **soit rentrée,** il n'y en **aura** plus, de ce délicieux pâté.

→ Comme ils (17) _____ (avoir) de beaux pâtés, j'en (18) _____

(prendre) une tranche. Avec un verre de rouge et une baguette, ce (19) _____ (être)

mon déjeuner, et tant pis si Marielle (20) _____ (se plaindre) que ça la

(21) _____ (faire) grossir. De toute façon, d'ici qu'elle (22) _____

(rentrer), il n'y en (23) _____ (avoir) plus, de ce délicieux pâté.

En revenant, je **m'arrête** au marché et j'**achète** tous les fruits et légumes que Marielle **a inscrits** sur sa liste.

→ En revenant, je (24) _____ (s'arrêter) au marché et j'(25) _____

(acheter) tous les fruits et légumes que Marielle (26) _____ (inscrire) sur sa liste.

Pendant que je **regarde** si je **peux** trouver une barquette de framboises qui **convienne** à Madame—il **faut** dire que Marielle **est** adorable mais très exigeante (*demanding*) sur certaines choses— je **tombe** sur (*run into*) mon ami Lucas qui **est** dessinateur comme moi.

→ Pendant que je (27) _____ (regarder) si je (28) _____ (pouvoir)

trouver une barquette de framboises qui (29) _____ (convenir) à Madame—il

(30) _____ (falloir) dire que Marielle (31) _____ (être) adorable mais

très exigeante (*demanding*) sur certaines choses—je (32) _____ (tomber) sur (*ran into*)

mon ami Lucas qui (33) _____ (être) dessinateur comme moi.

Comme il **habite** (*Since he lives*) le même quartier, nous **allons** prendre un café et nous **nous mettons** à parler politique.

→ Comme il (34) _____ (habiter) le même quartier, nous

(35) _____ (aller) prendre un café et nous (36) _____ (se mettre) à

parler politique.

Vers une heure, je **rentre**. Pendant que je **range** mes emplettes (*shopping*), je **me rends** compte que j'**ai oublié** de passer à la pâtisserie pour commander le dessert, alors je **ressors vite** parce que je **sais** que si je ne le **fais** pas, Marielle **piquera** une crise (*throw a fit;* langage familier) ... Ah, les femmes!

→ Vers une heure, je (37) _____ (rentrer). Pendant que je

(38) _____ (ranger) mes emplettes, je (39) _____ (se rendre) compte

que j'(40) _____ (oublier) (*had forgotten*) de passer à la pâtisserie pour commander le

dessert, alors je (41) _____ (vite ressortir) parce que je (42) _____

(savoir) que si je ne le (43) _____ (faire) pas, Marielle (44) _____

(piquer: *would throw*) une crise ... Ah, les femmes!

(suite)

Après mon repas—un peu de ce délicieux pâté que je **mange** sur le pouce (*quickly*) à la table de la cuisine—, je **lis** le journal et je **retourne** à mes illustrations.

→ Après mon repas—un peu de ce délicieux pâté que j'(45) _____ (manger) sur le pouce à la table de la cuisine—, j'(46) _____ (lire) le journal et je (47) _____ (retourner) à mes illustrations.

La veille, Marielle m'**a demandé** de nettoyer le frigidaire et de ranger l'appartement, mais après tout, zut, il ne **faut** pas exagérer! En inspectant les lieux, je **trouve** que le frigidaire et l'appartement **sont** suffisamment propres et bien rangés. De toute façon, le soir, la saleté ne **se verra** pas.

→ La veille, Marielle m'(48) _____ (demander) de nettoyer le frigidaire et de ranger l'appartement, mais après tout, zut, il ne (49) _____ (falloir) pas exagérer! En inspectant les lieux, j'(50) _____ (trouver) que le frigidaire et l'appartement (51) _____ (être) suffisamment propres et bien rangés. De toute façon, le soir, la saleté ne (52) _____ (se voir) pas.

Comme Marielle ne **rentre** pas pour dîner, je **finis** le pâté et la bouteille de vin du déjeuner. Ensuite je **regarde** un vieux film à la télévision.

→ Comme Marielle ne (53) _____ (rentre) pas pour dîner, j'(54) _____ (finir) le pâté et la bouteille de vin du déjeuner. Ensuite j'(55) _____ (regarder) un vieux film à la télévision.

Quand Marielle **revient** vers onze heures et demie, je **dors** déjà à poings fermés (*I'm already fast asleep*) devant le poste allumé. Elle me **réveille** et me **raconte** quelque chose, mais je **suis** tellement endormi que je **ne retiens pas** ce qu'elle me **dit**...

→ Quand Marielle (56) _____ (revenir) vers onze heures et demie, je (57) _____ (dormir) déjà à poings fermés devant le poste allumé. Elle m'(58) _____ (réveiller) et m'(59) _____ (raconter) quelque chose, mais j'(60) _____ (être) tellement endormi que je (61) _____ (ne pas retenir) ce qu'elle m'(62) _____ (dire)...

À l'heure du petit déjeuner, on **se croise** au moment où elle **part** au travail: elle **a** l'air de mauvaise humeur. Je **me demande** pourquoi...

→ À l'heure du petit déjeuner, on (63) _____ (se croiser) au moment où elle (64) _____ (partir) au travail: elle (65) _____ (avoir) l'air de mauvaise humeur. Je (66) _____ (se demander) pourquoi...

9-19 La narration au passé: Aïsha rencontre Sophie en faisant des courses. Complétez la traduction suivante en mettant les verbes entre parenthèses aux temps qui conviennent. Faites tous les changements nécessaires. Attention à l'accord du participe passé et à la place des adverbes, le cas échéant. (Voir *Contrastes*, Chapitre 9, sections 9 à 11.)

Yesterday, Aïsha had some free time, so she did some errands. → Hier, Aïsha (1) _____ (avoir) un peu de temps libre, alors elle (2) _____ (faire) quelques courses.

First, she went to the bank to take out two hundred dollars. → D'abord, elle (3) _____ (passer) à la banque pour retirer deux cents dollars.

After that, she went to the supermarket. → Ensuite elle (4) _____ (aller) au supermarché.

There, she ran into Sophie, whom she hadn't seen for a long time. → Là, elle (5) _____ (tomber) sur Sophie qu'elle (6) _____ (ne pas voir) depuis longtemps.

Sophie told her that she was doing well but that she was very busy. → Sophie lui (7) _____ (raconter) qu'elle (8) _____ (aller) bien mais qu'elle (9) _____ (être) très occupée.

She explained that she and Jacques were moving soon. → Elle lui (10) _____ (expliquer) qu'elle et Jacques (11) _____ (bientôt déménager: futur proche au passé).

She added that they wanted all their friends to [come to] see their new apartment once it was ready. → Elle (12) _____ (ajouter) qu'ils (13) _____ (vouloir) que tous leurs amis (14) _____ (venir) voir leur nouvel appartement une fois qu'il serait prêt.

As she left, Sophie promised Aïsha that she would call her as soon as they had settled in. → En partant, Sophie (15) _____ (promettre) à Aïsha qu'elle l'(16) _____ (appeler) dès qu'ils seraient installés.

9-20 La narration au passé: meurtre sanglant dans une petite ville de province. Complétez le texte de l'article suivant en mettant les verbes entre parenthèses aux temps qui conviennent. Faites tous les changements nécessaires. Attention à l'accord du participe passé et à la place des adverbes, le cas échéant. (Voir *Contrastes*, Chapitre 9, sections 9 à 11.)

Hier, en début d'après midi, une rixe (*brawl*) (1) _____ (mettre) aux prises (*opposed*) deux bandes rivales de voyous (*hooligans*). Les protagonistes, qui (2) _____ (sembler) se connaître, (3) _____ (commencer) par s'insulter, puis ils (4) _____ (sortir) leurs poings et la bagarre (5) _____ (éclater) en pleine heure de pointe (*rush hour*). Deux jeunes gens armés d'un couteau (6) _____ (agresser) un jeune homme de vingt-quatre ans. Ils lui (7) _____ (asséner: *to strike*) plusieurs coups mortels. La victime (8) _____ (s'écrouler) sur le trottoir en perdant son sang. Sa compagne, une jeune femme de vingt ans, (9) _____ (s'enfuir) en hurlant. Frustrés de ne pas pouvoir la rattraper, les agresseurs (10) _____ (s'en prendre: *to go after*) au chien de la victime, un épagneul inoffensif qu'ils (11) _____ (assommer: *to knock out*) à coups de barre de fer.

Selon les témoins, tout (12) _____ (se dérouler: *to happen*) très vite. Alertée par un passant, la police (13) _____ (ne pas avoir) le temps d'intervenir pour prévenir le drame. La victime (14) _____ (être) transportée d'urgence au centre hospitalier où elle (15) _____ (décéder: *to die*) peu après son arrivée. On (16) _____ (retrouver aussi) le cadavre du chien qui (17) _____ (être) mort (*had died*) de ses blessures. Pendant ce temps, la police (18) _____ (immédiatement installer) un périmètre de sécurité fermant la rue principale à la circulation. Le centre de la ville (19) _____ (rester) bloqué tout l'après-midi, ce qui (20) _____ (causer) de gros embouteillages (*traffic jams*). Très vite, des centaines de badauds (*onlookers*) (21) _____ (se masser) sur les trottoirs. Chacun (22) _____ (se mettre) à raconter sa version des faits et plusieurs hypothèses (23) _____ (être) avancées, sans qu'aucune n'ait pu être confirmée. Certaines personnes (24) _____ (essayer) d'interroger les policiers pour savoir ce qui (25) _____ (se passer) réellement, mais les agents (26) _____ (rester) muets. Ils (27) _____ (faire: *They did their best*) de leur mieux pour disperser la foule et rétablir l'ordre. Depuis lors, un communiqué de presse nous (28) _____ (apprendre) qu'une bagarre (*fight*) survenue la veille au soir entre deux bandes de dealers serait à l'origine de la rixe meurtrière d'hier après-midi. La police continue son enquête. Jusqu'à aujourd'hui, on (29) _____ (ne... toujours pas retrouver) les meurtriers, ni la jeune fille qui (30) _____ (accompagner) la victime.

(D'après un fait divers du journal *24 heures*, mardi 9 mars 2004, p. 23)

9-21 La narration au passé: rédaction. Écrivez une petite rédaction dans laquelle vous mettrez les <u>événements principaux</u> au **passé composé**. Employez tous les autres temps qui conviennent, suivant le sens et le contexte de votre histoire. Attention au choix de l'auxiliaire, à l'accord du participe passé et à la place de l'adverbe et/ou des pronoms. (Voir *Contrastes,* Chapitre 9, sections 9 à 11.)

Choisissez UN SEUL des sujets suivants:

(a) Racontez votre plus beau (ou votre plus étrange/horrible) souvenir.

(b) Racontez comment se sont passés vos premiers jours à l'université.

(c) Vous passez votre troisième année universitaire à Paris. Vous écrivez à vos amis en leur donnant de nombreux détails sur votre vie en France—votre famille d'accueil, vos études, les amis que vous vous êtes faits, etc.

[N.B. Pour le récit au **passé simple**, voir les exercices sur les Appendices à la fin du cahier.]

10

Les participes présent et passé

10-1 **Participe présent (forme simple).** Complétez les phrases suivantes en remplaçant les mots **en gras** par un participe présent de forme <u>simple</u>. (Voir *Contrastes*, Chapitre 10, sections 1 et 2b.)

MODÈLES: • **Comme elle ne se sentait pas** bien, elle est restée chez elle. → **Ne se sentant pas** bien, elle est restée chez elle.
• J'ai vu un chien **qui courait** après un écureuil (*squirrel*). → J'ai vu un chien **courant** après un écureuil.

1. On a de plus en plus besoin de gens **qui parlent** l'arabe couramment. → On a de plus en plus besoin de gens _____ l'arabe couramment.

2. **Comme** la librairie **fermait** à 5 heures, je n'ai pas eu le temps d'y aller. → La librairie _____ à 5 heures, je n'ai pas eu le temps d'y aller.

3. Y a-t-il un TGV **qui parte** entre 13 heures et 13 heures 30? → Y a-t-il un TGV _____ entre 13 heures et 13 heures 30?

4. **Comme je n'avais pas** l'intention de le revoir, je ne l'ai pas rappelé. → _____ l'intention de le revoir, je ne l'ai pas rappelé.

5. Le bus **qui passe** devant chez moi est bien pratique: en dix minutes, je suis au bureau. → Le bus _____ devant chez moi est bien pratique: en dix minutes, je suis au bureau.

10-2 **Participe présent (formes simples et composées).** Complétez les phrases suivantes en remplaçant les mots **en gras** par un participe présent de forme <u>simple</u> ou <u>composée</u>, suivant le cas. (Voir *Contrastes*, Chapitre 10, sections 1 et 2b.)

MODÈLES: • **Comme elle avait fini** ses devoirs, elle est sortie au cinéma. → **Ayant fini** ses devoirs, elle est sortie au cinéma.
• **Puisque je n'ai pas** d'argent, je ne peux pas aller à ce concert de rock. → **N'ayant pas** d'argent, je ne peux pas aller à ce concert de rock.
• Je cherche quelqu'un **qui ait eu** des contacts avec cette organisation. → Je cherche quelqu'un **ayant eu** des contacts avec cette organisation.

1. **Comme il estimait** qu'il n'était pas assez payé, il a demandé une augmentation. → _____ qu'il n'était pas assez payé, il a demandé une augmentation.

2. Il y avait à côté de moi un vieux monsieur **qui lisait** le journal. → Il y avait à côté de moi un vieux monsieur _____ le journal.

3. **Puisque je ne suis pas** libre demain après-midi, je passerai vous voir dans la matinée. → _____ libre demain après-midi, je passerai vous voir dans la matinée.

4. Je cherche quelqu'un **qui sache** mettre à jour un site Web. → Je cherche quelqu'un _____ mettre à jour un site Web.

5. **Comme** le magasin **a fait** faillite, toute la marchandise a été liquidée. → Le magasin _____ faillite, toute la marchandise a été liquidée.

10-3 Participe présent (formes simples et composées). Complétez les phrases suivantes en remplaçant les mots **en gras** par un participe présent de forme <u>simple</u> ou <u>composée</u>, suivant le cas. Pour les modèles, voir l'exercice 10-2 ci-dessus. (Voir *Contrastes*, Chapitre 10, sections 1 et 2b.)

1. **Comme il avait manqué** son avion, Stéphane a dû prendre le train de nuit. → _____ son avion, Stéphane a dû prendre le train de nuit.

2. Un monsieur **qui s'appelle** Raymond a téléphoné pour vous hier après-midi. → Un monsieur _____ Raymond a téléphoné pour vous hier après-midi.

3. C'est un château **qui a appartenu** aux ducs de Bourgogne. → C'est un château _____ aux ducs de Bourgogne.

4. Les étudiants **qui ont terminé** l'interrogation écrite peuvent s'en aller. → Les étudiants _____ l'interrogation écrite peuvent s'en aller.

5. **Comme j'avais** un peu de temps, je suis entré(e) dans une librairie pour feuilleter (*browse*) quelques romans. → _____ un peu de temps, je suis entré(e) dans une librairie pour feuilleter quelques romans.

10-4 Participe présent (formes simples et composées). Complétez les phrases suivantes en remplaçant les mots **en gras** par un participe présent de forme <u>simple</u> ou <u>composée</u>, suivant le cas. Pour les modèles, voir l'exercice 10-2 ci-dessus. (Voir *Contrastes*, Chapitre 10, sections 1 et 2b.)

1. **Comme** le brouillard **tombait**, la visibilité diminua considérablement. → Le brouillard _____, la visibilité diminua considérablement.

2. On va exproprier les familles **qui habitent** sur le passage du futur TGV. → On va exproprier les familles _____ sur le passage du futur TGV.

3. **Comme il avait fini** de lire son journal, monsieur Duparc sortit se promener. → _____ de lire son journal, monsieur Duparc sortit se promener.

4. L'instituteur a donné des points supplémentaires aux élèves **qui avaient bien répondu**. → L'instituteur a donné des points supplémentaires aux élèves _____.

5. **Comme elle avait** la phobie des araignées, elle évitait de monter au grenier. → _____ la phobie des araignées, elle évitait de monter au grenier.

6. **Comme** leurs actions **commençaient** à chuter, ils se sont hâtés de les vendre. → Leurs actions _____ à chuter, ils se sont hâtés de les vendre.

7. Le gouvernement a pénalisé les fonctionnaires **qui ont fait** la grève. → Le gouvernement a pénalisé les fonctionnaires _____ la grève.

8. **Comme elle est** plus littéraire que scientifique, elle a choisi la Faculté des Lettres. → _____ plus littéraire que scientifique, elle a choisi la Faculté des Lettres.

9. Je préfère les pommes **qui ont** la chair ferme. → Je préfère les pommes _____ la chair ferme.

10. **Comme elle est** très douée pour les langues, elle se destine à l'interprétariat. → _____ très douée pour les langues, elle se destine à l'interprétariat.

10-5   **Participe présent** vs **gérondif.** Complétez les phrases suivantes en remplaçant les mots **en gras** soit par un participe présent (forme simple ou composée), soit par un gérondif. Ajoutez **en** ou **tout en**, si nécessaire. (Voir *Contrastes,* Chapitre 10, sections 1 et 2.)

1. Je suis arrivée; **en même temps j'ai couru.** → Je suis arrivée _____.

2. L'idéal serait que je trouve un petit studio **qui donne** sur (*that looks out on*) un parc ou une rue tranquille. → L'idéal serait que je trouve un petit studio _____ sur un parc ou une rue tranquille.

3. **Si vous vous dépêchez,** vous arriverez à temps. → _____, vous arriverez à temps.

4. Il feuilletait une revue **pendant qu'il attendait** son tour. → Il feuilletait une revue _____ son tour.

5. **Comme elle s'imaginait** qu'elle gagnerait le concours, elle s'en vantait déjà (*she was already bragging about it*) devant tout le monde. → _____ qu'elle gagnerait le concours, elle s'en vantait déjà devant tout le monde.

6. **Bien qu'il travaille** énormément, Jeff trouve toujours du temps pour ses amis. → _____ énormément, Jeff trouve toujours du temps pour ses amis.

7. Nous avons aperçu une voiture **qui démarrait** à toute vitesse. → Nous avons aperçu une voiture _____ à toute vitesse.

8. **Comme ils ont obtenu** un prêt (*a loan*) à un taux (*interest rate*) très intéressant, les Guichard ont pu s'acheter un appartement dans ce nouveau quartier. → _____ un prêt à un taux très intéressant, les Guichard ont pu s'acheter un appartement dans ce nouveau quartier.

9. Tu comprendras mieux tout cela **quand tu grandiras.** → Tu comprendras mieux tout cela _____.

10. **Comme nous ne les voyons plus,** nous n'avons aucune nouvelle. → _____, nous n'avons aucune nouvelle.

10-6   **Participe présent** vs **adjectif verbal.** Complétez les phrases suivantes soit par un participe présent de forme simple, soit par l'adjectif verbal dérivé du verbe indiqué entre parenthèses. Attention aux modifications orthographiques et aux accords. (Voir *Contrastes,* Chapitre 10, sections 1, 2b, 3b et 3c.)

1. Il est parti sans rien dire à personne, _____ (négliger) de rendre ses clés et de donner sa nouvelle adresse.

2. Ce sont des campeurs _____ (négliger) qui ont mis le feu à la forêt.

3. Ces enfants sont bien mignons mais plutôt _____ (fatiguer).

4. Les enfants _____ (fatiguer) trop leur mère, on les envoya jouer dans le jardin.

5. La pluie _____ (tomber) à verse (*in buckets*), ils se sont réfugiés dans un café.

6. À quelle heure as-tu retrouvé tes amis? —Nous nous sommes retrouvés à la nuit _____ (tomber).

7. De plus en plus _____ (insister), la cliente exigeait d'être servie avant tout le monde.

8. _____ (insister) pour être servie tout de suite, la cliente voulut passer devant tout le monde.

9. Ce sont des gens très habiles et _____ (intriguer): ils obtiennent toujours tout ce qu'ils veulent!

10. _____ (intriguer) auprès du maire, ils ont fini par obtenir tout ce qu'ils voulaient.

11. Il me faut des pneus (*tires*) _____ (adhérer) qui tiennent bien la route lorsqu'il pleut ou qu'il neige.

12. Il me faut des pneus _____ (adhérer) bien à la route lorsqu'il pleut ou qu'il neige.

10-7 Récapitulation: participe présent vs gérondif vs adjectif ou nom dérivés du verbe.
Complétez les phrases suivantes avec, selon le cas, soit le participe présent ou le gérondif, soit l'adjectif ou le nom dérivés du verbe indiqué entre parenthèses. Ajoutez la préposition **en**, si nécessaire. Attention aux modifications orthographiques et aux accords. (Voir *Contrastes,* Chapitre 10, sections 1 à 3.)

1. Le dictateur se débarrassait de ses ennemis _____ (expédier) la plupart d'entre eux dans l'autre monde (*by killing them*)!

2. Comme elle gagnait fort peu, elle avait recours à toutes sortes d'_____ (expédier) pour joindre les deux bouts (*to make ends meet*).

3. La Sarthe est un des _____ (affluer) de la Seine.

4. Les dons des anciens étudiants _____ (affluer) en très grand nombre, on arrêta la campagne de fonds (*fund drive*) plus tôt que prévu.

5. Cette institutrice est très _____ (exiger) avec ses élèves.

6. Puisque le client est roi, il faut satisfaire ses _____ (exiger).

7. _____ (exceller) depuis toujours dans toutes les matières, François avait vu s'ouvrir devant lui les portes des plus grandes universités.

8. Merci pour cet _____ (exceller) repas!

9. _____ (provoquer: *By provoking*) son ennemi en duel, D'Artagnan voulait surtout défendre l'honneur des Trois Mousquetaires.

10. Durant son procès, la conduite de l'accusé fut tellement _____ (provoquer) que le juge dut le rappeler à l'ordre (*had to call him to order*) à plusieurs reprises.

Nom: _____   Date: _____

10-8 Récapitulation: participe présent vs gérondif vs adjectif ou nom dérivés du verbe.
Complétez les phrases suivantes avec, selon le cas, soit le participe présent ou le gérondif, soit l'adjectif ou le nom dérivés du verbe indiqué entre parenthèses. Ajoutez la préposition **en**, si nécessaire. Attention aux modifications orthographiques et aux accords. (Voir *Contrastes*, Chapitre 10, sections 1 à 3.)

1. C'est _____ (intriguer) qu'elle a réussi à obtenir ce poste. (*It was by devious means that she obtained this job.*)

2. Quelle _____ (intriguer)! Elle a fait des pieds et des mains pour avoir ce poste! (*What a devious woman! She did everything and anything in order to get this job!*)

3. Le mètre est une unité de longueur _____ (équivaloir) à cent centimètres.

4. Le gallon est l'_____ (équivaloir) d'environ quatre litres.

5. Il y a toujours un convoi de voitures publicitaires _____ (précéder) le peloton du Tour de France.

6. Si ce coureur remporte une sixième victoire dans le Tour de France, son exploit sera sans _____ (précéder) dans l'histoire de la célèbre course cycliste.

7. _____ (zigzaguer), l'ivrogne rentra chez lui sous les quolibets (*jeers*) des passants.

8. Nous avons mis presque une demi-heure pour faire les cinq derniers kilomètres, tant cette route de montagne est _____ (zigzaguer).

9. _____ (convaincre) ses supporters de ne pas voter pour l'autre candidat démocrate, ce politicien a commis une erreur qui a coûté à son parti les élections présidentielles.

10. Ses discours ne sont pas _____ (convaincre).

10-9 Formes verbales anglaises en -*ing*. Complétez les phrases suivantes en mettant les verbes entre parenthèses à la forme qui convient. (Voir *Contrastes*, Chapitre 10, section 4.)

1. *She hurt her back diving.* → Elle s'est fait mal au dos _____ (plonger).

2. *He left without taking his cell phone.* → Il est parti sans _____ (prendre) son portable.

3. *Not wishing to disturb her, he didn't call her.* → _____ (ne pas vouloir) la déranger, il ne lui a pas téléphoné.

4. *I'm dying of thirst!* → Je _____ (mourir) de soif!

5. *I saw them running toward the beach.* → Je les ai vus _____ (courir) en direction de la plage.

6. *Making such remarks in public is unacceptable.* → _____ (faire) de telles remarques en public est inadmissible.

7. *He works while listening to music.* → Il travaille _____ (écouter) de la musique.

8. *I don't feel like going out tonight.* → Je n'ai pas envie _____ (sortir) ce soir.

9. *The pedestrian was crossing the street when the accident happened.* → Le passant

_____ (traverser) la rue quand l'accident est arrivé.

10. *By leaving five minutes earlier, you would have made your train.* → _____ (partir) cinq minutes plus tôt, tu aurais attrapé ton train.

11. *Do you mind my opening the window?* → Cela vous dérange _____ (ouvrir) la fenêtre?

10-10 Accord du participe passé: verbes conjugués avec *être* vs *avoir*. Complétez les phrases suivantes en mettant les verbes entre parenthèses au passé composé ou au plus-que-parfait, selon le cas. Faites l'accord du participe passé, si nécessaire. (Voir *Contrastes*, Chapitre 10, sections 5 et 6.)

1. Quelle est l'équipe de football que la France _____ (battre) aux championnats du monde?

2. Napoléon _____ (finir) ses jours à Sainte-Hélène.

3. Chaque année, on nettoyait les murs que les écoliers _____ (couvrir) de graffitis l'année précédente.

4. J'ai beaucoup aimé la voiture hybride que j'_____ (conduire) hier.

5. Explique-moi comment tu _____ (faire) pour résoudre ce problème de trigonométrie.

6. Parmi les romans que j'_____ (lire) ce semestre, c'est *Le Père Goriot* de Balzac que j'ai préféré.

7. Pour mieux échapper à leurs poursuivants, les voleurs _____ (s'enfuir) dans les ruelles et la police ne les a jamais retrouvés.

8. Quels sont les cours que tu _____ (suivre) le semestre dernier?

9. Qu'as-tu fait des tulipes (f. pl.) que nous (a) _____ (acheter)? —Oh zut! Je les (b) _____ (oublier) chez le fleuriste: il faut que j'aille les chercher!

10. George Sand? Oui, je crois en effet qu'elle _____ (naître) en 1804.

11. Pendant ma convalescence, ma meilleure amie _____ (venir) me tenir compagnie tous les jours.

12. Je ne trouve plus les clés de la voiture: où est-ce que tu les _____ (mettre)?

13. Sophie _____ (s'asseoir) devant l'ordinateur pour consulter son courrier électronique.

14. Est-ce qu'elle t'a raconté la peur bleue (*terrible scare*) qu'elle _____ (avoir) l'autre jour en voyant surgir un ours dans son jardin?

10-11 Accord du participe passé: verbes conjugués avec *être* vs *avoir*. Complétez les phrases suivantes en mettant les verbes entre parenthèses au passé composé (ou au plus-que-parfait lorsque ce temps est indiqué). Faites l'accord du participe passé, si nécessaire. (Voir *Contrastes,* Chapitre 10, sections 5 et 6.)

1. Sa femme et ses enfants? Oui, on les _____ (contacter). Ils devraient arriver dans la soirée.

2. Dis-moi, ces jolies chaussures, tu les _____ (trouver) dans quel magasin?

3. Vous avez bien reçu la documentation que vous (a) _____ (demander: plus-que-parfait) l'autre jour, n'est-ce pas? —Oui, merci, je l'(b) _____ (bien recevoir).

4. Elle (a) _____ (être) très généreuse envers son neveu quand celui-ci
   (b) _____ (avoir: passé composé) tous ses problèmes de dettes.

5. Jules César est le général romain qui _____ (conquérir) la Gaule en 50 avant Jésus-Christ.

6. Cette histoire s'est révélée bien plus compliquée que tu ne me l' _____ (dire: plus-que-parfait).

7. L'expérience (f.) que Catherine (a) _____ (acquérir) en travaillant au Moyen-Orient lui (b) _____ (bien servir) plus tard dans sa carrière au CICR (Comité International de la Croix-Rouge).

8. Tu (a) _____ (acheter) des places pour le spectacle de ce soir? —Non, mais j'en
   (b) _____ (trouver) deux pour demain soir.

9. Connaissez-vous la série de toiles de la cathédrale de Rouen que Monet _____ (peindre) entre 1880 et 1890?

10. J'ai gardé toutes les lettres que Paul m'_____ (écrire) pendant qu'il était en mission au Sénégal.

11. Ses résultats brillants au baccalauréat lui _____ (valoir) les félicitations du jury.

12. Avec les trois cafés que j'_____ (boire) après le dîner, je vais avoir du mal à dormir cette nuit.

13. Parmi les cent-vingt candidats qui se sont présentés, combien de demi-finalistes est-ce que vous _____ (choisir) pour finir?

14. On doit me livrer ma nouvelle imprimante (*printer*) ce matin: on me l'_____ (promettre).

15. Des cerises (f. pl.)? Oui, j'en _____ (acheter) trois kilos pour faire des confitures (*jams*).

10-12 Accord du participe passé: verbes conjugués avec *avoir*. Complétez les phrases suivantes en mettant les verbes entre parenthèses au passé composé (ou au plus-que-parfait lorsque ce temps est indiqué). Faites l'accord du participe passé, si nécessaire. (Voir *Contrastes,* Chapitre 10, section 6.)

1. *What about the books? Did you take them back to the library?* → Et les livres? Tu les
   _____ (rapporter) à la bibliothèque?

2. *Stamps? Yes, she bought one hundred of them.* → Des timbres? Oui, elle en _____ (acheter) cent.

3. *And what about Laura? When did you meet her?* → Et Laura? Quand est-ce que tu l'_____ (rencontrer)?

4. *Who ate my apple?* → Qui _____ (manger) ma pomme?

5. *She lost the address that I had copied for her.* → Elle (a) _____ (perdre) l'adresse (f.) que j'(b) _____ (recopier: plus-que-parfait) pour elle.

10-13 Participe passé des verbes de mouvement courants: *être* vs *avoir*. Complétez les phrases suivantes en mettant les verbes entre parenthèses au passé composé. Faites l'accord du participe passé, si nécessaire. (Voir *Contrastes*, Chapitre 10, section 7.)

1. Elles (a) _____ (sortir)? —Oui, elles (b) _____ (aller) dans une boîte de nuit (*night club*).

2. Jérôme, tu (a) _____ (sortir) les poubelles (f. pl.)? —Non, mais je les (b) _____ (descendre) à la cave.

3. Toutes ces vieilleries (*old things*, f. pl.), tu les _____ (monter) au grenier comme je te l'avais demandé?

4. À Paris, mes parents _____ (monter) au dernier étage de la Tour Montparnasse pour admirer la vue.

5. J'ai bien aimé les deux films qu'ils _____ (passer) à la télévision hier soir.

6. Où _____ (passer) ces documents? Je les avais pourtant laissés bien en vue sur le bureau hier soir en partant.

7. Quand est-ce que les Lemieux _____ (rentrer) de vacances?

8. Qu'as-tu fait du parasol? —Je l'_____ (rentrer) parce qu'il s'est mis à pleuvoir.

9. La lettre que j'_____ (retourner) à la poste ce matin était adressée à quelqu'un qui a presque le même nom que moi.

10. Il _____ (retourner) dans son pays natal après vingt ans d'absence.

10-14 Participe passé des verbes de mouvement courants: *être* vs *avoir*. Complétez les phrases suivantes en mettant les verbes entre parenthèses au passé composé (ou au plus-que-parfait lorsque ce temps est indiqué). Faites l'accord du participe passé, si nécessaire. (Voir *Contrastes*, Chapitre 10, section 7.)

1. *My sisters went downtown.* → Mes sœurs _____ (aller) en ville.

2. *She spent the night on the living room couch.* → Elle _____ (passer) la nuit sur le sofa du salon.

3. *Michael and Ania came by at noon.* → Michel et Ania _____ (passer) chez nous vers midi.

4. *What about the magazines I [had] left at the door, did you bring them in?* → Et les magazines (m. pl.) que j'(a) _____ (laisser: plus-que-parfait) devant la porte, est-ce que tu les (b) _____ (rentrer)?

10-15 Accord du participe passé: verbes pronominaux. Complétez les phrases suivantes en mettant les verbes entre parenthèses au passé composé (ou au plus-que-parfait lorsque ce temps est indiqué). Faites l'accord du participe passé, si nécessaire. (Voir *Contrastes,* Chapitre 10, sections 8 à 10.)

1. Elle _____ (se baisser) pour rattacher ses lacets (*shoelaces*).

2. Ils _____ (se diriger) vers la sortie sans attirer l'attention.

3. Ludovic et Émilie _____ (se téléphoner) pour se souhaiter la bonne année.

4. Les deux petites filles _____ (se mettre) sous la couette (*bedspread*) pour jouer à cache-cache (*hide-and-seek*) avec leurs cousines.

5. Les deux petites filles _____ (se mettre) la tête sous la couette pour jouer à cache-cache.

6. Savez-vous quand ces événements _____ (se passer)?

7. Quand ils (a) _____ (se rencontrer), ils
   (b) _____ (se plaire) à tel point qu'ils ont décidé de se revoir. (*When they met, they liked each other so much that they decided to see each other again.*)

8. Pourquoi est-ce qu'elle _____ (se couper) les cheveux? —Parce que c'est plus pratique et que ça lui va bien.

9. J'ignore pourquoi elle _____ (se mettre) à rire.

10. En faisant la cuisine, elle a lâché une casserole et _____ (se brûler) la main.

11. Hélène et Isabelle (a) _____ (ne pas se voir: plus-que-parfait) depuis treize ans lorsqu'un jour, elles (b) _____ (s'apercevoir) par hasard au restaurant. Elles (c) _____ (se reconnaître) immédiatement et (d) _____ (se promettre) de se revoir prochainement (*soon*).

10-16 Accord du participe passé: verbes pronominaux. Complétez les phrases suivantes en mettant les verbes entre parenthèses au passé composé. Faites l'accord du participe passé, si nécessaire. (Voir *Contrastes,* Chapitre 10, sections 8 à 10.)

1. Ma petite sœur et mes parents _____ (se disputer) parce qu'elle est rentrée trop tard samedi soir.

2. En se croisant, ils _____ (se sourire).

3. Hier, elle _____ (se réveiller) avec une forte fièvre et n'a pas pu aller au travail.

4. Ils _____ (ne pas se rendre compte) qu'ils étaient perdus.

5. Elle _____ (se lancer) dans une longue explication à laquelle je n'ai rien compris.

6. Il _____ (s'absenter) pendant plus de dix jours.

7. Ce n'est qu'à la toute dernière minute que Sébastien et Nasreen _____ (se rappeler) qu'ils n'étaient pas libres ce soir-là.

8. Ils _____ (s'envoyer certainement) leurs coordonnées puisqu'ils doivent collaborer à ce projet.

9. Sais-tu si les enfants _____ (se laver) les mains avant de passer à table?

10. Les personnes qui _____ (se succéder) à la tête de cette organisation avaient des personnalités bien différentes les unes des autres.

11. Elle voulait d'abord faire du théâtre, puis elle _____ (se raviser): maintenant elle fait de la danse.

12. À l'examen, les membres du jury _____ (se montrer) extrêmement sévères envers Nadia et l'ont recalée (*they failed her*).

13. Quel toupet! (*What nerve!*) Elle _____ (se permettre) de nous accompagner au restaurant alors que nous ne l'avions pas invitée!

14. Mes frères _____ (se moquer) de moi parce que j'ai pleuré à la fin du film.

10-17 **Narration au passé: escapade parisienne.** Complétez le petit récit suivant avec les **participes passés** qui conviennent (il existe parfois plusieurs réponses possibles). Faites les accords nécessaires. Aidez-vous des auxiliaires et, le cas échéant, des prépositions, pour trouver les participes manquants. (Voir *Contrastes*, Chapitre 10, sections 5 à 10.)

Émilie a (1) _____ le train de nuit pour aller passer une journée à Paris. Elle a d'abord

(2) _____ à ses parents pour leur dire qu'elle était bien (3) _____.

Puis, comme elle avait faim, elle est (4) _____ au café du coin, bien déterminée à

profiter immédiatement de son séjour dans la capitale. Après avoir (5) _____ un café

au lait et (6) _____ un croissant, elle a donc (7) _____ de visiter

Paris sans plus tarder. Elle s'est (8) _____ immédiatement vers le Quartier latin. À midi,

elle a (9) _____ Odile, une amie d'enfance devenue parisienne, à laquelle elle avait

(10) _____ rendez-vous au café de Flore. Après un déjeuner de croque-madame, les

deux jeunes filles sont (11) _____ à pied au musée d'Orsay pour y voir une exposition

sur Courbet. Il leur a (12) _____ bien sûr faire la queue pendant plus d'une heure, mais

cela en valait la peine: Émilie était ravie car elle avait (13) _____ des études sur la

peinture et s'intéressait particulièrement à Courbet. Elle ne voulait pas repartir sans avoir

(14) _____ *L'Atelier du peintre*, son plus célèbre tableau. Comme il restait encore du

temps avant l'heure du dîner, les deux amies ont (15) _____ de faire une promenade en

bateau-mouche sur la Seine, autre façon de découvrir la ville. Une heure plus tard, après être

(16) _____ sous une trentaine de ponts, elles sont (17) _____ à

l'embarcadère (*pier*). Alors Odile a (18) _____ Émilie chez elle, à Bastille. Là, elles ont

vite (19) _____ une omelette aux fines herbes car il ne fallait surtout pas rater

l'ouverture de *Carmen*, opéra pour lequel on leur avait (20) _____ de très bonnes

places. Vraiment, cette journée-là a compté parmi les meilleures qu'ait jamais vécues Émilie.

10-18 Accord du participe passé: verbes pronominaux. Complétez les phrases suivantes en mettant les verbes entre parenthèses au passé composé. Faites l'accord du participe passé, si nécessaire. (Voir *Contrastes*, Chapitre 10, sections 8 à 10.)

1. *She went to sleep around midnight.* → Elle _____ (s'endormir) vers minuit.

2. *She cut her finger while preparing a sandwich.* → Elle _____ (se couper) le doigt en préparant un sandwich.

3. *Did Laura and Adèle register for the excursion next weekend?* → Est-ce que Laura et Adèle _____ (s'inscrire) pour l'excursion du week-end prochain?

4. *They promised themselves to see each other again.* → Elles _____ (se promettre) de se revoir.

5. *The cartoons they sent each other were hilarious.* → Les dessins humoristiques (m. pl.) qu'ils _____(s'envoyer) étaient très drôles.

10-19 Accord du participe passé: verbes suivis d'un infinitif. Complétez les phrases suivantes en mettant les verbes entre parenthèses au passé composé (ou tout autre temps indiqué). Faites l'accord du participe passé, si nécessaire. (Voir *Contrastes*, Chapitre 10, section 11.)

1. Mon trisaïeul (*great-great-grandfather*) était fou de l'actrice Sarah Bernhardt; il l'_____ (voir) jouer une fois à la Comédie-Française dans une pièce de Racine.

2. *Hernani* est une célèbre pièce de Victor Hugo que j'_____ (voir) jouer à la Comédie-Française lorsque j'étais encore au lycée.

3. Je me demande combien de personnes ils _____ (pouvoir) convaincre.

4. Avant d'aller écouter les musiciens, nous les _____ (regarder) défiler (*marching by*) sur le boulevard.

5. Les enfants sont de retour? Tiens, c'est curieux, je ne les _____ (ne pas entendre) revenir.

6. Où sont tes gants (*gloves*)? —Je ne sais pas, je crois que je les _____ (laisser) tomber dans le métro.

7. Les boucles d'oreilles que j'_____ (vouloir: conditionnel passé) m'acheter étaient trop chères.

8. Ce sont deux autoportraits qu'il _____ (devoir) peindre quand il était encore très jeune.

9. Françoise a patienté plus d'une heure à la salle d'attente; je ne comprends pas pourquoi le docteur l'_____ (faire) attendre aussi longtemps.

10. Je vais lui rendre les tickets de métro que nous _____ (ne pas pouvoir) utiliser.

11. C'est une robe qu'elle _____ (faire) faire par un grand couturier.

12. Les modifications qu'ils _____ (accepter) d'apporter au plan original vont leur coûter une fortune!

13. Si ces enfants sont impossibles, c'est qu'on les _____ (toujours laisser) faire n'importe quoi!

14. Ce sont les seuls documents qu'ils m'_____ (autoriser) à vous montrer.

15. Ce qu'il y a dans cette grande boîte en carton? Oh, pas grand-chose, quelques animaux en peluche que je _____ (ne pas vouloir) jeter. Je vais les donner aux enfants des voisins.

10-20 Accord du participe passé: verbes impersonnels; courir, coûter, peser, valoir et vivre.
Complétez les phrases suivantes en mettant les verbes entre parenthèses au passé composé. Faites l'accord du participe passé, si nécessaire. (Voir *Contrastes*, Chapitre 10, sections 12 et 13.)

1. Si vous vous rappelez les températures qu'il _____ (faire) l'hiver passé et si vous pensez par ailleurs à toutes les inondations qu'il y _____ (avoir) cet été, on ne peut pas dire que le climat soit très agréable depuis l'an dernier!

2. Te souviens-tu des délicieuses tartes qu'ils nous _____ (confectionner) pour *Thanksgiving* l'an dernier?

3. Malgré la longue canicule (*heat wave*) que nous _____ (avoir) cet été dans le Midi de la France, il n'y a pas eu de grave incendie de forêt.

4. Les cinq-cent-mille euros que ce tableau lui _____ (valoir) sur le marché ne le compenseront jamais du fait qu'il a dû s'en séparer.

5. Si nos enfants parlent couramment français, c'est à cause des dix années que nous _____ (vivre) à Paris.

6. Les horreurs (f. pl.) que ces soldats _____ (vivre) pendant la guerre les ont profondément traumatisés.

7. Ces roses ne valent pas les vingt dollars qu'elles m'_____ (coûter). Elles sont déjà fanées (*wilted*).

8. Souvenez-vous des ennuis que tout cela nous _____ (coûter)!

9. Les centaines de kilomètres qu'il _____ (courir) durant sa vie ne l'ont pas empêché de mourir (*didn't prevent him from dying*) d'une crise cardiaque à 55 ans.

10. Les risques (m. pl.)? Ne vous inquiétez pas: il les _____ (mûrement peser) avant de se lancer dans une expédition aussi périlleuse.

11. Je ne vous raconterai pas toutes les démarches (*steps*) qu'il m'_____ (falloir) effectuer pour obtenir mon permis de séjour! Un vrai cauchemar (*nightmare*)!

10-21 Récapitulation sur l'accord du participe passé. Complétez les phrases suivantes en mettant les verbes entre parenthèses au passé composé. Faites l'accord du participe passé, si nécessaire. (Voir *Contrastes*, Chapitre 10, sections 5 à 13.)

1. *Did you buy any plums? —Yes, I bought a pound [of them].* → Est-ce que tu
   (a) _____ (acheter) des prunes (f. pl.)? —Oui, j'en (b) _____ (acheter) une livre.

2. *She ran toward the exit.* → Elle _____ (se diriger) vers la sortie en courant.

3. *They said good-bye to each other.* → Elles _____ (se dire) au revoir.

4. *Did she finish her homework? —Yes, she finished it just before dinner.* → Est-ce qu'elle
   _____ (finir) ses devoirs (m. pl.)? —Oui, elle les _____ (terminer) juste avant le dîner.

5. *The two cars collided at the intersection.* → Les deux voitures (f.) _____ (se heurter) au carrefour.

6. *My scarf? Yes, I think I left it home.* → Mon écharpe (f.)? Oui, je crois que je
   l'_____ (oublier) chez moi.

7. *The sunglasses she bought herself suit her very well.* → Les lunettes (f. pl.) de soleil qu'elle
   _____ (s'acheter) lui vont très bien.

8. *She turned twenty yesterday.* → Elle _____ (avoir) vingt ans hier.

10-22 Récapitulation sur l'accord du participe passé. Complétez les phrases suivantes en mettant les verbes entre parenthèses au passé composé. Faites l'accord du participe passé, si nécessaire. (Voir *Contrastes*, Chapitre 10, sections 5 à 13.)

1. *They spoke briefly, then they parted without a glance.* → Ils (a) _____ (se parler)
   brièvement, puis ils (b) _____ (se séparer) sans un regard.

2. *The pool they installed cost them a fortune.* → La piscine (f.) qu'ils (a) _____
   (faire) installer leur (b) _____ (coûter) une fortune.

3. *They talked on the phone for more than one hour.* → Elles _____ (se parler) au
   téléphone pendant plus d'une heure.

4. *The car she had to rent was very expensive.* → La voiture qu'elle _____ (devoir)
   louer était très chère.

5. *And the children? Did you hear them come in?* → Et les enfants? Vous les _____
   (entendre) rentrer?

6. *My jacket? I can't find it anymore; I think someone stole it from me.* → Ma veste? Je ne la trouve plus; je
   crois qu'on me l'_____ (voler).

7. *They met in front of the library.* → Elles _____ (se retrouver) devant la
   bibliothèque.

8. *Which lesson did she ask us to prepare?* → Quelle leçon est-ce qu'elle nous _____ (demander) de préparer?

9. *He cannot find the documents he left on his desk.* → Il ne retrouve plus les documents qu'il _____ (laisser) sur son bureau.

10. *He cannot find the documents he left lying around on his desk.* → Il ne retrouve plus les documents qu'il _____ (laisser) traîner sur son bureau.

11

Le futur et le conditionnel

11-1   Futur proche (dans une phrase au présent ou au passé). Complétez les phrases suivantes en mettant les verbes entre parenthèses à l'une des formes du <u>futur proche</u>. Utilisez les expressions ou verbes appropriés: **aller, devoir, être près de, être sur le point de, s'apprêter à** ou **avoir l'intention de** (au présent ou à l'imparfait, selon le cas). Attention à la place des pronoms, le cas échéant. (Voir *Contrastes*, Chapitre 11, section 1.)

1. *We're going to leave in five minutes.* → Nous _____ (partir) dans cinq minutes.

2. *The train is just about to pull into the station.* → Le train _____ (entrer) en gare.

3. *I thought you were going to call me.* → Je croyais que tu _____ (m'appeler).

4. *She intends to let them know.* → Elle _____ (le leur faire) savoir.

5. *They're supposed to join us tonight.* → Ils _____ (nous rejoindre) ce soir.

6. *Do you think it's going to rain?* → Tu crois qu'il _____ (pleuvoir)?

7. *Stop teasing her; you're going to make her cry!* → Arrête de la taquiner: tu _____ (la faire) pleurer!

8. *I'm just about to go to bed.* → Je _____ (aller se coucher).

9. *I think we're supposed to meet at 9 a.m.* → Je crois que nous _____ (se retrouver) à 9 heures.

10. *You weren't going to leave without saying good-bye, I hope!* → Tu _____ (ne pas s'en aller) sans dire au revoir, j'espère!

11. *We ate so badly that we're not about to go back to that restaurant anytime soon.* → Nous avons si mal mangé que nous _____ (ne pas revenir) dans ce restaurant!

11-2   Futur proche (dans une phrase au présent ou au passé) vs **futur simple.** Mettez les verbes entre parenthèses au <u>futur proche</u> (verbe **aller**, au présent ou à l'imparfait, + infinitif) ou au <u>futur simple</u>, selon le cas. (Voir *Contrastes*, Chapitre 11, sections 1 à 3.)

1. Il fait froid: je crois qu'il _____ (neiger).

2. La nuit tombait, il _____ (neiger: *it was going to snow*) et nous étions encore à une trentaine de kilomètres du village le plus proche.

3. Il _____ (ne pas neiger) avant demain soir.

4. Je _____ (la rappeler) tout de suite puisque tu insistes.

5. Je te promets que je _____ (la rappeler) demain sans faute.

6. Ils ont fini les travaux cet après-midi: tu _____ (enfin pouvoir) travailler plus tranquillement.

7. Ils ont presque fini les travaux: tu _____ (pouvoir) travailler plus tranquillement à partir de mardi prochain.

8. Nous _____ (partir: *we were about to leave*) lorsqu'un terrible orage a éclaté.

9. Nous _____ (repartir) demain: aujourd'hui, il est trop tard.

10. Papa, est-ce qu'on peut aller au cinéma ce soir? —Je ne sais pas, nous _____ (voir); peut-être, si vous êtes sages.

11-3 Futur simple vs **futur antérieur.** Mettez les verbes entre parenthèses au futur simple ou antérieur, selon le cas. Attention à la place de l'adverbe, le cas échéant. (Voir *Contrastes*, Chapitre 11, sections 2 à 6.)

1. Je t'_____ (aider) si tu en as besoin.

2. Quand tu (a) _____ (terminer) tes devoirs, tu (b) _____ (aller) à la boulangerie acheter une baguette, s'il te plaît.

3. Je crois que nous _____ (ne pas pouvoir) faire du ski ce week-end: on a annoncé de la pluie.

4. Comment, il n'est toujours pas arrivé? Il _____ (oublier: *he probably forgot*) l'heure, comme d'habitude!

5. Une fois que vous (a) _____ (voir) ce film, vous me (b) _____ (dire) ce que vous en pensez.

6. Nous (a) _____ (aller) faire une petite balade dès que nous

   (b) _____ (finir) de déjeuner.

7. Jacques n'est pas encore arrivé? —Non, mais ne t'inquiète pas: il _____ (s'arrêter: *he most probably stopped*) chez un copain.

11-4 Récapitulation: futur proche vs **futur simple** vs **futur antérieur.** Complétez les phrases suivantes en mettant les verbes entre parenthèses à la forme appropriée du futur (proche, simple ou antérieur, selon le cas). (Voir *Contrastes*, Chapitre 11, sections 1 à 6.)

1. J'ai si bien mangé dans ce restaurant que j'y _____ (retourner) avec plaisir.

2. Émilie et Zoé, une fois que vous (a) _____ (arriver), vous nous

   (b) _____ (téléphoner), d'accord?

3. Une fois que j'(a) _____ (enlever) les mauvaises herbes,

   j'(b) _____ (arroser) les plates-bandes.

4. Laisse-la: elle (a) _____ (s'arrêter) de faire la tête lorsqu'elle en

   (b) _____ (avoir) assez!

5. Je peux t'emprunter ces deux romans? Je te les (a) _____ (rendre) dès que je les

   (b) _____ (lire).

6. Émilie, tu (a) _____ (vouloir) bien ranger ta chambre, s'il te plaît, sinon tu

   (b) _____ (être) privée de sortie (*you'll be grounded*).

7. Alors les enfants, vous avez mémorisé votre fable de La Fontaine? Oui? Eh bien, c'est ce que nous

   _____ (voir)! Jean-Denis, lève-toi et récite-nous *Le Corbeau et le Renard* si tu veux bien.

8. J'espère que les enfants (a) _____ (ne pas manger) toutes les cerises et qu'il en (b) _____ (rester) bien quelques-unes pour nous!

11-5 **Récapitulation: futur proche** vs **futur simple** vs **futur antérieur.** Complétez les phrases suivantes en mettant les verbes entre parenthèses à la forme appropriée du futur (proche, simple ou antérieur, selon le cas). (Voir *Contrastes*, Chapitre 11, sections 1 à 6.)

1. *If you wait a bit, you'll be able to see him.* → Si vous patientez un peu, vous _____ (pouvoir) le voir.

2. *When will you know about it?* → Quand est-ce que tu le _____ (savoir)?

3. *We'll try to come home before midnight.* → Nous _____ (essayer) de rentrer avant minuit.

4. *Careful, you're going to hurt yourself.* → Attention, tu _____ (se faire) mal.

5. *Hurry up! It's going to start.* → Dépêchez-vous! Ça _____ (commencer).

6. *You'll watch that DVD once you've practiced your piano.* → Tu (a) _____ (regarder) ce DVD une fois que tu (b) _____ (travailler) ton piano.

7. *In three months from now, I will be done with [I will have finished] my law degree.* → D'ici trois mois, j'_____ (finir) ma licence de droit.

8. *Call me as soon as you are back.* → Appelle-moi dès que tu _____ (être) de retour.

9. *When the cake is ready, will you please take it out of the oven?* → Quand le gâteau (a) _____ (être) prêt, tu (b) _____ (vouloir) bien le sortir du four, s'il te plaît.

10. *On Sunday, I'll visit my grandmother because I haven't seen her in a while.* → Dimanche, j'_____ (aller) rendre visite à ma grand-mère parce que ça fait un certain temps que je ne l'ai pas vue.

11-6 **Exercice oral: jeu de rôles (futur proche** vs **futur simple** vs **futur antérieur).** Travaillez avec un ou une partenaire. Vous êtes Madame Irma, voyante extralucide. Votre partenaire vient vous poser toutes sortes de questions sur son avenir (travail, santé, amour). Que lui prédisez-vous? Dans vos questions aussi bien que vos réponses, employez le **futur proche**, le **futur simple** ou le **futur antérieur**, selon le cas. Après quelques minutes, changez de rôle. (Voir *Contrastes*, Chapitre 11, sections 1 à 6.)

11-7 **Rédaction au futur: ce que nous ferons ce week-end.** Vous envoyez un courriel (un message électronique) d'un ou deux paragraphes à un ami ou une amie qui doit venir vous rendre visite. Vous lui décrivez tout ce que vous allez faire ensemble. Mettez vos verbes au **futur proche**, au **futur simple** ou au **futur antérieur**, selon le cas. (Voir *Contrastes*, Chapitre 11, sections 1 à 6.)

MODÈLE: Salut... [nom de l'ami(e)] *ou* Cher/Chère... [nom de l'ami(e)],

Je suis très content(e) que tu viennes ce week-end: nous allons faire un tas de choses ensemble. D'abord, dès que tu seras arrivé(e), nous...

11-8 **Conditionnel présent et passé: le futur dans une phrase au passé.** Complétez les phrases suivantes en les transposant au passé. Mettez les verbes **en gras** au conditionnel présent ou passé, selon le cas. Faites attention à la place de l'adverbe, le cas échéant. (Voir *Contrastes*, Chapitre 11, sections 7 et 8a.)

MODÈLE: • La météo annonce qu'il **fera** froid ce soir. → La météo a annoncé qu'il **ferait** froid ce soir.

1. La météo annonce qu'il **pleuvra** ce soir. → La météo a annoncé qu'il _____ ce soir.

2. Tout le monde croit qu'on **aura bientôt trouvé** une cure pour le cancer. → Tout le monde croyait qu'on _____ une cure pour le cancer.

3. Je pense qu'elle **sera** contente. → Je pensais qu'elle _____ contente.

4. J'espère qu'ils **auront bientôt fini** d'installer le câble. → J'espérais qu'ils _____ d'installer le câble.

5. Vous ne savez pas qu'il y **aura** des grèves toute la semaine? → Vous ne saviez pas qu'il y _____ des grèves toute la semaine?

6. Il n'est que sept heures; la représentation ne **commencera** pas avant huit heures, nous avons donc le temps d'aller prendre un café. → Il n'était que sept heures; la représentation ne _____ pas avant huit heures, nous avions donc le temps d'aller prendre un café.

7. Je crois qu'il **changera** d'avis une fois qu'il **aura lu** ton rapport. → Je croyais qu'il (a) _____ d'avis une fois qu'il (b) _____ ton rapport.

8. Je crois que dans six mois, la situation économique **se sera redressée**. → Je croyais que, six mois plus tard, la situation économique _____.

11-9 **Conditionnel présent: la politesse.** Inspirez-vous des phrases suivantes pour poser des questions au conditionnel. (Voir *Contrastes*, Chapitre 11, sections 7 et 8b.)

MODÈLE: • Je n'ai pas de parapluie. → **Pourriez-vous m'en prêter un?** *ou* **Est-ce que vous pourriez m'en prêter un?**

1. Nous cherchons l'office de tourisme.

_____

2. Je ne sais pas ce qu'on donne (*what's playing*) au cinéma cette semaine.

_____

3. Ma voiture est en panne.

_____

4. Nous ne comprenons pas ce menu en anglais.

_____

5. J'ai faim; je suis au chômage et je n'ai rien mangé depuis hier...

_____

11-10 Conditionnel présent vs **conditionnel passé: souhait** vs **regret.** Complétez les phrases suivantes en mettant les verbes entre parenthèses au conditionnel présent ou passé, selon qu'il s'agit d'un souhait ou d'un regret. Attention à la place de l'adverbe, le cas échéant. (Voir *Contrastes*, Chapitre 11, sections 7, 8b et 8c.)

1. J'_____ (aimer bien) avoir un chien, mais mes parents ne voudront jamais!

2. J'_____ (aimer bien) avoir un chien quand j'étais enfant, mais mes parents n'ont jamais voulu.

3. Elle qui _____ (tant vouloir) visiter Venise! C'est vraiment dommage qu'elle n'ait jamais pu y aller.

4. J'_____ (aimer) visiter Venise avec toi. Pourquoi n'y allons-nous pas pour les prochaines vacances?

5. Tu _____ (devoir) aller à cette soirée, Annick; tu te serais vraiment amusée!

6. Tu _____ (ne pas devoir) lui dire ça l'autre jour; maintenant, tout le monde le saura!

7. Pour pouvoir m'acheter une voiture aussi chère, il _____ (falloir) d'abord que je gagne le gros lot (*jackpot*)!

8. Il _____ (falloir) le lui expliquer avant! Maintenant, il est trop tard!

11-11 Conditionnel présent et conditionnel passé: conseil vs **reproche.** Inspirez-vous des phrases suivantes soit pour donner un conseil ou faire une suggestion (au conditionnel présent), soit pour faire un reproche (au conditionnel passé). Employez les indications entre crochets. (Voir *Contrastes*, Chapitre 11, sections 7, 8c et 8d.)

MODÈLES: • Je suis très fatigué(e). [Tu... / devoir] → **Tu devrais te coucher.** [conseil] *ou* **Tu aurais dû te coucher plus tôt hier soir.** [reproche]

• Je meurs de faim. [Tu... / pouvoir] → **Tu pourrais t'acheter un sandwich à la boulangerie.** [suggestion] *ou* **Tu aurais dû manger ce matin avant de partir!** [reproche]

1. Je suis en retard. [Tu... / devoir]

   _____

2. Vous avez encore raté votre train? [Vous... / devoir]

   _____

3. J'ai oublié mon porte-monnaie. [Il... / falloir que + subjonctif]

   _____

4. J'ai pris un taxi pour rentrer. [Tu... / pouvoir]

   _____

5. Nous nous sommes ennuyé(e)s toute la soirée. [Vous... / faire mieux]

   _____

6. Maman, il n'y a rien de bien à la télévision! [Vous... / pouvoir]

   _____

7. Que t'est-il arrivé, Elise? —Je me suis perdue en chemin (*I got lost on the way*). [Il... / falloir que + subjonctif]

   _____

8. Je ne me sens pas bien. [Tu... / faire mieux]

   _____

11-12 Exercice oral: jeu de rôles (conseil vs reproche). Travaillez avec un ou une partenaire. Une personne fait un commentaire et l'autre réagit, soit en donnant un conseil, soit en faisant un reproche (comme dans l'exercice précédent). Employez les verbes **vouloir**, **pouvoir**, **devoir**, **falloir** et **faire mieux** au moins une fois. Après cinq phrases, changez de rôle. (Voir *Contrastes*, Chapitre 11, sections 7, 8c et 8d.)

11-13 Conditionnel présent et passé: possibilité et éventualité. Complétez les phrases suivantes en mettant les verbes entre parenthèses au conditionnel présent ou passé, selon le cas. (Voir *Contrastes*, Chapitre 11, sections 7 et 8e.)

1. *You wouldn't be pregnant by any chance, would you?* → Tu _____ (ne pas être) enceinte, toi, par hasard?

2. *It could have happened to you!* → Ça _____ (pouvoir) t'arriver!

3. *How would I know?* → Comment est-ce que je le _____ (savoir)?

4. *Why would she have lied?* → Pourquoi est-ce qu'elle _____ (mentir)?

5. *Would you leave everything you have here to go work in that country?* → Vous _____ (abandonner) tout ce que vous avez ici pour aller travailler dans ce pays?

6. *Do you think that without that silly argument, he would have left so suddenly?* → Tu crois que sans cette dispute stupide, il _____ (partir) si brusquement?

7. *We could lend you a map in case you'd like to visit the neighboring countryside.* → Nous

   (a) _____ (pouvoir) vous prêter une carte au cas où vous

   (b) _____ (vouloir) visiter les environs.

11-14 Conditionnel présent et passé: indignation. Complétez les phrases suivantes en mettant les verbes entre parenthèses au conditionnel présent ou passé, selon le cas. (Voir *Contrastes*, Chapitre 11, sections 7 et 8f.)

1. *Couldn't you have been a little more careful?!* → Vous _____ (ne pas pouvoir) faire un peu plus attention, non?!

2. *Would you mind not smoking?!* → Ça vous _____ (déranger) de ne pas fumer?!

3. *Couldn't you be a little more polite with your mother?!* → Tu _____ (ne pas pouvoir) être un peu plus poli(e) avec ta mère, non?!

4. *Would you mind arriving on time for once?!* → Ça t' _____ (ennuyer) d'arriver à l'heure pour une fois?!

5. *Would you mind giving us a little more room?!* → Ça vous _____ (gêner) de nous faire un peu de place?!

6. *Couldn't you at least have warned us?!* → Tu _____ (ne pas pouvoir) au moins nous avertir?!

11-15 Conditionnel présent et passé: faits douteux, imaginaires ou irréels. Complétez les phrases suivantes en mettant les verbes entre parenthèses au conditionnel présent ou passé, selon le cas. Attention à la place de l'adverbe, le cas échéant. (Voir *Contrastes*, Chapitre 11, sections 7 et 8g.)

1. Et si on allait ensemble au bord de la mer pendant quelques jours? On y (a) _____ (être) si bien! On (b) _____ (pêcher) la crevette, on (c) _____ (prendre) des bains de soleil, on (d) _____ (faire) de la voile; le soir, on (e) _____ (se promener) le long de la plage. Allons-y le week-end prochain, qu'en dis-tu? Tu veux bien?

2. Si vous aviez fait un peu moins de bruit la nuit dernière, nous _____ (dormir mieux).

3. Je vous ai préparé des sandwichs au cas où vous _____ (avoir) faim en revenant ce soir.

4. Si tu faisais un peu plus attention en classe, tu _____ (arriver) à de meilleurs résultats.

11-16 Conditionnel présent et passé: supposition ou information non confirmée (conjecture). Complétez les phrases suivantes selon les modèles ci-dessous. Mettez les verbes **en gras** au conditionnel présent ou passé, selon le cas. (Voir *Contrastes*, Chapitre 11, sections 7 et 8h.)

MODÈLES: • On dit qu'il **fait** très froid dans cette région. → Il **ferait** très froid dans cette région.
  • Il paraît qu'il y **a eu** un grave accident. → Il y **aurait eu** un grave accident.
  • Certaines études suggèrent que la tuberculose **affecte** de plus en plus de gens. → Selon certaines études, la tuberculose **affecterait** de plus en plus de gens.

1. On affirme qu'il y **a** de la glace sur Mars. → Il y _____ de la glace sur Mars.

2. On dit que Néron **a incendié** Rome. → Néron _____ Rome.

3. Les scientifiques prétendent que le recul de la banquise (*the melting of the ice cap*) **est** dû à un réchauffement de la planète. → Selon les scientifiques, le recul de la banquise _____ dû à un réchauffement de la planète.

4. Les économistes soutiennent que nous **entrons** dans une période de grave dépression. → Selon les économistes, nous _____ dans une période de grave dépression.

5. Les experts estiment qu'il ne **reste** plus que quelques centaines de pandas en Chine. → D'après les experts, il ne _____ plus que quelques centaines de pandas en Chine.

6. Les premiers résultats suggèrent que le candidat de la droite **arrive** en tête. → Selon les premiers résultats, le candidat de la droite _____ en tête.

7. Certains écologistes estiment que le forage de puits de pétrole (*the drilling of oil wells*) dans le nord de l'Alaska **portera** atteinte (*will be detrimental*) à l'environnement. → D'après certains écologistes, le forage de puits de pétrole _____ atteinte à l'environnement.

8. Il paraît que la grand-mère de Jean **s'est cassé** le col du fémur (*hip*) en tombant dans l'escalier. → La grand-mère de Jean _____ le col du fémur en tombant dans l'escalier.

11-17 Récapitulation: le conditionnel présent et passé. Complétez les phrases suivantes en mettant les verbes entre parenthèses au conditionnel présent ou passé, selon le cas. (Voir *Contrastes*, Chapitre 11, sections 7 et 8.)

1. Ses parents ne _____ (être)-ils pas originaires d'Europe centrale, par hasard?

2. La météo avait annoncé qu'il y _____ (avoir) une vague de froid pendant le week-end.

3. Si je pouvais, je _____ (voyager) tous les ans dans un pays différent.

4. D'après le reportage, l'assassin _____ (se déguiser) en femme (*apparently dressed up as a woman*).

5. Est-ce que tu _____ (être) assez gentil pour me raccompagner?

6. J'_____ (bien aimer) m'acheter ce manteau en cachemire mais il est hors de prix (*it's much too expensive*)!

7. Maladroit, tu _____ (pouvoir) faire un peu plus attention en reculant la voiture! Regarde-moi ça! Tu as écrasé le parterre de fleurs (*flower bed*)!

8. Selon les dernière nouvelles, l'accident d'avion survenu dans les Andes _____ (coûter) la vie à tous les passagers.

9. Si tu nous l'avais dit plus tôt, nous (m. pl.) _____ (venir) te chercher.

10. Prévenez-nous, au cas où vous _____ (avoir) un empêchement, mais faites-le avant ce soir si possible.

11-18 *Should, would* et *could*. Complétez les phrases suivantes de façon à ce que vos réponses correspondent aux éléments **en gras**. Employez les éléments entre crochets, le cas échéant. (Voir *Contrastes*, Chapitre 11, section 9.)

1. *She went out on an errand but she **should be back** in five minutes.* [être de retour] → Elle est sortie faire une course, mais elle _____ dans cinq minutes.

2. *You **should go;** I'm sure you **would have fun**.* [y aller / s'amuser] → Tu (a) _____; je suis sûr(e) que tu (b) _____.

3. *I **couldn't understand** what she was saying.* [ne pas comprendre] → Je _____ ce qu'elle disait.

4. *My mother **would have liked** to go to Paris, but my father **couldn't** get away.* [bien aimer] → Ma mère (a) _____ aller en vacances à Paris mais mon père (b) _____ se libérer.

5. *I know someone who **would be** very **interested** in this project.* [intéresser] → Je connais quelqu'un que ce projet _____ beaucoup.

6. *If you should ever win the lottery, what **would you do** with all that money?* → Si jamais tu gagnais à la loterie, qu'est-ce que tu _____ de tout cet argent?

7. *You **could** at least send her a thank-you note!* → Tu _____ au moins lui envoyer un mot de remerciement!

8. *I **couldn't** send her a thank-you note because I don't know her address.* → Je _____ lui envoyer un mot de remerciement parce que je ne connais pas son adresse.

9. *I **would** gladly **lend** you twenty dollars, but I left my wallet at home.* [prêter] → Je te _____ volontiers vingt dollars, mais j'ai laissé mon portefeuille chez moi.

10. *I **would** constantly **lend** him money because he was always broke.* [prêter] → Je lui _____ constamment de l'argent parce qu'il était toujours fauché (*slang*).

11-19 Rédaction au conditionnel (avec transposition au conditionnel passé): que ferions-nous si tu venais? (Voir *Contrastes*, Chapitre 11, sections 7 à 9.)

PARTIE A: Pour convaincre votre meilleur(e) ami(e) de vous rendre visite, vous lui expliquez tout ce que vous **pourriez** faire ensemble s'il/si elle venait. Commencez votre paragraphe par **Si tu venais...** et complétez par une dizaine de phrases au **conditionnel présent**.

MODÈLE: • Si tu <u>venais</u>, nous **ferions** des tas de choses. Nous **pourrions** aller au cinéma. Ensuite, nous **irions** retrouver des amis...

PARTIE B: Malheureusement, votre ami(e) n'a pas pu se libérer. Déçu(e), vous lui rappelez tout ce que vous **auriez fait** s'il/si elle était venu(e). Transposez vos dix phrases précédentes au **conditionnel passé** en commençant par **Si tu étais venu(e)...**

MODÈLE: • Quel dommage que tu n'aies pas pu venir! Si tu <u>étais venu(e)</u>, nous **aurions fait** des tas de choses. Nous **aurions pu** aller au cinéma. Ensuite, nous **serions allé(e)s** retrouver des amis... [Vous pouvez terminer votre rédaction par «Tant pis! Ce sera pour la prochaine fois.»]

11-20 Rédaction au conditionnel: encouragements, conseils et suggestions. (Voir *Contrastes*, Chapitre 11, sections 7 à 9.)

Votre meilleur(e) ami(e) broie du noir (est déprimé[e]): vous lui téléphonez pour essayer de lui remonter le moral, l'encourager à prendre la vie du bon côté, bref, vous lui donnez des conseils, vous lui faites des suggestions. Rédigez une dizaine de phrases que vous mettrez au conditionnel présent ou passé, selon le contexte et le sens.

MODÈLE: • Alors, Michel/Anne, il paraît que ça ne va pas fort et que tu broies du noir? Mon/Ma pauvre! Écoute, tu devrais tout de même essayer de sortir un peu, voir des gens, te distraire. Je ne sais pas moi, tu pourrais... Tu n'aimerais pas... ? Je suis sûr(e) que tu aimerais... Pourquoi est-ce que tu n'es pas allé(e)... ? Tu aurais dû y aller, ça t'aurait fait du bien...

12

Le subjonctif

12-1 **Subjonctif présent.** Mettez les verbes entre parenthèses au subjonctif présent. (Voir *Contrastes*, Chapitre 12, section 2.)

1. À cette heure-ci, j'ai peur qu'il ne _____ (être) trop tard pour trouver une boulangerie ouverte.

2. Il vaudrait mieux qu'elle _____ (ne pas apprendre) la vérité.

3. Je suis étonné(e) qu'il _____ (vouloir) reprendre contact avec son ex-femme!

4. Ils ont insisté pour que nous _____ (aller) les chercher à l'aéroport.

5. Il vaut mieux que vous _____ (comprendre) de quoi il s'agit exactement.

6. C'est dommage que tu ne _____ (pouvoir) pas assister au concert de rock ce soir!

7. Il faudra qu'elle _____ (faire) un sérieux effort si elle veut être reçue à (*pass*) son examen.

8. Il est tyrannique: il veut toujours qu'on lui _____ (obéir) au doigt et à l'œil.

12-2 **Subjonctif présent.** Mettez les impératifs au subjonctif présent en faisant précéder le verbe de **Je veux que...** ou **Je ne veux pas que...**, suivant le cas. (Voir *Contrastes*, Chapitre 12, section 2.)

MODÈLES: • Descends! → **Je veux que tu descendes.**

   • Descendez! → **Je veux que vous descendiez.**

   • Ne descends pas! → **Je ne veux pas que tu descendes.**

   • Ne descendez pas! → **Je ne veux pas que vous descendiez.**

1. Finis ton petit déjeuner! _____

2. Ne sors pas ce soir! _____

3. N'allez pas par là! _____

4. Prends ton portable (*cell phone*)! _____

5. Allez lui dire au revoir! _____

6. Répondez quand on vous appelle! _____

7. Dis-moi la vérité! _____

8. Ne reviens pas trop tard! _____

9. Faites très attention! _____

10. Ne conduis pas trop vite! _____

12-3 **Subjonctif présent.** Répondez <u>affirmativement</u> selon le modèle ci-dessous. Mettez les verbes **en gras** au subjonctif présent. (Voir *Contrastes*, Chapitre 12, section 2.)

MODÈLE: • Pourquoi est-ce que vous ne lui en **parlez** pas? → Il faudrait que vous lui en **parliez**.

1. Pourquoi est-ce que vous ne **montez** pas leur dire bonsoir? Je voudrais que vous _____ leur dire bonsoir.

2. Pourquoi est-ce que nous ne **partons** pas tout de suite? Il faut absolument que nous _____ tout de suite.

3. Pourquoi est-ce qu'il ne **fait** pas un effort? Il faudrait tout de même qu'il _____ un petit effort!

4. Pourquoi est-ce que vous ne **buvez** pas davantage d'eau? Il faudrait vraiment que vous _____ davantage d'eau.

5. Pourquoi est-ce qu'elle ne **voit** pas un docteur? Il est urgent qu'elle _____ un docteur.

6. Pourquoi est-ce que tu n'**es** pas gentil avec ta sœur? Je veux que tu _____ gentil avec ta sœur, tu m'entends?

7. Pourquoi est-ce que vous ne **suivez** pas un cours de maths? Il faudrait que vous _____ un cours de maths.

8. Pourquoi est-ce que tu ne **finis** pas ton travail? Il faut que tu _____ ton travail, sinon tu auras des ennuis.

9. Pourquoi est-ce que tu n'**apprends** pas ce morceau de musique par cœur? Il est indispensable que tu _____ ce morceau de musique par cœur si tu veux entrer au conservatoire.

10. Pourquoi est-ce qu'elle ne **choisit** pas elle-même le menu? J'aimerais autant qu'elle _____ elle-même le menu.

12-4 **Subjonctif présent.** Répondez <u>affirmativement</u> selon le modèle ci-dessous. Mettez les verbes **en gras** au subjonctif présent. (Voir *Contrastes*, Chapitre 12, section 2.)

MODÈLE: • Pourquoi est-ce que vous ne leur **répondez** pas? → Il faut absolument que vous leur **répondiez**.

1. Pourquoi est-ce que vous ne m'**écoutez** pas? Je veux que vous m'_____ attentivement.

2. Pourquoi ne **se sert**-il pas du dictionnaire? Ce serait pourtant utile qu'il _____ du dictionnaire.

3. Pourquoi ne **viens**-tu pas nous voir? Nous aimerions tellement que tu _____ nous voir!

4. Pourquoi est-ce que vous ne **prenez** pas un taxi? Il vaudrait mieux que vous _____ un taxi à cette heure-ci.

5. Pourquoi est-ce que Michel ne **va** pas la voir? Il faut que Michel _____ la voir!

6. Pourquoi ne me **crois**-tu pas? Il faut que tu me _____!

7. Pourquoi ne **fais**-tu pas un peu plus de sport? Il faudrait que tu _____ un peu plus de sport.

8. Pourquoi ne **nous retrouvons**-nous pas un peu plus tôt? Je préférerais que nous _____ vers 20 heures plutôt qu'à 22 heures.

9. Pourquoi est-ce que tu ne la **revois** plus? Ce serait bien que tu la _____ un de ces jours.

10. Pourquoi n'**avez**-vous pas de passeport valable? Il est indispensable que vous _____ un passeport valable.

12-5 **Subjonctif présent** vs **subjonctif passé.** Mettez les verbes entre parenthèses au subjonctif présent ou passé, selon le cas. (Voir *Contrastes*, Chapitre 12, sections 2 à 4.)

MODÈLES: • Ta grand-mère est contente que tu _____ (aller) la voir ce week-end. →
Ta grand-mère est contente que tu **ailles** la voir ce week-end.

• Ta grand-mère est contente que tu _____ (aller) la voir le week-end dernier. → Ta grand-mère est contente que tu **sois allé(e)** la voir le week-end dernier.

1. Elle est étonnée que ses amis _____ (ne pas encore téléphoner).

2. Elle est étonnée que ses amis _____ (ne plus téléphoner) aussi régulièrement qu'autrefois.

3. Il est content que vous _____ (engager) une deuxième secrétaire: elle vous sera utile.

4. Il est content que vous _____ (engager) cette nouvelle secrétaire: elle s'est déjà montrée très utile.

5. Il faut que ce tableau vous _____ (plaire), sinon ce n'est pas la peine de l'acheter.

6. Il faut que ce tableau vous _____ (plaire) pour que vous l'ayez acheté à ce prix!

7. Odile a beaucoup de qualités; c'est dommage qu'elle _____ (faire) si souvent des gaffes!

8. C'est idiot qu'Odile _____ (faire) cette gaffe hier soir!

9. J'ai peur que nous _____ (se tromper) si nous allons dans cette direction.

10. J'ai peur que nous _____ (se tromper) en prenant à gauche tout à l'heure (*when we took a left turn a short while ago*): il aurait fallu prendre à droite!

12-6 **Subjonctif présent** vs **subjonctif passé.** Mettez les verbes entre parenthèses au subjonctif présent ou passé, selon le cas. (Voir *Contrastes*, Chapitre 12, sections 2 à 4.)

1. Elle est ravie que vous _____ (pouvoir) venir le week-end prochain.

2. Elle est ravie que vous _____ (pouvoir) venir le week-end passé.

3. Mon père n'est pas content que mon frère _____ (ne pas faire) de maths quand il était encore à l'université.

4. Mon père n'est pas content que mon frère _____ (ne pas faire) de maths en ce moment.

5. Je suggère que vous _____ (effectuer) un stage quand vous serez en France.

6. C'est bien que vous _____ (effectuer) un stage quand vous étiez en France.

7. Je doute qu'il _____ (parvenir) à les convaincre quand il les verra demain.

8. Je doute qu'il _____ (parvenir) à les convaincre l'autre jour.

9. Il n'est pas sûr que j'_____ (obtenir) de bons résultats aux derniers examens.

10. Il n'est pas sûr que j'_____ (obtenir) de bons résultats aux prochains examens.

12-7 **Subjonctif présent** vs **subjonctif passé.** Mettez les verbes entre parenthèses au subjonctif présent ou passé, selon le cas. (Voir *Contrastes*, Chapitre 12, sections 2 à 4.)

1. Les manifestants s'attendent à ce que la police _____ (interdire) tout accès au quartier lors des prochaines manifestations.

2. Les manifestants n'ont guère été surpris que la police _____ (interdire) tout accès au quartier lors des dernières manifestations.

3. Nous regrettons que tu _____ (devoir) repartir si tôt l'autre soir.

4. Nous regrettons que tu _____ (devoir) repartir si tôt ce soir.

5. Je trouve dommage qu'il _____ (être) toujours si occupé.

6. Je trouve dommage qu'il _____ (être) si occupé toute la semaine passée: nous ne l'avons quasiment pas vu.

7. Nous nous attendions à ce que vous _____ (terminer) cette réparation bien avant notre retour, or nous constatons que rien n'a été fait!

8. Nous nous attendons donc à ce que vous _____ (terminer) cette réparation dans les plus brefs délais (*as soon as possible*).

9. C'est curieux qu'il _____ (réagir) de cette manière quand il a appris la nouvelle.

10. J'ai peur qu'il _____ (réagir) très mal quand il entendra cette nouvelle.

12-8 **Subjonctif présent** vs **subjonctif passé.** Complétez les phrases suivantes en mettant les verbes entre parenthèses au subjonctif présent ou passé, selon le cas. (Voir *Contrastes*, Chapitre 12, section 2 à 4.)

1. *I'd like you to [come] join us for dinner.* → J'aimerais que vous _____ (venir) nous rejoindre pour dîner.

2. *My parents are happy that my brother was able to spend the whole weekend with them.* → Mes parents sont heureux que mon frère _____ (pouvoir) passer tout le week-end avec eux.

3. *It's too bad she's sick!* → Quel dommage qu'elle _____ (être) malade!

4. *It's too bad she was sick last night!* → Quel dommage qu'elle _____ (être) malade hier soir!

5. *We'll have to arrive a little earlier next time.* → Il faudra que nous _____ (arriver) un peu plus tôt la prochaine fois.

6. *We really should be done before five o'clock.* → Il faudrait absolument que nous _____ (terminer) avant cinq heures.

7. *She's delighted you liked her gift.* → Elle est ravie que tu _____ (aimer) son cadeau.

8. *He's surprised that you're not going to this exhibit.* → Il est surpris que tu _____ (ne pas aller) à cette exposition.

9. *His parents are furious that he wants to quit school.* → Ses parents sont furieux qu'il _____ (vouloir) abandonner ses études.

10. *His parents are furious that he quit school.* → Ses parents sont furieux qu'il _____ (abandonner) ses études.

12-9 **Appréciation, souhait et préférence.** Complétez les phrases suivantes par une proposition subordonnée de votre invention. Employez le subjonctif présent, suivant le cas. (Voir *Contrastes*, Chapitre 12, section 5.)

    1. Je n'aime pas que tu... _____.

    2. Elle préfère que nous... _____.

    3. Il vaudrait mieux que tu... _____.

    4. Il vaut mieux que tu... _____.

    5. Elle apprécie que nous... _____.

12-10 **Nécessité, volonté, ordre et interdiction.** Complétez les phrases suivantes par une proposition subordonnée de votre invention. Employez le subjonctif présent ou passé, suivant le cas. (Voir *Contrastes*, Chapitre 12, section 6.)

    1. J'ai besoin que tu (*I need you to*)... _____.

    2. Ils tiennent à ce que je (*They absolutely want me to*)... _____.

    3. Je ne m'attendais pas à ce que vous (*I wasn't expecting you to*)... _____.

    4. Il veut que nous (*He wants us to*)... _____.

    5. Je suggère que nous... _____.

    6. Il faut absolument que vous... _____.

12-11 **Émotion, crainte et jugement.** Complétez les phrases suivantes par une proposition subordonnée de votre invention. Employez le subjonctif présent ou passé, suivant le cas. (Voir *Contrastes*, Chapitre 12, section 7.)

    1. Ça m'étonnerait qu'il... _____.

    2. C'est formidable que tu... _____.

    3. Je crains que ce candidat... _____.

    4. C'est bizarre que Caroline... _____.

    5. Il ne supporte pas qu'on... _____.

    6. Elle a été déçue que je... _____.

    7. Il est rare que/qu'... _____.

    8. Ce n'est pas normal que personne ne... _____.

12-12 **Possibilité et doute.** Complétez les phrases suivantes par une proposition subordonnée de votre invention. Employez le subjonctif présent ou passé, suivant le cas. (Voir *Contrastes*, Chapitre 12, section 8.)

    1. Il est possible que je... _____.

    2. Je doute beaucoup que nous..._____.

    3. Il est peu probable que Jean... _____.

    4. Il arrive que je..._____.

12-13 Conjonctions suivies du subjonctif. Complétez les phrases suivantes en mettant les verbes entre parenthèses au subjonctif présent ou passé, selon le cas. (Voir *Contrastes*, Chapitre 12, sections 9 et 10.)

1. Rentrons vite avant que mon père _____ (se rendre) compte que nous étions sorti(e)s.

2. Avant que nous _____ (acheter) cette maison, il faudrait que nous sachions si notre banque peut nous faire un prêt hypothécaire.

3. J'accepte, bien que votre proposition ne me _____ (plaire) guère.

4. Je vous aiderai à faire la vidange (*oil change*), à moins que vous _____ (savoir) la faire vous-même.

5. Il faut absolument parler à cet enfant pour qu'il (a) _____ (être) moins agressif et qu'il (b) _____ (ne pas se battre) constamment avec ses camarades de classe.

6. Je te le dis, afin que tu le _____ (savoir).

7. On lui a volé sa montre sans qu'il _____ (s'en apercevoir).

8. Je ne peux vous donner cette chambre qu'à condition que vous me _____ (montrer) votre réservation.

9. Quoiqu'il _____ (se prendre) pour quelqu'un de très important, il n'a en réalité aucune influence.

10. Bien que ma tante Aline _____ (ne pas avoir) beaucoup d'argent, elle s'est toujours montrée très généreuse envers nous.

12-14 Conjonctions suivies du subjonctif. Complétez les phrases suivantes par une proposition subordonnée de votre invention. Employez le subjonctif présent ou passé, suivant le cas. (Voir *Contrastes*, Chapitre 12, sections 9 et 10.)

1. Vous pouvez sortir retrouver vos amis, pourvu que vous...

_____.

2. Il fait trop beau pour que nous...

_____.

3. Il faudrait que je range un peu l'appartement avant qu'ils...

_____.

4. Je viendrai vous chercher en voiture, à moins que vous...

_____.

5. Entendu, puisque tu insistes, je t'accompagnerai, bien que je/j'...

_____.

12-15 Conjonctions suivies du subjonctif. Complétez les phrases suivantes selon le modèle. Utilisez une des conjonctions ci-dessous (voir *Contrastes*, Chapitre 12, sections 9 à 10):

bien que / quoique / pour que / afin que / en attendant que / jusqu'à ce que / à moins que / à [la] condition que / sans que

MODÈLE: • Virginie aime beaucoup Mathieu, **même s'il est** un peu dans la lune (*absent-minded*). →
Virginie aime beaucoup Mathieu, **bien qu'il soit** *ou* **quoiqu'il soit** un peu dans la lune.

1. La petite Zoé est très gentille, **même si elle fait** parfois des bêtises. → La petite Zoé est très gentille,
_____ parfois des bêtises.

2. Je vous permets de sortir avec vos copains, **mais seulement si vous ne dépensez pas** tout votre argent. →
Je vous permets de sortir avec vos copains, _____ tout votre argent.

3. Il viendra me voir, **de cette façon je lui dirai** ce qu'il faut faire. → Il viendra me voir
_____ ce qu'il faut faire.

4. Je t'attendrai ici **jusqu'au moment où tu reviendras**. → Je t'attendrai ici
_____.

5. Téléphonez-moi, **de cette manière je saurai** ce qui se passe. → Téléphonez-moi,
_____ ce qui se passe.

6. Ils nous préviendront, **de cette façon nous partirons** en même temps qu'eux. → Ils nous
préviendront _____ en même temps qu'eux.

7. Il est parti **et nous n'avons pas pu** lui dire au revoir. → Il est parti
_____ lui dire au revoir.

8. Ils travaillent très dur, **de cette manière leur fille fera** des études universitaires. → Ils travaillent très
dur _____ des études universitaires.

9. Magali joue avec son ours en peluche: **elle attend le moment où sa mère viendra** la coucher. →
Magali joue avec son ours en peluche _____ la coucher.

10. Nous irons pique-niquer demain, **sauf s'il pleut**. → Nous irons pique-niquer demain,
_____.

12-16 Conjonctions suivies du subjonctif. Complétez les phrases suivantes de façon à ce que vos réponses correspondent aux éléments *en gras*. Ajoutez la conjonction qui convient et les verbes entre parenthèses au subjonctif présent ou passé, selon le cas. (Voir *Contrastes*, Chapitre 12, sections 9 et 10.)

MODÈLE: • *I'll wait with you **until your bus leaves**.* → J'attendrai avec toi _____
(ton bus / partir) → J'attendrai avec toi **jusqu'à ce que ton bus parte**.

1. ***Even though it's** very cold, she went out to walk her dog.* → _____
(il / faire) très froid, elle est sortie promener son chien.

2. *You may use my car, **provided that you fill it up** with gas when you return it to me.* → Tu peux te
servir de ma voiture, _____ (tu / remettre) de l'essence quand tu me
la rendras.

3. *Let's go this afternoon, **unless you're** too busy.* → Allons-y cet après-midi,
_____ (tu / être) trop occupé(e).

4. ***Supposing that their plane lands*** *on time, our friends will be here in less than an hour.* →
_____ (leur avion / atterrir) à l'heure, nos amis serons là dans moins d'une heure.

5. *They're never happy,* ***whatever we do*** *for them.* → Ils ne sont jamais contents,
_____ (on / faire) pour eux.

6. *Keep practicing this piece* ***until you can*** *play it by heart.* → Continue de travailler ce morceau
_____ (tu / pouvoir) le jouer par cœur.

7. *She managed to throw him a birthday party* ***without his knowing*** *about it.* → Elle a réussi à lui organiser une réception d'anniversaire _____ (il / s'en apercevoir).

8. *You must stay home* ***until you're*** *completely recovered.* → Tu dois rester à la maison
_____ (tu / être) complètement rétablie.

9. *I didn't tell her anything,* ***for fear that she might*** *lose sleep over it.* → Je ne lui ai rien dit
_____ (elle / se faire) du mauvais sang.

10. *Be a little quieter,* ***so that we can*** *hear the news!* → Taisez-vous un peu,
_____ (on / pouvoir) entendre les informations.

12-17 Subjonctif vs **indicatif.** Dans les phrases suivantes, mettez les verbes entre parenthèses aux temps et modes qui conviennent. (Voir *Contrastes*, Chapitre 12, sections 1, 5 à 12.)

1. Je crains que nous _____ (avoir) une tempête de neige cette nuit.

2. On annonce qu'il y _____ (avoir) une tempête de neige cette nuit.

3. Tous les parents souhaitent que leurs enfants _____ (être) heureux.

4. Tous les parents espèrent que leurs enfants _____ (être) heureux.

5. Ce candidat a de bons résultats dans les sondages: il est donc probable qu'il _____ (parvenir) aux primaires.

6. Ce candidat est bien trop libéral: il est improbable qu'il _____ (parvenir) aux primaires.

7. Heureusement qu'il _____ (suivre) tes conseils, sinon il aurait eu des ennuis.

8. Dommage qu'il _____ (ne pas suivre) tes conseils; il paraît qu'il a eu de gros ennuis.

9. Je crois que ce jeune SDF (SDF: <u>s</u>ans <u>d</u>omicile <u>f</u>ixe = *homeless man*) _____ (finir) par s'en sortir.

10. Je doute que ce jeune SDF _____ (finir) par s'en sortir.

11. Il paraît que les explorateurs _____ (atteindre) leur objectif.

12. Nous ne sommes pas du tout certains que les explorateurs _____ (atteindre) leur objectif.

13. Je crois que le nouveau parfum de Guerlain lui _____ (plaire) beaucoup: elle le porte tous les jours!

14. Je ne crois pas que ce parfum capiteux de Guerlain lui _____ (plaire) beaucoup: elle ne le porte jamais!

15. En principe, la municipalité veille (*makes sure*) à ce que les routes _____ (être) déblayées (*cleared*) le plus vite possible après une tempête de neige.

12-18 Subjonctif vs indicatif. Complétez les phrases suivantes en mettant les verbes entre parenthèses aux temps et modes qui conviennent. (Voir *Contrastes*, Chapitre 12, sections 1, 5 à 12.)

1. Heureusement que tu _____ (ne pas oublier) tes clés comme l'autre jour!

2. Je suis bien content(e) que tu _____ (ne pas oublier) tes clés comme l'autre jour!

3. Je me doutais bien que Julie et Pascal _____ (être) amoureux.

4. Je doute beaucoup que Julie et Pascal _____ (être) amoureux.

5. Bien sûr que Julie et Pascal _____ (être) amoureux; ça se voit: ils ne cessent de se faire les yeux doux!

6. Crois-tu vraiment que Julie et Pascal _____ (être) amoureux?

7. Je veux que vous leur _____ (communiquer) cette décision par écrit.

8. J'espère que vous leur _____ (communiquer) cette décision par écrit.

9. Il est possible qu'elle _____ (ne pas retenir) la date que tu lui avais donnée.

10. Il est probable qu'elle _____ (ne pas retenir) la date que tu lui avais donnée.

11. Malheureusement, je serai partie(e) avant que vous _____ (être) de retour.

12. Je partirai seulement après que vous _____ (être) de retour.

13. Le fait que ce nouvel appartement _____ (ne pas leur convenir) m'étonne.

14. Il semble que les prix _____ (beaucoup augmenter) depuis l'an dernier.

15. Il me semble que les prix _____ (beaucoup augmenter) depuis l'an dernier.

12-19 Subjonctif vs indicatif. Complétez les phrases suivantes en mettant les verbes entre parenthèses aux temps et modes qui conviennent. (Voir *Contrastes*, Chapitre 12, sections 1, 5 à 12.)

1. Faites-le avant qu'il _____ (être) trop tard.

2. Je doute qu'il _____ (pouvoir) refuser une offre aussi avantageuse.

3. Ne me dérangez pas, à moins évidemment que vous _____ (avoir) une urgence.

4. Il faut absolument que nous (a) _____ (avertir) leurs amis pour qu'ils
   (b) _____ (savoir) ce qu'ils doivent faire quand ils reviendront.

5. L'idéal serait qu'elle _____ (aller) passer une semaine de vacances dans le Sud.

6. J'espère qu'il _____ (ne pas me téléphoner) ce soir.

7. Il paraît qu'il _____ (complètement oublier) son rendez-vous.

8. Je suggère que vous _____ (repasser) me voir en début d'après-midi.

9. Vous pensez que j'en _____ (être) capable?

10. Pensez-vous vraiment que j'en _____ (être) capable?

12-20 Subjonctif vs indicatif. Complétez les phrases suivantes en mettant les verbes entre parenthèses aux temps et modes qui conviennent. (Voir *Contrastes*, Chapitre 12, sections 1, 5 à 12.)

1. *I don't believe that she's mad at you.* → Je ne crois pas qu'elle _____ (être) fâchée contre toi.

2. *They are convinced that he's wrong.* → Ils sont convaincus qu'il _____ (avoir) tort.

3. *Do you think she made the right decision?* → Est-ce que tu crois qu'elle _____ (prendre) la bonne décision?

4. *Do you really think she made the right decision?* → Crois-tu vraiment qu'elle _____ (prendre) la bonne décision?

5. *She's not sure/convinced that he's making progress.* → Elle n'est pas sûre qu'il _____ (faire) des progrès.

6. *She isn't convinced that he has made any progress.* → Elle ne croit pas qu'il _____ (faire) le moindre progrès.

7. *He thinks that she doesn't want to go abroad.* → Il pense qu'elle _____ (ne pas vouloir) aller à l'étranger.

8. *Do you really think she doesn't want to go abroad?* → Croyez-vous vraiment qu'elle _____ (ne pas vouloir) aller à l'étranger?

9. *I can't understand that they didn't sign a contract.* → Je ne comprends pas qu'ils _____ (ne pas signer) de contrat.

10. *Apparently (OR I heard that) they still haven't signed a contract.* → Il paraît qu'ils _____ (ne toujours pas signer) de contrat.

12-21 Subjonctif vs indicatif. Complétez les phrases suivantes en improvisant une subordonnée de votre invention aux temps et modes qui conviennent. (Voir *Contrastes*, Chapitre 12, sections 1, 5 à 12.)

1. Mes parents tiennent absolument à ce que je... _____.

2. Il serait bon que tu... _____.

3. Je sais bien que vous... _____.

4. L'important, c'est que vous... _____.

5. Je préfère que tu... _____.

6. J'espère que nous... _____.

Nom: _____   Date: _____

12-22 Subjonctif vs **indicatif.** Complétez les phrases suivantes en mettant les verbes entre parenthèses aux temps et modes qui conviennent. (Voir *Contrastes*, Chapitre 12, sections 1, 5 à 12.)

1. J'ai feuilleté un magazine en attendant que le docteur me _____ (recevoir).

2. Dans cette région, les marées sont assez fortes pour que vous _____ (risquer) de vous noyer.

3. Nous parlons lentement pour que John _____ (comprendre) ce que nous disons.

4. Il ne faut surtout pas que tu (a) _____ (prendre) ce problème trop à cœur (*too seriously*); je suis sûr(e) que tout ça (b) _____ (finir) par s'arranger.

5. Mais calme-toi, voyons! Il n'y a aucun danger que nous _____ (rater) notre avion: nous avons plus de deux heures d'avance!

6. Je ne crois pas qu'il _____ (être) nécessaire de les rappeler.

7. Nathalie a appelé son chat Mistigris, bien qu'il _____ (être) tout noir.

8. J'ai peur que tu _____ (attraper) un rhume l'autre jour.

9. Heureusement que tu _____ (ne pas attraper) de rhume l'autre jour.

10. Elle a tellement insisté pour que nous la (a) _____ (laisser) partir au Maroc que nous (b) _____ (finir) par céder.

11. Je ne le connais pas personnellement, bien que j'_____ (souvent entendre) parler de lui.

12. Il faut qu'il _____ (commettre) une faute professionnelle grave pour avoir été congédié de la sorte.

13. Il est déjà de retour? Je suis surprise qu'il (a) _____ (revenir) si vite: je croyais qu'il (b) _____ (devoir) rester à Toulouse jusqu'à dimanche.

14. J'espère qu'elle (a) _____ (arriver) à le convaincre un jour, mais je doute qu'elle y (b) _____ (parvenir), il est tellement têtu!

15. Ils sont là? —Non, pas que je _____ (savoir).

12-23 Subjonctif vs **indicatif.** Complétez les phrases suivantes en mettant les verbes entre parenthèses aux temps et modes qui conviennent. (Voir *Contrastes*, Chapitre 12, sections 1, 5 à 12.)

1. Dites-lui qu'il nous _____ (écrire) pour nous prévenir.

2. Elle est persuadée que vous _____ (regretter) bientôt cette décision.

3. Elle est persuadée que vous la _____ (regretter) déjà.

4. J'espère que tu _____ (saisir) ce qu'elle vient de dire; moi, je n'ai rien compris!

5. Il est inutile que vous (a) _____ (insister) puisque je vous (b) _____ (dire) qu'il n'est pas là.

6. Je suis heureux que tu _____ (venir) nous dire bonjour ce week-end: cela fera très plaisir à ta grand-mère.

7. Heureusement, Julie, que tu _____ (venir) nous voir hier et non aujourd'hui!

8. Madame Duclos n'y voit plus très clair: elle aimerait qu'on lui _____ (faire) la lecture.

9. J'espère que ce DVD te _____ (plaire).

10. Je suis contente que ce DVD lui _____ (plaire).

12-24 Subjonctif vs indicatif. Complétez les phrases suivantes en mettant les verbes entre parenthèses aux temps et modes qui conviennent. (Voir *Contrastes*, Chapitre 12, sections 1, 5 à 12.)

1. Il est temps que vous _____ (rencontrer) nos amis Tania et Jérôme.

2. Quel dommage que, toi et tes amis, vous _____ (être) obligés d'écourter vos vacances!

3. Bon, excuse-moi, mais il faut que j'y _____ (aller), sinon je risque d'être en retard.

4. Jacques et moi sommes ravis que vous _____ (avoir) une aussi bonne opinion de Fanélie: c'est vraiment une chic fille.

5. Je ne pense pas qu'il _____ (connaître) ces gens.

6. Je veux que tu _____ (boire) ce grog chaud: cela te fera du bien!

7. J'ai peur qu'elles _____ (partir) sans savoir exactement où nous devions nous retrouver.

8. Je préférerais que nous _____ (ne pas descendre) dans cet hôtel: il est trop bruyant.

9. Il semble qu'elle _____ (avoir) tort quand elle nous a dit de tourner à droite: le village que nous cherchons est dans la direction opposée.

10. Il me semble qu'elle _____ (avoir) raison de lui dire cela l'autre jour, non?

12-25 Subjonctif vs infinitif. Reliez les éléments de façon à compléter les phrases ci-dessous. Employez l'infinitif ou le subjonctif (présent ou passé), selon le cas. Faites tous les changements qui s'imposent. Ajoutez **que** devant les verbes au subjonctif et la préposition **de** devant les infinitifs, si nécessaire. (Voir *Contrastes*, Chapitre 12, section 13.)

MODÈLES: • Je préfère... / Nous y allons à trois heures. → Je préfère **que nous y allions** à trois heures.
• Il préfère... / Il viendra à trois heures. → Il préfère **venir** à trois heures.
• Je te téléphonerai... / avant / je partirai. → Je te téléphonerai **avant de partir**.

1. J'aimerais bien... / Tu viendras me chercher. → J'aimerais bien
___*que viennes*___ me chercher.

2. J'aimerais bien... / Je viendrai te chercher à la gare. → J'aimerais bien
___*venir*___ te chercher à la gare.

3. Elle m'a demandé... / Je reviendrai plus tard. → Elle m'a demandé
___*je reviennes*___ plus tard.

4. Elle voudrait... / Je l'aiderai à faire sa déclaration d'impôts. → Elle voudrait
___*que j'l'aide*___ à faire sa déclaration d'impôts.

5. Tu dois terminer tes devoirs... / avant / Tu vas au cinéma. → Tu dois terminer tes devoirs
___*avant aller*___ au cinéma.

6. Termine tes devoirs... / avant / nous allons au cinéma. → Termine tes devoirs
___*avant nous allons*___ au cinéma.

7. La petite Aline joue avec sa poupée... / en attendant / Elle part à l'école. → La petite Aline joue avec sa poupée ___*en attendant de partir*___ à l'école.

8. C'est embêtant... / Tu n'as pas compris ce qu'il disait. → C'est embêtant
_____ ce qu'il disait.

9. Nous reviendrons demain... / à moins / Il fera mauvais. → Nous reviendrons demain
_____ mauvais.

10. Nous ne pourrons pas venir... / à moins / Nous louons une voiture. → Nous ne pourrons pas venir
_____ une voiture.

12-26 Subjonctif vs **indicatif** vs **infinitif.** Reliez les éléments de façon à compléter les phrases ci-dessous, comme dans l'exercice précédent. Faites tous les changements qui s'imposent (subjonctif, indicatif ou infinitif). Ajoutez **que** devant les verbes à l'indicatif ou au subjonctif. (Voir *Contrastes*, Chapitre 12, sections 1, 5 à 13.)

1. Je regrette... / Vous partez demain. → Je regrette _____ demain.

2. Je ne veux pas... / Vous partez demain. → Je ne veux pas _____ demain.

3. Je tiens à... (*I really want you to*) / Vous ne partez pas trop tard demain. → Je tiens à ce _____ trop tard demain.

4. Vous espérez vraiment... / Vous partez demain? → Vous espérez vraiment _____ demain?

5. Avec cette tempête, je ne pense pas... / Vous pourrez partir demain. → Avec cette tempête, je ne pense pas _____ partir demain

6. J'espère... / Vous pouvez partir demain. → J'espère _____ partir demain.

7. Il est impensable... / Vous partez demain. → Il est impensable _____ demain.

8. Il s'attend à... / Vous partez demain. → Il s'attend à ce _____ demain.

9. Alors, il paraît... / Vous partez demain? → Alors, il paraît _____ demain?

10. Vous pensez... / Vous partirez demain? → Vous pensez _____ demain?

12-27 Le subjonctif dans les subordonnées relatives. Complétez les réponses en mettant le verbe **en gras** au subjonctif (présent ou passé, selon le cas) et à la forme qui convient. (Voir *Contrastes*, Chapitre 12, section 14.)

1. À part le français, vous **parlez** d'autres langues étrangères? —Non, le français est la seule langue étrangère que nous _____ couramment.

2. À part Jennifer, tu **connais** beaucoup d'autres Américaines? —Non, Jennifer est la seule que je _____.

3. À part Jennifer, tu **as rencontré** beaucoup d'autres Américaines? —Non, Jennifer est la seule que j'_____.

4. À part le cinéma, est-ce qu'il y a quelque chose qui lui **plaît** vraiment? —Non, le cinéma est la seule chose qui lui _____.

5. À part Bertrand, vous connaissez d'autres personnes qui **savent** le russe? —Non, Bertrand est le seul qui _____ le russe.

6. À part Valentine, vous avez beaucoup d'amis qui **font** du parapente (*paragliding*)? —Non, Valentine est la seule qui en _____ régulièrement.

7. À part Nadia, est-ce que quelqu'un d'autre **a loué** une voiture pour ce week-end? —Non, Nadia est la seule qui en _____ une.

8. À part Jacques et Olivia, vous avez beaucoup d'amis qui **ont fait** Sciences Po? —Non, Jacques et Olivia sont les seuls qui _____ Sciences Po.

9. À part Jean-François, tu **as** d'autres amis à Montréal? —Non, Jean-François est le seul ami que j'_____ à Montréal.

10. À part Ludovic, tu **te souviens** de quelqu'un d'autre? —Non, Ludovic est le seul dont je _____.

12-28 Subjonctif vs indicatif dans les subordonnées relatives. Complétez les phrases suivantes en mettant les verbes entre parenthèses aux temps et modes qui conviennent. (Voir *Contrastes*, Chapitre 12, section 14.)

1. C'est le seul exposé que nous _____ (avoir) à préparer pour ce cours.

2. Pourriez-vous m'indiquer un hôtel qui ne _____ (être) pas trop éloigné de la Sorbonne?

3. Allez à cet hôtel-là, celui qui (a) _____ (faire) le coin de la rue: c'est le meilleur que je (b) _____ (connaître) dans ce quartier.

4. Comment! Elle a vu quelque chose dans ce film qui l'_____ (choquer)?

5. En tout cas, moi, je n'ai vraiment rien vu dans ce film qui _____ (pouvoir) choquer quiconque (*that could possibly shock anyone*).

6. Vous n'aimez pas la biologie? Eh bien, suivez donc un cours qui _____ (convenir) mieux à vos intérêts!

7. Il aime beaucoup son cours de philosophie: c'est un cours qui _____ (convenir) bien à ses intérêts.

8. Le moins qu'on _____ (pouvoir) dire, c'est qu'il est terriblement distrait!

9. C'est un des meilleurs films que j'_____ (voir) depuis des mois.

10. Y a-t-il quelque chose que vous (a) _____ (ne pas comprendre) en relisant le chapitre? —Oui, il y a un passage que je (b) _____ (ne pas comprendre): pourriez-vous me l'expliquer?

11. Ce modèle est le seul dont nous _____ (disposer) en ce moment.

12. Il lui faut (*He needs*) une secrétaire qui _____ (savoir) mettre à jour un site Internet.

13. Enfin! Il a trouvé une secrétaire qui _____ (connaître) parfaitement l'anglais et l'espagnol!

14. Le Massif Central est la seule région de France que je _____ (ne encore jamais visiter).

15. Je ne sais pas, moi, essaie de trouver un emploi qui _____ (correspondre) à tes aptitudes et à tes goûts.

16. Enfin! J'ai trouvé un emploi qui _____ (correspondre) à mes aptitudes et à mes goûts.

17. Je n'arrive à trouver personne qui _____ (vouloir) louer notre appartement pour l'été.

18. Bonne nouvelle: j'ai trouvé quelqu'un qui _____ (vouloir) louer notre appartement pour tout l'été.

12-29 Récapitulation: subjonctif vs **indicatif** vs **infinitif.** Traduisez les phrases suivantes. Employez les indications entre crochets. (Voir *Contrastes*, Chapitre 12, sections 1 à 14.)

    1. *I'd like to sleep.* [dormir]

    _____

    2. *I'd like you to sleep.* [*you* = tu / dormir]

    _____

    3. *I want him to go.* [s'en aller]

    _____

    4. *I want to go downtown with him.* [aller en ville]

    _____

    5. *I'm glad she found a job.* [Je suis contente... / trouver du travail]

    _____

    6. *He's glad he found a studio.* [Il est content... / trouver un studio]

    _____

    7. *It's possible that she forgot her appointment.* [Il est possible... / oublier son rendez-vous]

    _____

    8. *It's probable that she forgot her appointment.* [Il est probable... / oublier son rendez-vous]

    _____

12-30 Récapitulation: subjonctif vs **indicatif** vs **infinitif.** Traduisez les phrases suivantes. Employez les indications entre crochets. (Voir *Contrastes*, Chapitre 12, sections 1 à 14.)

    1. *It would be useful if you talked to her.* [Il serait bon que vous... / parler à qqn]

    _____

    2. *I'm looking for a hotel with an ocean view.* [Je cherche un hôtel qui / avoir vue sur l'océan]

    _____

    3. *He ate before we arrived.* [manger / arriver]

    _____

    4. *It's the best novel I've read in a long time.* [C'est le meilleur roman / lire / depuis longtemps]

    _____

    5. *We'll go to the beach tomorrow, unless it rains.* → [aller à la plage / pleuvoir]

    _____

    6. *You need to be a little more careful about what you're saying.* [Il faut que tu... / faire un peu plus attention à ce que tu dis.]

    _____

    7. *I hope he'll get this job.* [espérer / obtenir ce poste]

    _____

12-31 Mise en relief au subjonctif. Récrivez ces phrases en commençant par la **subordonnée complétive** (**en gras**) dont vous mettrez le verbe au subjonctif. (Voir *Contrastes*, Chapitre 12, section 16.)

MODÈLE: • Nous sommes tous deux convaincus **qu'elle n'a pas d'autre choix.** → **Qu'elle n'ait pas d'autre choix,** nous en sommes tous deux convaincus.

1. Ça se voit tout de suite **qu'elle a un talent extraordinaire.** → _____, ça se voit tout de suite

2. Ça se voit **qu'ils ont des problèmes de couple!** → _____, ça se voit!

3. Je suis certain(e) **qu'il s'est opposé à cette décision injuste.** → _____, j'en suis certain(e).

4. Nous espérons **que les deux partis pourront trouver un compromis.** → _____, nous l'espérons.

5. Il est convaincu **que tout finira par s'arranger.** → _____, il en est convaincu.

6. Je me doutais bien **qu'on avait choisi Pierre à ma place.** → _____, je m'en doutais bien.

7. Je sais bien **que tu es furieux.** → _____, je le sais bien.

8. Elle est persuadée **que c'est lui qui a raconté cette histoire à tout le monde.** → _____, elle en est persuadée.

9. Il reconnaît volontiers **qu'il a eu tort.** → _____, il le reconnaît volontiers.

10. Je comprends parfaitement **que tu veux le lui annoncer toi-même.** → _____, je le comprends parfaitement.

12-32 Rédaction au subjonctif: vos grands-parents vous écrivent. Vous venez d'arriver à l'université mais vous avez du mal à vous adapter à votre nouvelle vie d'étudiant(e). Vos grands-parents, avec qui vous vous entendez à merveille, vous écrivent pour vous encourager, vous donner des conseils et des suggestions. Rédigez cette lettre en utilisant le plus possible de verbes ou d'expressions verbales commandant le subjonctif. (Voir *Contrastes*, Chapitre 12, sections 1 à 14.)

MODÈLE: • Nous sommes désolés/ravis/inquiets/fiers... que tu... Nous aimerions que tu... Nous ne voulons pas que tu... Il faut que tu... Il est essentiel que tu... Ne crois pas que nous... Il semble que tu... Attends-toi à ce que...

13

L'infinitif

13-1 **Infinitif présent** vs **infinitif passé.** Complétez les phrases suivantes en mettant le verbe entre parenthèses à l'infinitif présent ou passé, selon le cas. Attention à l'accord du participe passé, le cas échéant. (Voir *Contrastes*, Chapitre 13, sections 1 et 2.)

   1. *After I talked about it to my mother, I called Alex.* → Après en _~~pou~~_____ (parler) à ma mère, j'ai appelé Alex.

   2. *Before talking to my mother about it, I called Alex.* → Avant d'en _____~~prar~~____ (parler) à ma mère, j'ai appelé Alex.

   3. *She's sorry she disturbed him.* → Elle est désolée de l'____~~pou~~_____ (déranger).

   4. *I'm sorry to disturb you.* → Je suis désolé(e) de vous _____~~prdar~~____ (déranger).

   5. *How nice of you to invite us to your party!* → Comme c'est gentil de nous (m. pl.) _____~~pror~~_____ (inviter) à votre soirée!

   6. *Thank you for inviting us for dinner last night.* → Merci de nous [m. pl.] ____~~pou~~____ (inviter) à dîner hier soir.

   7. *She went shopping before going home.* → Elle est allée faire des courses avant de _____~~prar~~____ (rentrer).

   8. *After her shopping, she went home.* → Après _____~~pou~~____ (faire) ses courses, elle est rentrée.

   9. *She's sorry she did not accompany him.* → Elle regrette de ____~~prar~~_____ (ne pas l'accompagner).

   10. *She's looking forward to accompanying him to Paris.* → Elle se réjouit de ____~~porror~~____ (l'accompagner) à Paris.

13-2 **Rédactions (devoir + infinitif présent** vs **passé): que d'obligations!**

PARTIE A: Écrivez 8 à 10 phrases où vous dresserez la liste des obligations de votre vie privée, estudiantine ou professionnelle. Employez le verbe **devoir** suivi d'un **infinitif présent**.

MODÈLE: • La semaine qui vient (*This coming week*), je dois absolument **aller** à la bibliothèque, **trouver** un sujet de thèse, en **parler** à mon professeur...

PARTIE B: Transposez ensuite ces mêmes phrases en mettant les infinitifs au **passé**. Attention à l'accord du participe passé, le cas échéant. (Voir *Contrastes*, Chapitre 13, sections 1 et 2.)

MODÈLE: • D'ici la fin de la semaine prochaine/du mois prochain (*By the end of next week/month*), je dois absolument **être allé(e)** à la bibliothèque, **avoir trouvé** un sujet de thèse, en **avoir parlé** à mon professeur...

13-3   **Infinitif actif** vs **infinitif passif.** Complétez les phrases suivantes en mettant le verbe entre parenthèses soit à **l'infinitif actif** (présent ou passé), soit à **l'infinitif passif** (présent ou passé). Attention à l'accord du participe passé, le cas échéant. (Voir *Contrastes*, Chapitre 13, sections 1 à 3.)

1. *She's just repainted this room.* → Elle vient de _____ (repeindre) cette pièce.

2. *After repainting the room, she redecorated it.* → Après _____ (repeindre) la pièce, elle l'a redécorée.

3. *This room has just been repainted.* → Cette pièce vient d'_____ (repeindre).

4. *After being repainted, the room was redecorated.* → Après _____ (repeindre), la pièce a été redécorée.

13-4   **L'infinitif à la place d'un nom.** Complétez les phrases suivantes de façon à remplacer le nom **en gras** par l'infinitif présent qui lui correspond <u>logiquement</u>. (Voir *Contrastes*, Chapitre 13, section 4.)

1. **Le choix** d'une carrière n'est pas toujours facile. → _____ une carrière n'est pas toujours facile.

2. J'adore **la natation**. → J'adore _____.

3. **Tes pleurs** ne serviront à rien. → _____ ne te servira à rien.

4. **La fumée** est mauvaise pour la santé. → _____ est mauvais pour la santé.

5. Il a horreur **des disputes**. → Il a horreur de _____.

6. J'aime beaucoup **les bains** de mer. → J'aime beaucoup _____ dans la mer.

7. Nous n'avons plus de **nourriture**. → Nous n'avons plus rien à _____.

8. **Le mensonge** est un vilain défaut. → _____ est un vilain défaut.

9. Elle adore **la couture** et **la création** de vêtements. → Elle adore (a) _____ et (b) _____ des vêtements.

10. Je suis nul(le) en **cuisine**. → Je ne sais pas _____.

11. Ils ont de très mauvaises **manières**. → Ils n'ont aucun _____.

12. Je ne comprends pas pourquoi la **destruction** de ce vieux quartier est soi-disant inévitable. → Je ne comprends pas pourquoi il est soi-disant inévitable de _____ ce vieux quartier.

13-5   **L'infinitif à la place d'un impératif.** Complétez les phrases suivantes de façon à remplacer l'impératif **en gras** par l'infinitif présent qui lui correspond logiquement. (Voir *Contrastes*, Chapitre 13, section 5.)

MODÈLE: • **Lisez** attentivement la notice. → **Lire** attentivement la notice.

1. **Éteignez** la lumière en sortant. → _____ la lumière en sortant.

2. Pour les réservations de groupe, **téléphonez** au moins une semaine à l'avance. → Pour les réservations de groupe, _____ au moins une semaine à l'avance.

3. **Prévoyez** des vêtements chauds pour l'excursion. → _____ des vêtements chauds pour l'excursion.

4. **Adressez-vous** à la gardienne de l'immeuble. → _____ à la gardienne de l'immeuble.

5. **Ne buvez rien** après minuit. → _____ après minuit.

6. **Ne venez** que sur rendez-vous. → _____ que sur rendez-vous.

7. Personnes de moins de dix-huit ans, **abstenez-vous**. → Personnes de moins de dix-huit ans, _____.

13-6 L'impératif à la place de l'infinitif. Complétez les phrases suivantes en remplaçant les **infinitifs** par des **impératifs** à la 2<u>e personne du pluriel</u>. (Voir *Contrastes*, Chapitre 13, section 5.)

MODÈLE: • **Lire** attentivement la notice. → **Lisez** attentivement la notice.

1. **Ne répondre** qu'à l'une des deux questions. → _____ qu'à l'une des deux questions.

2. Attention danger: **ne pas se pencher** par la fenêtre! → Attention danger: _____ par la fenêtre!

3. **Entreposer** les poubelles à l'endroit prévu. → _____ les poubelles à l'endroit prévu.

4. En cas d'incendie, **ne pas prendre** l'ascenseur. → En cas d'incendie, _____ l'ascenseur.

5. **Faire** mijoter (*simmer*) pendant trente minutes. → _____ mijoter pendant trente minutes.

6. **Ne pas s'asseoir** dans ce fauteuil. → _____ dans ce fauteuil.

7. **Prendre** un comprimé quatre fois par jour. → _____ un comprimé quatre fois par jour.

13-7 Nom, adjectif/adverbe + à vs de + infinitif. Complétez les phrases suivantes en ajoutant la préposition **à** ou **de**, suivant le cas. (Voir *Contrastes*, Chapitre 13, section 6.)

1. Il sera content _____ retrouver ses amis.

2. Vous êtes les premiers _____ arriver.

3. Nous n'aurons pas le temps _____ manger.

4. Elle passe tout son temps _____ naviguer sur le Web.

5. Vous avez eu raison _____ insister.

6. J'aurais une question _____ vous poser.

7. Pour remplir ma feuille d'impôts, il me faut une machine _____ calculer.

8. C'est énervant _____ ne pas pouvoir comprendre ce qu'ils disent.

9. C'est agréable _____ porter du lin en été.

10. Le lin est agréable _____ porter en été.

11. Je n'ai rien _____ vous dire.

12. Avec ces nouveaux skis, il y a moins de risques _____ se casser une jambe.

13. Le pauvre! Il est plus (a) _____ plaindre qu'(b) _____ blâmer.

14. Nous sommes étonné(e)s _____ ne pas avoir vu Céline à la réception l'autre soir.

13-8 Nom, adjectif/adverbe + à vs de + infinitif. Complétez les phrases suivantes en ajoutant la préposition **à** ou **de**, suivant le cas. (Voir *Contrastes*, Chapitre 13, section 6.)

1. Nous avons absolument besoin _____ vous parler.

2. La chambre _____ coucher est magnifique.

3. Il est toujours le dernier _____ comprendre.

4. Nous avons beaucoup _____ faire en ce moment.

5. Elle n'a aucune envie _____ sortir ce soir.

6. J'ai mis deux jours _____ rédiger cette demande de bourse.

7. Il n'est pas facile (*It's not easy . . .*) _____ vivre avec elle.

8. Elle n'est pas facile (*She's not easy . . .*) _____ vivre.

9. Mes parents sont ravis _____ avoir fait ta connaissance.

10. Les banques seront fermées lundi; il est important _____ le savoir.

11. Les banques seront fermées lundi? Ah, c'est bon _____ savoir: il vaut mieux que j'aille encaisser (*I'd better cash*) mon chèque aujourd'hui.

12. Est-ce que je pourrais emprunter ta machine _____ coudre (*sewing machine*)?

13. Les portions sont énormes dans ce restaurant: il y a toujours trop _____ manger, c'est écœurant.

14. Laura m'a dit qu'elle n'était pas sûre _____ rentrer dîner ce soir.

15. Il paraît que cette maison est _____ vendre.

13-9 Verbe + infinitif sans préposition. Complétez les phrases suivantes de manière logique par un infinitif présent de votre choix. Employez quinze infinitifs différents. (Voir *Contrastes*, Chapitre 13, section 7a.)

MODÈLE: • As-tu déjà vu cet acteur _____ le rôle d'Hamlet sur scène? → As-tu déjà vu cet acteur **jouer** le rôle d'Hamlet sur scène?

1. Je n'ai pas d'argent sur moi: est-ce que tu peux m'en _____?

2. Ce matin, le sol était tellement gelé que j'ai failli _____.

3. Veux-tu aller à la piscine? —Ce serait avec plaisir mais je ne sais pas _____.

4. Ces musiciens sont extraordinaires: vous devez absolument aller les _____!

5. Est-ce que tu sais si le facteur est passé? —Aucune idée, je vais _____.

6. Ne restons pas dans ce quartier dangereux: il vaut mieux _____.

7. Si seulement il articulait ses mots, on comprendrait mieux ce qu'il veut _____.

8. Je peux vous déposer chez vous? —C'est très gentil, mais il fait si beau que je préfère _____.

9. Au secours! Je viens de voir un voleur _____ chez moi!

10. Ma voisine est très permissive: elle laisse ses enfants _____ n'importe quoi à la télévision.

11. Ce détective est très avisé (*astute*): il sent le danger _____ avant même que les autres ne s'en rendent compte.

12. Cela faisait une heure que les enfants, tout excités, regardaient la neige _____.

13. Chut! J'écoute Sinatra _____ ma chanson préférée.

14. Comment? Une fois de plus, tu n'as pas entendu ton réveil _____?

15. Elle est allée _____ un manteau parce qu'elle avait peur d'avoir froid.

13-10 Verbe + (à vs de) + infinitif. Complétez les phrases suivantes en ajoutant la préposition **à** ou **de**, si nécessaire. Sinon, mettez simplement un **x** dans votre réponse. (Voir *Contrastes*, Chapitre 13, sections 7a et 7b.)

1. Aide-moi (a) _____ choisir: je n'arrive pas (b) _____ me décider entre ces deux portables (*cell phones*); à ton avis, lequel dois-je (c) _____ prendre?

2. Quand vous serez en France, il faudra bien (a) _____ vous habituer
   (b) _____ parler français toute la journée.

3. Il vient _____ rentrer.

4. Je ne l'ai pas entendu _____ rentrer.

5. Il faudrait qu'on se décide _____ rentrer.

6. Elle préfère _____ ne pas le déranger pendant qu'il travaille.

7. Je ne pense pas _____ avoir remercié mes tantes pour leur cadeau; il faut absolument que je le fasse.

8. Nous avons aidé nos amis _____ déménager le week-end dernier.

9. Où sont donc passés les enfants? Je les ai vus _____ arriver en courant, mais ils ont disparu.

10. J'ai fait des courses au supermarché. Nous aurons _____ quoi manger pour deux jours.

11. Souviens-toi (a) _____ aller (b) _____ chercher du pain pour ce soir.

12. J'hésite beaucoup _____ leur parler de cela.

13. Je n'ose pas trop _____ leur parler de cela.

14. J'évite _____ leur parler de cela.

15. J'espère _____ leur parler de cela demain.

16. Je dois _____ leur en avoir parlé, mais je ne sais plus quand.

13-11 Verbe + (à vs de) + infinitif. Complétez les phrases suivantes en ajoutant la préposition **de** ou **à**, si nécessaire. Sinon, mettez simplement un **x** dans votre réponse. (Voir *Contrastes*, Chapitre 13, sections 7a et 7b.)

1. Des circonstances graves ont obligé Nicolas _____ rentrer chez lui.

2. Est-ce lui qui a incité Benoît _____ écrire cette lettre?

3. Ah, mon garçon, il s'agit _____ travailler si tu veux être le premier de ta classe.

4. Je leur ai promis _____ ne rien dire.

5. Hélène pense _____ arriver demain vers 5 heures.

6. As-tu pensé _____ l'avertir?

7. Il commence _____ faire sombre: allume cette lampe, veux-tu?

8. Il s'est mis (a) _____ pleuvoir si fort que nous avons dû
   (b) _____ nous arrêter sur le bord de la chaussée (*road*).

9. Le père de Vanessa lui a interdit _____ sortir.

10. Le père de Vanessa ne l'a pas autorisée _____ sortir.

11. En revenant chez moi, j'ai trébuché (*tripped*) et j'ai bien failli _____ tomber.

12. Nous avons décidé _____ prolonger nos vacances d'une semaine.

13. Nous les avons finalement décidés _____ prolonger leurs vacances d'une semaine.

14. Il a demandé (*He demanded*) _____ passer avant tous les autres; il est d'une arrogance!

15. Elle m'a demandé (*She asked me*) _____ passer un peu avant les autres parce qu'elle avait un avion à prendre.

16. Ils n'ont pas eu l'autorisation _____ y aller.

17. Ils n'ont pas été autorisés _____ y aller.

18. Elles n'ont pas pu _____ y aller.

19. Je regrette _____ lui avoir dit cela l'autre jour.

20. Je ne me rappelle pas _____ lui avoir dit cela.

13-12 Récapitulation: (à vs de) + infinitif. Complétez les phrases suivantes en utilisant un infinitif présent ou passé, précédé de la préposition **à** ou **de**, si nécessaire. (Voir *Contrastes*, Chapitre 13, sections 7a à 7d.)

MODÈLES:
- Elle adore... / Elle joue du piano. → Elle adore **jouer** du piano.
- Dépêchez-vous... / Rentrez! → Dépêchez-vous **de rentrer**!
- Elle regrette... / Elle n'a pas rappelé. → Elle regrette **de ne pas avoir rappelé** *ou* **de n'avoir pas rappelé**.

1. Elle ne sait pas... / Elle cuisine. → Elle ne sait pas _____.

2. Nous nous réjouissons... / Nous aurons nos amis à dîner samedi soir. → Nous nous réjouissons _____ nos amis à dîner samedi soir.

3. Ils ont renoncé... / Ils prendront des vacances cet été. → Ils ont renoncé _____ des vacances cet été.

4. J'ai eu le plaisir... / J'ai fait sa connaissance récemment. → J'ai eu le plaisir _____ sa connaissance récemment.

5. Tu es la seule... / Tu comprends mon problème. → Tu es la seule _____ mon problème.

6. Christina, tu veux bien... / Christina, tu nous accompagnes? → Christina, tu veux bien nous _____?

7. Aide-moi... / Je ramasserai les feuilles mortes cet après-midi. → Aide-moi _____ les feuilles mortes cet après-midi.

8. Je n'ai pas peur... / Je me promène dans l'obscurité. → Je n'ai pas peur _____ dans l'obscurité.

9. Écoute... / Les oiseaux gazouillent dans le cerisier. → Écoute les oiseaux _____ dans le cerisier.

10. Elle veut... / Elle réussira dans la vie. → Elle veut _____ dans la vie.

11. Elle est ravie... / Elle a eu une excellente note. → Elle est ravie _____ une excellente note.

12. Je regrette... / Je n'ai pas vu mon ami John hier soir. → Je regrette _____ mon ami John hier soir.

13-13 **Infinitif** vs **subjonctif.** Complétez les phrases suivantes en remplaçant les mots **en gras** soit par un <u>infinitif</u> (présent ou passé), soit par un <u>subjonctif</u> (présent ou passé), selon les modèles ci-dessous. Ajoutez **que** devant les subjonctifs ou une **préposition** devant les infinitifs, si nécessaire. (Voir *Contrastes*, Chapitre 13, section 8.)

MODÈLES: • Je suis navré(e)... / **Je n'ai pas pu** vous rejoindre. → Je suis navré(e) **de ne pas avoir pu** *ou* **de n'avoir pas pu** vous rejoindre.

• Je suis navré(e)... / **Il ne pourra pas** nous rejoindre. → Je suis navré(e) **qu'il ne puisse pas** nous rejoindre.

1. Pierre et moi sommes désolés... / **Nous n'aurons pas** le temps d'aller au cinéma avec vous ce soir. → Pierre et moi sommes désolés _____ le temps d'aller au cinéma avec vous ce soir.

2. Pierre et moi sommes désolés... / **Elle n'a pas eu** le temps de venir au cinéma avec nous. → Pierre et moi sommes désolés _____ le temps de venir au cinéma avec nous.

3. Je doute... / **Tu as** raison. → Je doute _____ raison.

4. Es-tu certain... / **Tu as eu** raison? → Es-tu certain _____ raison?

5. J'étais furieux... / **J'étais** en retard. → J'étais furieux _____ en retard.

6. Il est furieux... / **Tu es** toujours en retard. → Il est furieux _____ toujours en retard.

7. Cela <u>m'</u>ennuie... / **Je suis** obligée de revenir demain. → Cela m'ennuie _____ obligée de revenir demain.

8. Il vaudrait mieux... / **Levez-vous** tôt demain matin. → Il vaudrait mieux _____ tôt demain matin.

9. Cela ne vous dérange pas... / **Vous vous lèverez** tôt demain matin? I → Cela ne vous dérange pas _____ tôt demain matin?

10. Nous préférons... / **Nous ne nous levons pas** à 4 heures du matin! → Nous préférons _____ à 4 heures du matin!

13-14 **Infinitif** vs **subjonctif.** Complétez les phrases suivantes de façon à remplacer les mots **en gras** soit par un <u>infinitif</u> (présent ou passé), soit par un <u>subjonctif</u> (présent ou passé), selon les modèles ci-dessous. Ajoutez **que** devant les subjonctifs ou une **préposition** devant les infinitifs, si nécessaire. (Voir *Contrastes*, Chapitre 13, section 8.)

MODÈLES: • J'ai pris un manteau... / pour... / **Je n'ai pas** froid. → J'ai pris un manteau pour **ne pas avoir** froid.

• Je t'ai pris un manteau... / pour... / **Tu n'as pas** froid. → Je t'ai pris un manteau pour **que tu n'aies pas** froid.

1. Elle est partie... / sans... / **Elle n'a rien dit.** → Elle est partie sans _____.

2. C'est dommage: elle partira... / sans... / **Je ne pourrai pas** lui dire au revoir. → C'est dommage: elle partira sans _____ lui dire au revoir.

3. Nous reconfirmerons votre réservation... / juste avant... / **Vous arrivez** à l'aéroport. → Nous reconfirmerons votre réservation juste avant _____ à l'aéroport.

4. Appelez-moi... / quelques minutes avant... / **Vous arrivez.** → Appelez-moi quelques minutes avant _____.

5. Après... / **Elle a enregistré** ses bagages, elle est allée s'acheter quelques magazines. → Après _____ ses bagages, elle est allée s'acheter quelques magazines.

6. Nous prendrons le métro plutôt que le bus... / afin... / **Nous éviterons** les embouteillages (*traffic jams*). → Nous prendrons le métro plutôt que le bus afin _____ les embouteillages.

7. Prenons le métro... / pour... / **Ça ira** plus vite. → Prenons le métro pour _____ plus vite.

8. J'ai laissé mon iPod chez moi... / de peur... / **On me le vole**. → J'ai laissé mon iPod chez moi de peur _____.

9. Je veux bien t'accompagner... / mais à condition... / **on part** tout de suite. → Je veux bien t'accompagner, mais à condition _____ tout de suite.

10. Je leur écrirai... / pour... / **Je les remercierai**. → Je leur écrirai pour _____.

13-15 Infinitif vs **indicatif** vs **subjonctif.** Complétez les phrases suivantes en remplaçant les éléments **en gras** par un <u>infinitif</u> (présent ou passé). Ajoutez une préposition, si nécessaire. (Voir *Contrastes*, Chapitre 13, sections 8 et 9.)

MODÈLE: • J'ai vu quelqu'un **qui partait**. → J'ai vu quelqu'un **partir**.

1. J'ai entendu une voiture **qui arrivait**. → J'ai entendu une voiture _____.

2. Il ne faut pas **qu'on soit** en retard. → Il ne faut pas _____ en retard.

3. J'ai vu des enfants **qui s'amusaient** sur le toboggan. → J'ai vu des enfants _____ sur le toboggan.

4. Je ne suis pas sûr(e) **que je rentrerai** ce soir. → Je ne suis pas sûr(e) _____ ce soir.

5. Elle sentait la foule **qui la pressait** de tous côtés. → Elle sentait la foule la _____ de tous côtés.

6. Tiens, c'est bizarre! Je croyais **que j'avais laissé** mon sac ici. → Tiens, c'est bizarre! Je croyais _____ mon sac ici.

7. Il écoutait les vagues **qui se brisaient** avec fracas sur la digue (*jetty*). → Il écoutait les vagues _____ avec fracas sur la digue.

8. Je pensais **que je ferais** ce voyage avec toi, mais bon, si tu ne peux pas, je trouverai quelqu'un d'autre pour m'accompagner. → Je pensais _____ ce voyage avec toi, mais bon, si tu ne peux pas, je trouverai quelqu'un d'autre pour m'accompagner.

9. Nous avons regardé les gens **qui patinaient**. → Nous avons regardé les gens _____.

10. Josh, es-tu certain **que tu as vu** ce film? → Josh, es-tu certain _____ ce film?

13-16 Subjonctif vs indicatif vs infinitif. Complétez les phrases suivantes en remplaçant les éléments **en gras** par un verbe au subjonctif, à l'indicatif ou à l'infinitif, selon le cas. Ajoutez **que** devant les subjonctifs ou les indicatifs, ou une **préposition** devant les infinitifs, si nécessaire. (Voir *Contrastes*, Chapitre 13, sections 8 et 9.)

MODÈLES: • Vous voulez... / **Vous retrouverez** du travail dans la région? → Vous voulez **retrouver** du travail dans la région?

• Nous voulons... / **Vous retrouverez** du travail. → Nous voulons **que vous retrouviez** du travail.

1. Je souhaite vivement... / **Vous retrouverez** du travail. → Je souhaite vivement _____ du travail.

2. Vous espérez... / **Vous retrouverez** du travail dans cette région? → Vous espérez _____ du travail dans cette région?

3. Il ne se doute pas... / **Vous avez déjà retrouvé** du travail. → Il ne se doute pas _____ du travail.

4. Heureusement... / **Vous avez retrouvé** du travail! → Heureusement _____ du travail!

5. Sam est heureux... / **Vous avez retrouvé** du travail. → Sam est heureux _____ du travail.

6. Alors, Caroline, tu es contente... / **Tu as trouvé** du travail? → Alors, Caroline, tu es contente _____ du travail?

7. Il est essentiel... / **Vous retrouverez** du travail le plus vite possible. → Il est essentiel _____ du travail le plus vite possible.

8. Vous vous attendiez... / **Vous retrouverez** si facilement du travail? → Vous vous attendiez _____ si facilement du travail?

9. Il est probable... / **Vous retrouverez** du travail. → Il est probable _____ du travail.

10. Il est peu probable... / **Vous retrouverez** du travail dans cette région. → Il est peu probable _____ du travail dans cette région.

11. Je vous encourage... / **Vous trouverez** du travail au plus vite. → Je vous encourage _____ du travail au plus vite.

12. Vos parents doivent être soulagés (*relieved*)... / **Vous avez retrouvé** du travail. → Vos parents doivent être soulagés _____ du travail.

13. Je vous aiderai... / **Vous retrouverez** du travail. → Je vous aiderai _____ du travail.

14. Je vous conseille... / **Vous retrouverez** du travail le plus vite possible. → Je vous conseille _____ du travail le plus vite possible.

15. Il est important... / **Vous retrouverez** du travail au plus vite. → Il est important _____ du travail au plus vite.

13-17 Récapitulation: subjonctif vs indicatif vs infinitif. Complétez les phrases suivantes en mettant les verbes entre parenthèses à la forme qui convient. Ajoutez **que** devant les subjonctifs ou les indicatifs, ou une **préposition** devant les infinitifs, si nécessaire. (Voir *Contrastes*, Chapitre 13, sections 1 à 9.)

1. *My parents are thinking of coming back next week.* → Mes parents pensent _____ (revenir) la semaine prochaine.

2. *I love to take walks.* → J'adore _____ (se promener).

3. *She is afraid of going out alone at night.* → Elle a peur _____ (sortir) seule le soir.

4. *That's funny! I thought I had taken my umbrella.* → Tiens, c'est drôle! Je croyais _____ (prendre) mon parapluie.

5. *It's really dumb to have told her that!* → C'est vraiment bête _____ (lui dire) ça!

6. *It may be dumb to say, but it's true.* → C'est peut-être bête _____ (dire), mais c'est la vérité.

7. *She's sorry she forgot her appointment.* → Elle est désolée _____ (oublier) son rendez-vous.

8. *They're sorry they had to leave so early.* → Ils sont désolés _____ (devoir) partir si tôt.

13-18 Récapitulation: subjonctif vs indicatif vs infinitif. Complétez les phrases suivantes en mettant les verbes entre parenthèses à la forme qui convient. Ajoutez **que** devant les subjonctifs ou les indicatifs, ou une **préposition** devant les infinitifs, si nécessaire. (Voir *Contrastes*, Chapitre 13, sections 1 à 9.)

1. *This scene is not easy to memorize.* → Cette scène n'est pas facile _____ (mémoriser).

2. *I told them not to worry.* → Je leur ai dit _____ (ne pas s'en faire).

3. *I remember having seen that person somewhere.* → Je me souviens _____ (voir) cette personne quelque part.

4. *Do you have apartments for rent?* → Avez-vous des appartements _____ (louer)?

5. *I'm sorry I didn't call him back.* → Je regrette _____ (ne pas le rappeler).

6. *After he finished his homework, he went to the gym.* → Après _____ (terminer) ses devoirs, il est allé à la gym.

7. *I need an ironing board.* → J'ai besoin d'une planche _____ (repasser).

8. *They hope to be finished in an hour.* → Ils espèrent _____ (finir) dans une heure.

14

L'expression de la condition

14-1 Si + présent. Complétez les phrases suivantes en mettant les verbes entre parenthèses à la forme qui convient. (Voir *Contrastes*, Chapitre 14, section 2.)

1. *If it rains this afternoon, I'm staying home.* → S'il pleut cet après-midi, je _____ (rester) chez moi.

2. *If it rains this afternoon, we'll go to the movies.* → S'il pleut cet après-midi, nous _____ (aller) au cinéma.

3. *If it rains this afternoon, let's go to the movies.* → S'il pleut cet après-midi, _____ (aller) au cinéma!

4. *If it rains this afternon, we could perhaps go to the movies?* → S'il pleut cet après-midi, nous _____ (pouvoir) peut-être aller au cinéma?

14-2 Si + passé composé. Complétez les phrases suivantes en mettant les verbes entre parenthèses à la forme qui convient. (Voir *Contrastes*, Chapitre 14, section 3.)

1. *If you haven't eaten yet, make yourself a sandwich.* → Si tu n'as pas encore mangé, _____ (se faire) un sandwich!

2. *If you haven't eaten yet, you can share my meal.* → Si tu n'as pas encore mangé, tu _____ (pouvoir) partager mon repas.

3. *If you haven't eaten yet, I'll make you a sandwich.* → Si tu n'as pas encore mangé, je te _____ (préparer) un sandwich.

4. *If you haven't eaten yet, we could order pizza.* → Si tu n'as pas encore mangé, nous _____ (pouvoir) commander une pizza.

5. *If she made a mistake, it wasn't her fault.* → Si elle s'est trompée, ce _____ (ne pas être) de sa faute.

6. *If she made a mistake, she didn't do it on purpose.* → Si elle s'est trompée, elle _____ (ne pas le faire) exprès.

14-3 **Si + présent ou passé composé.** Traduisez les phrases suivantes. Employez les indications entre crochets. (Voir *Contrastes*, Chapitre 14, sections 2 et 3.)

1. *If you haven't understood these equations, ask someone to explain them to you.* [Si tu... / ne pas comprendre ces équations / demander à quelqu'un de te les expliquer]

_____

2. *If it's okay with you, I'll borrow your car this afternoon.* [Si ça... / ne pas te déranger / emprunter ta voiture cet après-midi]

_____

3. *Something serious must have happened if they closed all the airports.* [Quelque chose de grave / devoir (passé composé) se passer s'ils / fermer tous les aéroports]

_____

4. *If you really want to see this movie, go see it!* [Si vous... / tenir vraiment à + infinitif / (pour *go see it*, employez simplement «allez-y!»)]

_____

5. *If you need a printer, you can use this one.* [Si tu... / avoir besoin de qqch / une imprimante / pouvoir se servir de celle-ci]

_____

6. *If they don't answer your e-mail, you should call them.* [S'ils... / répondre à qqch / ton courriel / devoir les appeler]

_____

7. *If you haven't registered for this course yet, do it right away.* [Si tu... / ne pas encore s'inscrire à ce cours / le faire tout de suite]

_____

14-4 **Conséquence au présent, au futur, à l'impératif ou au conditionnel.** Complétez les phrases suivantes de façon logique par des propositions au futur (simple ou proche), à l'impératif ou au conditionnel. (Voir *Contrastes*, Chapitre 14, sections 2 et 3a, 3b, 3c, 3d.)

1. Si elle tombe malade, elle... _____ .

2. Si tu te perds en chemin (*If you get lost on your way*), ... _____ .

3. Si tu as froid, ... _____ .

4. Si tu as constamment mal à la tête, tu... _____ .

5. Si tu as décidé de passer un semestre en France l'an prochain, tu... _____ .

14-5 **Hypothèse au présent ou au passé composé.** Complétez les phrases suivantes de façon logique par des propositions au présent ou au passé composé. (Voir *Contrastes*, Chapitre 14, sections 2 et 3.)

1. Nous viendrons te chercher en voiture si tu... _____ .

2. Je veux bien t'accompagner si tu... _____ .

3. Rappelle-moi si tu... _____ .

4. Si tu... _____ , avoue-le!

14-6 **Récapitulation: conditions réelles.** Complétez les phrases suivantes en mettant les verbes entre parenthèses à la forme correspondant aux mots *en gras*. (Voir *Contrastes*, Chapitre 14, sections 2 et 3.)

1. *If you promised them you would be there in an hour,* **hurry up***!* → Si tu leur as promis d'être là dans une heure, _____ (se dépêcher)!

2. *If they haven't raised enough money for their campaign, they* **'ll have** *to forget the whole thing!* → S'ils n'ont pas collecté assez d'argent pour leur campagne, ils _____ (devoir) y renoncer!

3. *If they left New York at 7 p.m., they* **won't be** *here until midnight!* → S'ils ont quitté New York à 7 heures du soir, ils ne _____ (être) pas là avant minuit!

4. *If you bet on that team, you* **made** *a mistake: they lost!* → Si tu as parié sur cette équipe, tu _____ (se tromper): elle a perdu!

5. *He must have been hungry if he* **ate** *the whole chicken!* → Il devait avoir faim s'il _____ (manger) tout le poulet!

6. *If you don't dress warmly, you* **risk** *catching a cold.* → Si tu ne t'habilles pas chaudement, tu _____ (risquer) d'attraper un rhume.

7. *If you* **didn't call** *her ahead of time, don't go over to her house now; it's too late.* → Si tu _____ (ne pas l'appeler) pour la prévenir, ne va pas chez elle maintenant; il est trop tard.

14-7 **Irréel du présent: si + imparfait, avec un conditionnel (présent ou passé) dans la principale).** Complétez les phrases suivantes en mettant les verbes entre parenthèses à la forme correspondant aux mots *en gras*. (Voir *Contrastes*, Chapitre 14, section 4.)

1. *If I were you, I* **would do** *things differently.* → Si j'étais toi, je _____ (faire) les choses autrement.

2. *No doubt about it: If he had connections, he* **would succeed** *because he certainly has talent!* → C'est sûr: s'il avait des relations, il _____ (réussir) parce qu'il a certainement du talent!

3. *Let's face it: If he had more talent, he* **would have succeeded** *a long time ago!* → Voyons les choses en face: s'il avait davantage de talent, il _____ (réussir) il y a longtemps!

4. *If she were nicer, we* **would have invited** *her.* → Si elle était plus sympathique, nous l'_____ (inviter).

5. *If only you spoke English, you* **could work** *in many countries.* → Si seulement vous parliez anglais, vous _____ (pouvoir) travailler dans un grand nombre de pays.

14-8 **Irréel du passé: si + plus-que-parfait, avec un conditionnel (présent ou passé) dans la principale.** Complétez les phrases suivantes en mettant les verbes entre parenthèses à la forme correspondant aux mots *en gras*. (Voir *Contrastes*, Chapitre 14, section 5.)

1. *If she had listened to her parents, she* **wouldn't be** *in such a mess right now.* → Si elle avait écouté ses parents, elle _____ (ne pas être) dans un tel pétrin en ce moment.

2. *If you* **hadn't written** *a postcard to your grandparents, they would have been disappointed.* → Si tu _____ (ne pas écrire) une carte postale à tes grands-parents, ils auraient été déçus.

3. *If we had known about it, we **would have acted** differently.* → Si nous l'avions su, nous

_____ (agir) autrement!

4. *I **would** live in Paris today if I could have afforded the studio I found a few years back.* → Je

_____ (vivre) à Paris aujourd'hui si j'avais pu m'acheter le studio

que j'ai déniché il y a quelques années.

5. *I **would have forgiven** him if he hadn't lied to me.* → Je lui _____

(pardonner) s'il ne m'avait pas menti.

14-9 **Irréel du présent et du passé.** Complétez les phrases suivantes en mettant les verbes entre parenthèses aux temps et modes qui conviennent. (Voir *Contrastes*, Chapitre 14, sections 4 et 5.)

1. Si j'_____ (être) toi, je ne refuserais pas une offre pareille!

2. Si j'_____ (être) à ta place il y a deux mois, je n'aurais pas refusé une offre pareille!

3. Si elle te disait qu'elle partait en mission pour une année, comment est-ce que tu

_____ (réagir)? Tu serais d'accord?

4. Si elle t'avait dit qu'elle partait en mission pour une année, comment est-ce que tu

_____ (réagir)? Tu aurais été d'accord?

5. Si nous annulions le voyage, la compagnie aérienne _____

(ne pas nous rembourser): mieux vaut donc ne pas l'annuler.

6. Si nous _____ (annuler) notre dernier voyage, la compagnie aérienne ne nous

aurait pas remboursés: nous avons donc bien fait, Jacques et moi, de ne pas l'annuler.

7. S'il (a) _____ (ne pas pleuvoir) ce matin, je (b) _____ (aller) à

mon cours à pied, mais il pleuvait à verse (*it was pouring rain*), alors j'ai pris le métro.

8. S'il (a) _____ (ne pas pleuvoir) en ce moment, j'(b) _____

(aller) à mon cours à pied, mais il pleut à verse, alors je vais prendre le métro.

14-10 **Irréel du présent et du passé.** Complétez les phrases suivantes en mettant les verbes entre parenthèses aux temps et modes qui conviennent. (Voir *Contrastes*, Chapitre 14, sections 4 et 5.)

1. Si Jean avait été un peu plus débrouillard l'autre jour, il nous _____ (trouver) un

hôtel plus près de la plage.

2. Si tu (a) _____ (faire) attention à ce que je te disais tout à l'heure, nous

(b) _____ (ne pas rater) la sortie d'autoroute.

3. Si tu (a) _____ (faire) un peu plus attention à ce que je te dis, tu

(b) _____ (se tromper) moins souvent.

4. Si seulement elle s'appliquait un peu plus, elle _____ (obtenir) de bien

meilleures notes.

5. Si elle s'était appliquée un peu plus, elle _____ (obtenir) de bien meilleures notes

aux derniers examens.

6. S'il n'avait pas suivi des cours de biologie en première année, il _____ (ne pas

pouvoir) faire sa médecine (*go to medical school*).

7. Heureusement que tu n'as pas lâché (*quit*) tes études (f. pl.): si tu les (a) _____

(lâcher), tes parents (b) _____ (être) très déçus.

8. Julie serait furieuse si j'_____ (oublier) son anniversaire!

14-11 Irréel du présent et du passé. Complétez par une ou deux phrases de votre invention au **conditionnel** (présent ou passé, selon le cas). (Voir *Contrastes*, Chapitre 14, sections 4 et 5.)

1. Si j'étais multimillionnaire, ... _____.

2. Si je pouvais passer un semestre à Paris, ... _____.

3. Si j'étais maire de ma ville, ... _____.

14-12 Récapitulation: subordonnées introduites par <u>si</u>. Complétez les phrases suivantes en mettant les verbes entre parenthèses aux temps et modes qui conviennent. (Voir *Contrastes*, Chapitre 14, sections 1 à 5.)

1. Si j'_____ (être) elle, je n'accepterais jamais qu'on me traite de cette façon.

2. Je viendrai demain si je _____ (pouvoir) quitter le bureau un peu plus tôt que d'habitude.

3. Si tu aimes tant ce film, eh bien _____ (aller) le revoir avec tes copains!

4. Passe me voir cet après-midi si tu _____ (avoir) le temps, d'accord?

5. Si, dans leur jeunesse, mes grands-parents _____ (ne pas être) si pauvres (*so poor*), ils n'auraient jamais immigré aux États-Unis.

6. S'il faisait beau, nous _____ (être) sur les pistes en train de faire du ski, mais il ne cesse de pleuvoir, alors nous passons nos journées au chalet!

7. S'il avait fait beau le week-end passé, nous _____ (faire) du ski, mais il n'a cessé de pleuvoir, alors nous sommes allés au cinéma!

8. Si tu nous avais donné les billets (m. pl.) dont tu ne pouvais pas te servir, nous te les _____ (échanger).

9. Si j'étais toi, je _____ (prendre) le train plutôt que la voiture.

10. S'il y avait eu un TGV à cette heure-là, crois-moi, nous l'_____ (prendre)!

11. Si j'ai un moment de libre, je t'_____ (appeler) demain pour prendre de tes nouvelles.

12. Si j'étais vous, j'_____ (aller) visiter le musée Marmottan: vous y trouverez de splendides Monet.

14-13 Récapitulation: subordonnées introduites par <u>si</u>. Traduisez les phrases suivantes. Employez les indications entre crochets. (Voir *Contrastes*, Chapitre 14, sections 1 à 6.)

1. *If he refuses, what will she do?* [S'il... / refuser / qu'est-ce qu'elle... / faire]

_____

2. *If he refused, what would she do?* [S'il... / refuser / qu'est-ce qu'elle... / faire]

_____

3. *If he had refused, what would she have done?* [S'il... / refuser / qu'est-ce qu'elle... / faire]

_____

4. *If you don't leave right away, you'll be late!* [Si tu... / partir tout de suite / être en retard!]

_____

5. *If the weather is nice tomorrow, we'll go on a picnic.* [faire beau / aller pique-niquer]

_____

6. *If I had money, I'd go to Spain.* [avoir de l'argent / aller en Espagne]

_____

7. *If we had known that little road was so bad, we would have taken the highway.* [savoir que cette petite route / être en si mauvais état / prendre l'autoroute]

_____

8. *If he asks you out, tell him you're not free.* [S'il te... / proposer un rendez-vous / lui dire / ne pas être libre]

_____

14-14 Si: condition vs interrogation indirecte. Complétez les phrases suivantes en mettant les verbes entre parenthèses à la forme qui convient. (Voir *Contrastes*, Chapitre 14, section 7.)

1. *I wonder if she will be there.* → Je me demande si elle _____ (être) là.

2. *I'll call you next week if I can.* → Je t'appellerai la semaine prochaine si je _____ (pouvoir).

3. *I don't know if we'll be done before dinner.* → Je ne sais pas si nous _____ (terminer) avant le dîner.

4. *If we're free next Sunday, we'll come to see you.* → Si nous _____ (être) libres dimanche prochain, nous viendrons vous voir.

5. *I don't know if they'll agree.* → Je ne sais pas s'ils _____ (être) d'accord.

14-15 Locutions avec le <u>si</u> de condition. Complétez les phrases suivantes en mettant les verbes entre parenthèses à la forme qui convient. (Voir *Contrastes*, Chapitre 14, section 8.)

1. Il m'a regardé(e) comme s'il _____ (ne pas me reconnaître).

2. J'ai bien aimé la pièce, même si je l'_____ (trouver) un peu bizarre.

3. Ne me dérangez pas, sauf si c'est Michèle qui _____ (téléphoner).

4. Si au moins il _____ (écouter) mes conseils l'autre jour, il aurait évité tous ces ennuis!

5. Si jamais vous _____ (être) de passage à Paris, nous vous ferons visiter Versailles.

14-16 **Autres façons d'exprimer la condition ou l'hypothèse.** Complétez les phrases suivantes à l'aide d'une des neuf locutions suivantes, selon le cas. N'utilisez ces locutions qu'<u>une seule fois</u> (voir *Contrastes*, Chapitre 14, section 9).

> **au cas où / en cas de / pourvu que / tant que / à [la] condition que / à [la] condition de /**
> **en admettant que / dans la mesure où / sinon**

1. Ajoute deux couverts (*table settings*) _____ Marc et Antoine viendraient dîner ce soir.

2. Je veux bien te prêter 100 euros, _____ tu me les rendes avant la fin du mois.

3. N'arrive surtout pas en retard, _____ ton père sera fâché.

4. Tu réussiras, mais uniquement _____ étudier sérieusement.

5. _____ ce candidat corresponde à ce que nous cherchons, quel salaire lui offrirait-on?

6. _____ on soit ensemble, le reste importe peu!

7. _____ on est ensemble, le reste importe peu!

8. _____ panne, appuyez sur le bouton rouge.

9. C'est un stage que je vous recommande _____ il vous permettra d'acquérir une expérience pratique dont vous avez absolument besoin.

14-17 **Juxtaposition de deux propositions au conditionnel.** Complétez les phrases suivantes en remplaçant les verbes **en gras** par la forme qui convient. (Voir *Contrastes*, Chapitre 14, section 9g.)

1. Tu leur **aurais raconté** cette histoire, ils ne t'auraient pas cru(e). → Si tu leur

   _____ cette histoire, ils ne t'auraient pas cru(e).

2. Vous leur **feriez** une petite visite, ils seraient ravis. → Si vous leur _____ une petite visite, ils seraient ravis.

3. Elle **aurait pris** la peine de lire les instructions, elle ne se serait pas trompée. → Si elle

   _____ la peine de lire les instructions, elle ne se serait pas trompée.

4. Si le système d'alarme **avait marché**, la maison n'aurait pas été cambriolée. → Le système d'alarme

   _____, la maison n'aurait pas été cambriolée.

5. Si les trains **n'étaient pas** en grève depuis une semaine, mon copain et moi serions allés visiter Rouen.

   → Les trains _____ en grève depuis une semaine, mon copain et moi serions allés visiter Rouen.

6. Écoute, Maïa, si tu **t'étais réveillée** un peu plus tôt, tu n'aurais pas raté ton bus! → Écoute, Maïa,

   tu _____ un peu plus tôt, tu n'aurais pas raté ton bus!

14-18 Récapitulation générale: hypothèse et condition. Complétez les phrases suivantes en mettant les verbes entre parenthèses à la forme qui convient. (Voir *Contrastes,* Chapitre 14, sections 1 à 9.)

1. Prends ton portable au cas où tu _____ (avoir) un problème.

2. Si ce beau temps continue, je _____ (partir) à la montagne ce week-end.

3. L'agent de police nous a regardés, mes copains et moi, comme si nous _____ (être) de dangereux individus.

4. Si on m'avait averti(e) une semaine plus tôt, j'_____ (pouvoir) m'arranger, mais maintenant, c'est trop tard.

5. Ne lui dis rien, sinon il _____ (risquer) de te poser toutes sortes de questions indiscrètes.

6. J'aime mon travail dans la mesure où il me _____ (permettre) de rencontrer des gens intéressants.

7. Je veux bien t'aider à [la] condition que tu _____ (faire) un effort de ton côté.

8. Il aura bientôt fini son travail s'il _____ (se dépêcher) un peu.

15

Le discours indirect au passé

15-1 **Phrases déclaratives: transposition au discours indirect au passé.** Complétez les phrases suivantes selon le modèle ci-dessous. Faites tous les changements nécessaires. (Voir *Contrastes*, Chapitre 15, sections 1 et 2.)

MODÈLE: • «Je ne suis pas libre samedi.» → Elle m'a dit **qu'elle n'était pas** libre samedi.

1. «Nina revient tout de suite.» → Elle m'a dit _____ tout de suite.

2. «Paul passera ce soir.» → Elle m'a dit _____ ce soir.

3. «Marianne est partie jeudi.» → Elle m'a dit _____ jeudi.

4. «Il faut qu'il revienne le plus vite possible.» → Elle m'a dit _____ le plus vite possible.

5. «J'aimerais faire la grasse matinée (*sleep late*) demain.» → Elle m'a dit _____ faire la grasse matinée demain.

6. «Nicolas appellera dès qu'il aura les résultats de son concours.» → Elle m'a dit _____ les résultats de son concours.

7. «Je viens d'emménager (*move in*).» → Elle m'a dit _____ d'emménager.

8. «Je vais déménager (*move out*) prochainement.» → Elle m'a annoncé _____ déménager prochainement.

9. «Je n'avais pas encore terminé mes études à cette époque-là.» → Elle m'a fait remarquer _____ études à cette époque-là.

10. «J'irai déjeuner une fois que j'aurai fini mon travail.» → Elle a annoncé _____ travail.

15-2 **Phrases déclaratives: transposition au discours indirect au passé.** Complétez les phrases suivantes selon le modèle ci-dessous. Faites tous les changements nécessaires. (Voir *Contrastes*, Chapitre 15, section 2.)

MODÈLE: • «Je pars.» → Il m'a dit **qu'il partait.**

1. «C'est la pure vérité!» → Il lui a juré _____ la pure vérité.

2. «Cela finira mal!» → Elle a toujours dit _____ mal.

3. «Tom viendra vers huit heures .» → J'ai promis à Nicole _____ vers huit heures.

4. «J'ai réservé nos billets d'avion.» → Il a annoncé à Christiane _____ billets d'avion.

5. «Je ne suis pas libre ce jour-là.» → Il m'a rappelé _____ ce jour-là.

6. «Je vais me sentir bien seule.» → Elle a avoué à Jérôme _____ bien seule.

7. «Tu t'es trompé.» → Il a dit à Paul _____.

8. «Il ne faut pas que vous nous attendiez.» → Nous leur avions pourtant bien expliqué

_____.

9. «Je te défends de sortir!» → Elle lui a crié _____.

10. «Ça ne vous regarde pas!» → Nous leur avons fait remarquer _____.

15-3 Phrases déclaratives: transposition au discours direct. Transposez les phrases suivantes au discours <u>direct</u> selon le modèle ci-dessous. Faites tous les changements nécessaires. (Voir *Contrastes*, Chapitre 15, section 2.)

MODÈLE: • Il m'a dit qu'il partait samedi. → Il m'a dit: «**Je pars samedi.**»

1. Rachel m'a averti(e) qu'elle n'arriverait pas avant ce soir. → Rachel m'a averti(e):

«_____.»

2. Sébastien nous a annoncé qu'il venait de passer son permis (*driver's license*). → Sébastien nous a

annoncé: «_____.»

3. La météo a confirmé qu'on avait battu tous les records de froid. → La météo a

confirmé: «_____.»

4. Virginie m'a répondu qu'elle serait ravie d'aller à New York. → Virginie m'a

répondu: «_____.»

5. Je leur ai rappelé que je ne voulais pas qu'ils rentrent tard. → Je leur ai

rappelé: «_____.»

15-4 Phrases interrogatives: transposition au discours indirect au passé. Complétez les phrases suivantes selon le modèle ci-dessous. Faites tous les changements nécessaires. (Voir *Contrastes*, Chapitre 15, section 3.)

MODÈLES: • «La place est libre?» → Je lui ai demandé **si la place était libre.**
          • «Qu'est-ce que tu fais ce soir?» → Je lui ai demandé **ce qu'il faisait** ce soir.

1. «Pourquoi insiste-t-il tellement?» → Je me demandais _____ tellement.

2. «Est-ce que nous aurons assez de temps pour voir cette exposition?» → Je me demandais

_____ assez de temps pour voir cette exposition.

3. «Finira-t-il par comprendre?» → Je ne savais pas _____ par comprendre.

4. «Que faut-il faire?» → Je ne savais pas _____.

5. «Comment a-t-elle réussi à dénicher (*find*) ce petit hôtel?» → Je me demandais

_____ à dénicher ce petit hôtel.

6. «Est-ce que tu aimerais sortir ce soir?» → Il m'a demandé _____

sortir ce soir.

7. «Qu'est-ce qui l'intéresse vraiment, à part le sport?» → Je me demandais

_____ vraiment, à part le sport.

8. «Qu'est-ce qu'elle a acheté comme voiture?» → J'aurais voulu savoir

_____ comme voiture.

9. «Quand partiront-ils?» → On m'a demandé _____.

10. «Avec qui en ont-ils parlé?» → Je ne me souvenais plus _____.

15-5 **Phrases interrogatives: qui vs ce qui vs ce que/qu'.** Complétez les phrases suivantes. Faites tous les changements nécessaires. (Voir *Contrastes*, Chapitre 15, section 3.)

1. «Qui a appelé tout à l'heure?» → Il s'est demandé _____ tout à l'heure.

2. «Qu'est-ce qui ne va pas tout à coup?» → Il m'a demandé _____ tout à coup.

3. «Qu'est-ce que tu vas faire cet été?» → Je lui ai demandé _____ cet été.

4. «Qu'est-ce qui vous gêne dans tout cela?» → Vous ne nous avez pas expliqué _____ dans tout cela.

5. «Qu'aimeriez-vous manger?» → Nous leur avons demandé _____ manger.

6. «Qu'avez-vous fait samedi soir?» → Il nous a demandé _____ samedi soir.

7. «Que désirez-vous boire?» → La serveuse m'a demandé _____ boire.

8. «Que s'est-il passé?» → Personne ne savait _____.

15-6 **Phrases interrogatives: transposition au discours indirect au passé.** Complétez les phrases suivantes. Faites tous les changements nécessaires. (Voir *Contrastes*, Chapitre 15, section 3.)

1. «Avez-vous envie de partir en colonie de vacances (*summer camp*)?» → Les Smith ont demandé à leurs deux filles _____ de partir en colonie de vacances.

2. «Qu'avez-vous prévu (*organized*) pour dimanche après-midi?» → Il nous a demandé _____ pour dimanche après-midi.

3. «Combien voulez-vous pour cette petite aquarelle (*watercolor*)?» → J'ai demandé au marchand d'art _____ pour cette petite aquarelle.

4. «Qu'est-ce qui est arrivé?» → Après l'explosion, tout le monde est sorti dans la rue en se demandant _____.

5. «Quelles sont leurs intentions?» → Nous aurions d'abord voulu savoir _____.

6. «Est-ce que le concert a été annulé?» → J'ai demandé _____ mais personne ne le savait.

7. «Comment vas-tu t'en tirer (*manage/fend for yourself*)?» → Il m'a demandé _____.

8. «Qui paiera les dégâts?» → Tout le monde se demandait _____ les dégâts.

9. «À qui dois-je m'adresser (*turn to*)?» → Elle ne savait pas _____.

10. «Est-ce qu'elle changera d'avis?» → Nous nous demandions _____ d'avis.

15-7 **Phrases interrogatives: transposition au discours indirect au passé.** Complétez les phrases suivantes. Faites tous les changements nécessaires. (Voir *Contrastes*, Chapitre 15, section 3.)

1. «Qu'est-ce que tu veux pour ton anniversaire?» → Ma mère m'a demandé

_____.

2. «Zut alors! Où est-ce que j'ai mis mes clés?» → Mon père était contrarié car il ne savait plus

_____.

3. «Tu es malade?» → J'ai demandé à ma sœur _____.

4. «Qu'auriez-vous fait à ma place?» → Elle nous a demandé _____.

5. «Quand reviendras-tu?» → Mon père a demandé à son frère _____.

6. «Quel bus faut-il prendre pour aller chez toi?» → J'ai demandé à Lisa

_____.

7. «Est-ce qu'ils vont se marier?» → Ils ne nous avaient pas encore dit _____.

8. «Quel âge peut-elle bien avoir?» → Je me suis toujours demandé _____.

15-8 **Phrases interrogatives: transposition au discours direct.** Transposez les phrases suivantes au discours <u>direct</u> selon le modèle ci-dessous. Employez des questions avec **est-ce que** ou **par inversion**. Faites tous les autres changements nécessaires. (Voir *Contrastes*, Chapitre 15, section 3.)

MODÈLE: • Je leur ai demandé s'ils aimaient le saumon. → Je leur ai demandé: «**Est-ce que vous aimez le saumon?** *ou* **Aimez-vous le saumon?**»

1. Elle a demandé à Nicole et Lisa combien de cours elles suivaient ce semestre. → Elle a demandé à Nicole et Lisa: «_____?»

2. J'ai demandé à l'agent de police où se trouvait la gare. → J'ai demandé à l'agent de police: «_____?»

3. Ils nous ont demandé si nous aimerions skier avec eux ce week-end. → Ils nous ont demandé: «_____?»

4. Je lui ai demandé comment elle s'appelait. → Je lui ai demandé: «_____?»

5. Michèle m'a demandé si je serais là demain. → Michèle m'a demandé: «_____?»

15-9 **Impératifs: transposition au discours indirect au passé.** Complétez les phrases suivantes selon les modèles ci-dessous. Employez <u>uniquement</u> **l'infinitif**. Faites tous les autres changements nécessaires. (Voir *Contrastes*, Chapitre 15, section 4.)

MODÈLES: • Tais-toi! → Il m'a dit **de me taire**.
• Taisez-vous! → Il nous a dit **de nous taire**.

1. Assieds-toi! → Il m'a dit _____.

2. Ne vous dérangez pas! → Il nous a dit _____.

3. Réponds-leur au plus vite! → Il m'a dit _____.

4. Ne regardez pas les gens comme ça! → Il nous a dit _____.

5. Aie un peu de patience avec elle! → Il m'a dit _____.

6. Rappelez-nous le plus vite possible. → Il nous a dit _____.

7. Ne vous disputez pas! → Il nous a dit _____.

8. Ne te fâche pas! → Il m'a dit _____.

15-10 **Impératifs: transposition au discours indirect au passé.** Complétez les phrases suivantes. Employez <u>uniquement</u> **l'infinitif**. Faites tous les changements nécessaires. (Voir *Contrastes*, Chapitre 15, section 4.)

MODÈLE: • «Ne rentrez pas trop tard.» → Je leur ai dit **de ne pas rentrer trop tard**.

1. «Ferme la porte à clé en sortant.» → Je lui ai recommandé _____ en sortant.

2. «N'attendez pas le dernier moment pour réserver vos billets!» → L'agent de voyage nous a conseillé _____.

3. «Entre et installe-toi au salon.» → Elle m'a dit _____ au salon.

4. «Sois un peu plus raisonnable.» → David a ordonné à sa fille _____ un peu plus raisonnable.

5. «Ne me faites pas trop mal!» → Elle a supplié le dentiste _____ trop mal.

15-11 **Impératifs: transposition au discours indirect au passé.** Complétez les phrases suivantes. Employez <u>uniquement</u> **l'infinitif**. Faites tous les changements nécessaires. (Voir *Contrastes*, Chapitre 15, section 4.)

1. «Prévenez-moi.» → Il m'a demandé _____.

2. «Faisons un peu de tennis samedi.» → J'ai proposé à Sandrine _____ un peu de tennis samedi.

3. «Prenez l'autre route.» → Elle a recommandé à ses amis _____ l'autre route.

4. «Attends-moi au café du coin (*the neighborhood café*).» → Il avait dit à Marc _____ au café du coin.

5. «Ne me quitte pas!» → Il avait supplié Mélanie _____.

6. «Change de cravate.» → Elle a conseillé à Pierre _____ de cravate.

15-12 **Phrases exprimant un ordre: transposition au discours direct.** Transposez les phrases suivantes au discours <u>direct</u> selon le modèle ci-dessous. Faites tous les changements nécessaires. (Voir *Contrastes*, Chapitre 15, section 4.)

MODÈLE: • Il m'a dit de partir. → Il m'a dit: «**Pars.**» *ou* «**Partez.**»

1. Il nous a suggéré d'aller visiter le musée d'Orsay. → Il nous a suggéré: «_____.»

2. Il a demandé qu'on ne le fasse pas attendre trop longtemps. → Il a demandé: «_____.»

3. Il nous a dit de ne pas nous inquiéter (*not to worry*). → Il nous a dit: «_____.»

4. Elle leur avait recommandé de ne pas trop s'éloigner. → Elle leur avait recommandé: «_____.»

5. Ma mère m'a demandé de l'aider à trier ses photos. → Ma mère m'a demandé: «_____.»

15-13 **Récapitulation: transposition au discours indirect au passé.** Transposez les phrases suivantes au discours indirect. (Voir *Contrastes*, Chapitre 15, sections 1 à 4.)

1. «Que s'est-il passé?» → Je voulais savoir _____.

2. «Nous allons nous marier!» → Mon frère et ma meilleure amie nous ont annoncé

   _____.

3. «Qu'est-ce que je ferai quand j'aurai fini mes études?» → Daniel se demandait

   _____.

4. «Partageons les frais d'essence.» → Mes amis m'ont proposé
   _____ les frais d'essence.

5. «Où irez-vous en vacances cet été?» → Ils nous ont demandé
   _____ en vacances cet été.

6. «Je ne retournerai jamais dans cet hôtel minable (*lousy*)!» → Je me suis juré
   _____ dans cet hôtel minable.

7. «Je me suis trompée.» → Elle a reconnu _____.

8. «Est-ce que le pique-nique de dimanche est maintenu (*still on*)?» → Je voulais simplement

   savoir _____.

15-14 **Subordonnées multiples.** Transposez les phrases suivantes au discours indirect au passé. Faites tous les changements qui s'imposent. N'oubliez pas, si nécessaire, de répéter la conjonction **que/qu'**, la préposition **de/d'** et/ou d'inclure les **pronoms** et **adverbes interrogatifs** appropriés. (Voir *Contrastes*, Chapitre 15, section 5.)

MODÈLE: • «Vous pouvez partir, je n'ai plus besoin de vous.» → Il a dit à Paul et Marie **qu'ils pouvaient partir, qu'il n'avait plus besoin d'eux.**

1. «Où avez-vous appris le français? Vous l'étudiez depuis longtemps?» → Ils m'ont demandé

   (a) _____ et (b) _____.

2. «Arrêtez de vous chamailler (*bicker*) et finissez vos devoirs!» → Elle a dit à ses deux garçons

   (a) _____ et (b) _____.

3. «Tu as tort et je n'apprécie pas ton attitude.» → Elle a dit à son frère

   (a) _____ et (b) _____.

4. «Tu es heureuse? Tu ne regrettes pas trop ta décision?» → Il m'a demandé

   (a) _____ et (b) _____.

5. «Envoyez-moi mes skis et surtout n'oubliez pas mon anorak.» → Il a demandé à ses parents

   (a) _____ et leur a surtout recommandé

   (b) _____.

15-15 Subordonnées multiples. Transposez les phrases suivantes au discours indirect au passé selon le modèle de l'exercice ci-dessus. Faites tous les changements qui s'imposent. N'oubliez pas de répéter la préposition **de/d'** ou la conjonction **que/qu'**, si nécessaire, et/ou d'inclure les **pronoms** et **adverbes interrogatifs** appropriés. (Voir *Contrastes*, Chapitre 15, section 5.)

1. «Tu travailles trop; tu vas tomber malade si tu continues comme ça!» → Le meilleur ami de mon père lui a dit (a) _____ trop et (b) _____ tomber malade s'il (c) _____ comme ça.

2. «Qu'as-tu fait toute la soirée? Avec qui étais-tu? Pourquoi ne nous as-tu pas téléphoné?» → Les parents de Sophie ont insisté pour savoir (a) _____ toute la soirée, (b) _____ et (c) _____.

3. «Cessez de faire les fous et allez nous attendre dehors.» → Ils ont dit à leurs enfants (a) _____ les fous et (b) _____ dehors.

4. «Je partirai lundi, mais je ne sais pas encore à quelle heure.» → Elle m'a dit (a) _____ lundi, mais (b) _____ pas encore à quelle heure.

5. «Max a eu un grave accident; il sera opéré dès qu'on l'aura transporté à l'hôpital.» → Lucien m'a téléphoné pour me dire (a) _____ un grave accident et (b) _____ dès qu'(c) _____ à l'hôpital.

6. «Que feras-tu là-bas toute seule? Connais-tu au moins quelqu'un à qui t'adresser?» → Ma mère, très inquiète, m'a demandé (a) _____ là-bas toute seule et (b) _____.

7. «Caroline est ravissante! C'est bien dommage pour moi qu'elle ait déjà un copain...» → Guillaume s'est exclamé (a) _____ ravissante et (b) _____.

15-16 Subordonnées de type mixte. Transposez les trois passages suivants au discours indirect au passé. Faites tous les changements nécessaires, en éliminant notamment tout ce qui appartient au discours oral. (Voir *Contrastes*, Chapitre 15, section 6.)

1. «Oh là là, mais (a) fais un peu attention! (b) Ne cours pas si vite, sinon (c) tu vas tomber!» → Effrayée, Amélie a crié à son petit frère Jérôme (a) _____ un peu attention et (b) _____ si vite, sinon (c) _____ tomber.

2. «S'il vous plaît, m'sieurs dames, vous n'auriez pas une petite pièce? (a) J'ai faim, (b) je n'ai rien mangé depuis hier.» → Le clochard (*homeless man*) mendiait tout en expliquant d'une voix plaintive (a) _____ faim parce qu'(b) _____ depuis la veille.

3. «Allez, hop, (a) prends ta douche et (b) habille-toi en vitesse! (c) Tu es toujours en retard! (d) Ça commence à m'agacer!» → Furieux, mon père m'a réveillé(e) en me criant (a) _____ douche et (b) _____ en vitesse. Il a ajouté en grommelant (c) _____ en retard et (d) _____ à l'agacer.

15-17 Subordonnées de type mixte. Transposez ce dialogue au discours indirect au passé en complétant les phrases de la manière qui convient. Faites tous les changements nécessaires. Éliminez notamment tout ce qui appartient au discours oral. (Voir *Contrastes*, Chapitre 15, section 6).

1. Le célèbre commissaire Maigret a interrogé le détenu: «Bon alors, (a) quel est ton vrai nom? (b) Où habites-tu? (c) Depuis combien de temps vis-tu à Paris? (d) Tu as un complice?» → Le célèbre commissaire Maigret a interrogé le détenu et lui a demandé

   (a) _____, (b) _____ et

   (c) _____. Il a aussi voulu savoir

   (d) _____.

2. Le détenu s'est exclamé: «Ah mais (a) je suis innocent, moi! (b) Je ne parlerai que devant mon avocat.» → Le détenu s'est exclamé (a) _____ et

   (b) _____.

3. Maigret, irrité, l'a averti: «(a) Ne fais pas le malin avec moi! Le hold-up de la Banque de France, je sais bien que (b) c'est toi qui en es l'auteur! Bon, écoute, (c) si tu passes aux aveux, (d) tu auras une remise de peine (*a lighter sentence*).» → Maigret, irrité, l'a averti

   (a) _____. Le hold-up de la Banque de France, il savait bien

   (b) _____. Il lui a fait comprendre

   (c) _____, (d) _____.

15-18 Changements dans les expressions de temps. Complétez les phrases suivantes par l'expression de temps qui convient. (Voir *Contrastes*, Chapitre 15, section 7.)

1. *She told me she had met Paul the year before.* → Elle m'a dit qu'elle avait rencontré Paul _____.

2. *I had told my parents that I was going out that night.* → J'avais averti mes parents que je sortais _____.

3. *She had reminded me that the party would not take place on July 4ᵗʰ but the following day, or even the day after that.* → Elle m'avait rappelé que la fête aurait lieu non pas le 4 juillet mais

   (a) _____ ou même (b) _____.

4. *Did you explain to her that Mark had left three days earlier?* → Est-ce que tu lui as expliqué que Marc était parti _____?

5. *We had heard that there had been a terrible accident the day before.* → Nous avions entendu dire qu'il y avait eu un terrible accident _____.

6. *They all thought I would be coming back the following week.* → Ils pensaient tous que je reviendrais _____.

15-19 Transposition de dialogue. Transposez le dialogue ci-dessous au discours indirect au passé en complétant les phrases de la manière qui convient. Faites tous les changements nécessaires en éliminant notamment tout ce qui appartient au discours oral. (Voir *Contrastes*, Chapitre 15, sections 1 à 7.)

1. Cendrine a proposé à Jacques: «Allons manger au restaurant ou dans une crêperie si tu préfères.» → Cendrine a proposé à Jacques (a) _____ manger au restaurant ou dans une crêperie (b) _____.

2. Jacques, légèrement agacé, a répondu: «Écoute, non, zut, je préfère rester à la maison. » → Jacques, légèrement agacé, a répondu _____ rester à la maison.

3. Il lui a fait remarquer (*pointed out*): «Nous sortons trop souvent au restaurant, ce n'est pas bon pour la santé.» → Il lui a fait remarquer (a) _____ trop souvent au restaurant et (b) _____ pas bon pour la santé.

4. Cendrine, vexée, a riposté en disant: «Si tu t'inquiètes tant pour ta santé, tu ferais mieux d'arrêter de fumer et de faire un peu de sport!» → Cendrine, vexée, a riposté en disant (a) _____ tant pour sa santé, (b) _____ mieux (c) _____ et (d) _____ un peu de sport.

5. Elle a ajouté d'un air pincé: «De toute façon, je n'ai pas le temps de faire la cuisine!» → Elle a ajouté d'un air pincé que, de toute façon, _____ le temps de faire la cuisine.

6. Jacques, ahuri (*flabbergasted*) lui a demandé: «Mais enfin voyons, Cendrine, qu'est-ce qui ne va pas? Pourquoi tu te fâches comme ça?» → Jacques, ahuri, lui a demandé (a) _____ et (b) _____ comme ça.

7. Il a expliqué: «Je ne voulais pas te critiquer, c'était une simple constatation...» → Il lui a expliqué (a) _____, (b) _____ une simple constatation.

8. Il a ajouté pour finir: «Bon écoute, c'est moi qui ferai la cuisine ce soir!» → Pour finir, il a ajouté (a) _____ qui (b) _____ la cuisine ce soir-là.

15-20 Transposition de dialogue. Transposez le dialogue ci-dessous au discours indirect au passé. Faites tous les changements nécessaires en éliminant notamment tout ce qui appartient au discours oral. Employez les indications entre crochets. (Voir *Contrastes*, Chapitre 15, sections 1 à 7.)

1. Véronique: «Allô Katia? Comment vas-tu? Ça fait une éternité qu'on ne s'est pas vues!» [Véronique a appelé Katia pour savoir... / Elle lui a fait remarquer que cela...] →

_____

_____

_____

2. Katia: «Je me porte comme un charme. Et toi, qu'est-ce que tu deviens? Vous êtes toujours ensemble, Julio et toi?» [Katia a répondu... / Elle lui a demandé si Julio et elle...] →

_____

_____

_____

3. Véronique: «Oui, oui, c'est toujours le grand amour entre nous! Mais... heuh... bon... je m'inquiète un peu depuis quelque temps parce qu'il veut émigrer au Canada.» [Véronique s'est exclamée... / , mais elle a tout de même avoué...] →

_____

_____

_____

4. Katia: «Ah bon! Au Canada? Julio? Mais pourquoi veut-il faire une chose pareille, au nom du ciel? Il n'est pas heureux à Paris?» [Katia, stupéfaite, lui a demandé...] →

_____

_____

5. Véronique: «Euh, si, enfin oui et non... En fait Julio a envie de fonder une école de tango à Montréal et m'a demandé de partir là-bas avec lui.» [Après quelques hésitations, Véronique lui a expliqué qu'en fait, Julio...] →

_____

_____

6. Katia: «Ça alors! J'espère que tu ne vas pas tout lâcher pour suivre ton bel Hidalgo!... Pense à ta carrière, à tes amis, à ta famille!» [Katia, abasourdie, a dit à Véronique qu'elle... / Elle l'a suppliée...] →

_____

_____

7. Véronique: «Ah là là, je ne sais pas ce que je vais faire, ce n'est pas une décision facile, tu sais, mais Montréal me fait rêver depuis longtemps...» [Véronique a répondu en soupirant...] →

_____

_____

8. Véronique: «Oh là là, écoute, il est tard, il faut que je me sauve, j'ai rendez-vous avec Julio justement...» [Tout à coup, Véronique s'est rendu compte... / car...] →

_____

_____

9. Véronique: «Bon, je te rappelle; allez, bisous, à bientôt.» [Elle a dit au revoir à Katia en lui promettant...] →

_____

_____

15-21 **Rédaction (discours indirect au passé): altercation entre deux automobilistes.** Vous avez été témoin d'une altercation entre deux automobilistes lors d'un léger accrochage (_fender bender_) à un carrefour, en pleine heure de pointe (_rush hour_). Vous racontez cette scène à des amis sous forme de discours indirect au passé. (1 page). (Voir _Contrastes_, Chapitre 15, sections 1 à 7.)

15-22 **Rédaction (discours indirect au passé): cette Lydia fourre vraiment son nez partout!** Vous organisez une sortie avec des amis pour le week-end prochain. Votre amie Lydia, qui a tendance à se mêler de ce qui ne la regarde pas (_who's a bit nosey_), vous téléphone pour savoir à l'avance tout ce que vous allez faire. Rapportez cette conversation à une tierce personne sous forme de discours indirect au passé. (1 page) (Voir _Contrastes_, Chapitre 15, sections 1 à 7.)

16

Les propositions relatives

16-1 **Qui** vs **que/qu'.** Reliez les phrases suivantes de façon à faire de la proposition entre parenthèses une subordonnée relative introduite par **qui** ou **que/qu'.** Faites tous les autres changements nécessaires, notamment l'accord du participe passé, le cas échéant. (Voir *Contrastes*, Chapitre 16, sections 2 et 3.)

MODÈLES: • J'ai vu une dizaine de policiers. (Ils portaient des rollers [*roller skates*].) → J'ai vu une dizaine de policiers **qui portaient des rollers**.

• Les policiers... (ils portaient des rollers...) étaient nombreux ce soir-là. → Les policiers **qui portaient des rollers** étaient nombreux ce soir-là.

• Regarde le portable... (je l'ai acheté hier.) → Regarde le portable **que j'ai acheté hier**.

1. J'attends une livraison (*delivery*). (Elle devrait arriver ce matin.) → J'attends une livraison

   _____ .

2. C'est une vieille voiture. (On m'a prêté cette voiture.) → C'est une vieille voiture

   _____ .

3. Le petit restaurant... (nos amis viennent de le découvrir...) est charmant. → Le petit restaurant

   _____ est charmant.

4. Ce sont des amis. (Ils vivent à Washington.) → Ce sont des amis

   _____ .

5. Elle lui a fait une remarque. (Il n'a pas du tout apprécié cette remarque.) → Elle lui a fait une

   remarque _____ .

6. J'ai retrouvé les documents. (Tu les avais égarés [*misplaced*].) → J'ai retrouvé les documents

   _____ .

7. Elle sort avec un garçon. (Elle l'a rencontré pendant les vacances.) → Elle sort avec un garçon

   _____ .

8. J'ai vu Daniel et Leila. (Ils m'ont demandé de tes nouvelles.) → J'ai vu Daniel et Leila

   _____ .

16-2 **Qui** vs **que/qu'.** Complétez les phrases suivantes par les pronoms relatifs qui conviennent. (Voir *Contrastes*, Chapitre 16, sections 2 et 3.)

1. L'automne est la saison _____ je préfère.

2. Faites attention aux enfants _____ jouent dans la rue.

3. Il n'a toujours pas reçu la lettre _____ je lui ai envoyée il y a déjà deux semaines.

4. N'allez surtout pas vous baigner dans ces eaux sombres _____ sont pleines d'alligators!

5. Admire les belles roses _____ Julien m'a offertes pour mon anniversaire!

6. Ce musicien célèbre a composé un opéra _____ n'a encore jamais été joué.

7. Je vais te faire entendre un morceau de musique _____ te plaira sans doute.

8. As-tu retrouvé la bague _____ tu avais perdue?

9. Toute ville a un monument _____ honore les soldats morts pour la patrie.

10. Ne croyez pas toutes ces histoires rocambolesques (*incredible*) _____ on vous raconte: elles sont fausses!

16-3 **Qui** vs **que/qu'.** Complétez les phrases suivantes par les pronoms relatifs qui conviennent. (Voir *Contrastes*, Chapitre 16, sections 2 à 3.)

1. L'église _____ vous voyez sur votre gauche date du treizième siècle.

2. Comment s'appelle l'actrice (a) _____ joue le rôle principal dans le film (b) _____ nous avons vu hier soir?

3. Le portable (a) _____ j'ai acheté hier est un modèle (b) _____ vient de sortir.

4. J'aimerais te présenter à un jeune Américain (a) _____ est de passage à Paris; c'est un étudiant (b) _____ mes amis ont rencontré lorsqu'ils étaient à New York et (c) _____ s'ennuie un peu, car il ne connaît encore personne.

5. Les voisins du dessus ont un chien _____ aboie constamment.

6. J'aime beaucoup le roman _____ tu m'as offert.

16-4 **Qui** vs **que/qu'.** Complétez les phrases suivantes de la façon qui convient. (Voir *Contrastes*, Chapitre 16, sections 2 et 3.)

1. *You're the one who's wrong!* → C'est toi _____ (avoir) tort!

2. *We're the ones who will come by to pick you up.* → C'est nous _____ (passer: futur) te prendre.

3. *The movie I saw yesterday was really bad.* → Le film _____ (voir) hier était exécrable.

4. *I'm the one who told you that story.* → C'est moi _____ (te raconter) cette histoire.

5. *The question you're asking me is difficult.* → La question _____ (vous / me poser) est difficile.

6. *Where's the printer that doesn't work? Is it this one?* → Où se trouve l'imprimante _____ (ne pas fonctionner)? C'est celle-là?

7. *They have a daughter called Anouk.* → Ils ont une fille _____ (s'appeler) Anouk.

8. *You're the ones who have to get up early tomorrow morning!* → C'est vous _____ (devoir se lever) tôt demain matin!

16-5 **Qui** vs **que/qu'.** Complétez les phrases suivantes par une proposition subordonnée relative de votre invention. (Voir *Contrastes*, Chapitre 16, sections 2 et 3.)

1. C'est quelqu'un qui... _____.

2. Ce n'est pas quelqu'un que... _____.

3. La voiture que nous... _____.

4. La voiture qui... _____.

16-6 **Dont.** Reliez les phrases suivantes de façon à faire de la proposition entre parenthèses une subordonnée relative introduite par **dont**. Faites tous les autres changements nécessaires. (Voir *Contrastes*, Chapitre 16, section 4.)

MODÈLES: • Apporte-moi les livres. (J'ai besoin de ces livres. *ou* J'en ai besoin.) → Apporte-moi les livres **dont j'ai besoin.**

• Les livres... (j'ai besoin de ces livres *ou* j'en ai besoin...) sont à la bibliothèque. → Les livres **dont j'ai besoin** sont à la bibliothèque.

• Il a perdu un livre! (La bibliothèque ne possédait qu'un seul exemplaire de ce livre. *ou* La bibliothèque n'en possédait qu'un seul exemplaire.) → Il a perdu un livre **dont la bibliothèque ne possédait qu'un seul exemplaire!**

1. Où ai-je mis le stylo? (Je me servais de ce stylo. *ou* Je m'en servais tout à l'heure.) → Où ai-je mis le stylo _____ tout à l'heure?

2. Je t'ai apporté l'article. (Je t'ai parlé de cet article. *ou* Je t'en ai parlé.) → Je t'ai apporté l'article _____.

3. Il s'est acheté un nouvel ordinateur. (Il est très satisfait de son nouvel ordinateur. *ou* Il en est très satisfait.) → Il s'est acheté un nouvel ordinateur _____.

4. C'est une personnalité (*a well-known person*) du monde politique. (Nous entendons beaucoup parler de cette personnalité *ou* d'elle ces temps-ci.) → C'est une personnalité du monde politique _____ ces temps-ci.

5. Les voisins... (le chien des voisins *ou* leur chien ne cesse d'aboyer...) habitent juste au-dessus de chez nous. → Les voisins _____ habitent juste au-dessus de chez nous.

6. Ils ont joué l'œuvre d'un compositeur moderne. (Je n'ai pas retenu son nom: *I didn't catch his name.*) → Ils ont joué l'œuvre d'un compositeur moderne _____.

7. Chloé... (son frère est dans le même cours que moi...) est quelqu'un de très sympathique. → Chloé, _____, est quelqu'un de très sympathique.

8. Je te donnerai mes patins (*skates*). (Je ne me sers plus de ces patins. *ou* Je ne m'en sers plus.) → Je te donnerai mes patins _____.

9. C'est quelqu'un de bizarre. (Je me méfie un peu de lui: *I don't really trust him.*) → C'est quelqu'un de bizarre _____.

10. C'est un magnifique piano. (Il ne joue que rarement de ce piano. *ou* Il n'en joue que rarement.) → C'est un magnifique piano _____.

16-7 Que/qu' vs dont. Complétez les phrases suivantes par les pronoms relatifs qui conviennent. (Voir *Contrastes*, Chapitre 16, sections 3 et 4.)

1. L'article (a) _____ je te parlais se trouve dans le *New York Times* (b) _____ j'ai laissé pour toi sur la table du salon.

2. Les étudiants _____ les passeports ne sont pas en règle ne pourront pas obtenir leur permis de séjour (*residence permit*).

3. Mais si, souviens-toi: Mathieu est l'ami _____ je t'ai présenté l'autre jour.

4. Mais si, souviens-toi: Mathieu est l'ami _____ je t'ai présenté les parents l'autre jour.

5. Je viens de finir un roman _____ j'ai beaucoup aimé.

6. Je viens de finir un roman _____ l'intrigue est captivante.

7. C'est un humoriste _____ le spectacle très controversé a été annulé.

8. C'est un humoriste _____ tout le monde connaît en France.

9. C'est un accident _____ nous n'aurions pas pu prévoir (*that we couldn't have anticipated*).

10. C'est un accident _____ nous ne sommes pas responsables.

16-8 Que/qu' vs dont. Complétez les phrases suivantes par les pronoms relatifs qui conviennent. (Voir *Contrastes*, Chapitre 16, sections 3 et 4.)

1. Voici un restaurant _____ on nous a dit beaucoup de bien: voulez-vous qu'on l'essaie?

2. Fais-moi une liste des denrées (*staples*) _____ il te faut: j'irai te les acheter.

3. Les tourterelles (*doves*) sont des oiseaux _____ la fidélité est légendaire.

4. Ils nous a fait faire le tour de son ranch _____ il est très fier.

5. David, es-tu satisfait du salaire _____ on t'a offert?

6. Il y a eu un incendie au petit cinéma _____ mes amis possèdent en ville.

7. Le petit cinéma _____ mes amis sont propriétaires a brûlé hier soir.

8. Elle a déjà oublié toutes les belles promesses _____ elle avait faites!

16-9 **Qui** vs **que/qu'** vs **dont.** Complétez les phrases suivantes de la façon qui convient. (Voir *Contrastes*, Chapitre 16, sections 2 à 4.)

1. *I think I know the people who are sitting at the table over there.* → Je crois que je connais les gens _____ (être assis) à la table là-bas.

2. *She has problems that she is not even aware of.* → Elle a des problèmes _____ (ne pas même être) consciente. [on dit **être conscient de** qqch]

3. *She has problems that she prefers to ignore.* → Elle a des problèmes _____ (préférer) ignorer.

4. *It's a recipe I found on the Web.* → C'est une recette _____ (trouver) sur le Web.

5. *I love the way she sings.* → J'aime beaucoup la façon _____ (chanter). [on dit **chanter d'une certaine façon**]

6. *It's a song [that] I like a lot.* → C'est une chanson _____ (aimer) beaucoup.

7. *It's a song whose melody always reminds me of you.* → C'est une chanson _____ (la mélodie / me faire) toujours penser à toi.

8. *Once you've heard it, it's a melody you cannot forget.* → Une fois qu'on l'a entendue, c'est une mélodie _____ (on / ne pas pouvoir) oublier.

16-10 **Qui** vs **que/qu'** vs **dont.** Complétez les phrases suivantes par une proposition subordonnée relative de votre invention. (Voir *Contrastes*, Chapitre 16, sections 2 à 4.)

1. J'ai rencontré quelqu'un dont... _____
_____.

2. J'ai rencontré quelqu'un que/qu'... _____
_____.

3. J'ai rencontré quelqu'un qui... _____
_____.

4. Ils viennent d'acheter la maison dont... _____
_____.

5. Ce sont des gens dont... _____
_____.

16-11 **Où** (*where* vs *when*). Reliez les phrases suivantes de façon à faire de la proposition entre parenthèses une subordonnée relative introduite par **où**. Faites tous les autres changements nécessaires. (Voir *Contrastes*, Chapitre 16, section 5.)

MODÈLES: • C'est un café. (Je viens prendre un sandwich dans ce café de temps en temps.) → C'est un café **où je viens prendre un sandwich de temps en temps.**
   • Le café... (je prends une bière dans ce café de temps en temps...) se trouve au coin de la rue Vavin. → Le café **où je prends une bière de temps en temps** se trouve au coin de la rue Vavin.
   • Je suis né(e) cette année-là. (Mon père a été transféré à New York cette année-là). → Je suis né(e) l'année **où mon père a été transféré à New York.**

1. C'est un restaurant. (On mange d'excellents fruits de mer dans ce restaurant. *ou* On y mange d'excellents fruits de mer.) → C'est un restaurant _____ d'excellents fruits de mer.

2. Marc et moi sommes allés à une soirée. (Nous avons rencontré beaucoup de gens très sympathiques à cette soirée.) → Marc et moi sommes allés à une soirée _____ beaucoup de gens très sympathiques.

3. C'est une petite plage agréable et tranquille. (Nous venons souvent nous y baigner.) → C'est une petite plage agréable et tranquille _____.

4. La bombe a explosé juste à ce moment-là. (Les écoliers sortaient de l'école à ce moment-là.) → La bombe a explosé juste au moment _____.

5. Nous avons pris l'avion un jour. (Il y avait une terrible tempête ce jour-là.) → Nous avons pris l'avion un jour _____.

6. Ils sont passés par des rues étroites et tortueuses (*narrow, winding streets*). (Ils se sont perdus dans ces rues.) → Ils sont passés par des rues étroites et tortueuses _____.

7. Voici une jolie terrasse. (Nous pourrons y déjeuner tranquillement.) → Voici une jolie terrasse _____.

8. Ils ont un minuscule jardin. (Ils y font pousser des légumes et des fleurs.) → Ils ont un minuscule jardin _____ des légumes et des fleurs.

16-12 Que/qu' vs où. Complétez les phrases suivantes par les pronoms relatifs qui conviennent. (Voir *Contrastes,* Chapitre 16, sections 3 et 5.)

1. Dès le jour _____ il a commencé à aller à l'école, le petit Rachid s'est développé avec une rapidité étonnante.

2. Maintenant _____ tu as sept ans, tu as atteint l'âge de raison.

3. L'école primaire _____ elle enseigne se trouve dans un coin perdu d'Auvergne.

4. La fois (a) _____ nous l'avons rencontrée est bien la seule fois (b) _____ elle nous a paru détendue (*relaxed*). Depuis, chaque fois (c) _____ nous la voyons, elle a l'air soucieuse (*worried*).

5. Quelle tuile! (*What rotten luck!*) Il a perdu son emploi juste au moment _____ son fils commençait ses études universitaires.

6. New York est la ville _____ j'ai passé toute mon enfance.

7. C'est la ville _____ j'aime le plus au monde.

8. C'est là _____ j'ai passé toute mon enfance.

9. Soyez prudents, faites attention aux endroits par _____ vous passerez.

10. Vu l'état _____ il est (*Given the state he's in*), il ne pourra pas participer à la compétition de natation (*swim meet*) cet après-midi.

16-13 Que/qu' vs où. Complétez les phrases suivantes par les pronoms relatifs qui conviennent. (Voir *Contrastes*, Chapitre 16, sections 3 et 5.)

1. Venez voir la voiture _____ nous venons d'acheter.

2. La dernière fois _____ j'ai vu les Giraux, ils rentraient tout juste de voyage.

3. Ce n'est pas là _____ vous devez aller, monsieur: le bureau des étrangers est dans l'autre bâtiment.

4. Le jour _____ nous nous sommes rencontrés, Tom et moi, il y avait des grèves partout à Paris.

5. Tu verras: là _____ j'habite, c'est tout petit, mais très bien situé.

6. Mon appartement est tout près d'un parc (a) _____ je vais souvent me promener, surtout maintenant (b) _____ il fait beau!

7. Et toi, Nadia, comment as-tu découvert ce quartier (*neighborhood*)? —La première fois (a) _____ je suis venue, c'était un jour (b) _____ il faisait gris et froid, je crois même qu'il avait un peu neigé. En me promenant, j'ai découvert un petit café (c) _____ je suis entrée pour me réchauffer. J'ai engagé la conversation avec la patronne qui m'a donné des tuyaux (*information*), et c'est comme ça que j'ai déniché mon studio.

8. À présent _____ je suis du quartier, tout le monde me connaît et j'ai l'impression d'avoir toujours vécu ici.

9. La fois _____ je lui ai parlé, elle m'a dit qu'elle était en instance de divorce (*in the middle of a divorce*).

10. L'escalier par _____ il faut passer pour accéder au premier étage (*second floor*) est bloqué par des travaux.

11. Du moment _____ elle est financièrement indépendante, elle peut faire ce qu'elle veut.

12. Dès le moment _____ il a commencé à pleuvoir, les pigeons se sont envolés.

16-14 Récapitulation: qui vs que/qu' vs dont vs où. Complétez les phrases suivantes par les pronoms relatifs qui conviennent. (Voir *Contrastes*, Chapitre 16, sections 2 à 6.)

1. Elle est arrivée au moment _____ on ne l'attendait plus.

2. Ne mangez pas les huîtres _____ ne s'ouvrent pas: elles risquent de ne pas être bonnes.

3. J'adore la collection _____ ce couturier a présentée cette année.

4. Elle a fini par nous présenter l'ami _____ elle nous avait tant parlé.

5. Perrault, les frères Grimm, Andersen... tous ces auteurs ont écrit des livres _____ les histoires continuent à captiver les enfants d'aujourd'hui.

6. Là _____ l'attentat a eu lieu, il y a maintenant un monument à la mémoire des victimes.

7. Tant pis pour les gens _____ arrivent en retard! Ils devront attendre la fin du premier acte pour pouvoir se placer.

8. Tu veux lui faire un beau cadeau? Eh bien, offre-lui l'accessoire de peinture _____ il rêve depuis si longtemps: un chevalet! (*easel*)

9. On a promis une récompense aux personnes _____ aideront la police à retrouver le voleur.

10. Dès l'instant _____ elle commence à parler, on ne peut plus placer un mot!

16-15 Récapitulation: qui vs que vs dont vs où. Reliez les éléments ci-dessous par les pronoms relatifs qui conviennent de façon à faire des <u>phrases complètes</u>. Faites tous les changements nécessaires. (Voir *Contrastes*, Chapitre 16, sections 2 à 6.)

MODÈLE: • C'est un endroit sympathique... / J'y viens souvent prendre un café. →
C'est un endroit sympathique où je viens souvent prendre un café.
[ET NON: où je viens souvent ~~y prendre~~...]

1. C'est un parc... / Je l'aime beaucoup.

_____.

2. C'est un parc... / Je vais souvent courir dans ce parc.

_____.

3. C'est un parc... / Il se trouve sur la rive gauche.

_____.

4. C'est un parc... / Les arbres de ce parc sont magnifiques.

_____.

5. C'est quelqu'un... / Tu devrais faire sa connaissance.

_____.

6. C'est quelqu'un... / Tu l'apprécierais beaucoup.

_____.

7. C'est quelqu'un... / Cette personne apprécierait tes talents.

_____.

8. C'est un jour... / Ce jour ne me convient pas.

_____.

9. C'est un jour... / Je ne suis pas libre ce jour-là.

_____.

10. C'est un jour... / Je me souviendrai de ce jour toute ma vie.

_____.

16-16 **Récapitulation: qui vs que/qu' vs dont vs où.** Complétez les phrases suivantes par les pronoms relatifs qui conviennent. (Voir *Contrastes,* Chapitre 16, sections 2 à 6.)

1. C'est une fille _____ il a rencontrée l'autre soir chez des amis.

2. Tu as vu la manière _____ Magali a répondu à Jean-Pierre?

3. Mais qui est cette fille _____ Lucien ne cesse de regarder?

4. Nous devrions donner la télévision _____ nous ne nous servons pas à quelqu'un qui n'en a pas.

5. Ce n'est pas la première fois _____ on me pose cette question.

6. La fois _____ elle m'a posé cette question, je n'ai vraiment pas su que répondre.

7. Qu'as-tu fait hier après midi, Marie? —Je suis allée flâner dans une librairie (a) _____ je suis tombée sur un roman (b) _____ j'ai tant aimé le début que je l'ai acheté, pensant qu'il te plairait à toi aussi.

8. L'hôtel _____ mes parents descendent (*stay*) d'habitude est modeste mais convenable.

9. Il s'agit d'un documentaire _____ a été tourné dans un petit village d'Auvergne.

10. Il me semble que c'est quelqu'un (a) _____ j'ai déjà vu quelque part: n'est-ce pas la dame (b) _____ le fils habite au-dessus de chez nous?

11. Je crois bien que les gens _____ étaient assis à la table à côté de nous étaient québécois.

12. Tu te souviens de cette randonnée (*hike*) (a) _____ nous avons faite en montagne il y a quelques années? —Oh oui, c'est une expérience (b) _____ je ne suis pas près d'oublier!

16-17 **Récapitulation: qui vs que/qu' vs dont vs où.** Traduisez les phrases suivantes en utilisant un pronom relatif simple de façon à faire des phrases complètes. Employez les indications entre crochets. (Voir *Contrastes,* Chapitre 16, sections 2 à 6.)

1. *The drama club is one of the many clubs that we have in high school.* → Le club d'art dramatique est l'un des nombreux clubs _____ (nous / avoir) au lycée.

2. *The drama club, of which Anna is the treasurer, meets once a week.* → Le club d'art dramatique, _____ (Anna / être la trésorière), se réunit une fois par semaine.

3. *Tuesday is the day when the drama club meets.* → Mardi est le jour _____ (se réunir) le club d'art dramatique.

4. *This is not the first time that I am attending the drama club.* → Ce n'est pas la première fois _____ (aller) au club d'art dramatique.

5. *The drama club will perform a play that everyone has heard of.* → Le club d'art dramatique donnera une pièce _____ (tout le monde / entendre parler). [on dit **entendre parler <u>de</u> qqch**]

6. *High school students who attend that club are usually very creative.* → Les lycéens _____ (faire partie) de ce club sont en général très créatifs.

7. *Those who will attend our next play won't be disappointed!* → Ceux _____ (assister) à notre prochaine pièce ne seront pas déçus.

16-18 Récapitulation: Qui vs que/qu' vs dont vs où. Complétez les phrases suivantes par une proposition subordonnée relative de votre invention. (Voir *Contrastes*, Chapitre 16, sections 2 à 6.)

1. C'est une ville qui... _____.

2. C'est une ville que... _____.

3. C'est une ville où... _____.

4. C'est une ville dont... _____.

5. C'est là que... _____.

6. C'est l'heure où... _____.

7. Maintenant que... _____.

8. Voici la brochure dont... _____.

9. Voici une brochure qui... _____.

10. L'été est une saison où... _____.

16-19 <u>Préposition</u> + qui ou <u>préposition</u> + lequel/laquelle, lesquels/lesquelles. Reliez les phrases suivantes de façon à faire de la proposition entre parenthèses une subordonnée relative introduite par une **préposition** + **qui** ou **lequel/laquelle**, etc. Faites tous les autres changements nécessaires, notamment la contraction avec **à** et **de**, le cas échéant. (Voir *Contrastes*, Chapitre 16, section 7.)

MODÈLES: • C'est un objet. (Je tiens beaucoup à cet objet.) → C'est un objet **auquel je tiens beaucoup.**
(*This is something [that's] very dear to me.*)

• La photo... (j'y tiens le plus...) est celle de mon grand-père. → La photo **à laquelle je tiens le plus** est celle de mon grand-père. [ET NON: ~~à laquelle j'y tiens le plus~~]

1. L'employé... (elle s'est adressée à cet employé *ou* à lui...) a été très aimable avec elle. → L'employé _____ a été très aimable avec elle.

2. Nous avons fait un voyage. (Nous avons visité une région magnifique au cours de ce voyage.) → Nous avons fait un voyage _____ une région magnifique.

3. Nadia est une amie. (Je ferais n'importe quoi pour elle.) → Nadia est une amie _____ n'importe quoi.

4. Nadia est quelqu'un. (Je fais du ski avec elle de temps en temps.) → Nadia est quelqu'un _____ de temps en temps.

5. La vieille dame... (j'étais assise à côté d'elle dans l'avion...) était bavarde comme une pie (*magpie*). → La vieille dame _____ était bavarde comme une pie.

6. Les gens... (nous nous trouvions parmi eux hier soir...) nous ont raconté des choses fascinantes. → Les gens _____ hier soir nous ont raconté des choses fascinantes.

7. Comment s'appelle la place... (ce grand obélisque se trouve au milieu de cette place)? → Comment s'appelle la place _____ ce grand obélisque?

8. La valise... (elle avait jeté tous ses vêtements dans cette valise...) risquait à tout instant de s'ouvrir. → La valise _____ risquait à tout instant de s'ouvrir.

9. Vous n'auriez pas dû prendre le chemin. (Vous êtes passés par ce chemin.) → Vous n'auriez pas dû prendre le chemin _____.

10. L'ami... (je lui parlais l'autre jour...) m'a dit qu'il faisait du droit (*was attending law school*). → L'ami _____ m'a dit qu'il faisait du droit.

16-20 Qui, que, dont, où vs **préposition** + **qui/lequel, etc.** Complétez les phrases suivantes par le pronom relatif simple ou composé qui convient. Ajoutez une **préposition**, si nécessaire. N'oubliez pas de faire la contraction avec **à** et **de** lorsqu'elle s'impose. Traduisez les mots entre crochets, le cas échéant. (Voir *Contrastes*, Chapitre 16, sections 2 à 7.)

1. Les enfants ont un chien _____ ils jouent souvent.

2. C'est un livre _____ vous trouverez de magnifiques reproductions.

3. C'est un tout nouvel ordinateur _____ [*without which*] je ne pourrais pas fonctionner.

4. Je viens de voir un film _____ m'a beaucoup plu.

5. Dans un coin se trouvait une petite table _____ elle avait posé un vase avec des fleurs.

6. Le plus jeune de mes frères est devenu très ami avec un petit garçon _____il a rencontré en colonie de vacances l'été dernier.

7. Le passage _____ je me réfère [*that I'm referring to*: **se référer à qqch**] se trouve dans le chapitre dix.

8. Rappelle-moi ton numéro de téléphone _____ j'ai complètement oublié de noter.

9. Non, il ne s'agit pas de cette maison-là; celle _____ je pense est située au coin de la rue, à droite.

10. La maison _____ je te parle est située au coin de la rue, à droite.

16-21 Qui, que, dont, où vs **préposition** + **qui/lequel, etc.** Complétez les phrases suivantes par le pronom relatif simple ou composé qui convient. Ajoutez une **préposition**, si nécessaire. N'oubliez pas de faire la contraction avec **à** et **de** lorsqu'elle s'impose. Tenez compte des mots entre crochets, le cas échéant. (Voir *Contrastes*, Chapitre 16, sections 2 à 7.)

1. Ce sont des détails _____ elle attache beaucoup trop d'importance [attacher de l'importance à qqch].

2. On nous a donné un jeune chien _____ a peur de nos deux chats.

3. L'hiver est la période _____ nous recevons le plus de touristes.

4. C'est un écrivain _____ j'ai la plus grande admiration. [avoir de l'admiration pour qqn]

5. Ses collègues lui ont offert un cadeau _____ elle ne s'attendait pas [s'attendre à qqch].

6. J'ai acheté une carte postale _____ représente la Tour Eiffel.

7. Attention! Ce sont des CD _____ je tiens beaucoup. [tenir à qqch]

8. C'est une chanson _____ j'ai oublié les paroles.

9. Ce sont des amis _____ j'écris régulièrement.

10. J'ai oublié mon livre au restaurant _____ j'ai déjeuné hier avec Mélanie.

16-22 Qui, que, dont, où vs <u>préposition</u> + **qui** ou **lequel/laquelle,** etc. Reliez les éléments ci-dessous par les pronoms relatifs qui conviennent de façon à faire des <u>phrases complètes</u>. Faites tous les changements nécessaires. (Voir *Contrastes*, Chapitre 16, sections 2 à 7.)

MODÈLE: • C'est un roman... / Je l'ai lu avec plaisir. → **C'est un roman que j'ai lu avec plaisir.**
[ET NON: C'est un roman ~~que je l'ai lu...~~]

1. C'est un roman... / Je l'aime énormément.

   _____.

2. C'est un roman... / On en a beaucoup parlé dans les journaux.

   _____.

3. C'est un roman... / Dans ce roman, l'auteur brosse un portrait fascinant de l'Amérique des années soixante-dix.

   _____.

4. C'est un roman... / On en a fait un film.

   _____.

5. C'est un roman... / Il m'a beaucoup plu.

   _____.

6. C'est un roman... / L'auteur a consacré (*devoted*) dix ans de sa vie à ce roman.

   _____.

7. C'est un roman... / Son auteur a gagné plusieurs prix littéraires.

   _____.

8. C'est un roman... / La critique de ce roman a été très élogieuse.

   _____.

9. C'est un roman... / L'auteur a reçu le Prix Goncourt pour ce roman.

   _____.

10. C'est un roman... / Il vient de gagner un prix littéraire.

    _____.

11. C'est un auteur... / Tout le monde parle de lui.

    _____.

12. C'est un auteur... / La critique l'a salué comme le meilleur écrivain de sa génération.

    _____.

13. C'est un auteur... / J'ai fait sa connaissance il y a dix ans.

    _____.

14. C'est un auteur... / Il a donné une conférence de presse hier soir.

    _____.

15. C'est un auteur... / Le journal lui a consacré un article de deux pages.

    _____.

16-23 **Les modes dans la proposition relative.** Complétez les phrases suivantes en mettant les verbes entre parenthèses aux temps et modes qui conviennent. (Voir *Contrastes,* Chapitre 16, sections 8 à 10.)

1. «Il n'y a que Maille qui m'_____ (aller)!» (Slogan publicitaire pour la moutarde «Maille».)

2. Le cri de la hyène est l'un des plus étranges qui _____ (être).

3. Nous allons vous expliquer ce dont il _____ (s'agir).

4. Notre maison a été la première que l'on _____ (construire) dans notre lotissement.

5. Je cherche une étudiante qui _____ (venir) tous les après-midi garder mes enfants.

6. Ne répétez à personne ce que je vous _____ (dire): c'est confidentiel.

7. Il est tellement original qu'il a du mal à trouver quelqu'un avec qui il _____ (s'entendre)!

8. Ce dont ils _____ (avoir) besoin pour leurs fréquents séjours en France, c'est un pied-à-terre à Paris.

9. J'ai repéré un endroit sympathique au bord de la rivière où nous _____ (pouvoir) pique-niquer ce week-end s'il fait beau.

10. Vous êtes bien la seule personne qui _____ (comprendre) ma situation!

16-24 *The one [that] ...* **(celui/celle, etc. + pronom relatif simple ou composé).** Complétez les phrases suivantes par **celui, ceux, celle(s)** + **pronom relatif simple ou composé**. Ajoutez une préposition si nécessaire. (Voir *Contrastes,* Chapitre 16, section 11.)

MODÈLE: *This girl? Yes, she's the one I'm supposed to be doing an exposé with for next Tuesday.* → Cette fille? Oui, c'est **celle avec qui** *ou* **celle avec laquelle** je dois faire un exposé pour mardi prochain.

1. *This ring? Yes, it's the one he gave me for my birthday.* → Cette bague? Oui, c'est _____ il m'a donnée pour mon anniversaire.

2. *Please, bring me my cell phone; it's the one that's over there on the table.* → Apporte-moi mon portable, s'il te plaît; c'est _____ se trouve sur la table là-bas.

3. *Could you bring me another eraser? I lost the one I was using.* → Pourrais-tu m'apporter une autre gomme? J'ai perdu _____ je me servais. [on dit **se servir <u>de</u> qqch**]

4. *Where did you put my dictionary, the one I was working with just now?* → Où est-ce que tu as mis mon dictionnaire, _____ je travaillais tout à l'heure?

5. *Is Julie the one whose sister lives in Toulouse?* → Julie, c'est _____ la soeur vit à Toulouse?

6. *I'll wear my blue sweater; it's the one that goes best with these pants.* → Je mettrai mon pull bleu: c'est _____ va le mieux avec ce pantalon.

16-25 **Qui, que, dont** vs <u>ce</u> qui, <u>ce</u> que, <u>ce</u> dont, <u>ce</u> à quoi. Complétez les phrases suivantes par **qui**, **que/qu'** ou **dont**, suivant le cas. Ajoutez le pronom démonstratif **ce**, si nécessaire. (Voir *Contrastes*, Chapitre 16, sections 2 à 4, 12 et 13.)

1. Je lui ai prêté la clé anglaise (*wrench*) _____ il avait besoin pour faire cette réparation.

2. Tout _____ est arrivé ces derniers temps ne m'étonne pas.

3. Les efforts _____ a faits cette compagnie pour rétablir sa situation financière se sont révélés inutiles.

4. Ils ont été très encourageants, _____ je ne m'attendais pas (*which I wasn't expecting*). [On dit **s'attendre à qqch**.]

5. _____ je t'ai dit est un secret; ne le répète à personne.

6. As-tu trouvé _____ il te faut?

7. Tout _____ je vous demande, c'est de me donner deux jours de plus pour finir mon travail.

8. Pourquoi ne me dis-tu jamais _____ te tracasse (*what's on your mind*)?

9. Une semaine de vacances au bord de la mer, voilà _____ j'aurais besoin.

10. Tout _____ s'est passé est de ta faute!

11. Dimanche, la plupart des magasins seront fermés, _____ nous n'avions pas pensé (*which we didn't think of*).

12. J'ai encore quinze euros, mais c'est tout _____ me reste.

13. Ceux _____ n'ont pas pris rendez-vous devront patienter.

14. C'est un problème _____ nous n'avions pas prévu (*that we hadn't anticipated*).

15. Il se trouve que nous avons un énorme problème, _____ nous n'avions pas prévu (*which we didn't anticipate*).

16-26 **Ce qui/que/dont/à quoi** vs **celui qui/que/dont, etc.** Complétez les phrases suivantes par le pronom relatif simple ou composé qui convient, précédé de **ce** ou **celui/celle**, selon le cas, ainsi que d'une **préposition**, si nécessaire. (Voir *Contrastes*, Chapitre 16, sections 11 à 13.)

1. *What I don't understand is why she reacted that way.* → _____ je ne comprends pas, c'est pourquoi elle a réagi de cette manière.

2. *Get me another pair of scissors; the ones I have don't cut properly.* → Apporte-moi une autre paire de ciseaux: _____ j'ai ne coupent pas bien.

3. *My friend Susan, the one whose mother is a doctor, wants to go to medical school.* → Mon amie Suzanne, _____ la mère est médecin, veut faire médecine.

4. *Here is what it's about...* → Voici _____ il s'agit...

5. *What I'm dreaming of is a little villa in the South of France.* → _____ je rêve, c'est une petite villa dans le Midi.

6. *The train was early, which is unusual.* → Le train était en avance, _____ est rare.

7. *Everything [that] you see on this table is 50% off.* → Tout _____ tu vois sur cette table est à moitié prix.

8. *Do you see that little café, the one that's on the corner? That's where your father and I met.* → Tu vois ce petit café, _____ fait le coin de la rue? C'est là que nous nous sommes rencontrés, ton père et moi.

16-27 Dont vs **de qui/duquel, etc.** Complétez les phrases suivantes par les pronoms relatifs qui conviennent. (Voir *Contrastes*, Chapitre 16, section 14.)

  1. C'est un article... (Nous en avons beaucoup parlé en classe.) → C'est un article
  _____ nous avons beaucoup parlé en classe. (*It's an article that we discussed at great length in class.*)

  2. C'est un article... (Nous avons eu une discussion très animée en classe à son sujet.) → C'est un article au sujet _____ nous avons eu une discussion très animée en classe. (*It's an article about which we had a very lively class discussion.*)

  3. Ils ont pris des vacances... (Au cours de ces vacances, ils ont fait beaucoup de voile.) → Ils ont pris des vacances au cours _____ ils ont fait beaucoup de voile. (*They took a vacation during which they did a lot of sailing.*)

  4. Qui étaient les gens... ? (Vous avez loué l'appartement de ces gens l'été dernier.) → Qui étaient les gens _____ vous avez loué l'appartement l'été dernier? (*Who were the people whose apartment you rented last summer?*)

  5. Mon grand-père était un être généreux... (Ma grand-mère a été amoureuse de mon grand-père toute sa vie.) → Mon grand-père était un être généreux _____ ma grand-mère a été amoureuse toute sa vie. (*My grandfather was a generous human being with whom my grandmother was in love her entire life.*)

  6. Mon grand-père était un être généreux. (Ma grand-mère a toujours été très heureuse auprès de mon grand-père.) → Mon grand-père était un être généreux auprès _____ ma grand-mère a toujours été très heureuse. (*My grandfather was a generous human being with whom my grandmother always lived very happily.*)

  7. C'est une région... (Le climat de cette région ne lui convient pas.) → C'est une région _____ le climat ne lui convient pas. (*This is a region whose climate doesn't suit him/her.*)

  8. Voici la photo de la vieille tante... (Grâce à l'héritage de cette vieille tante, il a réussi à monter son entreprise.) → Voici la photo de la vieille tante grâce à l'héritage _____ il a réussi à monter son entreprise. (*Here's a photograph of the old aunt thanks to whose inheritance he was able to create his business.*)

16-28 Préposition + quoi. Complétez les phrases suivantes par une **préposition** + **quoi.** Ajoutez **ce**, si nécessaire. (Voir *Contrastes*, Chapitre 16, section 15.)

  1. *Don't forget your driver's license, otherwise you won't be able to rent a car.* → N'oublie pas ton permis de conduire, _____ tu ne pourras pas louer une voiture.

  2. *They never understood what we were fighting against.* [**se battre <u>contre</u> qqch**] → Ils n'ont jamais compris _____ nous nous battions.

  3. *I don't have enough to buy a sandwich; can you lend me five euros until tomorrow?* → Je n'ai pas _____ m'acheter un sandwich: peux-tu me prêter cinq euros jusqu'à demain?

4. *What he didn't think of is that hotels will be full at this time of year.* [**réfléchir à qqch**] →

_____ il n'a pas réfléchi, c'est que les hôtels seront pleins en cette saison.

5. *What he will never resign himself to is not seeing his children regularly.* [**se résoudre à qqch**] →

_____ il ne se résoudra jamais, c'est de ne pas voir ses enfants régulièrement.

6. *What I can always count on is the unconditional love of my family.* [**compter sur qqch**] →

_____ je peux toujours compter, c'est l'affection inconditionnelle de ma famille.

7. *Matthew is a business executive, but I'm not sure exactly what his responsibilities are.* [**s'occuper de qqch**]

→ Mathieu est cadre dans une entreprise mais je ne sais pas au juste _____ il s'occupe.

8. *Do they have enough, or at least something to eat?* → Est-ce qu'ils ont au moins

_____ manger?

16-29 Récapitulation générale: les subordonnées relatives.   Traduisez les phrases suivantes. Employez les indications entre crochets. Attention aux modes. (Voir *Contrastes*, Chapitre 16, sections 2 à 15.)

1. *I misplaced the tool I need to repair the faucet.* → [égarer (passé composé) / l'outil (m.) / avoir besoin de qqch / pour réparer le robinet]

_____

2. *The computer I work with usually is a Mac.* [l'ordinateur / travailler sur / d'habitude / un Mac]

_____

3. *I absolutely need to find someone who knows how to read Chinese.* [Il me faut absolument trouver quelqu'un... / savoir lire le chinois.]

_____

4. *What he complains about most is the way employees are treated.* [il se plaint le plus de qqch / c'est la façon / on traite les employés]

_____

5. *Believe me, it's not the only problem we have right now!* [Crois-moi, ce n'est pas le seul problème... / en ce moment!]

_____

6. *All I ask of you is that you call us once you get there.* [demander / *you* = te / c'est de nous téléphoner en arrivant]

_____

7. *There is really no reason to brag about this!* [Il n'y a vraiment pas... / se vanter]

_____

8. *I'm looking for someone who might be willing to take care of my dog while I'm away.* [Je cherche quelqu'un... / vouloir bien s'occuper de / pendant mon absence]

_____

9. *This is a trip that I'll always remember.* [C'est un voyage... / garder (futur) un souvenir inoubliable de qqch (*to always remember*)]

_____

10. *I've read an article according to which unemployment is going up.* [J'ai lu... / selon / le chômage serait en train d'augmenter]

_____

17

L'expression du temps

17-1   Vocabulaire: an/année, jour/journée, matin/matinée, etc. Complétez les phrases suivantes par les expressions correspondant aux mots *en gras*. (Voir *Contrastes*, Chapitre 17, section 1.)

1. *She only drives to work **every other day**; the rest of the time, she takes the train.* → Pour se rendre au travail, elle ne prend la voiture que _____; le reste du temps, elle prend le train.

2. *They moved **a year ago**.* → Ils ont déménagé _____.

3. ***In the morning**, he starts work very early, but it doesn't prevent him from going out a lot **at night**.* → (a) _____, il commence à travailler très tôt, mais ça ne l'empêche pas de sortir souvent (b) _____.

4. ***Afternoon shows** are often full of children.* → _____ sont souvent pleines d'enfants.

5. ***On New Year's Day**, my parents threw a huge party.* → Pour _____, mes parents ont organisé une grande fête.

6. *She isn't graduating **this year** but **next year**.* → Ce n'est pas (a) _____ mais (b) _____ qu'elle termine ses études.

7. *Did you like **last night's party**?* → Tu as aimé _____ d'hier?

8. *Do not take this medication more than twice **a day**.* → Ne prenez pas ce médicament plus de deux fois _____.

17-2   Vocabulaire: une journée bien remplie. Complétez le texte suivant par les expressions correspondant aux mots *en gras*. Faites les accords et les changements nécessaires. (Voir *Contrastes*, Chapitre 17, section 1.)

[C'est Marie, une étudiante, qui parle.]

What a day! → (1) _____! *I spent the whole **morning** looking for a book published in 1950.* → J'ai passé toute (2) _____ à chercher un livre publié en 1950. *I finally found it and spent the rest of **the day** reading it and taking notes for a paper for my history class.* → J'ai fini par le trouver et j'ai passé le reste de (3) _____ à le lire et à prendre des notes pour un devoir d'histoire. *Around 6 **p.m.**, I left the library because I was invited to **a party**.* → Vers 6 heures du (4) _____, j'ai quitté la bibliothèque parce que j'étais invitée à (5) _____. *It's a reception given each **year** at the beginning of the fall semester.* → Il s'agit d'une réception donnée chaque (6) _____ à la rentrée. *Later **that evening**, I went back to my room where I spent a good part of **the night** writing my paper.* → Plus tard ce (7) _____, je suis retournée dans ma chambre où j'ai passé une bonne partie de (8) _____ à écrire mon devoir.

17-3 **Vocabulaire: antonymes liés à la temporalité.** Complétez les phrases suivantes par les expressions correspondant aux mots *en gras*. (Voir *Contrastes*, Chapitre 17, section 2.)

1. *Are they **still** going out together? —Oh come on! Don't you know that they **no longer** see each other?* → Est-ce qu'ils sortent (a) _____ ensemble? —Mais voyons! Tu ne sais pas qu'ils ne se voient (b) _____?

2. *I will not allow myself to be surprised like **last** time! **Next** time, I'll get some information.* → Je ne me laisserai pas surprendre comme la (a) _____ fois! La (b) _____ fois, je me renseignerai.

3. *Is he still working? —Of course not, he **no longer** works, he is retired!* → Est-il toujours en activité? —Mais non, il ne travaille _____, il est à la retraite!

4. ***Before** the war of 1870, Alsace belonged to France; **after** the war, it became a part of Germany.* →
   (a) _____ la guerre de 1870, l'Alsace appartenait à la France;
   (b) _____ la guerre, elle est passée à l'Allemagne.

5. *It's completely baffling: **Last** week, we had a blizzard and **next** week, we are expecting spring weather!* → C'est à n'y rien comprendre: la semaine (a) _____, nous avons eu un blizzard et la semaine (b) _____, nous aurons un temps de printemps!

6. *What, she's **not yet** sixteen and she's **already** in college?* → Comment, elle n'a
   (a) _____ seize ans et elle est (b) _____ en fac?

7. *In my home, we drink champagne **always** as an aperitif, **never** as a dessert wine.* → Chez moi, nous buvons le champagne (a) _____ en apéritif, (b) _____ au dessert.

8. ***At the beginning** of his term, the president had good ratings, but **at the end**, his popularity fell considerably.* → (a) _____ de son mandat, le président avait la cote, mais (b) _____, sa popularité a chuté considérablement.

9. *She started her internship six months **ago**; **in** four months she will have finished it and will be able to find a job.* → Elle a commencé son stage (a) _____ six mois; (b) _____ quatre mois, elle l'aura terminé et pourra trouver du travail.

10. *Are they here **already**? —No, **not yet**.* → Ils sont (a) _____ là? —Non, (b) _____.

17-4 **Vocabulaire: antonymes liés à la temporalité.** Complétez les phrases suivantes de façon à dire **le contraire** de l'expression soulignée **en gras**. Faites tous les changements nécessaires. (Voir *Contrastes*, Chapitre 17, section 2.)

1. Elle est **déjà** rentrée? —Non, _____.

2. Ils **ne** sont **plus** là? —Si, si, ils sont _____ là.

3. Est-ce que ta sœur fume **toujours**? —Non, heureusement, elle ne fume _____; elle a arrêté juste avant Noël.

4. Michel, es-tu **déjà** allé à Québec? —Non, je n'y suis _____ allé.

5. Quelle scène fallait-il mémoriser? La **précédente**? —Non, _____.

6. C'est **à la fin** de l'histoire qu'on découvre le cadavre? —Mais non, voyons, c'est _____!

7. Il paraît qu'elle **ne** se plaint **jamais**? —Oh si, hélas, elle se plaint _____!

8. Les élections ont bien eu lieu **il y a** deux jours, n'est-ce pas? —Mais non, grand-papa, voyons, tu sais bien qu'elles auront lieu _____ deux jours!

17-5 **Vocabulaire: antonymes liés à la temporalité.** Écrivez des phrases complètes de votre invention avec les éléments donnés ci-dessous. (Voir *Contrastes*, Chapitre 17, section 2.)

MODÈLE: • encore / ne... plus: **Tu l'aimes encore? Non, je ne l'aime plus.**

1. encore / ne... plus: _____

2. À seize ans... : _____

3. de toute la matinée: _____

4. toujours / ne... jamais: _____

5. en fin de journée: _____

6. la veille au soir: _____

7. dans deux jours: _____

8. déjà / ne... pas encore: _____

9. en même temps: _____

10. désormais: _____

17-6 **Récapitulation: vocabulaire, antonymes et expressions liés à la temporalité.** Complétez les phrases suivantes par les expressions correspondant aux mots **en gras**. (Voir *Contrastes*, Chapitre 17, sections 1 à 4.)

1. *Every year*, *in the summer, my family spends a week at my grandparents' house.* →
   _____, en été, ma famille passe une semaine chez mes grands-parents.

2. *She's eighteen years old but she looks much younger.* → _____ mais on lui en donnerait moins.

3. *The day before yesterday*, *I spent the day studying for my French exam.* →
   (a) _____, j'ai passé (b) _____ à étudier pour mon examen de français.

4. *I haven't seen her all morning.* → Je ne l'ai pas vue _____.

5. *Is there a flight that leaves early in the morning?* → Est-ce qu'il y a un vol qui part _____?

6. *We joined Lisa and Emily the next day; they were with their parents, who had arrived the day before.* →
   Nous avons retrouvé Lisa et Émilie (a) _____; elles étaient avec leurs parents, qui étaient arrivés (b) _____.

7. *All these commuter trains come in more or less **at the same time**.* → Tous ces trains de banlieue arrivent plus ou moins _____.

8. *I'll call you **a week from Monday**, OK?* → Je t'appelle lundi _____, d'accord?

9. *Anya and Aisha? Oh, they cannot be far; I saw them **a short while ago**.* → Anya et Aïsha? Oh, elles ne doivent pas être loin: je les ai vues _____.

10. *I have a **two-week** vacation at Easter.* → J'ai _____ vacances à Pâques.

11. *The murder happened **the day after** my arrival; **two days later**, they arrested the culprit.* → Le meurtre a eu lieu (a) _____ de mon arrivée;
    (b) _____, ils ont arrêté le coupable.

12. *I smoke (a) **from time to time**; (b) **sometimes**, I even buy myself a good cigar.* → Je fume
    (a) _____ ; (b) _____, il m'arrive même de m'acheter un bon cigare.

13. ***See you shortly!*** → _____!

14. ***From now on**, I'll go jogging half an hour **each day**.* → (a) _____,
    j'irai courir une demi-heure (b) _____.

17-7 **Les subordonnées de temps à l'indicatif.** Complétez les phrases suivantes en traduisant les mots **en gras**. Mettez les verbes entre parenthèses aux temps qui conviennent. (Voir *Contrastes*, Chapitre 17, section 5.)

MODÈLE: • *I'll tell him when I see him.* → Je le lui dirai _____ (le voir).
→ Je le lui dirai **quand je le verrai**.

1. *She will look for a job **after she graduates**.* → Elle cherchera du travail _____ (terminer) ses études.

2. *Our friends visited us **while they were** in Paris.* → Nos amis nous ont rendu visite _____ (être) à Paris.

3. ***Since he made himself** new friends, he has been much happier.* → _____ (se faire) de nouveaux amis, il est beaucoup plus heureux.

4. ***When he got out** of the store, someone stole his wallet.* → _____ (sortir) du magasin, quelqu'un lui a volé son portefeuille.

5. *She was only sixteen **at the time she started** college.* → Elle n'avait que seize ans _____ (commencer) la fac.

6. *We'll give you a call **as soon as we have** news.* → Nous vous téléphonerons _____ (avoir) des nouvelles.

7. *These children get car sick **each time they ride** in the car.* → Ces enfants sont malades _____ (faire) de la voiture.

8. ***As long as there's** life, there's hope.* → _____ (y avoir) de la vie, il y a de l'espoir. [dicton]

9. *I will go out for a walk **once it stops** (OR **has stopped**) raining.* → J'irai me promener _____ (s'arrêter) de pleuvoir.

10. *She made a spectacular recovery just **when nobody expected it**.* → Elle s'est rétablie de façon spectaculaire _____ (personne / ne s'y attendre).

17-8 **Les subordonnées de temps au subjonctif.** Complétez les phrases suivantes par la conjonction appropriée correspondant aux mots **en gras**. Mettez les verbes entre parenthèses au subjonctif présent ou passé, selon le cas. (Voir *Contrastes*, Chapitre 17, section 6.)

1. *It's **time** for you to be more responsible.* → Il est (a) _____ tu

   (b) _____ (prendre) tes responsabilités.

2. *You should leave **before** it gets dark.* → Vous devriez partir (a) _____ il

   (b) _____ (faire) nuit.

3. *We'll wait for him **until** he's ready.* → Nous l'attendrons (a) _____ il

   (b) _____ (être) prêt.

4. ***By the time** the police arrived, the thief had long disappeared.* → (a) _____ la

   police (b) _____ (arriver), le voleur avait disparu depuis longtemps.

5. *Get yourself a drink **while** I finish getting ready.* → Servez-vous à boire _____

   (finir) de me préparer.

17-9 **Subordonnées de temps: indicatif vs subjonctif vs infinitif.** Complétez les phrases suivantes par des conjonctions ou des locutions appropriées correspondant aux mots **en gras**. Mettez les verbes entre parenthèses aux temps et aux modes qui conviennent. Ajoutez une préposition devant l'infinitif, si nécessaire. (Voir *Contrastes*, Chapitre 17, sections 5 à 7.)

1. *I discovered that little café **one day when** I was taking a walk in the neighborhood.* → J'ai découvert

   ce petit café (a) _____ je (b) _____ (se promener) dans

   le quartier.

2. *Hurry and say good-bye to her **before** she leaves.* → Va vite lui dire au revoir

   (a) _____ elle (b) _____ (partir).

3. *She left **after** kissing all her friends good-bye.* → Elle partit (a) _____

   (b) _____ (embrasser) tous ses amis.

4. ***Now that** Julian lives in New York, his parents hardly ever see him.* → (a) _____

   Julien (b) _____ (vivre) à New York, ses parents ne le voient presque plus.

5. *Listen, Ann, it might be **time** for you to make your reservation if you want to be sure to find a good hotel.*

   → Écoute, Anne, il serait peut-être (a) _____ tu (b) _____

   (faire) ta réservation si tu veux être sûre de trouver un bon hôtel.

6. *I'll call you **as soon as** I get home.* → Je t'appellerai (a) _____ je

   (b) _____ (être) de retour à la maison.

7. *They fled **before** they could be identified.* → Ils se sont enfuis (a) _____ on

   (b) _____ (pouvoir) les identifier.

8. *Go straight **until** you see a church on your right; the bank you are looking for is straight across from it.* →

   Continuez tout droit (a) _____ vous (b) _____ (apercevoir)

   une église sur votre droite: la banque que vous cherchez est juste en face.

9. *The concierge handed me my mail **as** I was going up to my apartment.* → La concierge m'a remis mon

courrier (a) _____ je (b) _____ (monter) chez moi.

10. ***By the time** you get back from vacation, all the snow will be gone.* → (a) _____

vous (b) _____ (être) de retour de vacances, toute la neige aura disparu.

17-10 Subordonnées de temps: indicatif vs subjonctif vs infinitif. Complétez les phrases suivantes par des conjonctions ou des locutions appropriées correspondant aux mots **en gras**. Mettez les verbes entre parenthèses aux temps et aux modes qui conviennent. Ajoutez une préposition devant l'infinitif, si nécessaire. (Voir *Contrastes*, Chapitre 17, sections 5 à 7.)

1. *We'll eat **as soon as** your brother comes back.* → Nous mangerons (a) _____ ton

frère (b) _____ (rentrer).

2. *Let's hurry and get there **before** the snow starts.* → Dépêchons-nous d'arriver

(a) _____ qu'il (b) _____ (commencer) à neiger.

3. ***Since** all this construction started, the neighborhood has become very noisy.* →

(a) _____on (b) _____ (entreprendre) tous ces travaux, le

quartier est devenu très bruyant.

4. *Paul, **once** you're done with the dishes, would you be kind enough to vacuum the living room?* → Paul,

(a) _____ tu (b) _____ (finir) la vaisselle, tu seras gentil de

passer l'aspirateur au salon.

5. ***It's time** for us to leave.* → (a) _____ nous (b) _____ (partir).

6. *I played soccer **when** I was in high school.* → Je jouais au foot (a) _____

j'(b) _____ (être) au lycée.

7. *Don't forget to feed the cat **before** you go out.* → N'oublie pas de donner à manger au chat

(a) _____ (b) _____ (sortir).

8. *Call me **once** you have decided what you want to do.* → Appelez-moi (a) _____

vous (b) _____ (décider) ce que vous voulez faire.

9. ***As long as** he still had a job, he was OK.* → (a) _____il

(b) _____ (avoir) encore du travail, ça allait.

10. *Unfortunately, **now that** he's been laid off, I don't know how he's going to manage.* → Malheureusement,

(a) _____ on l'(b) _____ (licencier), je ne sais pas comment

il va faire.

17-11 Subordonnées de temps: indicatif vs subjonctif vs infinitif. Mettez les verbes entre parenthèses aux modes et aux temps qui conviennent. Ajoutez une préposition devant l'infinitif, si nécessaire. (Voir *Contrastes*, Chapitre 17, sections 5 à 7.)

1. Après _____ (faire) quelques courses, Rachel et Noémi sont allées déjeuner ensemble dans un petit restaurant.

2. Il lui a fait un signe de la main avant qu'elle _____ (disparaître) au bout du chemin.

3. J'écoute souvent de la musique pendant que je _____ (travailler).

4. Attendez-moi, le temps que j'_____ (aller) chercher mon manteau.

5. J'habite chez mes parents en attendant _____ (trouver) un logement.

6. Il faut que tu répètes cette sonate jusqu'à ce que tu la _____ (savoir) sur le bout des doigts (*perfectly*).

7. Un jour, ma chérie, quand tu _____ (être) plus grande et que tu comprendras mieux, je te raconterai ce qui s'est passé.

8. Toutes les fois qu'elle _____ (passer) devant chez nous, Mme Dujardin s'arrêtait pour bavarder quelques minutes avec ma mère.

9. Il était allé à la rencontre de Thérèse aussitôt qu'il l'_____ (apercevoir) sur le quai de la gare.

10. J'irai boire un café en attendant qu'elle _____ (finir) ses courses (*her shopping*).

17-12 Récapitulation: les subordonnées de temps. Complétez les phrases suivantes en traduisant les éléments **en gras**. Employez la conjonction appropriée et mettez le verbe entre parenthèses à la forme qui convient (indicatif, subjonctif ou infinitif). (Voir *Contrastes*, Chapitre 17, sections 5 à 7.)

MODÈLE: • *He called her as soon as he got the news.* → Il l'a appelée _____ (apprendre) la nouvelle. → Il l'a appelée **dès qu'il a appris** la nouvelle.

1. *Call me as soon as you are back.* → Appelle-moi _____ (être) de retour.

2. *The soccer game had barely started when the television stopped working.* → Le match de foot venait à peine de commencer _____ (la télévision / tomber) en panne.

3. *I'll make you something to eat before you go off.* → Je vous ferai quelque chose à manger _____ (se mettre) en route.

4. *It's time for me to live independently from my parents.* → _____ (vivre) indépendamment de mes parents.

5. *We had to leave before we had finished eating dinner.* → Nous avons dû partir _____ (finir) de dîner.

6. *Once he has made up his mind, you cannot make him change it.* → _____ (prendre) une décision, on ne peut pas lui faire changer d'avis.

7. *When you go to Boston and see her, please say hello to her for me.* → (a) _____ (tu / aller) à Boston et (b) _____ (la voir), tu lui diras bonjour de ma part.

8. *They are so slow that by the time we get their answer, it'll be too late.* → Ils sont si lents que _____ (on / avoir) leur réponse, il sera trop tard.

17-13 Il y a, cela/ça fait, depuis, en, au, dans, pendant, etc. Complétez les phrases suivantes de la façon qui convient. Si aucune réponse n'est nécessaire, mettez simplement un **x** dans votre réponse. Traduisez les mots entre crochets, le cas échéant. (Voir *Contrastes*, Chapitre 17, sections 8 et 9.)

1. Ce tableau est dans notre famille _____ des générations.

2. _____ deux jours que j'attends une réponse.

3. Les éboueurs (*sanitation workers*) ont fait la grève _____ plus d'une semaine.

4. _____ qu'elle est arrivée en France, elle a fait d'énormes progrès en français.

5. (a) _____ à peine six mois qu'ils se sont rencontrés [*They met barely six months ago*] et (b) _____ [*since then*], on les voit toujours ensemble.

6. En accélérant ses études, elle a réussi à finir son diplôme universitaire _____ trois ans.

7. Ils sont partis (a) _____ une semaine [*a week ago*] (b) _____ tout un mois de vacances et ne reviendront donc que (c) _____ trois semaines.

8. _____ Moyen Âge, la plupart des gens ne savaient ni lire ni écrire.

9. J'ai dû attendre _____ plus d'une heure avant de voir le médecin.

10. Il m'a téléphoné _____ une semaine, juste pour me dire bonjour.

11. Je regrette, madame, mais le docteur Richard sera absent _____ une semaine, du 2 au 10 juin, et ne pourra donc pas vous recevoir le 8 juin.

12. Chaque jour, (a) _____ printemps et (b) _____ été, les touristes envahissent l'abbaye du Mont-Saint-Michel.

17-14 Comment traduire *ago*? Traduisez les phrases suivantes. Employez les indications entre crochets. (Voir *Contrastes*, Chapitre 17, section 10.)

1. *The bomb that went off two days **ago** killed scores of people.* [La bombe qui... / éclater / faire un grand nombre de victimes]

_____

2. *She finished her [medical] residency a year **ago**.* [finir son internat]

_____

3. *They divorced two years **ago**.* [divorcer]

_____

17-15 Comment traduire *for* (dans son sens temporel)? Traduisez les phrases suivantes. Employez les indications entre crochets. (Voir *Contrastes*, Chapitre 17, section 11.)

1. *He's been sick **for** two days.* [être malade]

_____

2. *She danced in this company **for** almost ten years.* [danser dans cette compagnie / près de dix ans].

_____

3. *Sophie went to London **for** the weekend.* [aller à Londres / le week-end]

_____

4. *David hasn't played hockey **for** two years.* [jouer au hockey]

_____

17-16 Comment traduire *in* (dans son sens temporel)? Traduisez les phrases suivantes. Employez les indications entre crochets. (Voir *Contrastes*, Chapitre 17, section 12.)

1. *My father graduated from college **in** 1985.* [terminer ses études]

   _____

2. *I haven't seen him **in** a long time.* [voir qqn]

   _____

3. *Victor Hugo was born **in** the nineteenth century.* [naître]

   _____

4. *Exams take place **in** the spring.* [Les examens / avoir lieu]

   _____

5. *I'll be there **in** two minutes.* [J'arrive...]

   _____

6. *I managed to finish my work **in** less than two hours.* [réussir à finir... / moins de deux heures]

   _____

7. *We haven't been to that restaurant **in** years.* [nous = m. pl. / aller dans ce restaurant]

   _____

17-17 Comment traduire *since* (dans son sens temporel)? Traduisez les phrases suivantes. Employez les mots entre crochets. (Voir *Contrastes*, Chapitre 17, section 13.)

1. *Ever **since** he's met Marie, he has been very happy.* [rencontrer Marie / être très heureux]

   _____

2. *It's been years **since** I last spoke French (i.e., I have <u>not</u> spoken French in years).* [parler français / des années]

   _____

3. *It's been years **since** they moved.* [déménager / *years* = longtemps]

   _____

4. *We've been waiting in line **since** nine o'clock.* [faire la queue / neuf heures]

   _____

17-18 Récapitulation: comment traduire *ago, for, in* et *since*? Traduisez les phrases suivantes. Employez les mots entre crochets. (Voir *Contrastes*, Chapitre 17, sections 10 à 13.)

1. *He's been in a great mood **since** yesterday.* [être de très bonne humeur]

   _____

2. *She's had a headache **for** two days.* [avoir mal à la tête]

   _____

3. *They married three years **ago**.* [se marier]

   _____

4. *We stayed there **for** three days.* [Nous = m. pl. / rester là-bas]

   _____

5. *It's been two years* **since** *it last snowed in this region (i.e., It has* <u>not</u> *snowed in this region in two years).* [neiger / cette région / deux ans]

_____

6. *I'll be there* **in** *an hour.* [être là]

_____

17-19 **Récapitulation: comment traduire *ago, for, in* et *since*?** Traduisez les phrases suivantes. Employez les mots entre crochets. (Voir *Contrastes*, Chapitre 17, sections 10 à 13.)

1. *They have lived here* **for** *ten years.* [ils... / habiter ici / dix ans]

_____

2. *They lived in California* **for** *two years.* [Ils... / vivre en Californie / deux ans]

_____

3. *We worked very hard* **for** *one week.* [On... / travailler très dur / une semaine]

_____

4. *They left* **for** *two months.* [Elles... / partir / deux mois]

_____

5. *They left Paris ten years* **ago.** [ils... / quitter / dix ans]

_____

6. *We haven't seen him* **in** *years.* [on / des années]

_____

7. *It hasn't rained* **for/in** *three months.* [pleuvoir]

_____

8. *It's been a long time* **since** *I last played this game (i.e., I have* <u>not</u> *played this game in years).* [longtemps / jouer à ce jeu]

_____

9. *It's been a long time* **since** *I finished my degree.* [terminer ses études]

_____

10. *The weather has been nice* **for** *two days.* [*The weather* = Il / faire beau]

_____

18

Le passif et les tournures passives

18-1 **Transposition à la voix passive.** Complétez les phrases suivantes à la voix passive en respectant les temps, les modes et la logique des phrases à la voix active. Faites tous les changements nécessaires. Attention aux accords. (Voir *Contrastes*, Chapitre 18, section 1.)

MODÈLE: • La foule a applaudi la nouvelle présidente. → La nouvelle présidente **a été applaudie** par la foule.

1. Jean Renoir a réalisé ces deux films. → Ces deux films _____ par Jean Renoir.

2. Une jeune collègue remplacera Michèle pendant son congé de maternité. → Pendant son congé de maternité, Michèle _____ par une jeune collègue.

3. Il faudrait qu'on termine la réunion avant six heures. → Il faudrait que la réunion _____ avant six heures.

4. Mon agent de voyage a déjà réservé mon billet d'avion. → Mon billet d'avion _____ par mon agent de voyage.

5. On va complètement rénover le bâtiment. → Le bâtiment _____.

6. Nos amis viennent d'acheter cette maison. → Cette maison _____ par nos amis.

7. Un puissant télescope aurait détecté une dixième planète. → Une dixième planète _____ par un puissant télescope.

8. C'est idiot qu'on n'ait pas averti ta sœur. → C'est idiot que ta sœur _____.

18-2 **Transposition à la voix passive.** Complétez les phrases suivantes à la voix passive en respectant les temps, les modes et la logique des phrases à la voix active. Faites tous les changements nécessaires. Attention aux accords. (Voir *Contrastes*, Chapitre 18, section 1.)

1. Un kamikaze a tué plus de dix personnes. → Plus de dix personnes _____ par un kamikaze.

2. Cette mauvaise nouvelle les a perturbés. → Ils _____ par cette mauvaise nouvelle.

3. Ne vous inquiétez pas, Anne et Laura, on vous accueillera à bras ouverts. → Ne vous inquiétez pas, Anne et Laura, vous _____ à bras ouverts.

4. Il n'aime pas qu'on le dérange. → Il n'aime pas _____ [infinitif passif].

5. Il est curieux (*It's strange*) que *Le Figaro* publie un tel article. → Il est curieux qu'un tel article _____ par [*ou* dans] *Le Figaro*.

6. L'armée a toujours soutenu ce gouvernement. → Ce gouvernement

_____ par l'armée.

7. Vous croyez que l'assurance me remboursera ces frais médicaux? → Vous croyez que ces frais

médicaux me _____ par l'assurance?

8. On a réélu le président à plus de 70 % des voix. → Le président
_____ à plus de 70 % des voix.

18-3 **Voix active** vs **voix passive.** Dans les phrases suivantes, indiquez si le verbe **en gras** est à la voix passive (conjugaison avec **avoir**) ou à la voix active (conjugaison avec **être**) en cochant la réponse qui convient. (Voir *Contrastes*, Chapitre 18, section 1.)

Choisissez UNE des deux réponses pour chacune des phrases suivantes:

1. Elle **est sortie** dimanche après-midi car elle voulait prendre l'air.
   (a) présent, voix passive
   (b) passé composé, voix active

2. Une fois que la viande **est sortie** du réfrigérateur, il faut la consommer rapidement.
   (a) présent, voix passive
   (b) passé composé, voix active

3. Le piano à queue a dû **être descendu** au rez-de-chaussée par toute une équipe.
   (a) infinitif présent, voix passive
   (b) infinitif passé, voix active

4. De Paris, il **est descendu** à Aix-en-Provence en TGV.
   (a) présent, voix passive
   (b) passé composé, voix active

5. J'avais huit ans lorsque je **suis monté(e)** à cheval pour la première fois.
   (a) présent, voix passive
   (b) passé composé, voix active

6. Vos bagages viennent d'**être montés** dans votre chambre.
   (a) infinitif présent, voix passive
   (b) infinitif passé, voix active

7. La terre de ce champ **est retournée** après chaque récolte.
   (a) présent, voix passive
   (b) passé composé, voix active

8. Après dix années de vie parisienne, elle **est retournée** dans son village natal pour y ouvrir un commerce.
   (a) présent, voix passive
   (b) passé composé, voix active

18-4   Transposition à la voix active. Transposez les phrases suivantes à la voix <u>active</u> en respectant les temps et les modes des phrases à la voix passive. Faites tous les changements nécessaires. (Voir *Contrastes*, Chapitre 18, section 1.)

MODÈLE: • Les deux lauréats du prix Nobel ont été salués par la presse tout entière. → La presse tout entière **a salué** les deux lauréats du prix Nobel.

1. Lors des dernières émeutes (*riots*), de nombreuses vitrines (*shop windows*) ont été brisées par des délinquants. → Lors des dernières émeutes, _____ de nombreuses vitrines.

2. Des marchandises valant plusieurs centaines de milliers d'euros ont été volées. → _____ des marchandises valant plusieurs centaines de milliers d'euros.

3. Plus de deux-mille personnes ont été interpellées (*questioned*) par la police. → _____ plus de deux-mille personnes.

4. Les contrôles vont être intensifiés dans les gares et les aéroports. → _____ les contrôles dans les gares et les aéroports.

5. Nous craignons que de nouveaux forages pétroliers ne soient autorisés par le gouvernement. → Nous craignons que le gouvernement n'_____ de nouveaux forages pétroliers. [*Notez ici que le* **n'** *n'est pas négatif mais* **explétif** (voir Chapitre 8, section 10 et Chapitre 12, section 17).]

18-5   Agent du passif: par vs de. Complétez les phrases suivantes par la préposition **par** ou **de**, suivant le cas. (Voir *Contrastes*, Chapitre 18, section 2.)

1. Mon mari et moi avons été dérangés tout l'été _____ des travaux de ravalement (*exterior renovations*).

2. Les employés ont été informés de la fermeture imminente de l'usine _____ lettre recommandée.

3. Mes études coûtent si cher que mes parents sont accablés _____ dettes.

4. L'avenue était bordée _____ magnifiques érables (*maples*).

5. Les analyses ont été effectuées _____ un laboratoire spécialisé.

6. La table de la salle à manger était recouverte _____ une somptueuse nappe en damas (*damask tablecloth*).

7. Le dîner sera suivi _____ un concert de musique de chambre.

8. Les dernières élections présidentielles américaines ont été suivies _____ le monde entier.

9. Plusieurs vols en partance (*bound*) pour New York ont été annulés _____ le ministre des transports pour des raisons de sécurité.

10. Le vainqueur de la compétition a été félicité _____ les membres du jury à l'unanimité.

11. Les gens ont été frappés _____ stupeur devant l'ampleur de l'attentat.

12. Cet arbre a été frappé _____ la foudre (*lightning*).

18-6 **Agent du passif: par vs de.** Complétez les phrases suivantes en mettant les verbes entre parenthèses à la forme passive qui convient. Faites précédez l'agent du passif par la préposition **par** ou **de**, suivant le cas. (Voir *Contrastes*, Chapitre 18, section 2.)

MODÈLE: • *This house was built by my grandfather.* → Cette maison (a) **a été construite** (b) **par** mon grand-père.

1. *The fox was attacked by a pack of ferocious hounds.* → Le renard (a) _____
   (attaquer) (b) _____ une meute féroce.

2. *This old man had the good fortune to be surrounded by the affection of his family until the end*
   of his life. → Ce vieillard a eu la chance d'(a) _____ (entourer)
   (b) _____ l'affection des siens jusqu'à la fin de sa vie.

3. *When Tom and I saw Lea again, we were struck by how pale she looked.* → Quand Tom et moi avons
   revu Léa, nous (a) _____ (frapper) (b) _____ sa paleur.

4. *They were panic-stricken when they learned about their daughter's accident.* Ils
   (a) _____ (frapper) (b) _____ panique en apprenant l'accident
   de leur fille.

5. *Toward 1860, French vineyards were contaminated by a disease.* → Vers 1860, les vignobles français
   (a) _____ (atteindre [atteint]) (b) _____ maladie.

6. *The summit of Mount Everest was reached in 1953 by Hillary and Tensing.* → Le sommet de l'Everest
   (a) _____ (atteindre [atteint]) en 1953 (b) _____ Hillary
   et Tensing.

7. *It's a cock-and-bull story!* OR *Your story sticks out a mile!* → Votre histoire
   (a) _____ (coudre [cousu]) (b) _____ fil blanc! [idiomatique]

8. *All pieces of the collection are sewn by highly skilled seamstresses.* → Toutes les pièces de la collection
   (a) _____ (coudre [cousu]) (b) _____ des couturières
   particulièrement adroites.

18-7 **Agent du passif: par vs de.** Complétez les phrases suivantes de façon à traduire les éléments *en gras*. Mettez les verbes entre parenthèses à la forme passive qui convient et faites précéder l'agent du passif par la préposition **par** ou **de**, suivant le cas. Ajoutez un article si nécessaire. <u>Attention de ne pas confondre le passé composé passif et l'imparfait passif.</u> (Voir *Contrastes*, Chapitre 18, section 2; pour la distinction entre le passé composé et l'imparfait, voir Chapitre 9, N. B. 9-2.)

1. *The minister's decision **was criticized by** the media.* → La décision du ministre

    (a) _____ (critiquer) (b) _____ médias.

2. *The room **had been decorated with** multicolored balloons.* → La salle (a)

    _____ (décorer: plus-que-parfait) (b) _____ ballons

    multicolores.

3. *The living room **had been decorated by** a famous Italian artist.* → Le salon

    (a) _____ (décorer: plus-que-parfait) (b) _____ célèbre

    artiste italien.

4. *My grandmother **was loved by** all her grandchildren.* → Ma grand-mère

    (a) _____ (aimer) (b) _____ tous ses petits-enfants.

5. *The castle **was bought by** a private firm.* → Le château (a) _____

    (racheter) (b) _____ entreprise privée.

6. *The castle **was surrounded by** a moat.* → Le château (a) _____(entourer)

    (b) _____ douves [pluriel en français].

7. *During the invasion, the museum's collection **was ransacked by** thieves.* → Pendant l'invasion, la

    collection du musée (a) _____ (saccager) (b) _____ voleurs.

8. *This important political figure **is known by** everyone.* → Cette personnalité importante du monde

    politique (a) _____ (connaître) (b) _____ tout le monde.

18-8 **Transposition à la voix active.** Transposez les phrases suivantes à la voix <u>active</u> en respectant les temps et les modes des phrases à la voix passive. Faites tous les changements nécessaires. (Voir *Contrastes*, Chapitre 18, section 1 à 3.)

1. Il a été mis en examen (*indicted*). → _____ en examen.

2. Nous allons être appelés d'un instant à l'autre (*any moment*). →

    _____ d'un instant à l'autre.

3. Elle est vivement (*greatly*) encouragée par ses professeurs. → Ses professeurs

    _____ vivement.

4. L'écrivain Zola aurait été asphyxié. → _____ l'écrivain Zola.

5. Ces pneus (*tires*) devraient être changés. → _____ ces pneus.

18-9   Comment traduire un passif anglais? Traduisez les phrases suivantes en les mettant <u>si possible</u> au passif. Sinon, utilisez la voix active. Employez les indications entre crochets. (Voir *Contrastes*, Chapitre 18, sections 3 à 4.)

1. *I'm worried that the budget might be slashed.* [J'ai peur que... / le budget / couper]

   _____

2. *We've been told not to worry.* [dire (passé composé) / ne pas s'inquiéter]

   _____

3. *This painting was sold for many millions of dollars.* [tableau (m.) / vendre (passé composé) / pour plusieurs millions de dollars]

   _____

4. *This museum was given a highly valuable painting.* [musée (m.) / donner (passé composé) / un tableau d'une très grande valeur]

   _____

5. *I was told that you've just graduated from college.* [dire (passé composé) / que tu venais de finir tes études]

   _____

6. *This landscape was painted by Monet.* [ce paysage / peindre (passé composé)]

   _____

7. *She was given a raise.* [(employez un passé composé) / une augmentation]

   _____

8. *This house was built by a famous architect.* [construire (passé composé) / un célèbre architecte]

   _____

18-10   Comment traduire un passif anglais? Traduisez les phrases suivantes en les mettant <u>si possible</u> au passif. Sinon, utilisez la voix active. Employez les indications entre crochets. (Voir *Contrastes*, Chapitre 18, sections 3 et 4.)

1. *How was she chosen for this position?* [selectionner (passé composé)] → Comment est-ce

   qu'_____ pour ce poste?

2. *What must she do to be taken seriously?* [prendre] → Que doit-elle faire pour

   _____ au sérieux?

3. *The results have just been posted on the Web.* [afficher les résultats (employez un passé proche)] →

   _____ sur le Web.

4. *We were given an appointment for tomorrow.* [donner (passé composé)] →

   _____ rendez-vous pour demain.

5. *When was the decision made?* [prendre (passé composé) / la décision] → Quand est-ce

   que/qu'_____ ?

6. *It's too bad he was held up so late at work.* [retenir (subjonctif passé)] → C'est dommage

   qu'_____ si tard au bureau.

7. *My passport was stolen.* [mon passeport / voler (passé composé)] →

   _____ .

18-11 **Comment traduire un passif anglais?** Traduisez les phrases suivantes en les mettant <u>si possible</u> au passif. Sinon, utilisez la voix active. Employez les indications entre crochets. (Voir *Contrastes*, Chapitre 18, sections 3 et 4.)

1. *In 1903, the Nobel prize for physics was won by Pierre and Marie Curie.* [En 1903... / le prix Nobel de physique / remporter un prix]

   _____

2. *We have been warned by the weather service that we would have a blizzard.* [We = m. pl. / prévenir / la météo / avoir (conditionnel présent) / un blizzard]

   _____

3. *That house was built in six weeks.* [bâtir (passé composé)]

   _____

4. *Every week, she is given French lessons by a college senior.* [Chaque semaine... / une étudiante de dernière année / lui donner des leçons de français]

   _____

18-12 **Verbes pronominaux à sens passif.** Transposez les phrases suivantes selon le modèle. Faites tous les changements nécessaires. Employez les indications entre crochets, le cas échéant. (Voir *Contrastes*, Chapitre 18, section 5.)

MODÈLE: • On ne dit pas ça. → Ça **ne se dit pas.**

1. On aperçoit ces phares de très loin. → Ces phares _____ de très loin.

2. On a vendu cette toile de Matisse pour un million d'euros. → Cette toile de Matisse _____ pour un million d'euros.

3. On emploie beaucoup le curry dans la cuisine indienne. → Le curry _____ beaucoup dans la cuisine indienne.

4. On entendait souvent cette chanson à la radio il y a quelques années. → Cette chanson _____ souvent à la radio il y a quelques années.

5. Normalement, on mange le caviar en hors d'œuvre. → Normalement, le caviar _____ en hors d'œuvre.

6. On porte beaucoup de noir le soir. → Le noir _____ beaucoup le soir.

7. On fera les vendanges (*grape harvest*) plus tôt que d'habitude cette année. → Les vendanges _____ plus tôt que d' habitude cette année.

8. On comprend ça! → Ça _____!

9. Il est amoureux et on le remarque! → Il est amoureux et ça _____!

10. Il est de Marseille et on l'entend! → Il est de Marseille et ça _____!

18-13 Verbes pronominaux à sens passif et mise en relief. Complétez les phrases suivantes en employant soit un <u>verbe pronominal</u>, soit la <u>mise en relief</u>, suivant le cas. (Voir *Contrastes*, Chapitre 18, sections 5 et 6.)

1. *Clementines are harvested in the winter.* [clémentines (f.)] → _____
   (cueillir) en hiver.

2. *This dress was made by her.* → C'_____ (faire) cette robe.

3. *These kinds of pants are worn with high heels.* [ce genre de pantalon (sg.)...] →
   _____ (porter) avec des talons hauts.

4. *This word isn't pronounced the way it's written.* → Ce mot (a) _____
   (ne pas prononcer) comme il (b) _____ (écrire).

5. *We sold a lot of these models this season.* → Ce modèle (sg.) _____
   (vendre beaucoup: passé composé) cette saison.

18-14 Rendre + adjectif vs **faire + infinitif.** Traduisez les phrases suivantes de la manière qui convient. Employez les indications entre crochets. (Voir *Contrastes*, Chapitre 18, sections 7 et 8.)

1. *Why do you make her cry all the time?* [pleurer] → Pourquoi est-ce que tu _____
   tout le temps?

2. *His reaction made her furious.* → Sa réaction _____ furieuse.

3. *My car broke down again; I really must have it repaired.* [réparer] → Ma voiture est à nouveau tombée
   en panne; il faut vraiment que je la _____.

4. *Stop your nonsense! You're making/driving me crazy!* → Arrête tes idioties! Tu me
   _____ fou/folle!

5. *Do you think I should send for a doctor?* [venir] → Vous croyez que je devrais
   _____ un médecin?

6. *The decision was made public yesterday.* [employez le passé composé] → La décision
   _____ publique hier.

7. *Is this a picture of your baby brother? Oh, let me see!* [voir] → C'est une photo de ton petit frère?
   Oh, _____!

18-15 **Faire causatif: forme et place des pronoms.** Récrivez les phrases suivantes en remplaçant les mots soulignés par les pronoms qui conviennent. (Voir *Contrastes*, Chapitre 18, section 9.)

MODÈLES: • On va faire refaire <u>la piscine</u>. → On va **la** faire refaire.
            • On fera repeindre le salon <u>par Michel</u>. → On **lui** fera repeindre le salon.
            • On fera repeindre <u>le salon</u> <u>par Michel</u>. → On **le lui** fera repeindre.

   1. Ils ont fait installer <u>le chauffage central</u>.

   _____

   2. Ils ont fait installer le chauffage central <u>par son beau-frère</u>.

   _____

   3. Ils ont fait installer <u>le chauffage central</u> <u>par son beau-frère</u>.

   _____

   4. Nous aurions voulu faire refaire <u>la toiture</u> (*roofing*).

   _____

   5. Qui fait travailler <u>son piano</u> <u>à ton fils</u>?

   _____

   6. Je ne sais pas comment faire avaler <u>cette pilule</u> <u>à mon chat</u>.

   _____

   7. Ils ont fait payer <u>les dégâts</u> <u>aux clients</u>.

   _____

18-16 **Faire + infinitif** vs **se faire + infinitif.** Complétez les phrases suivantes par la forme du verbe **faire** ou **se faire** qui convient. (Voir *Contrastes*, Chapitre 18, sections 8 à 10.)

   1. *The strikers were shouting so loudly that the minister couldn't make himself heard.* → Les grévistes criaient si fort que le ministre n'arrivait pas à _____ entendre.

   2. *They got themselves fired.* → Ils _____ licencier.

   3. *Since we didn't like the tree we had in front of the house, we had it removed.* → Comme nous n'aimions pas l'arbre devant la maison, nous l'_____ arracher.

   4. *She had her hair dyed blonde.* → Elle _____ teindre en blond.

   5. *She had to be treated in the emergency room.* → Elle a dû _____ soigner aux urgences.

18-17 Laisser + infinitif vs **se laisser + infinitif.** Complétez les phrases suivantes par la forme de **laisser** ou **se laisser** qui convient. (Voir *Contrastes*, Chapitre 18, sections 11 et 12.)

1. *You should let your hair grow.* → Tu devrais _____ pousser les cheveux.

2. *You let the cat out?! You shouldn't have!* → Tu _____ sortir le chat?! Tu n'aurais pas dû!

3. *The two men let themselves be taken away without protest.* → Les deux hommes _____ emmener sans protester.

4. *Let him do it his way!* [idiomatique] → _____ faire!

5. *We won't let ourselves be pushed around!* → Nous ne _____ pas faire!

6. *They'll never let you attend the meeting.* → Ils ne te _____ jamais assister à la réunion.

7. *Don't get discouraged!* → _____ décourager!

19

La comparaison

19-1 **Comparatif: adjectifs et adverbes.** Complétez les phrases suivantes selon les modèles ci-dessous. Employez l'adjectif ou l'adverbe entre crochets. Faites tous les changements nécessaires. N'oubliez pas d'ajouter la conjonction **que**. (Voir *Contrastes*, Chapitre 19, sections 1 et 4.)

MODÈLES: • Le Danemark < la France [grand] → Le Danemark est **moins grand que** la France.
• La France > le Danemark [grand] → La France est **plus grande que** le Danemark.
• Ma voiture = la tienne [grand] → Ma voiture est **aussi grande que** la tienne.

1. Cette équipe de football < l'autre [fort] → Cette équipe de football est _____
l'autre.

2. Ces exercices = les précédents [difficile] → Ces exercices sont _____
les précédents.

3. Les trains régionaux vont < les TGV [vite] → Les trains régionaux vont _____
les TGV.

4. Cette chambre > celle de Sophie [grand] → Cette chambre est _____ celle de
Sophie.

5. J'aime bien le train, c'est < la voiture [fatigant] → J'aime bien le train, c'est _____
la voiture.

6. Aux États-Unis, Pâques (*Easter*) n'est pas une fête = Thanksgiving [important] → Aux États-Unis,
Pâques n'est pas une fête _____ Thanksgiving.

7. Ce vin-ci est > celui que nous avons bu hier [fruité] → Ce vin-ci est _____ celui
que nous avons bu hier.

8. Heureusement, Jean-Louis se fâche < Luc [facilement] → Heureusement, Jean-Louis se fâche
_____ Luc.

19-2 **Comparatif: noms et verbes.** Écrivez des phrases complètes selon les modèles ci-dessous. Employez les indications entre crochets. Mettez les verbes aux temps indiqués. Faites tous les changements nécessaires. [RAPPEL: Les articles commençant par la lettre **d** (du, de l', de la, des) font **de** après **plus/moins/ autant/davantage**.](Voir *Contrastes*, Chapitre 19, sections 2 à 4.)

MODÈLES: • Marie > Sophie [avoir <u>de la</u> patience (présent)] → **Marie a plus/davantage <u>de</u> patience
que Sophie.**
• Marie = Sophie [avoir <u>des</u> vacances (présent)] → **Marie a autant <u>de</u> vacances que Sophie.**
• Marie < Sophie [voyager (présent)] → **Marie voyage moins que Sophie.**

1. La littérature > la chimie [m'intéresser (présent)]

_____.

2. Jean = Janine [faire du tennis (présent)]

_____.

3. Maintenant, elle > avant [étudier (présent)]

_____.

4. Aujourd'hui, < hier [pleuvoir (présent)]

_____.

5. Cette semaine, j' > la semaine dernière [avoir des rendez-vous (présent)]

_____.

6. En général, tu < moi [faire des fautes (présent)]

_____.

7. Ils > nous [connaître des gens (présent)]

_____.

8. J' < vous [avoir de la chance (passé composé)]

_____.

9. Londres = Paris [avoir des habitants (présent)]

_____.

10. Daniel > son père [gagner maintenant (présent)]

_____.

19-3 **Subordonnées comparatives.** Complétez les phrases suivantes en mettant les verbes entre crochets aux temps qui conviennent. Faites précéder ces verbes du pronom **le/l'**, **y** ou **en**, suivant le cas. Ajoutez un **ne explétif** partout où c'est possible. (Voir _Contrastes_, Chapitre 19, section 5.)

MODÈLES: • _The economic situation is more serious than people thought._ → La situation économique est plus grave qu'on **ne le pensait.** [comparaison avec **plus... que** ⇒ **ne explétif**]
• _Is the economic situation as serious as people thought ?_ → La situation économique est-elle aussi grave qu'on **le pensait.** [comparaison avec **aussi... que** ⇒ pas de **ne explétif**]

1. _She's less patient than I thought._ [penser (imparfait)] → Elle est moins patiente que je

_____.

2. _They have much more money than I will ever have._ [avoir (futur)] → Ils ont beaucoup plus d'argent que je _____ jamais.

3. _The exam was easier than she expected._ [s'attendre (imparfait)] → L'examen était plus facile qu'elle

_____.

4. _Is the situation as serious as we fear?_ [craindre (présent)] → La situation est-elle aussi grave qu'on

_____ ?

5. _The city is much more beautiful than I imagined._ [imaginer (imparfait)] → La ville est beaucoup plus belle que je _____.

6. _Was the film as interesting as you thought?_ [penser (imparfait)] → Est-ce que le film était aussi intéressant que tu _____ ?

7. _He gave me more money than I need._ [avoir besoin (présent)] → Il m'a donné plus d'argent que je

_____.

19-4 Récapitulation: le comparatif. Complétez les phrases suivantes de façon à ce que vos réponses correspondent aux éléments *en gras*. Employez les indications entre crochets, le cas échéant. (Voir *Contrastes*, Chapitre 19, sections 1 à 5.)

1. *I like brie **just as much as camembert**.* [le camembert] → J'aime le brie

   _____.

2. *I don't like this bistro; beer is **much more expensive** here than in the one we usually go to.* [cher] → Je n'aime pas ce bistrot: la bière y est _____ dans celui où nous allons d'habitude.

3. *This is easier **than I thought**.* [penser qqch (imparfait)] → C'est plus facile

   _____.

4. *It's not as far **as I thought**.* [croire qqch (imparfait)] → Ce n'est pas aussi loin

   _____.

5. *This is harder **than I expected**.* [s'attendre à qqch (imparfait)] → C'est plus difficile

   _____.

6. *She has **a lot more patience than you do**!* [patience / *you* = 2ᵉ pers. sg.] → Elle a bien

   _____!

7. *She is **younger but taller than** her brother.* [jeune / grand] → Elle est

   _____ son frère.

8. *We need three **additional/extra** chairs at that table.* → Il nous faut trois chaises

   _____ à cette table.

9. *This semester, I read **more novels than poems**.* [roman (m.) / poème (m.)] → Ce semestre, j'ai lu

   _____.

10. *This isn't **as difficult as** all that.* → Ce n'est pas _____ ça.

11. *Tonight's sunset isn't **as spectacular as yesterday's**.* [spectaculaire / celui d'hier soir] → Le coucher de soleil de ce soir n'est pas _____.

12. *Try on these shoes; I think they'll be **more comfortable than those**.* [confortable / celles-là] → Essaie ces chaussures-ci: je crois qu'elles seront _____.

19-5 Récapitulation: le comparatif. Complétez les phrases suivantes de la manière qui convient. Employez les indications entre crochets, le cas échéant. (Voir *Contrastes*, Chapitre 19, sections 1 à 5.)

1. *She gets sick more often than you do.* [malade / souvent / *you* = toi] → Elle tombe

   _____.

2. *Why does my ticket cost twenty dollars more than yours?* [vingt dollars / le tien] → Pourquoi est-ce que mon billet coûte _____.

3. *This is a <u>much</u> roomier car than mine.* [spacieux / la mienne] → Cette voiture est

   _____.

4. *Sam has as many DVDs as he has CDs.* → Sam a (a) _____ DVD (b) _____ CD.

5. *It's easier said than done.* [facile / faire] → C'est (a) _____ à dire (b) _____.

6. *Buy this jacket; I like it better than the other one.* → Achète cette veste: elle me plaît _____ l'autre.

7. *He's younger than I thought.* [pensais (imparfait)] → Il est (a) _____

que je (b) _____.

8. *He's not as dumb as he looks.* [bête / en avoir l'air] → Il n'est pas _____.

19-6 Superlatif: adjectifs, adverbes, noms et verbes. Complétez les phrases suivantes de la manière qui convient. Employez les indications entre crochets, le cas échéant. (Voir *Contrastes*, Chapitre 19, sections 6 à 10.)

1. *It's the smallest street in this part of town.* [rue (f.) / petit] → C'est

_____ ce quartier.

2. *It's the biggest airport in Paris.* [aéroport (m.) / grand] → C'est

_____ Paris.

3. *Unfortunately, Patrick is the one I see the least since he moved.* → Malheureusement Patrick est celui

que je vois _____ depuis qu'il a déménagé.

4. *It's the nicest beach on the Atlantic coast.* [agréable] → C'est la plage

_____ la côte atlantique.

5. *Myriam is the one who runs the fastest in the team.* → Myriam est celle qui court

_____ l'équipe.

6. *I hope they will give us a reply as soon as possible.* → J'espère qu'ils nous répondront

_____.

7. *It's the most beautiful stained glass window in the cathedral.* [vitrail (m.) / beau] → C'est

_____ la cathédrale.

8. *This is the oldest café in Paris.* [café (m.) / ancien] → C'est _____ Paris.

19-7 Superlatif: adjectifs, adverbes, noms et verbes. Complétez les phrases suivantes de la manière qui convient. Employez les indications entre crochets, le cas échéant. (Voir *Contrastes*, Chapitre 19, sections 6 à 10.)

1. *Of all of Monet's paintings, he only showed us the most famous ones.* [connu] → De tous les tableaux de Monet, il ne nous a montré que _____.

2. *These hotels usually have the fewest guests after Christmas.* [clients (m. pl.)] → C'est en général après Noël que ces hôtels ont _____.

3. *The most holidays in France happen in the month of May.* → C'est au mois de mai qu'il y a

_____ jours fériés.

4. *People work the least in France in the month of May because of the many long weekends.* [travailler] → C'est au mois de mai qu'on _____ en France à cause des nombreux ponts. [un pont = *a bridge*, mais aussi *a prolonged weekend*]

5. *We'll be back at midnight at the latest.* [tard] → Nous serons de retour à minuit

_____.

6. *She's always the most stressed out of all of us.* [stressé] → De nous tous, c'est toujours elle qui est

_____.

7. *It's when she's most stressed out that she is most difficult to live with.* [stressé / difficile] → C'est quand elle est (a) _____ qu'elle est (b) _____ à vivre.

8. *This kind of jewel is extremely rare/most unusual.* [employez la forme hyperbolique de **rare**] → Ce genre de bijou est _____.

19-8 Récapitulation: le comparatif et le superlatif. Complétez les phrases suivantes de la manière qui convient. Employez les indications entre crochets. (Voir *Contrastes*, Chapitre 19, sections 1 à 10.)

1. *The twin towers of New York City used to be among the tallest skyscrapers in the world.* [les gratte-ciel / haut] → Les tours jumelles de New York comptaient parmi _____ monde.

2. *The Montparnasse Tower is taller than the Eiffel Tower.* [haut] → La Tour Montparnasse est _____ la Tour Eiffel.

3. *Mount Blanc is less high than Mount Everest.* [haut] → Le Mont-Blanc est _____ l'Everest.

4. *The Loire is the longest river in France.* [le fleuve / long] → La Loire est _____ France.

5. *Monaco is one of the smallest countries in Europe.* [pays] → Monaco est l'un _____ Europe.

6. *Luxembourg is smaller than Belgium.* → Le Luxembourg est _____ la Belgique.

7. *Spain is almost as big as France.* → L'Espagne (f.) est presque _____ la France.

8. *This soup is spicier than I expected.* [épicé / s'attendre à qqch (imparfait)] → Cette soupe est _____ .

19-9 Comparatifs et superlatifs irréguliers. Complétez les phrases suivantes de la manière qui convient. Employez les indications entre crochets, le cas échéant. (Voir *Contrastes*, Chapitre 19, sections 11 et 12.)

1. *She speaks Spanish very well.* [l'espagnol] → Elle parle _____ .

2. *She speaks Spanish better than her sisters do.* [l'espagnol] → Elle parle _____ ses sœurs.

3. *She speaks Spanish the best.* [l'espagnol] → C'est elle qui parle _____ .

4. *This year's strikes are worse than last year's.* → Les grèves de cette année sont _____ celles de l'an dernier.

5. *The best restaurants are not necessarily the most expensive [ones].* [restaurant (m.) / cher] → (a) _____ ne sont pas nécessairement (b) _____ .

6. *The museum? No, I don't have the slightest idea where it is.* → Le musée? Non, je n'ai pas _____ idée de l'endroit où il se trouve.

7. *Apparently, the heat wave was worse in France than in Spain.* [la France / l'Espagne (f.)] → Apparemment, la vague de chaleur a été _____ .

8. *His health is going from bad to worse.* → Sa santé va _____ .

9. *She plays the piano better than I do.* → Elle joue du piano _____ .

10. *That red dress suits you better than the black one.* [*to suit sb* = aller à qqn] → Cette robe rouge te _____ la noire.

19-10 Expressions idiomatiques avec «mieux» ou «meilleur» et les adjectifs comparatifs.
Complétez les phrases suivantes par l'expression idiomatique qui convient. (Voir *Contrastes*, Chapitre 19, section 13.)

1. *At best, he'll arrive at two o'clock, not before.* → _____, il arrivera à deux heures, pas avant.

2. *I'll try my best.* → Je ferai _____.

3. *Don't you have anything better to suggest?* → Vous n'avez _____ à suggérer?

4. *We'd better not get up too late tomorrow morning.* → Nous _____ de ne pas nous lever trop tard demain matin.

5. *They don't serve wine, so, <u>for lack of something better</u>, I ordered a Perrier.* → Ils ne servent pas de vin, alors j'ai commandé un Perrier, _____.

6. *This computer is the best available model right now.* → Cet ordinateur est _____ en ce moment.

7. *Better let him sort this out for himself.* → (a) _____ est de le laisser se débrouiller. OU (b) _____ le laisser se débrouiller.

8. *The tickets would be a better deal/cheaper if you bought them online.* → Les billets seraient _____ si tu les achetais en ligne.

19-11 Constructions comparatives diverses. Complétez les phrases suivantes de la manière qui convient. Employez les indications entre crochets, le cas échéant. (Voir *Contrastes*, Chapitre 19, sections 14 à 16.)

1. *Let's invite them Saturday night rather than Friday.* → Invitons-les samedi soir _____ vendredi.

2. *Like mother, like daughter.* → (a) _____ mère, (b) _____ fille.

3. *He works as a trader.* → Il travaille _____ courtier.

4. *He works like mad.* → Il travaille _____ fou.

5. *They're not rich but they live as if they were.* [être (imparfait)] → Ils ne sont pas riches, mais ils vivent _____.

6. *Do as we do.* → Faites _____.

7. *Your car is the same color as mine.* [couleur (f.)] → Ta voiture est de _____.

8. *Wear pants rather than a dress; you'll be more comfortable.* → Mets un pantalon _____, tu seras plus à l'aise.

9. *This wine sparkles like champagne.* → Ce vin pétille _____ champagne.

10. *What kind of champagne would you like to drink? A Mumm Cordon Rouge, a Veuve Clicquot?* → Que voulez-vous boire _____ champagne? Un Mumm Cordon Rouge, un Veuve Clicquot?

Nom: _____   Date: _____

19-12 Expressions idiomatiques avec «comme». Complétez les phrases ci-dessous en sélectionnant la lettre correspondant à la deuxième partie de la comparaison. (Voir *Contrastes*, Chapitre 19, section 16, Tableau 3.)

1. Il est riche _____   **a.** comme l'or.
2. Il est doux _____   **b.** comme Artaban.
3. Il est beau _____   **c.** comme un pinson.
4. Il ment _____   **d.** comme un oiseau.
5. Elle est aimable _____   **e.** comme Crésus.
6. Il est franc _____   **f.** comme un cœur.
7. Elle est gaie _____   **g.** comme un agneau.
8. Elle est jolie _____   **h.** comme un dieu.
9. Il est fier _____   **i.** comme une porte de prison.
10. Elle mange _____   **j.** comme un arracheur de dents.

19-13 Autant vs d'autant plus vs de plus en plus, etc. Complétez les phrases suivantes de la manière qui convient. Employez les indications entre crochets, le cas échéant. (Voir *Contrastes*, Chapitre 19, section 17.)

1. *He's all the more delighted by his excellent grade as he wasn't expecting it to be so good.* → Il est _____ ravi de son excellente note qu'il ne s'y attendait pas du tout.

2. *Gas is getting more and more expensive.* → L'essence (f.) devient _____ chère.

3. *The more active I am physically, the better I feel.* → (a) _____ je fais de sport, (b) _____ je me porte.

4. *He's a workaholic: the more he works, the happier he is!* → C'est un bourreau de travail: (a) _____ il en fait et (b) _____ il est content!

5. *Back then, people went to the theater as much to see as to be seen.* → À cette époque-là, on allait au théâtre (a) _____ voir (b) _____ être vu.

6. *This wine is as fruity as that one is dry.* → Ce vin-ci est (a) _____ fruité (b) _____ celui-là est sec. OU (c) _____ ce vin est fruité, (d) _____ celui-là est sec.

7. *The less you react, the better it is.* → (a) _____ tu réagis, (b) _____ ça vaut.

8. *I would just as soon stay home tonight.* → J'aimerais _____ rester à la maison ce soir.

19-14 Récapitulation générale. Traduisez les phrases suivantes. Employez les indications entre crochets. (Voir *Contrastes*, Chapitre 19, sections 1-17.)

1. *I'm a year older than you are.* [un an / *you* = 2^e pers. sg.]

   _____.

2. *It's not that bad.* [grave que ça]

   _____.

3. *I have as many brothers as I have sisters.* [avoir / frères / sœurs]

   _____.

4. *It's the cheapest estimate by far.* [C'est de loin... / le devis / cher]

   _____.

5. *He's fabulously rich.* [employez une expression idiomatique avec **riche**]

   _____.

6. *She's at her nicest with you.* [C'est avec toi qu'elle est... / gentil]

   _____.

7. *We'll take the bus, for lack of something better.* [Nous prendrons le bus,...]

   _____.

8. *The situation is going from bad to worse.* [La situation va...]

   _____.

9. *You'd better call her.* [Tu... / téléphoner à qqn]

   _____.

10. *Jeans are a better deal in this store.* [Les jeans sont... / (employez une expression idiomatique avec **meilleur**) / ce magasin]

    _____.

19-15 Récapitulation générale. Traduisez les phrases suivantes. (Voir *Contrastes*, Chapitre 19, sections 1 à 17.)

1. *My mother is as vivacious as my father is calm.* → (a) _____ ma mère est vive,

   (b) _____ mon père est calme. OU Ma mère est (c) _____ vive

   (d) _____ mon père est calme.

2. *He has less and less time to be physically active.* → Il a _____

   faire du sport.

3. *More and more people are using the Internet.* → _____ de gens se servent de

   l'Internet.

4. *I'd rather you didn't take the car tonight.* → _____ que tu ne prennes pas la voiture

   ce soir.

5. *The more coffee you drink, the less you'll be able to sleep.* → (a) _____ tu bois de

   café, (b) _____ (arriver: futur) à dormir.

6. *He's very different from his brother.* → Il est très _____ son frère.

7. *Don't look at me as though I was speaking Chinese to you!* → Ne me regarde pas

   _____ je te parlais chinois!

8. *Let's go for a walk instead of watching television all afternoon!* → Allons nous promener

   _____ de regarder la télévision tout l'après-midi!

19-16 Rédaction: deux personnes bien différentes l'une de l'autre. Rédigez un paragraphe d'une dizaine de phrases où vous comparerez vos parents ou vos meilleurs amis. (Voir *Contrastes*, Chapitre 19, section 1 à 17.)

19-17 Rédaction: conflit de générations. Rédigez un paragraphe d'une dizaine de phrases où vous comparerez les goûts et les habitudes de votre génération avec ceux de la génération de vos parents ou de vos grands-parents. (Voir *Contrastes*, Chapitre 19, section 1 à 17.)

20

Les indéfinis

20-1 **Aucun (adjectif et pronom).** Complétez les phrases suivantes selon les modèles ci-dessous. Employez d'abord **aucun/aucuns** ou **aucune/aucunes** comme <u>adjectifs</u>, puis comme <u>pronoms</u>. Faites tous les changements nécessaires. (Voir *Contrastes*, Chapitre 20, section 1.)

MODÈLES: • J'ai **plusieurs pièces** d'un euro (*euro coins*). → Je n'ai (a) **aucune pièce** d'un euro. → Je n'en ai (b) **aucune**.
• De **nombreux étudiants** sont tombés malades. → (a) **Aucun étudiant** n'est tombé malade. → (b) **Aucun** n'est tombé malade.

1. J'ai **beaucoup de rendez-vous** cet après-midi. → Je n'ai (a) _____
cet après-midi. → Je n'en ai (b) _____.

2. Je vois **des ciseaux** sur cette table. → Je ne vois (a) _____ sur cette
table. → Je n'en vois (b) _____.

3. Il a **énormément de patience** avec elle. → Il n'a (a) _____ avec
elle. → Il n'en a (b) _____.

4. Vous trouverez **de nombreuses lunettes de soleil** dans ce magasin. → Vous ne trouverez
(a) _____ dans ce magasin. → Vous n'en trouverez
(b) _____.

5. **Certains sportifs** sont capables d'un tel exploit. → (a) _____ n'est
capable d'un tel exploit. → (b) _____ n'en est capable.

6. Ce journaliste a subi **de multiples représailles** (*reprisals*) à la suite de ce reportage. → Ce journaliste
n'a subi (a) _____ à la suite de ce reportage. → Ce journaliste n'en
a subi (b) _____.

7. Il paraît que **toutes les étudiantes** parlent couramment français. → Il paraît
qu'(a) _____ ne parle couramment français. → Il paraît
qu'(b) _____ d'entre elles ne parle couramment français.

8. J'ai vu **plusieurs films**. → Je n'ai vu (a) _____. → Je n'en ai vu
(b) _____.

20-2 **Les autres vs des autres vs d'autres (adjectifs et pronoms).** Complétez les phrases suivantes avec **les autres**, **des autres** ou **d'autres**. (Voir *Contrastes*, Chapitre 20, section 2a.)

1. Je n'aime pas beaucoup ces yaourts. Tu ne pourrais pas en acheter _____?

2. Il est très indépendant et passablement têtu (*quite obstinate*). L'avis _____ ne
l'intéresse pas le moins du monde.

3. Ces chocolats sont délicieux, mais je préfère encore _____, ceux que tu m'as offerts pour mon anniversaire.

4. À part moi, y a-t-il _____ personnes qui aient besoin de l'imprimante en ce moment?

5. Ces deux CD sont à moi, mais tous _____ sont à mon frère.

6. Qu'est-ce qui te fait croire que tu peux te passer _____? (*What makes you think that you can do without the others?*) [ON DIT: **se passer <u>de</u> qqn**]

7. As-tu _____ idées? —Non, aucune.

8. Quelles chaussures avez-vous choisies? Les noires ou _____?

20-3 **Autre et ses variantes (adjectifs et pronoms).** Complétez les phrases suivantes par l'une des possibilités mentionnées ci-dessous (chacune d'entre elles ne peut être employée qu'<u>une seule fois</u>). (Voir *Contrastes*, Chapitre 20, section 2.)

> aucun autre / d'autres / des autres / les autres / les uns les autres / les uns que les autres /
> l'une de l'autre / personne d'autre / quelqu'un d'autre / quelque chose d'autre /
> rien d'autre / un autre

1. À part Jerry, je ne connais _____.

2. Auriez-vous _____ brochures à nous montrer?

3. Dans les compétitions, il est important que les coéquipiers (*teammates*) s'encouragent

   _____.

4. Tu sais bien que ce n'est pas mon choix mais celui _____. Si tu n'es pas d'accord, eh bien, dis-le-leur!

5. Ah bon? Tu n'aimes pas la pizza? Tu veux qu'on commande _____?

6. Dans cette famille, ils sont tous plus doués (*gifted*) _____.

7. Ce couteau ne coupe pas, donne-m'en _____, s'il te plaît.

8. Les uns sont français, _____ américains.

9. Ces trois plats du jour ne me tentent guère. Ils n'ont _____ au menu?

10. Ces sœurs jumelles se ressemblent tellement qu'il est quasiment impossible de les distinguer

    _____.

11. C'est le seul logiciel (*software program*) disponible en ce moment. À ma connaissance, il n'y en

    existe _____ sur le marché.

12. Non, je regrette, je ne connais pas son numéro de téléphone; demande-le à _____.

20-4 Certain(s)/Certaine(s) vs quelques. Traduisez les phrases suivantes en employant **quelques** ou la forme appropriée de **certain**. Employez les indications entre crochets, le cas échéant. (Voir *Contrastes*, Chapitre 20, section 3 et N.B. 20-2.)

MODÈLES: • *I bought some magazines.* → **J'ai acheté quelques magazines.**

• *Some of the magazines I bought are very interesting.* → **Certains des magazines que j'ai achetés sont très intéressants.**

1. *Mr. Durand is a rather elderly gentleman.* [Monsieur Durand est un monsieur... / âge (m.)]

   _____

2. *His goodwill is undeniable.* [Il a une bonne volonté...]

   _____

3. *Some reactions will always surprise me.* [réaction (f.) / surprendre (futur) toujours]

   _____

4. *We saw a few good movies lately* [Nous avons vu... / bons films dernièrement]

   _____

5. *Some of the movies we saw recently are very funny.* [que nous avons vus récemment / drôles]

   _____

6. *Look! Some of those shoes are on sale.* [Regarde! / chaussures (f. pl.) / être en solde]

   _____

7. *She made some progress.* [faire (passé composé) / progrès]

   _____

8. *She made definite progress.* [progrès (exclusivement au masculin pluriel ici)]

   _____

20-5 Chaque vs chacun/chacune. Complétez les phrases suivantes de la façon qui convient en employant **chaque** ou **chacun/chacune**. (Voir *Contrastes*, Chapitre 20, section 4.)

1. Jim et moi jouons ensemble au tennis _____ semaine.

2. _____ fait comme il l'entend. (*Each to his taste.*)

3. _____ de mes trois sœurs a fait du droit (*went to law school*).

4. Les journalistes pourront poser _____ trois questions aux candidats.

5. _____ chambre est équipée d'un téléviseur, d'un frigidaire et du WiFi.

6. Dans le monde des affaires, c'est un peu _____ pour soi.

7. Je me lève _____ matin à sept heures.

8. _____ de ces étudiants s'est engagé à effectuer 5 heures de travail communautaire.

9. Ces bottes (f.) de roses (*bunches of roses*) sont à sept euros _____.

10. C'est un quartier très animé. Dans presque _____ rue, on trouve des cafés, des magasins et quelques bons petits restaurants.

11. Si _____ de mes copains possède un iPod, pourquoi ne pourrais-je pas, moi aussi, en avoir un?

12. Elles nous ont raconté _____ leur version des faits.

20-6   Chose(s). Complétez les phrases suivantes par une expression comprenant le mot **chose/choses**, de façon à ce que vos réponses correspondent aux mots *en gras*. (Voir *Contrastes*, Chapitre 20, section 5.)

1. *Don't worry about that; **it's just one of those things**, but it's nothing serious.* → Ne t'en fais pas pour ça; ce sont _____, mais ce n'est rien de grave.

2. *We spoke **of this and that**.* → Nous avons parlé _____.

3. *She already went to the bank? Good, **that's one thing out of the way**!* → Elle est déjà passée à la banque? Bon, _____!

4. ***Above all else**, you should update your résumé.* → _____, il faudrait que tu mettes à jour ton CV.

5. ***There are two possibilities** [**You have one of two choices**]: either you contribute to the living expenses, or you move out.* → _____: soit tu participes aux frais du ménage, soit tu déménages.

6. *Give **him my regards**.* → Dis-lui bien _____.

7. *There isn't **much** to see on TV tonight.* → Il n'y a pas _____ à voir à la télé ce soir.

8. *Did they fix the Internet connection? —Yes, **it's done**.* → Est-ce qu'ils ont réparé la connexion Internet? —Oui, _____.

9. *What's wrong? You seem **a bit off** today.* → Qu'est-ce qui ne va pas? Tu as l'air _____ aujourd'hui.

10. ***She took it very badly** and now, she won't speak to me.* → _____ et maintenant, elle ne m'adresse plus la parole.

20-7   Différent, même, nul. Complétez les phrases suivantes par la forme appropriée de **différent**, **même** ou **nul**, plus tout autre mot nécessaire, de façon à ce que vos réponses correspondent aux éléments *en gras*. Employez le vocabulaire entre crochets, le cas échéant. (Voir *Contrastes*, Chapitre 20, sections 6 à 8.)

1. *I met him on **several different occasions**.* [reprises (f. pl.)] → Je l'ai rencontré à _____.

2. *He didn't resign because he wasn't getting along with his coworkers; he left for **different reasons**.* → Il n'a pas démissionné parce qu'il ne s'entendait pas avec ses collègues; il est parti pour _____.

3. *Are you looking for a summer dress? We can show you **several styles**.* [modèle (m.)] → Vous cherchez une robe d'été? Nous avons _____ à vous montrer.

4. *I, **myself**, lived a long time in Senegal.* → J'ai _____ longtemps vécu au Sénégal.

5. *I saw him **this very morning**.* → Je l'ai vu _____.

6. *Basements, **even ground floors**, were flooded.* [les rez-de-chaussée (invariable)] → Les sous-sols, _____, étaient inondés.

7. *You don't see this **anywhere** else.* → On ne voit ça _____ ailleurs.

8. ***Even her friends** helped her financially.* [amis] → _____ l'ont aidée financièrement.

9. ***Her parents themselves** helped her financially.* → _____ l'ont aidée financièrement.

10. ***No one** has the right to do such a thing!* → _____ n'a le droit de faire une chose pareille!

20-8 **On** vs **nous.** Mettez les verbes entre parenthèses aux temps indiqués en choisissant comme sujet soit **on**, soit **nous**, suivant le sens et le contexte. (Voir *Contrastes*, Chapitre 20, section 9.)

1. À huit ans, _____ (comprendre: présent) déjà bien des choses.

2. Nous étions en train de manger lorsqu'_____ (frapper: passé composé) à la porte.

3. Quand mes sœurs et moi étions enfants, _____ (aller: imparfait) à l'école à pied.

4. _____ (inaugurer: passé composé) le nouveau musée samedi dernier.

5. _____ (devoir: conditionnel présent) nous arrêter pour demander notre chemin, sinon nous allons nous perdre.

20-9 **On et ses substituts.** Remplacez **on** par un autre <u>pronom</u>, ou <u>récrivez la phrase</u> en employant une tournure différente. Faites tous les changements nécessaires. (Voir *Contrastes*, Chapitre 20, section 9.)

1. On a arrêté les voleurs. → Des voleurs _____.

2. Alors les enfants, on s'est bien amusés? (*So, kids, did you have fun?*) → Alors les enfants, _____ bien amusés?

3. On est entré chez moi en mon absence. → _____ chez moi en mon absence.

4. C'est à l'échelle mondiale que l'on doit trouver des solutions au réchauffement planétaire. → C'est à l'échelle mondiale _____ trouver des solutions au réchauffement planétaire.

5. On doit tous faire un effort. → _____ faire un effort.

6. On n'est pas encore arrivés au bout de nos peines. → _____ au bout de nos peines.

7. [Une grand-mère, à son petit-fils] Et moi alors, mon chéri, on ne m'embrasse pas? → Et moi, alors, mon chéri, _____?

8. Si on ne part pas tout de suite, on sera pris dans les embouteillages (*traffic jams*). → Si

   (a) _____ tout de suite,

   (b) _____ dans les embouteillages.

9. On a fermé l'usine. → L'usine _____.

10. Dans cette famille-là, on est architecte de père en fils. → Dans cette famille, _____ architectes de père en fils.

20-10 **Personne, plusieurs, maints, quelconque.** Répondez aux questions suivantes par une phrase complète. Remplacez les mots **en gras** par **personne, plusieurs, maints, quelconque,** suivant le cas. Faites tous les changements nécessaires. (Voir *Contrastes*, Chapitre 20, sections 10 à 12.)

1. Est-ce que **tout le monde a vu** ce film? —Non, _____ ce film.

2. **Aucune de ces cravates** ne lui plaît? —Mais si, _____ lui plaisent beaucoup.

3. Tu as rencontré **des gens intéressants**? —Non, _____.

4. A-t-il posé **des** questions? —Oui, il a posé _____ questions.

5. Ce film est **bien**? —Non, il est absolument _____.

6. Est-ce que **des gens** se sont plaints? —Non, heureusement, _____.

7. Est-ce qu'il a manifesté un désir **particulier** d'y aller? —Non, il n'a pas manifesté _____ d'y aller.

8. Il paraît qu'elle joue du piano **à merveille**? —Oui, elle en joue comme _____.

20-11 **Quelque, quelqu'un, quelques-un(e)s, etc.** Complétez les phrases suivantes par l'une des possibilités mentionnées ci-dessous de façon à ce que vos réponses correspondent aux éléments *en gras* (chaque possibilité ne peut être utilisée qu'une seule fois). Ajoutez la préposition **de/d'**, si nécessaire. (Voir *Contrastes*, Chapitre 20, sections 13 à 15.)

> quelque / quelques / quelque chose d' / quelquefois [en <u>un</u> mot] / quelques fois [en <u>deux</u> mots] / quelque part / quelque peu / quelqu'un d' / quelques-un(e)s

1. *We used to see them **every now and then/sometimes** when they still lived in Nantes.* → On les voyait _____ lorsqu'ils habitaient encore à Nantes.

2. *We went there only **a few times**.* → Nous n'y sommes allé(e)s que _____.

3. *This is **something** interesting.* → C'est _____ intéressant.

4. *She was **somewhat** surprised to hear that.* → Elle a été _____ surprise d'apprendre cela.

5. *I have no more stamps; do you have **a few** by any chance?* → Il ne me reste plus de timbres, est-ce que tu en aurais _____ par hasard?

6. *It seems to me that I have already seen her **somewhere**.* → Il me semble que je l'ai déjà vue _____.

7. *I have **some** questions to ask you.* → J'ai _____ questions à vous poser.

8. *They gathered **some** six hundred signatures.* → Ils ont recueilli _____ six cent signatures.

9. *Who is this? **Someone** important?* → Qui est-ce? _____ important?

20-12 **Quelque vs quelques vs quelques-un(e)s.** Complétez les phrases suivantes par **quelque, quelques** ou **quelques-uns/quelques-unes**, de façon à ce que vos réponses correspondent aux éléments **en gras**. (Voir *Contrastes*, Chapitre 20, sections 13 à 15.)

1. *We bought **a few** souvenirs.* → Nous avons acheté _____ souvenirs.

2. *I have **some** difficulty believing him. He always makes up such incredible stories!* → J'ai _____ peine à le croire. Il est tellement mythomane!

3. *Do you have any brioches left? —Yes, **a few**. How many do you need?* → Il vous reste des brioches (f.)? —Oui, _____. Il vous en faut combien?

4. *He went away for **a while**.* → Il s'est absenté pendant _____ temps.

5. *Look at the trips proposed by this travel agency. **Some of them** are tempting, aren't they?* → Regarde les voyages que propose cette agence. _____ sont attrayants, tu ne trouves pas?

6. *That watch costs **around** two thousand dollars.* → Cette montre coûte _____ deux mille dollars.

7. *I really like her novels; **some of them** are quite gripping.* → J'aime beaucoup ses romans, _____ sont vraiment prenants.

8. *If you are dissatisfied with your purchase for **any** reason **whatsoever**, you may return it to us and you will be fully reimbursed.* → Si, pour _____ raison, vous n'êtes pas entièrement satisfait de votre achat, il vous suffira de nous retourner l'article pour être pleinement remboursé.

9. *She spent **a few** months in Iraq.* → Elle a passé _____ mois en Irak.

10. *The **roughly** eight months she spent in Iraq have left a deep impression on her.* → Les _____ huit mois qu'elle a passés en Irak l'ont profondément marquée.

20-13 **Quel que** + <u>subjonctif</u> vs **quelque… que** + <u>subjonctif</u>. Complétez les phrases suivantes par **quelque… que** ou **quel(s)/quelle(s) que** (plus tout autre mot nécessaire). Employez le vocabulaire entre crochets, le cas échéant. (Voir *Contrastes*, Chapitre 20, section 16.)

MODÈLES:
- *You'll always be welcome, regardless of the circumstances [= whatever the circumstances (subject) may be].* → Tu seras toujours le bienvenu, **quelles** que soient les circonstances.
- *Regardless of the good reasons they may invoke [= Although they may invoke good reasons], they will never be able to convince me.* → **Quelques** bonnes raisons qu'ils allèguent, ils ne réussiront jamais à me convaincre.

1. *I am unable to answer your questions, however pressing [regardless of how pressing] they may be.* [pressantes] → Il m'est impossible de répondre à vos questions, _____ elles soient.

2. *However we look at the problem, we see no other solution.* [façon] → De _____ nous envisagions le problème, nous ne voyons aucune autre solution.

3. *However forceful [Regardless of how forceful] your arguments may be, they are not convincing.* [percutants] → _____ soient vos arguments, ils ne sont pas convaincants.

4. *All women must have the right to vote, regardless of their nationality [whatever their nationality may be].* [nationalité (f.)] → Toutes les femmes doivent avoir le droit de vote, _____ soit leur nationalité.

20-14 **Quel que** + <u>subjonctif</u> vs **quelque… que** + <u>subjonctif</u>. Complétez les phrases suivantes par **quelque… que** ou **quel(s)/quelle(s) que** (plus tout autre mot nécessaire). Employez le vocabulaire entre crochets, le cas échéant. (Voir *Contrastes*, Chapitre 20, section 16.)

1. *You are wrong to act like this, whatever your problems may be.* → Vous avez tort d'agir ainsi, _____ soient vos problèmes.

2. *The government is maintaining its position, regardless of the strong likelihood of a strike [however strong the likelihood of a strike].* [fortes] → Le gouvernement continue de maintenir sa position, _____ soient les menaces de grève.

3. *I won't take back what I said, regardless of the consequences [whatever the consequence may be].* → Je ne me rétracterai pas, _____ soient les conséquences (f. pl.).

4. *My parents won't buy me a new cell phone, **regardless of its price**.* [prix (m.)] → Mes parents refusent de m'acheter un nouveau portable, à _____ il soit.

20-15 **Quel que** + <u>subjonctif</u> vs **Quelque… que** + <u>subjonctif</u>. Récrivez les phrases suivantes de façon à remplacer les mots **en gras** par une phrase avec **quelque(s)… que** ou **quel(s)/quelle(s) que** + <u>subjonctif</u>. Faites tous les changements nécessaires. (Voir *Contrastes*, Chapitre 20, section 16.)

1. Ils ne devraient pas partir sans dire au revoir, **même s'ils sont pressés**. → Ils ne devraient pas partir sans dire au revoir, _____.

2. Ils ont droit au logement (*housing*), **même s'ils sont pauvres**. → Ils ont droit au logement, _____.

3. Il faut qu'il retrouve du travail, <u>**d'une façon ou d'une autre**</u>. → Il faut qu'il retrouve du travail, de _____.

4. Je ne veux pas que tu rentres plus tard que minuit, **peu importe l'heure** du dernier métro. → Je ne veux pas que tu rentres plus tard que minuit, _____ du dernier métro.

5. Il tient à s'acheter chaque nouveau gadget, **peu importe son prix**. → Il tient à s'acheter chaque nouveau gadget, _____.

6. Tout étranger doit obtenir une carte de séjour, **peu importe sa nationalité**. → Tout étranger doit obtenir une carte de séjour, _____.

20-16 Rien et tel. Traduisez les phrases suivantes en employant **rien** ou la forme de **tel** qui convient. Employez les indications entre crochets. (Voir *Contrastes*, Chapitre 20, sections 17 et 18).

1. *Don't worry, it's nothing important.* [Ne t'inquiète pas, ce...]

_____

2. *You won't be able to walk in that kind of shoe.* [Tu ne pourras pas marcher avec... / chaussures (f. pl.)]

_____

3. *She looks good in anything.* [expression idiomatique avec le verbe **habiller**]

_____

4. *Have you ever heard anything more beautiful?* [*you* = tu / entendre (passé composé; employez une question par <u>inversion</u>)]

_____

5. *Raising three children on a single salary is no picnic!* [Élever trois enfants sur un seul salaire,... / (expression idiomatique)]

_____

6. *I left the bedroom in its original state.* [laisser (passé composé) / chambre (f.)]

_____

7. *To me, this doesn't bode well.* [Cela ne me... / (expression idiomatique)]

_____

8. *Like mother, like daughter.* [mère / fille]

_____

9. *There's nothing like a good cup of coffee.* [une bonne tasse de café]

_____

10. *Such a lack of reaction is surprising.* [Un... manque de réaction]

_____

20-17 Tout (adjectif, pronom, nom). Complétez les phrases suivantes par la forme de **tout** qui convient (plus tout autre mot ou expression nécessaire), de façon à ce que vos réponses correspondent aux éléments *en gras*. (Voir *Contrastes*, Chapitre 20, section 19.)

1. *They said it to **everyone**.* → Ils l'ont dit à _____.

2. *With **all** that noise, I didn't sleep a wink **all** night.* → Avec (a) _____ ce bruit, je n'ai pas fermé l'œil de (b) _____ la nuit.

3. *He's always **wildly enthusiastic**.* [idiomatique] → Il est toujours _____.

4. ***All** the polls indicate the same results.* → _____ les sondages (m. pl.) indiquent les mêmes résultats.

5. *Come on, it's **easy as pie**!* [idiomatique] → Mais voyons! C'est _____!

6. *Do you have **everything** you need?* → Est-ce que tu as _____ qu'il te faut?

7. *She **looks every inch the star**.* [idiomatique] → Elle _____ star.

8. ***All of them** got sick.* → Elles sont _____ tombées malades.

9. ***The main thing** is to get there on time.* → _____, c'est d'arriver là-bas à l'heure.

10. *He's really **awfully nice**.* [idiomatique] → Il est vraiment _____.

20-18 Tout (adverbe). Complétez les phrases suivantes par la forme de l'adverbe **tout** qui convient. (Voir *Contrastes*, Chapitre 20, section 19e.)

1. Quand mon frère était (a) _____ petit, il avait les cheveux (b) _____ frisés.

2. Mes deux petites cousines sont _____ excitées à l'idée de partir en colonie de vacances.

3. Elles voyageront (a) _____ seules pour la (b) _____ première fois.

4. J'aurais fait une (a) _____ autre proposition. OU J'aurais fait une proposition (b) _____ différente. (*I would have made a **completely** different proposition.*)

5. Nous étions encore _____ jeunes (*quite young*), mes frères et moi, lorsque nos parents sont venus vivre au Québec.

6. Quand nous sommes arrivé(e)s, elle était déjà _____ habillée [**h** muet].

7. Pour moi, cette maison est _____ hantée [**h** aspiré; *haunted*] de souvenirs d'enfance.

20-19 Tout (formes et emplois divers). Complétez les phrases suivantes par la forme de **tout** qui convient (plus tout autre mot nécessaire), de façon à ce que vos réponses correspondent aux éléments *en gras*. (Voir *Contrastes*, Chapitre 20, section 19.)

1. *I thought **everybody** agreed!* → Je croyais que _____ était d'accord!

2. ***While** I understand your point of view, I don't agree with it.* → _____ comprenant votre point de vue, je ne le partage point.

3. *Come on! It's **quite** easy! Just read the directions!* → Voyons, c'est _____ simple! Tu n'as qu'à lire le mode d'emploi!

4. *She gave me **all** her class notes.* → Elle m'a passé _____ ses notes (f. pl.) de cours.

5. *These students **all** spent a year in France.* → Ces étudiants ont _____ passé une année en France.

6. ***Everything** [that's] here is mine.* → _____ qui est là est à moi.

7. ***The main thing** is to talk to them calmly.* → _____ est de leur parler calmement.

8. *It snowed **all** day.* → Il a neigé _____ la journée.

9. *All right then, let them sort this out **on their own**!* → Bon, eh bien qu'ils se débrouillent _____ seuls!

10. *Really? You read **all** of Simone de Beauvoir during break?! I don't believe you!* → Vraiment? Tu as lu _____ Simone de Beauvoir pendant les vacances? Je ne te crois pas!

20-20 Tout (formes et emplois divers). Complétez les phrases suivantes par la forme de **tout** qui convient (plus tout autre mot nécessaire), de façon à ce que vos réponses correspondent aux éléments **en gras**. (Voir *Contrastes*, Chapitre 20, section 19.)

1. *Vanessa and her sister were **quite** nervous.* → Vanessa et sa sœur étaient _____ nerveuses.

2. ***Any** other solution would be unacceptable.* → _____ autre solution serait inacceptable.

3. *She sometimes makes mistakes in her calculations, **despite the fact that she is** a statistician.* → Il lui arrive de se tromper dans ses calculs, _____ statisticienne qu'elle est.

4. *My grandparents were **all/quite** happy to see us.* → Mes grands-parents étaient _____ heureux [**h** muet] de nous voir.

5. *My great-aunts were **all/quite** happy to see us.* → Mes grand-tantes étaient _____ heureuses de nous voir.

6. *My great-aunts were **all/quite** surprised to see us.* → Mes grand-tantes étaient _____ surprises de nous voir.

7. ***All of them** were happy to see us.* → Ils étaient _____ heureux de nous voir.

8. ***All of them** were happy to see us.* → Elles étaient _____ heureuses de nous voir.

20-21 Formes du possessif avec chacun(e), quelqu'un, personne, tout le monde. Complétez les phrases suivantes en employant la forme du possessif qui convient. (Voir *Contrastes*, Chapitre 20, sections 4d et 20.)

1. *Everyone must go home.* → Chacun doit rentrer chez _____.

2. *They each went home.* → Ils sont rentrés chacun chez _____.

3. *After all, everybody has "their" own worries, too. [After all, people have their worries, too.]* → Après tout, chacun a _____ propres soucis.

4. *We each have our own worries.* → Nous avons chacun (a) _____ propres soucis.
   OU Chacun d'entre nous a (b) _____ propres soucis.

5. *Will each of you [ladies] take your car?* → Est-ce que chacune de vous prendra
   (a) _____ voiture? OU Est-ce que vous prendrez chacune
   (b) _____ voiture?

6. *Somebody left "their" [his/her] keys behind.* → Quelqu'un a oublié _____ clés.

7. *Come on, don't push! One at a time!* → Ne poussez pas, voyons! Chacun _____ tour!

20-22 Expressions indéfinies idiomatiques. Complétez les phrases suivantes de façon à ce que vos réponses correspondent aux éléments **en gras**. (Voir *Contrastes*, Chapitre 20, sections 19h et 21.)

1. *Buy me a paper, **any one will do**.* → Achète-moi un journal, _____.

2. ***On the whole**, I'd rather not go out tomorrow night.* → _____, je préfère ne pas sortir demain soir.

3. *Sure, she's pretty, but she lacks that **certain little something**.* → D'accord, elle n'est pas mal, mais il lui manque ce petit _____.

4. *He ran away **as fast as he could**.* → Il s'est sauvé _____.

5. *She invited **God only knows who[m]**!* → Elle a invité _____!

6. ***In any case**, I'm not free.* → _____, je ne suis pas libre.

7. *I'll be **right with you**.* → J'arrive _____.

8. ***Bizarre as they may seem**, these traditions still have their raison d'être [i.e., remain justified].* → _____ bizarres qu'elles paraissent, ces traditions (f. pl.) ont encore leur raison d'être.

9. *Could you lend me twenty euros, **just in case**?* → Pourrais-tu me prêter vingt euros, _____.

10. ***Suddenly**, he realized that he was lost.* → _____ coup, il s'est rendu compte qu'il était perdu.

11. *I'll call you back **in a little while**.* → Je te rappelle _____.

12. *He bought the studio **as it was**, because he needed to move in **right away**.* → Il a acheté le studio
    (a) _____ parce qu'il avait besoin d'emménager (b) _____.

13. *I have classes **every other day**.* → J'ai cours _____.

20-23 Expressions indéfinies idiomatiques. Complétez les phrases suivantes de façon à ce que vos réponses correspondent aux éléments *en gras*. (Voir *Contrastes*, Chapitre 20, sections 4c, 19h et 21.)

1. *She's really **awfully** nice.* → Elle est vraiment gentille _____.

2. *Put your things down **anywhere**; you'll put them away later.* → Mets tes affaires

_____, tu les rangeras plus tard.

3. *The job of an emergency room doctor is no **picnic**!* → Le travail d'un urgentiste n'est pas

_____!

4. *They have **everything going for them**.* → Ils ont _____.

5. *She was **all smiles** last night.* → Elle était _____ hier soir.

6. *Don't listen to him; he's just speaking **off the top of his head**!* → Ne l'écoute pas, il dit

_____!

7. *By proposing **such** an agreement, the government is **staking its all**.* → En proposant un

(a) _____ accord, le gouvernement joue (b) _____.

8. *Personally, I don't much like this color, but **it's a matter of personal taste [to each his own]**!* →

Personnellement, je n'aime pas beaucoup cette couleur, mais à _____!

9. *She was **in tears**! What on earth did you say to her?!* [larmes] → Elle était _____! Qu'est-ce que tu es encore allé lui dire?!

10. ***In all honesty**, I prefer not to see him again.* → _____ dire, je préfère ne pas le revoir.

20-24 Expressions indéfinies idiomatiques. Complétez les phrases suivantes de façon à ce que vos réponses correspondent aux éléments *en gras*. (Voir *Contrastes*, Chapitre 20, sections 4c, 17d, 19h et 21.)

1. ***What's-his-name** told her that Kevin had been transferred.* → _____ lui a dit que Kevin avait été muté.

2. *She was acting **as if nothing had happened**.* → Elle faisait _____.

3. *No one told me **anything at all**.* → Personne ne m'a dit _____.

4. *You can come to see us **any time**.* → Tu peux venir nous voir _____.

5. *I don't know what's the matter with me these days, but I'm working **in a really careless manner**.* → Je ne

sais pas ce que j'ai en ce moment, mais je travaille vraiment _____.

6. *If you have **some** problem **or other**, call me.* → Si vous avez un _____ problème, appelez-moi.

7. *You have to learn to see things **as they are**.* → Il faut que tu apprennes à voir les choses

_____ sont.

8. *I forbid you to talk to **anyone at all** about this.* → Je t'interdis de parler de cela à

_____.

20-25 Qui que, quoi que, où que + <u>subjonctif</u>. Complétez les phrases suivantes avec **qui que, quoi que** ou **où que** + <u>subjonctif</u> de façon à ce que vos réponses correspondent aux éléments *en gras*. (Voir *Contrastes*, Chapitre 20, section 21 et N.B. 20-7.)

1. **Wherever** [*Regardless of where*] *you go in this region, you'll find lush vegetation.* →

    _____ dans cette région, vous trouverez une végétation luxuriante.

2. *I don't want to be told* **anything at all** *about this.* → Je ne veux pas qu'on me dise

    _____ à ce sujet.

3. *Be careful,* **whatever you do.** → Sois prudent, _____.

4. *He no longer wants to see* **anyone at all.** → Il ne veut plus voir

    _____.

5. *Contact us,* **whoever you are!** → _____, contactez-nous!

6. *This isn't as easy as that,* **whatever they say.** [*they* = on] → Ce n'est pas si facile que ça,

    _____.

7. *I don't feel like doing* **anything at all** *today.* → Je n'ai pas envie de faire

    _____ aujourd'hui.

8. *It's impossible to find this book* **anywhere at all** *right now; it's sold out.* → Il est impossible de trouver

    ce livre _____ en ce moment; il est en rupture de stock.

20-26 *Regardless of, whatever, wherever, however, etc.* Complétez les phrases suivantes de façon à ce que vos réponses correspondent aux éléments *en gras*. (Voir *Contrastes*, Chapitre 20, sections 16, 21 et N.B. 20-7.)

1. *He always takes his computer along,* **wherever he goes.** → Il emporte toujours son ordinateur,

    _____.

2. *She refuses to see* **anyone at all** *[regardless of who it may be].* → Elle refuse de voir

    _____.

3. *He will get caught in the end,* **regardless of how cunning he is.** → Il finira par se faire prendre,

    (a) _____ rusé (b) _____.

4. *There's* **nothing more** *that can be done.* → On ne peut plus faire _____.

5. **Whatever the reasons for these expulsions may be,** *it's shameful to treat these people in such a way.* →

    _____ les raisons de ces expulsions, il est indigne de traiter ces gens de cette manière.

6. *I don't have to take orders from* **anyone** *[whoever it may be].* → Je n'ai <u>pas</u> d'ordres à recevoir de

    (a) _____. OU Je n'ai d'ordres à recevoir de (b) _____.

7. *The rental fee is the same for all compact cars,* **regardless of their make.** → Les frais de location sont les

    mêmes pour toutes les voitures de type économique, (a) _____ soit leur marque

    [OU de (b) _____ marque qu'elles soient].

8. *He's wrong,* **whatever he may say** *about it.* → Il a tort, _____ il en dise.

20-27 Récapitulation: adjectifs, adverbes, expressions et pronoms indéfinis. Complétez les phrases suivantes de façon à ce que vos réponses correspondent aux éléments *en gras*. (Voir *Contrastes*, Chapitre 20, sections 1 à 21.)

1. ***None*** *of these soldiers speaks Arabic.* → _____ de ces soldats ne parle arabe.

2. *They have three daughters;* ***each one*** *graduated from college summa cum laude.* → Ils ont trois filles; _____ a fait de brillantes études universitaires.

3. *I have* ***nowhere*** *to go tonight.* → Je n'ai _____ où aller ce soir.

4. *Do you understand* ***anything*** *about it?* → Vous y comprenez _____?

5. *No, I don't understand* ***a thing*** *about it.* → Non, je n'y comprends _____.

6. *I have two sisters;* ***one*** *is blond,* ***the other one*** *is dark-haired.* → J'ai deux sœurs:

   (a) _____ est blonde, (b) _____ est brune.

7. *Hello, is* ***anyone*** *home?* → Hou, hou, il y a _____?

8. ***You*** *can't get bored in Paris; there are so many things to do!* → _____ ne peut pas s'ennuyer à Paris, il y a tant de choses à faire!

9. *Ask her; after all, you know her better than* ***anyone else.*** → Demande-lui; après tout, tu la connais mieux que _____.

10. ***Some*** *people loved the movie,* ***others*** *not at all.* → (a) _____ personnes ont beaucoup aimé le film, (b) _____ pas du tout.

20-28 Récapitulation: adjectifs, adverbes, expressions et pronoms indéfinis. Complétez les phrases suivantes de façon à ce que vos réponses correspondent aux éléments *en gras*. (Voir *Contrastes*, Chapitre 20, sections 1 à 21.)

1. *I get up* ***each*** *morning at seven o'clock.* → Je me lève _____ matin à sept heures.

2. ***No one*** *has a better sense of humor than he does.* → _____ n'a autant d'humour que lui.

3. ***Everybody*** *will have to try hard.* → _____ devra y mettre du sien.

4. ***Not one*** *of us could remember his name.* → _____ de nous ne pouvait se rappeler son nom.

5. *The stolen paintings* ***have been found.*** → _____ a retrouvé les tableaux volés.

6. *I don't have* ***much*** *to do these next few days.* → Je n'ai pas _____ à faire ces prochains jours.

7. *The government seems* ***not in the least*** *concerned by this problem.* → Le gouvernement ne semble _____ concerné par ce problème.

8. *I can't see my car* ***anywhere****; where on earth did I park it?* → Je ne vois ma voiture _____; où diable ai-je bien pu la garer?

9. *I defy* ***anyone*** *to prove me wrong.* → Je défie _____ de me prouver le contraire.

10. *I like these people;* ***we*** *could ask them over for a drink Saturday night.* → J'aime bien ces gens; _____ pourrait les inviter à prendre un verre samedi soir.

20-29 **Dialogue de sourds (travail d'équipe, oral ou écrit).** Avec un(e) ou deux partenaires, inventez un petit dialogue entre un(e) adolescent(e) et ses parents. Le père et la mère posent une foule de questions précises et pressantes que l'adolescent(e) tente d'esquiver (*dodge*) en répondant dé façon aussi vague que possible. Après quelques répliques, changez de rôle. (Voir *Contrastes*, Chapitre 20, sections 1 à 21.)

MODÈLE:

—Où étais-tu hier soir?

—**Nulle part**...

—Comment, **nulle part**? Tu étais bien **quelque part**? Avec qui as-tu passé **toute** la soirée?

—**Personne**..., enfin **des** gens que tu ne connais pas...

—Comment, **personne**? Pas **n'importe qui**, tout de même... **Dieu sait avec qui** tu sors ces jours-ci! Je veux savoir ce que vous avez fait entre dix heures du soir et quatre heures du matin!

—**On** n'a **rien** fait de spécial, ou en **tout** cas pas **grand-chose**...

20-30 **Dialogue: les générations se suivent mais ne se ressemblent pas (travail d'équipe, oral ou écrit).** Avec un(e) ou deux partenaires, inventez un petit dialogue entre un(e) adolescent(e) et un de ses grands-parents. L'adolescent(e) pose une foule de questions auxquelles le grand-père ou la grand-mère répondent de façon précise. (Voir *Contrastes*, Chapitre 20, sections 1 à 21.)

MODÈLE:

—Dis donc, Mamie, quand tu étais pensionnaire à mon âge, tu pouvais porter **n'importe quoi** en classe?

—Tu veux dire **n'importe quel** vêtement? Ah non ma chérie, je portais un uniforme, comme **tout le monde**.

—Et pour tes cours, tu pouvais choisir **n'importe quelle matière**?

—Certainement pas! Je devais suivre **tous** les cours imposés. Il n'y avait **rien** à choisir—enfin, **pas grand-chose**: les langues, par exemple.

—Vous pouviez sortir **quelquefois**? **N'importe où** et avec **n'importe qui**?

21

Pluriels et accords (cas particuliers)

21-1 Le pluriel des noms et des adjectifs. Complétez les phrases suivantes de façon à ce que vos réponses correspondent aux mots **en gras.** Employez les indications entre crochets, le cas échéant.
(Voir *Contrastes*, Chapitre 21, sections 1 à 8.)

1. *Did you like **the Monets** [i.e., paintings by Monet]?* → Tu as aimé _____?

2. *We have rehearsals every **Monday night.*** → Nous répétons tous les _____.

3. *She made two chocolate cakes for her **granddaughters.*** → Elle a confectionné deux gâteaux au chocolat pour ses _____.

4. ***The Lagardes** are **charming old people.*** → (a) _____ sont de (b) _____ gens (c) _____.

5. *One of my **front tires** blew up.* [pneu (m.) / avant] → Un de mes _____ a crevé.

6. *The **passionate** love of Héloïse and Abélard in the Middle Ages **is proverbial.*** [passionné / proverbial] → Les amours (a) _____ d'Héloïse et Abélard au Moyen Âge (b) _____.

7. *I don't work **on Tuesdays.*** → Je ne travaille pas _____.

8. ***The news isn't good.*** → _____.

21-2 Le pluriel des noms et des adjectifs. Complétez les phrases suivantes de façon à ce que vos réponses correspondent aux mots **en gras.** Employez les indications entre crochets, le cas échéant.
(Voir *Contrastes*, Chapitre 21, sections 1 à 8.)

1. *Do you prefer **spaghetti** or **noodles** for tonight's dinner?* [spaghetti (m.) / nouille (f.)] → Tu préfères des (a) _____ ou des (b) _____ pour le dîner de ce soir?

2. *Before the 1989 reunification, there were two **Germanies:** East Germany and West Germany.* → Avant la réunification de 1989, il y avait deux _____: l'Allemagne de l'Est et l'Allemagne de l'Ouest.

3. *Ladies and gentlemen, good morning and welcome!* → (a) _____ et (b) _____, bonjour et bienvenue!

4. *The highest **skyscrapers** in the world are in Asia.* [gratte-ciel (m.)] → Les plus hauts _____ du monde se trouvent en Asie.

5. ***Camembert** and **roquefort cheeses** are exported all over the world.* → Les (a) _____ et les (b) _____ s'exportent dans le monde entier.

6. *We celebrated **their engagement** last Sunday.* → Nous avons célébré _____ dimanche dernier.

7. *Originally, **the Plantagenets** were French princes.* [Plantagenêt] → À l'origine, _____ étaient des princes français.

8. *When are **final** exams taking place?* → Quand ont lieu les examens _____?

9. ***Easter** is very late this year.* → _____ tombe très tard cette année.

10. *These **rainbows** are **spectacular**.* [arc-en-ciel (m.)] → Ces (a) _____ sont

(b) _____.

21-3 **L'accord de l'adjectif.** Complétez les phrases suivantes de façon à ce que vos réponses correspondent aux mots **en gras**. Employez le vocabulaire entre crochets, le cas échéant. (Voir *Contrastes*, Chapitre 21, sections 9 à 22.)

1. *My two **great-aunts** live in Buffalo.* → Mes deux _____ vivent à Buffalo.

2. *He comes to see us **every second and third Sunday** of the month.* [deuxième / troisième] → Il vient nous voir tous _____ de chaque mois.

3. *She was wearing nice **white** sandals.* → Elle portait de jolies sandales _____.

4. *Buy me a pound of really **ripe** strawberries.* [mûr] → Achète-moi une livre de fraises bien

_____.

5. *He has **blue-green** eyes.* → Il a les yeux _____.

6. *She doesn't look **happy**.* [content] → Elle n'a pas l'air _____.

7. *The two **rear-tires** of my car are flat.* [pneu (m.) / arrière] → Les deux _____ de ma voiture sont à plat.

8. *These **old** people are very **nice**.* [gentil] → Ces (a) _____ gens sont très

(b) _____.

9. *The apple was **half eaten**.* → La pomme était à _____.

10. *These cherries look **delicious**.* [cerise (f.)] → Ces cerises ont l'air _____.

21-4 **L'accord de l'adjectif.** Complétez les phrases suivantes de façon à ce que vos réponses correspondent aux mots **en gras**. Employez le vocabulaire entre crochets, le cas échéant. (Voir *Contrastes*, Chapitre 21, sections 9 à 22.)

1. *This is Jérôme, my **new** friend.* → Je te présente Jérôme, mon _____ ami.

2. *I'm always **barefoot** in the summer.* → L'été, je suis toujours _____.

3. *Coal miners work very **hard**.* [dur] → Les mineurs travaillent très _____.

4. *She has **beautiful hazel** eyes.* [beau / noisette] → Elle a de (a) _____ yeux

(b) _____.

5. *Who is this **old** man?* → Qui est ce _____ homme?

6. *Which shirts do you prefer? The **pink** ones or the **lavender-blue**?* [lavande] → Quelles chemises préfères-tu? Les (a) _____ ou les (b) _____?

7. *This jacket is very **chic**.* → Cette veste est très _____.

8. *These two dresses here are **better** than those.* → Ces deux robes-ci sont _____ que celles-là.

9. *Which of these pillows do you prefer? The **red-orange** ones or the **dark red**?* [sombre] → Quels coussins préfères-tu? Les (a) _____ ou les (b) _____?

10. *He has **black** hair with **salt-and-pepper** sideburns.* [poivre et sel] → Il a les cheveux

(a) _____ et les favoris (b) _____.

21-5 **Verbe au singulier ou au pluriel?** Complétez les phrases suivantes en mettant les verbes entre parenthèses aux temps indiqués et à la forme qui convient, de façon à ce que vos réponses correspondent aux éléments **en gras**. Attention à l'accord des participes passés ou des adjectifs, le cas échéant. (Voir *Contrastes*, Chapitre 21, sections 23 et 24.)

1. *In the last elections, only a very small minority of French people **voted** for the Green party.* → Lors des dernière élections, seule une très faible minorité de Français _____ (voter: passé composé) pour les Verts.

2. *A first, then a second convoy **was able** to cross the border during the night.* → Un premier, puis un second convoi _____ (pouvoir: passé composé) traverser la frontière pendant la nuit.

3. *50% of the crop **was lost** due to flooding.* → 50 % de la récolte _____ (être perdu: passé composé) à cause des inondations.

4. *Neither one nor the other **will be free** tomorrow.* → Ni l'un ni l'autre _____ (être libre: futur) demain.

5. *One or the other of these dictionaries **will do**.* → L'un ou l'autre de ces dictionnaires _____ (faire: futur) l'affaire.

21-6 **Verbe au singulier ou au pluriel?** Complétez les phrases suivantes en mettant les verbes entre parenthèses aux temps indiqués et à la forme qui convient. Attention à l'accord des participes passés ou des adjectifs, le cas échéant. (Voir *Contrastes*, Chapitre 21, sections 23 et 24.)

1. Serena Williams, tout comme sa sœur Vénus, _____ (être: présent) une remarquable athlète.

2. Le premier et le deuxième cheval _____ (battre: passé composé) tous les records.

3. La moitié des oranges _____ (être vendu: présent) localement.

4. Un millier de personnes _____ (se presser: imparfait) le long des Champs-Élysées.

5. Tout est si bien organisé que moins de deux heures _____ (être nécessaire: futur) pour les derniers préparatifs avant la fête.

21-7 **Verbe au singulier ou au pluriel?** Complétez les phrases suivantes en mettant les verbes entre parenthèses aux temps indiqués et à la forme qui convient. Attention à l'accord des participes passés et des adjectifs, le cas échéant. (Voir *Contrastes*, Chapitre 21, sections 23 et 24.)

1. L'agressivité du candidat, son orgueil, son ambition l'_____ (porter: passé composé) au faîte (*at the top*) du pouvoir en un temps record.

2. Le conducteur et sa passagère _____ (sortir indemne: passé composé) de l'accident.

3. C'est sa combativité, son altruisme, son respect pour les plus pauvres qui _____ (guider: passé composé) Mère Teresa tout au long de son existence.

4. Sa combativité, son altruisme et son respect pour les plus pauvres _____ (guider: passé composé) Mère Teresa tout au long de son existence.

5. Le candidat de droite, comme celui de gauche, _____ (vouloir: présent) favoriser (*encourage*) le renforcement de la sécurité aux frontières.

6. Le candidat de droite comme celui de gauche _____ (vouloir: présent) favoriser le renforcement de la sécurité aux frontières.

7. Cette douzaine de roses blanches m'_____ (coûter: passé composé) une fortune!

8. Est-ce le numéro un ou le numéro deux du tennis mondial qui _____ (remporter: passé composé) Roland Garros (*the French Open*)?

9. Une première puis une deuxième tentative du candidat centriste _____ (se solder: passé composé) (*resulted in*) par un échec.

10. Est-ce l'équipe de France ou celle d'Italie qui _____ (gagner: passé composé) la coupe du monde de football?

11. «La Belle et la Bête», de Jeanne-Marie Leprince de Beaumont, _____ (continuer: présent) d'enchanter les enfants.

12. Ceux d'entre vous qui _____ (avoir: présent) une voiture transporteront ceux qui n'en ont pas.

13. Faute de crédits (*For lack of funds*), un seul d'entre nous _____ (bénéficier: futur) d'une bourse (*scholarship*) l'an prochain.

14. Grâce à une augmentation budgétaire, la plupart d'entre nous _____ (bénéficier: futur) d'une bourse l'an prochain.

15. Un millier de soldats supplémentaires _____ (ne pas suffire: conditionnel présent) pour redresser (*improve*) la situation militaire dans cette région du monde.

21-8 À quelle personne grammaticale faut-il mettre le verbe? Complétez les phrases suivantes en mettant les verbes entre parenthèses aux temps indiqués et à la <u>personne grammaticale</u> qui convient. (Voir *Contrastes*, Chapitre 21, section 25.)

1. *Neither you nor I can do anything about this.* → Ni toi ni moi ne _____ (pouvoir) rien y faire.

2. *Are you the one who lives here?* → C'est toi qui _____ (habiter) ici?

3. *Was it Austria or Italy that hosted the 2006 Winter Olympics?* → Était-ce l'Autriche ou l'Italie qui _____ (accueillir: passé composé) les Jeux olympiques d'hiver en 2006?

4. *Really? Neither you nor he saw anything?* → Vraiment? Ni toi ni lui n'_____ (voir: passé composé) quoi que ce soit?

5. *We're the ones who won!* → C'est nous qui _____ (gagner: passé composé)!

21-9 **À quelle personne grammaticale faut-il mettre le verbe?** Récrivez les phrases suivantes selon le modèle ci-dessous. (Voir *Contrastes*, Chapitre 21, section 25.)

MODÈLE: • Je pars bientôt en vacances. / Mes parents et moi... → Mes parents et moi **partons** bientôt en vacances.

1. Est-ce que tu pars en Espagne cette année? / tes amis et toi... → Est-ce que tes amis et toi _____ en Espagne cette année?

2. C'est vous qui étiez au volant lors de l'accident? (*Were you the one behind the wheel at the time of the accident?*) / C'est vous ou votre femme... → C'est vous ou votre femme qui _____ au volant lors de l'accident?

3. Elle ira skier ce week-end. / Elle et moi... → Elle et moi _____ skier ce week-end.

4. Tu devrais sortir un peu plus souvent. / Lui et toi... → Lui et toi _____ sortir un peu plus souvent.

5. Je ne veux plus jamais entendre parler de cette histoire. / Ni eux ni moi... → Ni eux ni moi ne _____ plus jamais entendre parler de cette histoire.

21-10 C'est vs **ce sont.** Complétez les phrases suivantes en employant **c'est** ou **ce sont**, selon le cas. ATTENTION: Il faut parfois mettre le verbe **être** à un temps et un mode autres que l'indicatif présent, ou le mettre à la forme négative, suivant le contexte. (Voir *Contrastes*, Chapitre 21, section 26.)

1. Je vais vous présenter aux Durand; _____ des gens cultivés qui ont beaucoup voyagé.

2. _____ eux qui viennent ce soir?

3. Et dans cette photo, est-ce que _____ toi ou ta sœur jumelle?

4. _____ des journalistes américains.

5. (a) _____ injuste que (b) _____ toujours moi qui fasse la vaisselle. (*It's unfair that I'm always the one to do the dishes.*)

6. Ça coûte combien, ce bracelet? —_____ dix euros.

7. J'ai bien connu Lucien lorsque nous étions encore au lycée; à cette époque-là _____ un de mes meilleurs camarades.

8. Qui sont ces gens? —_____ ma camarade de chambre, son petit ami et nos voisins d'en face.

9. Qui sont ces gens? —_____ nos voisins de palier (*our next-door neighbors*), leur fille et leur petit-fils.

10. Est-ce que _____ vraiment à nous de prendre cette décision?

21-11 L'inversion du pronom sujet. Complétez les phrases suivantes de la manière qui convient. Employez les indications entre crochets, le cas échéant. (Voir *Contrastes*, Chapitre 21, section 27.)

MODÈLE: • *He's probably right.* [avoir raison (présent)] → Sans doute **a-t-il raison.**

1. *She's in a state of shock; consequently, she needs some rest.* [avoir besoin (présent)] → Elle est sous le choc; aussi _____ d'un peu de repos.

2. *Maybe you were wrong.* [tu / avoir tort (passé composé)] → Peut-être que _____.

3. *Who knows? Maybe they left already.* [ils / déjà partir (passé composé)] → Qui sait? Peut-être _____.

4. *It's probably too late to catch up with them.* → Sans doute _____ trop tard pour les rattraper.

5. *To work in France is all very well, but to do so you need to speak French fluently.* [falloir (présent)] → Travailler en France, c'est bien; encore _____ parler français couramment.

6. *We had barely arrived when it started to pour rain.* [arriver (plus-que-parfait)] → À peine _____ qu'il se mit à pleuvoir à verse.

Appendices

Prépositions
Verbes pronominaux
Temps rares ou littéraires

A-1 **Les prépositions devant les noms géographiques.** Complétez les phrases suivantes par les prépositions qui conviennent, s'il y a lieu. Sinon, mettez simplement un **x** dans votre réponse. Ajoutez l'article et tout autre mot nécessaire, le cas échéant. (Voir *Contrastes*, Appendice 1, sections 1 à 6.)

1. Et ces gens, d'où viennent-ils? (a) _____ Suisse, (b) _____ Luxembourg ou (c) _____ Pays-Bas?

2. Pour nos vacances, nous irons soit (a) _____ Espagne, soit (b) _____ Baléares l'été prochain.

3. Cette banque a de nombreuses succursales (*branches*) (a) _____ Moyen-Orient et (b) _____ Amérique du Sud.

4. Bagdad se trouve _____ Irak.

5. _____ Israël est bordé au nord par le Liban.

6. Je vis à Toronto, _____ Ontario.

A-2 **Les prépositions devant les noms géographiques.** Complétez les phrases suivantes par les prépositions qui conviennent, s'il y a lieu. Sinon, mettez simplement un **x** dans votre réponse. Ajoutez l'article et tout autre mot nécessaire, le cas échéant. (Voir *Contrastes*, Appendice 1, sections 1 à 6.)

1. Le train en provenance (a) _____ Paris s'arrêtera d'abord (b) _____ Bruxelles et arrivera (c) _____ Haye (*The Hague*) à 13 heures 03.

2. Elle est née _____ Caire et y a passé toute son enfance.

3. J'ai travaillé un peu partout: (a) _____ Californie, (b) _____ Maine, (c) _____ Massachusetts, (d) _____ Washington DC, (e) _____ Minnesota, (f) _____ Illinois et (g) _____ Québec.

4. Je connais des gens (a) _____ [*in*] Uruguay et (b) _____ [*in*] Yémen.

5. Es-tu déjà allé(e) _____ Malte (*Malta*)? C'est une île fascinante.

6. Ces fruits sont importés (a) _____ Mexique ou (b) _____ Honduras.

7. Mes parents habitent (a) _____ Meaux, (b) _____ Ile-de-France, mais mon frère habite (c) _____ Bouches-du-Rhône.

8. Il n'est encore jamais allé (a) _____ Guadeloupe ni (b) _____ Réunion, mais il a longtemps vécu (c) _____ Nouvelle-Calédonie, (d) _____ Nouméa, la capitale.

9. D'où vient-elle? (a) _____ Béarn, (b) _____ Alsace, (c) _____ Landes ou (d) _____ Midi (*South of France*)?

10. Ils ont trouvé un petit appartement _____ XIe (*in the 11th arrondissement of Paris*).

11. Les objets d'art de ce musée viennent principalement _____ Afrique.

12. Vous connaissez _____ Djibouti ? C'est un pays situé au bord de la mer Rouge.

A-3 **Récapitulation: les prépositions.** Complétez les phrases suivantes par les prépositions qui conviennent. Ajoutez un article et faites la contraction, si nécessaire. (Voir *Contrastes*, Appendice 1, sections 1 à 14.)

1. *He doesn't look anything like his brother.* → Il ne ressemble pas du tout _____ son frère.

2. *They didn't notice anything.* → Ils ne se sont aperçus _____ rien.

3. *I was able to finish everything in one afternoon.* → J'ai pu tout terminer _____ un après-midi.

4. *These poor people don't have anything to eat.* → Ces pauvres gens n'ont rien _____ manger.

5. *I'm dead tired; I'm going to bed.* → Je tombe _____ sommeil, je vais me coucher.

6. *The largest collection of works by Monet is at the Marmottan Museum in Paris, in the sixteenth arrondissement.* → La plus grande collection d'œuvres (a) _____ Monet est exposée (b) _____ Musée Marmottan, (c) _____ Paris, (d) _____ seizième arrondissement.

7. *To travel from Paris to Marseille, you can go by plane, by train, by bus, by motorcycle, by bicycle, on horseback, on foot, on all fours, or even by walking backward; but you cannot get there by sailboat or by swimming.* → Pour se rendre de Paris (a) _____ Marseille, on peut y aller (b) _____ avion, (c) _____ train, (d) _____ autocar, (e) _____ moto, (f) _____ vélo, (g) _____ cheval, (h) _____ pied, (i) _____ quatre pattes et même (j) _____ reculons, mais on ne peut pas y aller (k) _____ la voile ni (l) _____ la nage.

8. *Where is this restaurant? On the rue des Écoles or the Boulevard Saint-Michel?* → Où est ce restaurant? (a) _____ la rue des Écoles ou (b) _____ le boulevard Saint Michel?

9. *For graduation, she was accompanied by her whole family.* → Pour la cérémonie de remise des diplômes, elle était accompagnée _____ toute sa famille.

A-4 Récapitulation: les prépositions. Complétez les phrases suivantes par les prépositions qui conviennent. Ajoutez un article et faites la contraction, si nécessaire. (Voir *Contrastes*, Appendice 1, sections 1 à 14.)

1. *For her last concert, the singer will be accompanied by a great jazz pianist.* → Pour son dernier concert, la chanteuse sera accompagnée _____ un grand pianiste de jazz.

2. *This BMW isn't mine; it belongs to our neighbors' friends.* → Cette BMW n'est pas (a) _____ moi, elle appartient (b) _____ amis (c) _____ nos voisins.

3. *He did this out of friendship for me.* → Il a fait cela (a) _____ amitié (b) _____ moi.

4. *The washing machine is broken again!* → La machine _____ laver est de nouveau en panne!

5. *The train from Le Havre is late.* → Le train _____ Havre est en retard.

6. *How do you get to Bordeaux? Do you usually drive there, or do you go by train?* → Et à Bordeaux, vous y allez généralement (a) _____ voiture ou (b) _____ train?

7. *On the plane, I prefer reading rather than watching a movie.* → _____ l'avion, je préfère lire plutôt que regarder un film.

8. *I'm really sorry I cannot help you.* → Je regrette bien _____ ne pas pouvoir vous aider.

9. *This story is hilarious.* → Cette histoire est (a) _____ mourir (b) _____ rire.

10. *Who's the girl with red hair?* → Qui est la fille _____ cheveux roux?

11. *She looked at him in a funny way.* → Elle l'a regardé _____ un air bizarre.

12. *The French Riviera is a region much appreciated by tourists.* → La Côte d'Azur est une région très appréciée _____ touristes.

13. *Is this striped sweater wool?* → Est-ce que ce pull (a) _____ rayures est (b) _____ laine?

14. *For dinner, do we first meet at your place, or do we go directly to the restaurant?* → Pour le dîner, on se retrouve d'abord (a) _____ toi ou est-ce qu'on va directement (b) _____ restaurant?

15. *I'll be back in two minutes.* → Je reviens _____ deux minutes.

16. *Good restaurants serve coffee in coffee cups.* → Les bons restaurants servent le café dans des tasses _____ café.

17. *He's the only one to have noticed that detail.* → Il est le seul _____ avoir remarqué ce détail.

18. *We took advantage of the snow to do a little skiing.* → Nous avons profité (a) _____ la neige (b) _____ faire un peu de ski.

A-5 **Les verbes pronominaux.** Traduisez les phrases suivantes en employant les verbes pronominaux qui conviennent. Employez les indications entre crochets, le cas échéant. (Voir *Contrastes*, Appendice 2; voir aussi Chapitre 10, sections 8 à 10 pour l'accord du participe passé des verbes pronominaux.)

1. *She went to bed at midnight.* [se coucher / minuit]

   _____

2. *Don't get up!* [vous]

   _____

3. *Don't worry!* [2e p. sg.]

   _____

4. *That's not the issue.*

   _____

5. *We weren't expecting it.* [imparfait]

   _____

6. *We should have called each other.* [Nous aurions dû...]

   _____

7. *How did she manage [to do this]?* [s'y prendre (passé composé)]

   _____

8. *They washed themselves at the fountain.* [Ils... / à l'eau de la fontaine]

   _____

9. *She washed her hair.* [les cheveux]

   _____

10. *I cannot get used to it.* [Je n'arrive pas à...]

   _____

A-6 **Les verbes pronominaux.** Traduisez les phrases suivantes en employant les verbes pronominaux qui conviennent. Employez les indications entre crochets, le cas échéant. (Voir *Contrastes*, Appendice 2; voir aussi Chapitre 10, sections 8 à 10 pour l'accord du participe passé des verbes pronominaux.)

    1. *They hurried home.* [Ils... / rentrer]

    _____

    2. *You don't look at all alike.* [Vous]

    _____

    3. *Stop texting each other during meals!* [Cessez de... / des SMS (invariable) pendant les repas]

    _____

    4. *We ran into each other the other day at the movies.*

    _____

    5. *They don't get along.* [Ils]

    _____

    6. *It isn't done.* [Ça...]

    _____

    7. *What happened?*

    _____

    8. *Don't you like it in New York?* [Tu... (employez une question par intonation)]

    _____

    9. *I don't remember this girl at all.*

    _____

    10. *Hurry up!* [2ᵉ p. sg.]

    _____

    11. *Stop quarrelling!* [Arrêtez...]

    _____

    12. *How did they escape?* [ils]

    _____

    13. *Did she like it in Toulouse?* [Est-ce qu'elle...]

    _____

    14. *She got her hair cut.* [passé composé]

    _____

    15. *This program is about renewable energy.* [un programme sur l'énergie renouvelable]

    _____

A-7 **Passé simple.** Mettez les verbes entre parenthèses au **passé simple**. (Voir *Contrastes*, Appendice 3, sections 1 et 2.)

1. Le coup (a) _____ (partir) tout seul (*The rifle went off by itself*) sans atteindre le lapin qui (b) _____ (détaler) dans les fourrés (*ran off in the thickets*).

2. Louis XIV (a) _____ (naître) en 1638 et (b) _____ (mourir) en 1715.

3. Le public _____ (applaudir) avec enthousiasme le soliste qui avait merveilleusement joué.

4. Il (a) _____ (s'arrêter), médusé (*flabbergasted*), et (b) _____ (attendre) que les manifestants cessent de le huer.

5. Bien des éleveurs de bétail (*cattle growers*) aux États-Unis et au Canada (a) _____ (être) obligés de se rendre à l'évidence: certaines de leurs bêtes étant atteintes de la vache folle, on (b) _____ (devoir) les abattre (*they had to be slaughtered*).

6. Au lendemain du référendum, le premier ministre _____ (démissionner) à la demande de son propre parti.

A-8 **Passé simple.** Mettez les verbes entre parenthèses au **passé simple**. (Voir *Contrastes*, Appendice 3, sections 1 et 2.)

1. Lorsqu'on lui (a) _____ (poser) la question, il ne (b) _____ (savoir) que répondre et (c) _____ (rester) bouche bée (*stood aghast*) pendant plusieurs secondes.

2. Ils ne (a) _____ (pouvoir) vendre leur propriété et (b) _____ (finir) par s'endetter.

3. Le lendemain de cet incident, nous (a) _____ (avoir) la surprise de voir arriver Madame de Genlis. Au dîner, elle nous (b) _____ (annoncer) le mariage de sa fille avec le marquis de Laumes.

4. Quand ils (a) _____ (arriver), on leur (b) _____ (faire) fête, ce qui les (c) _____ (remettre) d'excellente humeur.

5. Quand les enfants (a) _____ (apercevoir) leur mère, ils (b) _____ (courir) à elle pour l'embrasser.

A-9 **Passé simple** vs **passé antérieur.** Dans chacune des phrases suivantes, mettez l'un des deux verbes entre parenthèses au **passé simple**, et l'autre au **passé antérieur**. Attention au choix de l'auxiliaire, à l'accord du participe passé ainsi qu'à la place de l'adverbe, le cas échéant. (Voir *Contrastes,* Appendice 3, sections 1 à 3.)

1. Une fois qu'il (a) _____ (ouvrir) la malle (*trunk*), il (b) _____ (découvrir) à sa grande surprise qu'elle contenait des livres rares, des couverts en argent et même une cassette de bijoux.

2. Après que les rois, les empereurs et leurs ministres (a) _____ (se mettre) d'accord sur toutes les conditions, ils (b) _____ (signer) le traité de paix qui mettait fin à sept ans d'une guerre sanglante.

3. Aussitôt qu'elle (a) _____ (entrer) à leur service, elle (b) _____ (chercher) par tous les moyens à s'attirer les faveurs de son maître.

4. Une fois qu'il (a) _____ (comprendre) ce qu'il devait faire, il (b) _____ (pouvoir) s'acquitter de ses tâches avec toute la célérité nécessaire.

5. Lorsque le professeur (a) _____ (finir) de corriger les travaux, il les (b) _____ (rendre) à ses étudiants avec force (*a great many*) commentaires.

6. Aussitôt que madame Chehbouni (a) _____ (refermer) derrière elle la porte de la classe, sa petite Malika (b) _____ (se mettre) à pleurer à chaudes larmes en réclamant sa maman.

7. Dès que mon grand-père (a) _____ (terminer) ses études, son oncle lui (b) _____ (immédiatement proposer) de travailler dans son entreprise.

8. Ce n'est qu'une fois que le train (a) _____ (partir), emportant leurs vieux amis, que Jacques et Lucile (b) _____ (réaliser) qu'ils ne les reverraient probablement jamais.

A-10 **Passé simple** vs **passé antérieur.** Dans chacune des phrases suivantes, mettez l'un des deux verbes entre parenthèses au **passé simple**, et l'autre au **passé antérieur**. Attention au choix de l'auxiliaire, à l'accord du participe passé ainsi qu'à la place de l'adverbe, le cas échéant. (Voir *Contrastes,* Appendice 3, sections 1 à 3.)

1. *When he finally understood that they had made fun of him, he never showed himself again.* → Quand il (a) _____ (comprendre enfin) qu'on s'était moqué de lui, il (b) _____ (ne plus oser) se montrer.

2. *It's only after they met him that they realized that they had been misled about him.* → Ce n'est qu'après qu'ils (a) _____ (faire) sa connaissance qu'ils (b) _____ (réaliser) qu'on les avait trompés à son sujet.

3. *As soon as the news had been announced, it spread like wildfire.* → Aussitôt qu'on (a) _____ (annoncer) la nouvelle, elle (b) _____ (se répandre) comme une traînée de poudre.

4. *Once they got away from the downtown traffic jams, they were able to drive faster.* → Une fois qu'ils

(a) _____ (sortir) des embouteillages du centre-ville, ils

(b) _____ (pouvoir) rouler beaucoup plus vite.

A-11 **Narration au passé simple: Napoléon Ier.** Complétez le texte suivant en mettant les verbes entre parenthèses aux temps qui conviennent (**passé simple, passé antérieur, imparfait, plus-que-parfait,** selon le cas). (Voir *Contrastes,* Appendice 3, sections 1 à 3.)

Napoléon Bonaparte (1) _____ (naître) le 15 août 1769 en Corse, une île

méditerranéenne que Gênes (2) _____ (vendre) [*had sold*] à la France quelques années

plus tôt. Il (3) _____ (être) le second d'une famille de huit enfants. Physiquement,

c'(4) _____ (être) un personnage petit par la taille mais qui ne

(5) _____ (manquer) pas de charme et encore moins d'autorité. Il

(6) _____ (participer) à la Révolution française en tant que Jacobin. Devenu général,

ses exploits en Italie le (7) _____ (rendre) célèbre. En novembre 1799, une fois qu'il

(8) _____ (prendre) [*after having taken/after he took*] le pouvoir par un coup d'État

militaire, il (9) _____ (s'assurer) le titre de consul. En 1802, il

(10) _____ (devenir) consul à vie, et en 1804, il (11) _____

(se faire) sacrer empereur des Français. Napoléon Ier (12) _____ (créer) la France

moderne: il (13) _____ (fixer) le Code civil, (14) _____ (réformer)

l'éducation, (15) _____ (consolider) le franc. Malheureusement, Napoléon ne

(16) _____ (cesser) de faire la guerre à l'Europe des rois. Après qu'il

(17) _____ (remporter) [*after having won*] une série de grandes victoires, notamment

contre les Prussiens et les Autrichiens, à partir de 1812, il (18) _____ (subir) de

cuisantes défaites. En avril 1814, il (19) _____ (abdiquer) et les Anglais

l'(20) _____ (exiler) à l'île d'Elbe. En mars 1815, il (21) _____

(réussir) à s'enfuir et à regagner la France: ce (22) _____ (être) les Cent-Jours. Sa

chance (23) _____ (aller) être de courte durée [*was going to be short-lived*]: il

(24) _____ (avoir) à affronter une nouvelle coalition. Quand les Anglais et les

Prussiens lui (25) _____ (infliger) une défaite retentissante à Waterloo, il

(26) _____ (devoir) abandonner le pouvoir une seconde fois. Les Anglais

l'(27) _____ (envoyer) à l'île de Sainte-Hélène, au milieu de l'Atlantique, où il

(28) _____ (mourir) le 5 mai 1821. Il (29) _____ (laisser) [*was*

leaving] un fils, le petit roi de Rome, qui (30) _____ (devoir) [*was going to*] mourir

jeune, et une veuve, Marie-Louise d'Autriche, qu'il (31) _____ (épouser) [*had married*]

en 1810, après avoir répudié Joséphine de Beauharnais car celle-ci (32) _____ (ne pas

pouvoir) [*had not been able to*] lui donner d'enfants.

(D'après le *Petit Larousse Illustré,* Paris 1980)

A-12 Narration au passé simple: le passage à l'euro. Complétez le texte suivant en mettant les verbes entre parenthèses aux formes qui conviennent (**passé simple, imparfait, plus-que-parfait, conditionnel** ou **subjonctif**). (Voir *Contrastes,* Appendice 3, sections 1 à 3.)

Le 1er janvier 2002, la France, comme ses partenaires européens, (1) _____ (changer) de monnaie: le franc (2) _____ (faire) place à l'euro; il (3) _____ (vivre) [*had lived*] 644 ans!

En usage depuis 1360, sous le règne du roi Jean le Bon, le franc (4) _____ (rendre) hommage aux Francs, les ancêtres du royaume: c'(5) _____ (être) donc un véritable symbole que la France (6) _____ (perdre)!

Il faut savoir en effet que le franc, pendant des siècles, (7) _____ (ne pas être) la seule monnaie et que c'est la Révolution française qui (8) _____ (mettre) fin au système monétaire complexe basé sur le denier, le sou et la livre: il (9) _____ (falloir) attendre 1795 pour que le franc, basé sur le système décimal, (10) _____ (devenir) la monnaie nationale; on (11) _____ (commencer) alors à frapper des centimes tandis que, progressivement, on (12) _____ (retirer) les autres monnaies.

Le franc n'est plus [*no longer exists*], mais qui, en 1360, eût deviné [subjonctif plus-que-parfait (conditionnel 2e forme): *would have guessed*] qu'il (13) _____ (voir) (*would see*) l'aube du troisième millénaire [*the dawn of the third millenium*]?

(D'après Jérôme Jambu, «Le franc est mort, vive l'euro!», L'Histoire,
janvier 2002, n° spécial 261, pp. 25–26.)

A-13 Rédaction: la narration au passé simple. Choisissez une figure historique que vous admirez et présentez sa biographie en une ou deux pages. À la place du passé composé, employez le **passé simple**. Employez tous les autres temps et modes qui conviennent, suivant le sens et le contexte. Pour le modèle, référez-vous à l'exercice A-11. (1–2 pages) (Voir *Contrastes,* Appendice 3, sections 1 à 3.)

Réponses

Chapitre Un

1-1 1. a. paye *ou* paie b. payez 2. a. m'appelle b. ai c. habite 3. a. changeons b. commençons 4. achète 5. emmène 6. a. vas b. ne peux pas c. dois 7. a. vous tutoyez b. sommes 8. a. se lève b. nous levons 9. a. allons b. nous plaçons 10. a. répètes b. répétons 11. a. ne se connaissent pas b. se vouvoient 12. a. vit b. est

1-2 1. a. buvez b. ne bois pas 2. a. croyez b. disent 3. a. reçois b. vient 4. bat 5. faites 6. vaut 7. a. sort b. met 8. cueillent 9. a. doivent b. veulent 10. a. ne plaisent pas b. croient c. ont 11. prennent 12. a. voyez b. ne faut pas 13. craignons 14. lisez

1-3 1. suis 2. habite 3. ai 4. porte 5. mesure 6. craint 7. bois 8. me bats 9. s'appelle 10. allons 11. rapportons 12. mangeons 13. haïssent 14. opposons 15. perdons [Il s'agit bien sûr du héros gaulois, Astérix.]

1-4 1. est en train de prendre une [MAIS ON PEUT DIRE AUSSI: est sous la] 2. est en train de perdre 3. sommes en train d'organiser 4. suis en train de confectionner

1-5 PAR EXEMPLE: 1. rentre assez tôt du travail 2. en as besoin 3. ne pleut pas 4. meurs de faim 5. arrivons à faire des économies

1-6 1. a. Depuis que je suis b. ai 2. a. étudie le français depuis b. Ça fait *ou* Cela fait *ou* Il y a c. étudie le français 3. a. neige depuis b. Ça fait *ou* Cela fait *ou* Il y a c. neige 4. a. Ça fait *ou* Cela fait *ou* Il y a b. attends c. attends depuis

1-7 1. a. achètes-en b. n'en achète pas 2. a. accompagnez-moi b. ne m'accompagnez pas 3. a. parlons-leur b. ne leur parlons pas 4. a. vas-y b. n'y va pas 5. a. réserve-les b. ne les réserve pas 6. a. allons-y b. n'y allons pas

1-8 1. a. mettez b. faites 2. Laissez 3. a. Enlevez b. garnissez 4. a. Réduisez b. versez 5. a. Attendez b. Accompagnez

1-9 1. Préchauffez 2. a. Beurrez b. Ajoutez 3. a. Pelez b. coupez c. tapissez 4. a. Saupoudrez b. parsemez 5. a. Laissez b. faites 6. mélangez 7. a. Pétrissez b. humectez 8. a. Roulez b. étalez 9. a. enroulez b. déroulez 10. a. Enfournez b. prévoyez 11. a. Enlevez b. ne la démoulez pas 12. a. posez b. retournez 13. Ôtez 14. présentez

1-10 1. Souviens-toi 2. sois 3. va 4. ne l'oublie pas 5. profites 6. passe 7. commande 8. Dis 9. prends 10. arrête-toi 11. choisis 12. Vois 13. fais 14. ne te laisse pas 15. Achète 16. passe 17. nettoie 18. range 19. Ne t'endors pas 20. Devine

Chapitre Deux

2-1 1. un 2. l' *ou* un 3. un 4. le 5. Des 6. Les 7. De *ou* Les 8. une 9. l' 10. a. Une b. les

2-2 1. une 2. les 3. des 4. le 5. un 6. des 7. la 8. la 9. un 10. a. l' b. le 11. le 12. Les

2-3 1. L' 2. un 3. la 4. une 5. la 6. l' 7. des 8. le 9. les 10. la

2-4 1. la 2. une 3. une 4. l' 5. l' 6. une 7. le 8. un 9. Un 10. Le

2-5 1. le petit déjeuner 2. la cheville 3. a. le blanc b. le rouge 4. a. Les réunions b. le lundi 5. a. le soir b. un excellent film 6. le 31 octobre 7. a. Les Français b. la bonne chère 8. du meilleur repas 9. des problèmes 10. de bonnes nouvelles

2-6 1. de la 2. une 3. de l' 4. un 5. du 6. un 7. de l' 8. une 9. un 10. du

2-7 1. de 2. des 3. de 4. des 5. a. d' b. des 6. des 7. a. des b. de c. de 8. d'

2-8 1. de la 2. la 3. le 4. de l' 5. le 6. du 7. de l' 8. l' 9. de l' 10. a. la b. des

2-9 1. de la [*ou* la] 2. a. une b. l' 3. a. la b. le 4. a. du b. les c. une 5. a. un b. la 6. a. Le b. un 7. a. du b. de la 8. de la [*ou* une]

2-10 1. des 2. a. le b. au [à + le] 3. de la [ON PEUT DIRE AUSSI: Nous faisons des photos, mais il faut alors employer le pluriel.] 4. a. les b. le 5. aux [à + les] 6. a. de la b. le c. les 7. a. du [de + le] b. des 8. au [à + le] 9. a. un b. des [de + les] 10. a. des b. à la c. un

2-11 1. un 2. une 3. de l' 4. au [à + Le Caire] 5. a. le b. un 6. du 7. Un 8. le 9. a. un b. la 10. a. un b. la c. des d. un 11. a. le [ON PEUT DIRE AUSSI: J'aime beaucoup les raisins, mais il faut alors employer le pluriel.] b. au [à + le] [ON PEUT DIRE AUSSI: pour le] 12. a. de la b. du c. de l'

2-12 1. le pâté 2. du pâté 3. a. la b. le c. des d. de l' 4. a. Les hivers b. au Québec 5. de la chance 6. la faute 7. des poivrons rouges 8. de bonnes baguettes 9. L'essence 10. de la voiture

2-13 1. (d) 2. (a) 3. (a) 4. (d) 5. (c) 6. (b) 7. (a) 8. (c)

2-14 1. la 2. de 3. du 4. de 5. des 6. de 7. au 8. a. x b. x c. de d. de 9. d' 10. de l'

2-15 1. de l' 2. des 3. une 4. du 5. un *ou* des 6. des 7. a. les b. les 8. a. du b. de la 9. des 10. des

2-16 1. les 2. de 3. d' 4. une 5. a. x b. x 6. de 7. le 8. de la [*ou* une] 9. a. de b. d' 10. les 11. la 12. une 13. a. Une b. une 14. a. de b. au 15. de l'

2-17 1. a. un b. un 2. a. du b. de la 3. de 4. les 5. a. des b. des 6. une [seule] 7. de

2-18 1. du *ou* un 2. de 3. a. de la b. du c. x d. x 4. d' 5. a. du b. de la 6. de l' 7. de 8. de 9. des 10. a. de b. de 11. a. du b. de la c. des 12. a. du b. des c. de l' d. de l' 13. a. un b. de c. un d. des e. des f. de g. de h. de i. un 14. a. d' b. de c. d' d. des

2-19 1. a. le b. à l' c. un d. des e. de la [*ou* une, s'il s'agit d'une portion] f. une g. de 2. a. des b. un c. de la *ou* une d. au e. de f. aux 3. a. d' b. de c. de la *ou* une d. du e. de f. de g. de

2-20 1. la 2. une 3. la 4. du 5. a. de b. le 6. de la [*ou* une, s'il s'agit d'une portion] 7. a. une b. au c. un d. de e. du 8. a. Des b. du 9. a. le b. la 10. a. les b. une c. à l' d. une

2-21 1. a. Du [*ou* Un] b. un c. de d. un e. de l' f. de g. de la [*ou* une, s'il s'agit d'une bouteille ou d'une canette] h. un i. de j. un *ou* du 2. a. de b. x c. des d. de la e. du f. le g. une 3. a. de b. de c. les d. en *ou* de 4. a. une b. de c. de d. de la *ou* une [s'il s'agit d'une portion] e. du f. de g. un 5. a. en b. du

2-22 1. une veste en *ou* de daim 2. une livre de gruyère 3. des tomates et du fromage 4. a. du coton b. de la laine 5. un gâteau aux amandes 6. une salade de concombre(s) 7. une (seule) bouchée de quiche 8. de la lavande 9. de monde le vendredi soir 10. a. le temps b. d'argent

2-23 1. x 2. une 3. une 4. x 5. x 6. le 7. x 8. un 9. la 10. x

2-24 1. d' 2. de l' 3. x 4. d'un 5. de 6. d' 7. x 8. de l' 9. de l' 10. a. d' b. une *ou* de la c. de

2-25 1. de 2. d'une 3. la 4. de la 5. des 6. de 7. de 8. les 9. des 10. d' 11. a. un b. x 12. a. d' b. de c. les

2-26 1. a. x b. de 2. x 3. une 4. a. un b. à 5. a. des b. de 6. les 7. d' 8. a. de b. du c. de l' 9. a. x b. des 10. a. un b. le c. de 11. a. x b. x 12. a. les b. les

2-27 1. d'un crayon bleu 2. des lasagnes 3. d'une bonne bière bien fraîche [*ou* fraiche] 4. du lait 5. d'un grand courage 6. de courage 7. par ambition 8. des légumes les plus frais possibles 9. de crevettes surgelées 10. du chinois

2-28 1. a. Les Français b. l'anglais c. l'école 2. a. de la [*ou* la] glace à la vanille b. des [*ou* les] profiteroles au chocolat 3. Le rouge 4. sports 5. au tennis 6. voiture 7. l'aide 8. Les gens 9. une agrafeuse 10. a. Elle est française *ou* C'est une Française b. avocate

Chapitre Trois

3-1 1. l' 2. les 3. les 4. l' 5. l' 6. a. l' b. la 7. le 8. le 9. la 10. le

3-2 1. les 2. l' 3. l' 4. ça 5. la 6. le 7. le 8. ça 9. l' 10. l'

3-3 1. Nous les prenons au mois de mai. 2. Oui, j'aimerais bien. 3. Oui, je l'espère. 4. Oui, il l'a vendue à son frère. 5. Oui, ils me l'ont dit. 6. Oui, j'adore ça. 7. Non, je le regarderai ce soir.

3-4 1. lui 2. leur 3. lui 4. lui 5. leur

3-5 1. Elle l'a appelée. 2. Elle lui a téléphoné. 3. Ce portable lui appartient. 4. Il n'aime pas ça. 5. Je l'ai toujours su. 6. Il leur ressemble beaucoup. 7. Ils l'ont toujours été avec moi. 8. Le bébé lui souriait. 9. Je leur ai toujours préféré les moules. 10. Va l'ouvrir.

3-6 1. la lui 2. le leur 3. La leur 4. -les-leur [attention aux traits d'union] 5. le lui 6. la lui 7. le leur 8. le lui 9. -la-lui [attention aux traits d'union] 10. le lui

3-7 1. les ont regard<u>ées</u> 2. la leur ai donn<u>ée</u> 3. les cherche 4. le lui a dit 5. les a attend<u>us</u> 6. la leur avez montr<u>ée</u>

3-8 1. a. me b. te c. -toi 2. a. nous b. vous 3. a. t' b. -toi 4. a. me b. te c. -toi 5. -toi 6. a. vous b. -vous 7. a. nous b. -nous 8. a. me b. -toi 9. a. vous b. -vous 10. a. -toi b. te

3-9 1. t'es levé(**e**) 2. ne m'adresse jamais 3. se sont séparé**s** 4. se sont dit 5. nous sommes promis 6. ne vous rendez pas compte 7. leur ai offert 8. lui a donné

3-10 1. Vous la lui avez envoyé**e**? 2. Est-ce que tu nous la louerais pour cet été? 3. C'est ma tante qui me l'a donnée. 4. Cet agriculteur nous les vend toujours à très bon prix. 5. N'oublie pas de le lui souhaiter. 6. Ils ne nous les ont pas expliqué**es**. 7. Dois-je les lui prêter? 8. Réclame-le-leur à la fin! 9. Il la leur a rachet**ée**. 10. Tu crois qu'on les lui accordera?

3-11 1. J'y retourne toujours avec plaisir. 2. Vous y comprenez quelque chose? 3. Quand irons-nous? 4. N'y attachez pas trop d'importance! 5. Il n'y est jamais le week-end. 6. Je ne m'y ferai jamais. 7. Pensez-y! 8. Elle ne s'y intéresse pas beaucoup. 9. Personne ne s'y attendait. 10. Il n'a pas su y répondre.

3-12 1. leur 2. y 3. lui 4. leur 5. lui 6. y 7. y 8. leur 9. x 10. y

3-13 1. en 2. en 3. y 4. en 5. y 6. en 7. y 8. en 9. en 10. y

3-14 1. lui 2. -en [attention au trait d'union] 3. a. -y [attention au trait d'union] b. en 4. leur 5. -lui [attention au trait d'union] 6. a. en b. y 7. en 8. a. en b. en 9. a. le b. y 10. la

3-15 1. Oui, ils nous l'ont indiqué**e**. 2. Oui, j'y ai songé. 3. Non, elle ne me l'a pas demandé. 4. Oui, je lui en ai parlé. 5. Ah oui, j'aime beaucoup ça. 6. Oui, elle me l'a bien expliqué. 7. Oui, je les lui ai rem**ises**. 8. Non, je ne m'y attendais pas.

3-16 1. Oui, je lui en ai acheté deux. 2. Oui, nous nous y retrouvons tous les mardis. 3. Non, franchement, je n'en ai pas tellement envie. 4. Oui, ils la leur ont envoyé**e** mardi. 5. Oui, je te promets que nous irons [un jour]. 6. Oui, ne vous inquiétez pas, nous le leur avons expliqué.

3-17 1. a. en b. le 2. a. y b. la 3. a. y b. l' 4. x 5. a. l' b. y c. m' 6. l' 7. a. se b. en 8. a. les b. leur 9. a. leur b. x 10. en

3-18 1. a. le b. en c. le 2. en 3. a. lui b. le c. lui 4. a. le b. en 5. y 6. a. leur b. en 7. a. le b. en c. le 8. y 9. me 10. a. -les [attention au trait d'union] b. y c. le

3-19 1. il ne s'en est pas aperçu 2. j'en ai loué une 3. je ne l'ai pas regardé 4. je n'en ai pas besoin 5. elle le lui a expliqué 6. espérons-le [ou espérons que oui] 7. Elle en est sort**ie** 8. je la lui prête

Chapitre Quatre

4-1 1. elle 2. -toi [notez le trait d'union] 3. eux 4. Moi 5. moi *ou* nous 6. moi 7. soi 8. vous 9. lui 10. eux

4-2 1. a. toi b. moi 2. moi 3. soi 4. -vous [notez le trait d'union] 5. -nous [notez le trait d'union] 6. toi 7. elles 8. lui 9. eux 10. elle 11. eux 12. lui

4-3 1. moi 2. elles 3. eux 4. nous 5. lui 6. vous 7. elle 8. elles 9. nous 10. toi

4-4 1. Tu te souviens d'elle? 2. Tu t'en souviens? 3. Il en est très fier! 4. Il s'est approché d'elle pour lui poser une question. 5. Il en fait depuis l'âge de huit ans. 6. Je n'ai jamais entendu parler de lui. 7. a. Pourriez-vous vous occuper d'eux? b. Je n'en ai pas le temps. 8. Je m'en méfie un peu. 9. Ils n'en ont pas tenu compte. 10. Je dois absolument en parler à Michel.

4-5 1. Il en est convaincu. 2. C'est à cause d'eux qu'il est parti. 3. Est-ce qu'il le méritait? [ON DIT: **mériter qqch**] 4. Tu en as acheté? 5. Je ne lui en ai pas encore parlé. 6. Malia s'occupe d'elle tous les mercredis. 7. Ils ne me l'ont pas demandé [ON DIT: **demander qqch**]. 8. Cette décision dépend aussi de lui.

4-6 1. Je n'arrive pas à m'y habituer. 2. Pour ce renseignement, adressez-vous à elle. 3. J'ai souvent affaire à lui lorsque je vais dans cette agence. 4. Mes parents y sont formellement opposés. 5. Il est très attaché à elles. 6. Je n'y ai pas fait attention. 7. Tu crois que papa y consentira? 8. Nous tenons beaucoup à eux. 9. Cet appareil photo n'est pas à elle, il est à moi. 10. Quand y est-elle allée?

4-7 1. Il s'est toujours opposé à eux. 2. Il s'y est toujours opposé. 3. Ils ont l'intention d'y retourner un jour. 4. Est-ce que ce livre lui appartient? 5. Est-ce que tu as fait attention à elles en entrant? 6. Je trouve qu'il lui ressemble. 7. Vous n'allez tout de même pas y renoncer?

4-8   1. Nous en sommes très contents.   2. Tu les as lu_s_?   3. C'est Paul qui me l'a emprunté_e_.   4. Elle s'y attendait vraiment?   5. Il en faut pour comprendre tout cela!   6. L'orange et le rouge lui vont très bien.   7. Il ne faut pas avoir peur de lui: il est très gentil.   8. Où l'as-tu trouvé_e_?   9. Le petit Victor ne leur ressemble pas du tout.   10. Elle s'en est complètement remi_se_.

4-9   1. Je ne songeais pas à elle en disant cela.   2. Tu lui ressembles de plus en plus.   3. J'ai pensé à eux en voyant ce film.   4. Tu leur as parlé?   5. Que vas-tu leur offrir pour Noël?   6. Donne-lui un coup de chiffon.   7. Nous lui préférons Myriam.   8. Quand elle a un problème, elle se confie à elle.   9. Elle lui confie souvent son enfant.   10. Cette maison lui appartenait autrefois.

4-10   1. C'est grâce à elle que j'ai pu lui en parler.   2. Est-ce vraiment lui qui les leur a accordé_s_?   3. Lui en as-tu offert?   4. Nous avons immédiatement pensé à eux en l'apprenant.   5. Faut-il absolument y recourir pour s'en débarrasser?   6. Il n'y a qu'elles qui puissent leur en faire.   7. Je lui ai dit ce que j'en pensais.   8. Ne le leur dis pas!

4-11   1. d'eux   2. en   3. a. le   b. lui   c. en   4. lui   5. a. le   b. le   c. lui   d. la   6. a. moi   b. à lui   7. a. x [pas de **y** devant **aller** au futur]   b. y   8. a. en   b. en   c. le   9. les   10. a. y   b. leur   c. les

4-12   1. a. à elle   b. lui   c. l'   d. lui   e. la   f. leur   2. a. -le   b. -moi   3. a. y   b. x [pas de y devant **aller** au futur]   c. le   d. en   4. a. en   b. à lui   c. moi   d. y   5. a. en   b. leur   6. elle   7. a. de toi   b. y   8. elle   9. en   10. y   11. a. ça   b. en   c. leur   12. a. en   b. lui   c. lui

4-13   1. ne l'ai pas entendu_e_   2. n'y a pas répondu   3. lui a fait très peur   4. a très peur de lui   5. en   6. ne la leur ai pas raconté_e_   7. en ai commandé   8. a. lui en   b. le

4-14   1. lui a tiré les   2. lui manque   3. ne leur a pas plu   4. leur a couru après   5. n'y a pas répondu   6. a. m'   b. à elle

Chapitre Cinq

5-1   1. ce   2. ce   3. ces   4. Ces   5. cet *ou* cette   6. cette   7. ce   8. cette   9. ce   10. cet

5-2   1. les bleues   2. Celui   3. celui   4. celles   5. a. les noires   b. celles   6. a. la blonde   b. celle   7. ceux   8. celui

5-3   1. a. ce   b. -ci   c. ce   d. -là   2. a. Cet   b. -là   3. a. ce   b. -là   4. a. cette   b. -ci   c. cette   d. -là   5. a. cette   b. -là   6. a. ces   b. -ci   7. a. ces   b. -là   8. a. Cet   b. -là   9. a. ce   b. -ci   c. ce   d. -là   10. a. cette   b. -ci   11. a. ce   b. -là   12. a. ce   b. -là

5-4   1. Cet ingénieur   2. Ces enfants   3. Cet exemplaire   4. a. cette rue-ci   b. ce boulevard-là   5. Ce dessert   6. Cet incident   7. a. Ces patins-ci   b. ces skis-là   8. a. ces femmes   b. ces enfants   9. Cet endroit   10. ce samedi-là

5-5   1. a. Celui   b. celui   2. celui-là [*ou* celui-ci]   3. celles-ci   4. ceux   5. celle   6. ceux   7. celle   8. a. celui-ci   b. celui-là

5-6   1. a. Cet   b. celui-là   2. celle   3. a. Ces   b. celles-là   4. a. cet   b. ce   5. celui   6. ceux   7. Cet   8. a. celui   b. ceux

5-7   1. ça/cela   2. ce *ou* ça/cela   3. a. C'   b. ce   4. ça/cela   5. C'   6. Ça/Cela   7. ça/cela   8. ce *ou* ça/cela   9. ce   10. c'

5-8   1. ceci   2. a. ce   b. c'   3. Ça/Cela   4. Ce *ou* Ça [*ou* Cela]   5. ça   6. a. ça/cela   b. ceci   7. ça/cela   8. Ce

5-9   1. a. Cet   b. celui-là   2. Ça   3. ça   4. a. Cet   b. ce   c. ça   5. ceux   6. a. celui-ci   b. c'   7. celle   8. a. C'   b. ce   c. ça/cela   9. celle   10. a. Ce *ou* Ça [*ou* Cela]   b. cet   11. ça/cela   12. Cet   13. a. cet   b. c'   14. a. cette   b. celle   c. cet   15. a. ça/cela   b. ça/cela

5-10   1. a. cette   b. celle   c. ce   d. C'   e. celle   2. a. celui-ci   b. celui-là   c. ce *ou* ça/cela   d. celui   e. ça/cela   3. a. ceux   b. ce   c. celui   d. c'   e. celle   4. Cet *ou* Cette   5. a. cet   b. Celui   c. ces   d. ce   e. ça/cela   6. a. c'   b. cet   c. ça/cela   d. ça/cela   7. cela   8. ceci   9. a. Ce   b. cette   10. ceux   11. celui   12. cet

5-11   1. ce soir   2. cette époque-là   3. ces jours-ci   4. Dans ce cas[-là] *ou* En ce cas[-là]   5. cette heure-là   6. Ça m'est égal   7. C'est injuste   8. a. comme ça   b. ça te va

5-12   PAR EXEMPLE: 1. **Ce** samedi, je ne suis pas libre. (*This Saturday, I'm not free.*)   2. **Cet** ensemble te va très bien. (*This outfit really looks good on you.*)   3. Ne me parle pas de **cette** façon! (*Don't speak to me that way!*)   4. Où as-tu acheté **ces** délicieuses brioches? (*Where did you buy these delicious brioches?*)   5. **Ce** bus-ci ne s'arrête pas à la gare, mais **celui-là** y va. (*This bus doesn't stop at the train station, but that one goes there.*)   6. Ne prends pas **cette** carte-**ci**, prends **celle-là**, elle est plus originale. (*Don't take this [post]card; take that one, it's much more original.*)   7. Je me suis acheté un nouveau dictionnaire: **celui** que j'utilisais le semestre passé est à Nadine. (*I bought myself a new dictionary; the one I was using last semester belongs to Nadine.*)   8. Comment s'appellent ces gens, **ceux** dont nous parlions tout à l'heure? (*What are the names of these people, the ones we were just talking about?*)   9. Parmi toutes ces chansons, **celle** que je préfère est la première. (*Among all these songs, the one I like best is the first one.*)   10. Pour finir, quelles chaussures as-tu choisies? **Celles** en daim ou en cuir? (*In the end, what kind of shoes did you choose? The suede or the leather ones?*)   11. **Cela** en vaut-il la peine? (*Is it worth it?*)   12. Qu'est-ce que tu veux que **ça/cela** me fasse? (*Why should I care?*)

Chapitre Six

6-1 1. a. Tu as perdu ton ticket?   b. Est-ce que tu as perdu ton ticket?   c. As-tu perdu ton ticket?   2. a. Vous êtes invités à son mariage?   b. Est-ce que vous êtes invités à son mariage?   c. Êtes-vous invités à son mariage?   3. a. Il va neiger ce soir?   b. Est-ce qu'il va neiger ce soir?   c. Va-t-il neiger ce soir?   4. a. Ce clochard n'est pas un ancien courtier?   b. Est-ce que ce clochard n'est pas un ancien courtier?   c. Ce clochard n'est-il pas un ancien courtier?   5. a. Ludovic a fait une fugue?   b. Est-ce que Ludovic a fait une fugue?   c. Ludovic a-t-il fait une fugue?   6. a. C'est possible?   b. Est-ce que c'est possible?   c. Est-ce possible *ou* Cela est-il possible?   7. a. Tu as oublié ton livre?   b. Est-ce que tu as oublié ton livre?   c. As-tu oublié ton livre?   8. a. Je peux lui demander ce service?   b. Est-ce que je peux lui demander ce service?   c. Puis-je lui demander ce service?

6-2 1. a. Est-ce que tu es allé à l'école hier?   b. Es-tu allé à l'école hier?   2. a. Est-ce que je peux vous aider?   b. Puis-je vous aider?   3. a. Est-ce que Pierre a obtenu son visa?   b. Pierre a-t-il obtenu son visa?   4. a. Est-ce qu'ils ne vous ont pas rappelés?   b. Ne vous ont-ils pas rappelés?   5. a. est-ce qu'elle en a acheté?   b. en a-t-elle acheté?   6. a. Est-ce que Kate ne le leur avait pas dit?   b. Kate ne le leur avait-elle pas dit?   7. a. Est-ce que quelqu'un pourrait venir nous chercher?   b. Quelqu'un pourrait-il venir nous chercher?   8. a. Est-ce que les Roussel seront là demain?   b. Les Roussel seront-ils là demain?

6-3 1. Comment   2. Où   3. Pourquoi   4. Combien   5. Combien   6. Quand   7. pourquoi   8. quand   9. Comment   10. où

6-4 1. a. Comment est-ce que Bernard s'est cassé la jambe?   b. Comment Bernard s'est-il cassé la jambe?   2. a. Quand est-ce qu'ils se sont rencontrés?   b. Quand se sont-ils rencontrés?   3. a. Comment est-ce qu'ils ont appelé leur enfant?   b. Comment ont-ils appelé leur enfant?   4. a. Pourquoi est-ce qu'elle est restée chez elle?   b. Pourquoi est-elle restée chez elle?   5. Combien coûte (*ou* coute) ce sac? [*ou* Combien ce sac coûte-t-il (*ou* coute-t-il)?, mais cette formulation est moins courante]   6. a. Combien de temps est-ce qu'elle dure?   b. Combien de temps dure-t-elle?   7. a. Quand est-ce qu'il arrive?   b. Quand arrive-t-il?   8. a. Où est-ce qu'ils sont partis?   b. Où sont-ils partis?   9. a. Pourquoi est-ce que tu ne le lui as pas dit?   b. Pourquoi ne le lui as-tu pas dit?   10. a. D'où est-ce qu'ils viennent?   b. D'où viennent-ils?

6-5 1. a. Pourquoi est-ce que Tania fait la tête?   b. Pourquoi Tania fait-elle la tête?   2. a. Quand est-ce que vous revenez?   b. Quand revenez-vous?   3. a. Combien est-ce que tu mesures?   b. Combien mesures-tu?   4. a. Où est-ce qu'elle est allée en vacances?   b. Où est-elle allée en vacances?

6-6 1. quelle   2. quel   3. Quels   4. quelle   5. Quelles   6. quel   7. Quelles   8. quel   9. Quel   10. Quels

6-7 1. a. Quel âge est-ce qu'elle a?   b. Quel âge a-t-elle?   2. Quelle heure est-il?   3. Quel temps fait-il?   4. a. Dans quelles régions est-ce qu'ils sont allés?   b. Dans quelles régions sont-ils allés?   5. a. Quel jour est-ce que tu fais du judo?   b. Quel jour fais-tu du judo?   6. De quelle couleur est ta nouvelle robe?   7. a. À quelle station est-ce qu'il faut descendre?   [ON PEUT DIRE AUSSI: Où est-ce qu'il faut descendre?]   b. À quelle station faut-il descendre? [ON PEUT DIRE AUSSI: Où faut-il descendre?]

6-8 1. laquelle   2. Lequel   3. laquelle   4. lesquels [*ou* lequel]   5. lequel   6. Duquel   7. auxquelles   8. lesquelles   9. Duquel   10. lesquels *ou* lequel

6-9 1. Laquelle   2. Quels   3. a. Quel   b. Lequel   4. duquel   5. quelle   6. De laquelle [*ou* De qui]   7. Quelles   8. à laquelle *ou* auxquelles [*ou* à qui]   9. Quelles   10. quels

6-10 1. qui   2. quoi   3. Qu'est-ce que   4. Qu'   5. Qui [*ou* Qui est-ce qui]   6. Qu'est-ce qu'   7. qui   8. quoi   9. Qu'   10. quoi

6-11 1. Qu'est-ce que c'est?   2. a. Qu'est-ce qu'elle a cassé?   b. Qu'a-t-elle cassé?   3. a. À quoi est-ce que tu penses?   b. À quoi penses-tu?   4. Qui a appelé?   5. a. Qu'est-ce qu'il fait? *ou* Qu'est-ce qu'il est en train de faire?   b. Que fait-il? *ou* Qu'est-il en train de faire?   6. a. Qu'est-ce que tu veux ?   b. Que veux-tu?   7. a. Avec quoi est-ce qu'on confectionne cette tarte?   b. Avec quoi confectionne-t-on cette tarte?   8. Qui est-ce? *ou* Qui sont ces gens?

6-12 1. Quand *ou* En quelle année est-elle née?   2. Comment s'appelait-elle?   3. Combien d'enfants a-t-elle eus?   4. Pourquoi est-elle célèbre?   5. Où a-t-elle vécu? *ou* Dans quelle ville a-t-elle vécu?   6. Que vendait-elle dans sa jeunesse?   7. À qui vendait-elle des crayons?   8. À quel âge est-elle morte?   9. Quel fut le secret de sa longévité?   10. Qui est-ce?

6-13 1. Pourquoi Jacques a-t-il changé d'avis?   2. Où ton frère a-t-il garé la voiture?   3. Quand commencent les vacances cet été? *ou* Quand les vacances commencent-elles cet été?   4. À qui appartiennent tous ces vergers? *ou* À qui tous ces vergers appartiennent-ils?   5. À quelle époque a vécu Berlioz? *ou* À quelle époque Berlioz a-t-il vécu?   6. Dans quelle université étudie Jim? *ou* Dans quelle université Jim étudie-t-il?   7. Combien de langues parle ce polyglotte? *ou* Combien de langues ce polyglotte parle-t-il?   8. Quel cours vous a recommandé votre professeur? *ou* Quel cours votre professeur vous a-t-il recommandé?

6-14 1. Pourquoi Lucas boude-t-il?   2. Combien d'enfants a cette femme? *ou* Combien d'enfants cette femme a-t-elle?   3. Qu'a dit Michel?   4. Quel vol a pris Marie? *ou* Quel vol Marie a-t-elle pris?   5. Combien ont coûté [*ou* couté] ces gants? *ou* Combien ces gants ont-ils coûté [*ou* couté]?   6. Quel âge a Paul? [*ou* Quel est l'âge de Paul?]   7. Où habitent Valérie et son mari? *ou* Où Valérie et son mari habitent-ils?   **8.** Où se sont retrouvées Fadia et Mélanie? *ou* Où Fadia et Mélanie se sont-elles retrouvées?

6-15   **1.** Combien de valises ont été égarées? *ou* Combien de valises ont-elles été égarées?   **2.** Que demandent les grévistes?   **3.** Qui vous l'a dit?   **4.** De quand *ou* De quel siècle date cette église? *ou* De quand *ou* De quel siècle cette église date-t-elle?   **5.** Par où sont entrés les voleurs? *ou* Par où les voleurs sont-ils entrés?   **6.** À quelle heure arrive le train? *ou* À quelle heure le train arrive-t-il?   **7.** Que lui a recommandé le médecin?

6-16   *Answers will vary.*

Chapitre Sept

7-1   **1.** sa   **2. a.** vos   **b.** vos   **3. a.** ton   **b.** tes   **4.** son   **5. a.** ta   **b.** tes   **6.** mon   **7. a.** votre   **b.** votre   **8.** sa   **9. a.** ma   **b.** mon   **c.** son   **d.** sa   **10.** notre   **11. a.** Nos   **b.** leur   **c.** leurs   **d.** leur   **12.** ta   **13.** ses   **14.** son   **15.** son

7-2   **1. a.** ton   **b.** du mien   **2. a.** mes   **b.** les vôtres   **3. a.** mes   **b.** des tiennes   **4. a.** mon   **b.** sa   **c.** la mienne   **5. a.** leurs   **b.** les miennes   **6. a.** vos   **b.** les nôtres   **7. a.** mes   **b.** les tiens   **8. a.** ses   **b.** les siens   **9. a.** ma   **b.** mon   **c.** au vôtre   **d.** le mien   **10.** son   **11.** le mien   **12.** la nôtre   **13.** le leur   **14.** leurs

7-3   **1.** leur   **2.** mon   **3. a.** nos   **b.** le nôtre   **c.** le vôtre   **4.** son   **5. a.** ta *ou* votre   **b.** la mienne   **6. a.** Ses   **b.** les vôtres *ou* les tiens   **7. a.** ma *ou* de ma   **b.** la leur *ou* de la leur

7-4   **1.** a   **2.** b   **3.** c   **4.** c   **5.** b   **6.** a   **7.** c   **8.** c   **9.** a   **10.** b

7-5   **1. a.** Elle est à nous.   **b.** Elle nous appartient.   **c.** C'est la nôtre.   **2. a.** Il est à vous?   **b.** Il vous appartient?   **c.** C'est le vôtre?   **3. a.** Elle n'est pas à toi.   **b.** Elle ne t'appartient pas.   **c.** Ce n'est pas la tienne.   **4. a.** Ils sont à eux.   **b.** Ils leur appartiennent.   **c.** Ce sont les leurs.   **5. a.** Elles ne sont pas à lui.   **b.** Elles ne lui appartiennent pas.   **c.** Ce ne sont pas les siennes.   **6. a.** Elle est à toi?   **b.** Elle t'appartient?   **c.** C'est la tienne?   **7. a.** Elles sont à nous.   **b.** Elles nous appartiennent.   **c.** Ce sont les nôtres.   **8. a.** Elle n'est pas à moi.   **b.** Elle ne m'appartient pas.   **c.** Ce n'est pas la mienne.   **9. a.** Il est à vous?   **b.** Il vous appartient?   **c.** C'est le vôtre?   **10. a.** Ils sont à elles.   **b.** Ils leur appartiennent.   **c.** Ce sont les leurs.

7-6   **1. a.** mon   **b.** celui de mon frère   **2. a.** notre   **b.** celle de nos ami(e)s   **3. a.** tes   **b.** ceux de Jim   **4. a.** tes *ou* vos   **b.** ceux de Laura   **5. a.** ses   **b.** celles de Paul

7-7   **1.** la   **2. a.** les   **b.** son   **3.** le   **4. a.** sa   **b.** ses   **c.** ses   **d.** son   **5. a.** la   **b.** l'   **6.** les   **7. a.** aux   **b.** mes   **c.** l'   **8.** ses   **9.** les   **10. a.** la   **b.** les   **11.** sa   **12.** la

7-8   **1. a.** le   **b.** ses [action inhabituelle]   **2. a.** la   **b.** les   **3. a.** sa   **b.** son   **4.** l'   **5. a.** ta [action inhabituelle]   **b.** tes [action inhabituelle]   **6.** son   **7.** au   **8. a.** la   **b.** ses   **9. a.** un   **b.** de   **10. a.** un   **b.** l'   **11. a.** au   **b.** la   **12. a.** les   **b.** la   **13.** leur [action inhabituelle]   **14.** les   **15.** les   **16. a.** les   **b.** des *ou* les

7-9   **1. a.** mon   **b.** le tien   **2.** la   **3. a.** lui *ou* nous   **b.** celui   **c.** eux   **d.** un   **e.** une   **f.** la   **4. a.** tes   **b.** le   **5. a.** le nôtre   **b.** le leur   **6. a.** mon   **b.** celle   **7. a.** leur   **b.** leur   **8. a.** la sienne   **b.** lui   **9. a.** vous   **b.** moi   **c.** les vôtres   **d.** Les miennes   **10.** celle   **11. a.** votre   **b.** le mien   **c.** celui   **12. a.** sa [action inhabituelle]   **b.** ses [action inhabituelle]   **13. a.** la   **b.** son   **14.** ceux

7-10   **1.** les nôtres   **2. a.** les leurs   **b.** les tiennes *ou* les vôtres   **3. a.** à la gorge   **b.** Ma gorge   **4.** s'est foulé la   **5.** à toi *ou* à vous *ou* le tien *ou* le vôtre   **6. a.** appartient   **b.** le nôtre   **7.** fait la tête   **8.** mon   **9. a.** Mes parents   **b.** le cœur sur la main.   **10. a.** mon amie   **b.** celle de Bob

7-11   **1. a.** ton *ou* votre *ou* à vous/toi, ce   **b.** le mien   **c.** celui de mon amie Marie   **2. a.** À qui   **b.** la nôtre   **c.** celle de   **3.** ma voiture ou la leur   **4. a.** mes   **b.** les siennes   **5.** t'appartient *ou* vous appartient *ou* est à toi *ou* est à vous *ou* est le tien *ou* est le vôtre   **6. a.** les yeux   **b.** de magnifiques cheveux   **c.** de grands yeux   **7.** mal à la tête   **8. a.** tendre l'oreille   **b.** élever la voix

Chapitre Huit

8-1   **1.** ne me plaît [*ou* plait] pas   **2.** ne s'est pas levée   **3.** ne s'en est pas servi   **4.** n'y en a pas   **5.** ne le lui a pas dit   **6.** Ne revenez pas   **7.** N'est-elle pas   **8.** ne pas le savoir   **9.** ne pas avoir été sélectionnée *ou* n'avoir pas été sélectionnée   **10.** n'y arriverions   **11.** ne pas verrouiller   **12.** N'y pense pas   **13.** Ne le leur donne pas   **14.** ne pas les attendre

8-2   **1.** les   **2.** le   **3.** d'   **4.** les   **5.** de   **6.** de   **7.** de   **8.** du

8-3   **1.** de   **2.** du   **3. a.** du   **b.** de la   **4.** de   **5. a.** du   **b.** du   **6.** de   **7.** des   **8.** de   **9. a.** des   **b.** des   **10.** une

8-4   **1.** pas encore *ou* jamais   **2.** personne n'   **3.** personne   **4.** rien   **5.** aucune *ou* pas d'   **6.** nulle part   **7.** jamais   **8.** plus   **9.** jamais   **10.** pas encore

8-5 PAR EXEMPLE: **1.** Si tu as faim, tu n'as qu'à te faire un sandwich. **2.** J'ai déjà commandé le gâteau, il n'y aura plus qu'à aller le chercher. **3.** On reconnaît [*ou* reconnait] *la Joconde* rien qu'à son sourire. **4.** J'aurais reconnu Suzanne rien qu'à sa voix. **5.** Ma présentation orale est presque prête: je n'ai plus qu'à écrire la conclusion. **6.** Si vous ne voulez pas y aller aujourd'hui, vous n'avez qu'à le dire. **7.** En général, les touristes reconnaissent le Louvre rien qu'à sa pyramide de verre.

8-6 **1.** plus que jamais **2.** ne travaille jamais **3.** n'est toujours pas arrivé *ou* n'est pas encore arrivé **4.** rien qu'à **5.** n'a aucune *ou* n'a pas de **6.** Nul ne doit *ou* Personne ne doit **7.** pas grand-chose **8.** pas tellement *ou* pas tant que ça **9.** pas du *ou* et non du **10.** n'as qu'à

8-7 **1.** Ils n'aiment ni l'opéra ni la musique classique. *ou* Ils n'aiment pas l'opéra ni la musique classique. **2.** Je n'ai ni chien ni chat. *ou* Je n'ai pas de chien ni de chat. **3.** Nous n'avons pas mangé de mousse au chocolat ni de tarte aux pommes. *ou* Nous n'avons mangé ni mousse au chocolat ni tarte aux pommes. **4.** Ce film n'est ni intéressant ni amusant. [*ou* Ce film n'est pas intéressant ni amusant.] **5.** Ce n'est ni du sucre en poudre ni de la farine. *ou* Ce n'est pas du sucre en poudre ni de la farine.

8-8 **1. a.** x **b.** ni **c.** de **d.** ni de **2.** Ni elle ni moi n'avons compris **3. a.** Il n'est ni *ou* Il n'est pas **b.** ni **4. a.** Ce n'est ni de l' *ou* Ce n'est pas de l' **b.** ni de la **c.** du **5. a.** n'aiment ni le *ou* n'aiment pas le **b.** ni la **6.** Ni toi ni tes amis ne saurez **7. a.** du **b.** ni de la **c.** du **d.** ni du **e.** ni de la **f.** du **8.** ni skier ni patiner *ou* pas skier ni patiner **9.** n'est ni malade ni fatigué *ou* n'est pas malade ni fatigué **10. a.** ni les siennes ni les miennes *ou* pas les siennes ni les miennes **b.** ni à lui ni à moi *ou* pas à lui ni à moi **c.** ni à lui ni à moi *ou* pas à lui ni à moi

8-9 **1.** Je ne bois que du lait écrémé. **2.** Il n'y a que Jean qui puisse comprendre cela. *ou* Jean est le seul qui puisse comprendre cela. *ou* Jean est le seul à comprendre cela. **3.** Elle n'a que dix-sept ans. **4.** Il ne nous reste que deux jours de vacances. **5.** Elle ne fait que se plaindre.

8-10 **1.** ne mange que du **2.** n'aime que la **3. a.** que Sébastien qui **b.** le seul qui **4.** ne fait que regarder **5.** Je ne fais pas que du français **6.** Elle n'a que treize ans **7.** Nous ne mangeons que **8.** n'y a qu'à **9.** ne fais que **10.** n'ont qu'une

8-11 **1.** n'ai rien fait **2.** ne me trompe *ou* ne m'abuse **3.** ne connaîtrai [*ou* connaitrai] personne **4.** Je n'ai ni le temps ni l'argent *ou* Je n'ai pas le temps ni l'argent **5.** n'ai aucune *ou* n'ai pas la moindre **6.** reste que **7.** Je n'ai pas plus de **8.** n'importe **9.** Qu'à cela ne tienne **10.** plus que faire *ou* plus quoi faire

8-12 **1.** Je préfère ne pas lui parler tout de suite. **2.** Ne le leur dites pas! **3.** Nous ne l'avons jamais vu nulle part. *ou* Nous ne l'avons encore jamais vu nulle part. **4.** Elle regrette de ne pas être arrivée avant eux. *ou* Elle regrette de n'être pas arrivée avant eux. **5.** Ils sont partis sans se dire au revoir. **6.** Elle n'a ni parents ni amis. *ou* Elle n'a pas de parents ni d'amis. **7.** Je n'ai pas de cadeau pour eux. *ou* Je n'ai aucun cadeau pour eux. **8.** Aucun de ses livres n'est encore épuisé. **9.** Il ne se sert pas de la voiture ce soir. **10.** C'est ennuyeux qu'elles ne soient pas encore là. **11.** Les deux adolescents ont traversé la frontière sans être inquiétés par la police. **12.** Il ne reste plus de pain. **13.** Ils ne connaissent encore personne dans le voisinage. **14.** Il n'apprécie rien: ni la bonne chère ni les bons vins. **15.** Je n'ose jamais lui dire ce que je pense. *ou* Je n'ose pas toujours lui dire ce que je pense.

8-13 **1.** n'a rien vu **2.** est qu'étudiant **3.** sans faire de bruit *ou* sans faire aucun bruit **4.** ne connais aucun **5.** ni abricots ni cerises **6.** ne pas lui avoir parlé *ou* ne lui avoir pas parlé **7.** ne pas tomber **8.** ne reste que de l'eau minérale

8-14 **1.** ni œufs ni fromage *ou* pas d'œufs ni de fromage **2.** n'ai rien dit à personne **3.** n'êtes jamais allés **4.** ne sais comment [À L'ORAL, ON PEUT DIRE: ne sais pas comment] **5. a.** avez jamais lu **b.** n'ai jamais entendu **6.** n'auriez pas vu **7.** n'ont pas encore rappelé *ou* n'ont toujours pas rappelé **8.** ne mange ni chocolats ni bonbons *ou* ne mange pas de chocolats ni de bonbons

8-15 **1.** ne pas avoir remarqué *ou* n'avoir pas remarqué **2.** n'ont pas toujours été **3.** n'ai rien compris **4. a.** n'a trouvé [ET NON: n'a ~~pas~~ trouvé] **b.** nulle part. **5.** n'aurais pas un billet **6. a.** n'as pas de **b.** as qu'à **7.** n'importe **8. a.** pas encore terminée *ou* toujours pas terminée **b.** ni chauffage ni électricité *ou* pas de chauffage ni d'électricité **9.** rien qu'à sa façon de danser **10.** que je sache

8-16 **1.** ne fassent **2.** ne perde **3.** ne vienne **4.** ne reparte **5.** ne fasse pas **6.** ne leur aie parlé **7.** ne soit pas **8.** n'ait échoué **9.** ne (le) pensais **10.** ne m'y attendais

Chapitre Neuf

9-1 **1. a.** avais **b.** faisais **2. a.** neigeait **b.** grelottions **3.** pouvais **4. a.** voulions **b.** venions **5.** avait **6.** étais **7.** préparaient *ou* étaient en train de préparer **8.** allions **9. a.** croyais **b.** était **10. a.** sortaient **b.** étaient

9-2 PAR EXEMPLE: **1.** Quand ma grand-mère habitait encore à Toulouse, nous allions la voir chaque été. **2.** Ah, si seulement j'avais une voiture comme la tienne! **3.** Aujourd'hui je suis à l'heure, mais hier, j'étais en retard parce qu'il y avait des embouteillages (*traffic jams*). **4.** Je voulais *ou* venais te demander ton avis sur cette question. **5.** Quand Marc est rentré chez lui, son frère regardait *ou* était en train de regarder un match à la télévision. **6.** Et si nous allions prendre un verre?

(*How about a drink?*)   **7.** Quand Tom et moi sommes arrivés à New York, il pleuvait à verse (*it was pouring rain*).   **8.** Émilie a appelé pendant que je prenais ma douche *ou* pendant que j'étais sous la douche.   **9.** Ce matin, j'étais fatiguée *ou* je ne me sentais pas bien *ou* je n'avais pas du tout envie de me lever.   **10.** Je le ferais volontiers si j'étais moins occupé, mais en ce moment, je ne peux pas.

9-3   *Answers will vary.*

9-4   **1.** venaient de quitter   **2.** vient de s'acheter   **3.** venions de nous rencontrer   **4.** venais de terminer   **5.** viennent d'appeler   **6.** venait de neiger   **7.** vient d'entrer   **8.** viens de me rendre compte   **9.** viens de rentrer   **10.** venais de naître [*ou* naitre]

9-5   **1. a.** s'est présenté   **b.** a remis   **2.** a été   **3.** es sortie   **4.** as déjà sorti   **5.** est devenu   **6.** a fait   **7.** s'est évadé   **8.** a donné   **9. a.** nous sommes assises   **b.** avons passé   **10.** a vite rentré   **11.** suis allé   **12.** se sont disputées   **13.** es née   **14.** avons eu   **15.** a plu   **16. a.** sont arrivés   **b.** sont repartis   **17. a.** a vu   **b.** ne lui a pas plu   **18.** s'est fait

9-6   PAR EXEMPLE:
—Alors Marie, qu'est-ce que tu as fait samedi soir?
—Ah, j'ai passé un excellent week-end! D'abord, j'ai mangé au restaurant avec des amis. Nous avons commandé des pizzas et de la salade. Ensuite, nous sommes partis voir un film d'aventures que j'ai trouvé intéressant mais un peu trop violent. Après le film, nous sommes allés boire une bière dans un bar. Là, j'ai rencontré Michel qui m'a invitée à faire du tennis avec lui dimanche.
—Et alors dimanche, qu'est-ce que tu as fait? Tu as joué au tennis avec Michel?
—Oui, je me suis réveillée vers 10 heures, j'ai pris ma douche et mon petit déjeuner, ensuite j'ai téléphoné à Michel qui est venu me chercher vers 11 heures et demie...

9-7   **1.** s'est fait   **2.** n'ont pas encore répondu   **3.** viens de recevoir   **4.** n'ai jamais été   **5.** a toujours eu   **6.** vient de commencer   **7.** a commencé   **8.** a vu   **9.** a travaillé   **10.** viennent de se marier

9-8   **1. a.** venaient souvent   **b.** vivions   **2.** ont toujours skié   **3. a.** faisions   **b.** n'en avons pas fait   **4. a.** jouait   **b.** s'est foulé   **5.** ont toujours été   **6. a.** avait   **b.** voulait   **c.** détendait   **d.** s'endormait   **e.** a appris   **f.** n'a plus jamais voulu   **g.** s'est mis

9-9   **1. a.** est rentrée   **b.** dormait   **2.** n'avez pas aimé   **3. a.** n'as pas acheté   **b.** allait   **c.** n'aimais pas   **4. a.** alliez   **b.** sommes allés   **5. a.** n'a pas pu   **b.** avait   **6. a.** Je rangeais *ou* J'étais en train de ranger   **b.** a sonné   **7. a.** avait   **b.** montait   **8.** ai toujours admiré   **9. a.** croyais   **b.** détestais   **10. a.** ai entendu   **b.** ai eu   **c.** était   **11. a.** voulait   **b.** pouvais   **12. a.** a vu   **b.** l'as laissé   **13. a.** ont gagné   **b.** étais   **14.** a dit   **15. a.** ai mis   **b.** était   **c.** ai tourné   **d.** trouvais   **e.** suis allé(e)

9-10   **1. a.** venaient de rentrer   **b.** ont appris   **2. a.** ne voulais pas   **b.** venais   **3. a.** a frappé   **b.** étais   **4.** avons monté   **5. a.** voyait   **b.** vivait   **6. a.** était   **b.** s'est couchée   **7. a.** venions d'arriver   **b.** avons croisé(e)s   **8.** nous sommes levées   **9.** l'avons appris   **10. a.** ne l'ai pas rappelé   **b.** étais

9-11   **1.** était déjà parti   **2.** avaient été   **3.** avait fermé   **4.** n'avait pas prévu   **5.** avais mis   **6.** avais complètement oublié   **7.** avais pourtant commandés   **8.** avaient divorcé   **9.** avions fini   **10.** n'avait voulu   **11.** ne m'avais pas dit   **12. a.** s'était levé   **b.** était tombée   **c.** avaient déjà gelé   **13.** n'y avais pas pensé   **14.** vous étiez donné   **15.** avais pourtant bien expliqué   **16.** avait mal dormi   **17.** avait demandé

9-12   **1. a.** sommes rentré(e)s   **b.** avions oublié   **2. a.** s'est moqué   **b.** n'avais rien compris   **3.** avait fait   **4.** avais prêtée *ou* ai prêtée   **5.** aviez demandé *ou* avez demandé   **6. a.** avons revu   **b.** avions rencontrés   **c.** avons fait   **d.** avons emmenés   **e.** avait   **f.** nous sommes bien amusés   **7. a.** a appris   **b.** avait gagné   **c.** a poussé   **d.** s'est mise   **e.** n'arrivait pas   **8. a.** avait terminé   **b.** se rendait   **9.** avait fait   **10.** avais vraiment voulu *ou* voulais vraiment   **11. a.** était   **b.** commençait toujours   **12. a.** ont toujours su   **b.** ne pensaient pas

9-13   **1.** s'est bien amusée   **2.** est allée   **3.** avait   **4.** a retrouvé   **5.** n'avait pas vus   **6.** a dansé   **7.** était   **8.** s'est levée   **9.** faisait   **10.** était   **11.** a fait   **12.** est descendue   **13.** sont allées   **14.** ont pris   **15.** ont fait   **16.** avait   **17.** avait remarquée   **18.** avait oublié   **19.** a prêté   **20.** ont téléphoné   **21.** ont immédiatement invitées   **22.** étaient   **23.** ont accepté   **24.** était   **25.** fallait *ou* a fallu   **26.** ont décidé   **27.** était   **28.** n'avaient pas   **29.** sont parties   **30.** ont beaucoup dansé   **31.** est rentrée   **32.** ne se sentait pas   **33.** a pris   **34.** s'est rendormie   **35.** a commencé   **36.** avait demandé   **37.** a fait   **38.** est sortie   **39.** s'était aggravé   **40.** s'est couchée

9-14   *Answers will vary.*

9-15   **1.** a neigé   **2. a.** me suis réveillé(e)   **b.** neigeait   **3. a.** devaient   **b.** a été   **4. a.** as mis   **b.** ai laissé   **5. a.** étais   **b.** croyais   **6.** ai toujours cru   **7. a.** est arrivé   **b.** n'avons pas eu   **c.** se passait   **8. a.** étions en train de prendre   **b.** a sonné   **9.** allions   **10. a.** n'as rien mangé   **b.** n'avais pas faim

9-16   **1. a.** avez compris   **b.** a dit   **2.** voulais   **3. a.** savais   **b.** ai appris   **4.** ont toujours été   **5. a.** se sont séparés   **b.** n'étaient pas   **6.** avais acheté   **7. a.** se voyaient   **b.** vivait   **8. a.** s'est mise   **b.** s'était fait   **9. a.** étions   **b.** avions roulé   **10.** ne nous avait pas dit

9-17 1. était 2. avait 3. mourais 4. me sentais 5. suis sorti 6. ai aperçu 7. buvait 8. a vu 9. a invité 10. étaient 11. savaient 12. feraient 13. a annoncé 14. aimerait [pas de changement] 15. a fait 16. faisait 17. préférait 18. était 19. comptait 20. accompagne [pas de changement] 21. semblait 22. a dit 23. verrait 24. dépendrait 25. avait pris 26. habite [pas de changement] 27. s'est lancé 28. a expliqué 29. avaient fait 30. fallait 31. soit [pas de changement] 32. aurait 33. était 34. risquait 35. n'a pas cru *ou* ne croyait pas 36. disait 37. voyait 38. allait 39. s'est esquivé 40. était 41. devait 42. avait 43. suis resté 44. me suis bien gardé 45. est *ou* était 46. aurait posé 47. voulais 48. tenais 49. ai raccompagné 50. ai dit 51. avais 52. était 53. avait 54. pouvait 55. s'est mis̲e̲ 56. étais 57. s'est fait 58. irait 59. suis rentré 60. était 61. était 62. me suis endormi

9-18 1. a rappelé 2. serait 3. avait 4. devaient 5. avait dressé 6. suis allé 7. avait mis 8. étais 9. ai laissé 10. avait suggéré 11. suis passé 12. ai commandé 13. avait demandé 14. aime [pas de changement] 15. ai dit 16. passerait 17. avaient 18. ai pris 19. serait 20. se plaint [pas de changement] 21. fait [pas de changement] 22. soit rentré [pas de changement] 23. aurait 24. me suis arrêté 25. ai acheté 26. avait inscrit̲s̲ 27. regardais 28. pouvais 29. convienne [pas de changement] 30. faut [pas de changement] 31. est [pas de changement] 32. suis tombé 33. est [pas de changement] 34. habite [pas de changement] 35. sommes allé̲s̲ 36. nous sommes mis 37. suis rentré 38. rangeais 39. me suis rendu 40. avais oublié 41. suis vite ressorti 42. savais 43. faisais 44. piquerait 45. ai mangé 46. ai lu 47. suis retourné 48. avait demandé 49. faut *ou* fallait 50. ai trouvé 51. étaient 52. se verrait 53. rentrait 54. ai fini 55. ai regardé 56. est revenu̲e̲ 57. dormais 58. a réveillé 59. a raconté 60. étais 61. n'ai pas retenu 62. a dit *ou* disait 63. s'est croisé̲s̲ 64. partait 65. avait 66. me suis demandé [*ou* me demande]

9-19 1. avait 2. a fait 3. est passé̲e̲ 4. est allé̲e̲ 5. est tombé̲e̲ 6. n'avait pas vu̲e̲ 7. a raconté 8. allait 9. était 10. a expliqué 11. allaient bientôt déménager 12. a ajouté 13. voulaient 14. viennent 15. a promis 16. appellerait

9-20 1. a mis 2. semblaient 3. ont commencé 4. ont sorti 5. a éclaté 6. ont agressé 7. ont asséné 8. s'est écroulé̲e̲ 9. s'est enfui̲e̲ 10. s'en sont pris 11. ont assommé 12. s'est déroulé 13. n'a pas eu 14. a été 15. est décédé̲e̲ 16. a aussi retrouvé 17. était 18. a immédiatement installé 19. est resté 20. a causé 21. se sont massé̲s̲ 22. s'est mis [*ou* se mettait] 23. ont été 24. ont essayé 25. s'était passé 26. sont restés 27. ont fait 28. a appris [*ou* apprend] 29. n'a toujours pas retrouvé 30. accompagnait

9-21 *Answers will vary.*

Chapitre Dix

10-1 1. parlant 2. fermant 3. partant 4. N'ayant pas 5. passant

10-2 1. Estimant 2. lisant 3. N'étant pas 4. sachant 5. ayant fait

10-3 1. Ayant manqué 2. s'appelant 3. ayant appartenu 4. ayant terminé 5. Ayant

10-4 1. tombant 2. habitant 3. Ayant fini 4. ayant bien répondu. 5. Ayant 6. commençant 7. ayant fait 8. Étant 9. ayant 10. Étant

10-5 1. en courant 2. donnant 3. En vous dépêchant 4. en attendant 5. S'imaginant 6. Tout en travaillant 7. démarrant 8. Ayant obtenu 9. en grandissant 10. Ne les voyant plus

10-6 1. néglig̲e̲ant 2. néglig̲e̲nts 3. fatig̲a̲nts 4. fati̲gua̲nt 5. tombant 6. tombante 7. insistant̲e̲ 8. Insistant 9. intri̲g̲ants 10. Intri̲gua̲nt [ON PEUT DIRE AUSSI: En intriguant] 11. adhérents 12. adhér̲a̲nt

10-7 1. en expédi̲a̲nt 2. expédi̲e̲nts 3. afflu̲e̲nts 4. afflu̲a̲nt 5. exi̲g̲eante 6. exi̲g̲ences 7. Excellant 8. excell̲e̲nt 9. En provo̲qua̲nt 10. provo̲c̲ante

10-8 1. en intri̲gua̲nt 2. intrigante 3. équival̲a̲nt 4. équival̲e̲nt 5. précéd̲a̲nt 6. précéd̲e̲nt 7. Zigza̲gua̲nt *ou* En zigza̲gua̲nt *ou* Tout en zigza̲gua̲nt 8. zigza̲g̲ante 9. En convain̲qua̲nt 10. convain̲c̲ants

10-9 1. en plongeant 2. prendre 3. Ne voulant pas 4. meurs 5. courir *ou* qui couraient 6. Faire 7. en écoutant *ou* tout en écoutant 8. de sortir 9. traversait *ou* était en train de traverser 10. En partant 11. que j'ouvre *ou* si j'ouvre

10-10 1. a battu̲e̲ 2. a fini 3. avaient couvert̲s̲ 4. ai conduit̲e̲ 5. as fait 6. ai lu̲s̲ 7. se sont enfui̲s̲ 8. as suivi̲s̲ 9. a. avions acheté̲e̲s̲ *ou* avons acheté̲e̲s̲ b. ai oublié̲e̲s̲ 10. est née 11. est venue 12. as mis̲e̲s̲ 13. s'est assis̲e̲ 14. a eu̲e̲

10-11 1. a contacté̲s̲ 2. as trouvé̲e̲s̲ 3. a. aviez demandé̲e̲ b. ai bien reçu̲e̲ 4. a. a été b. a eu 5. a conquis 6. avais dit [l' = pronom neutre ⇒ pas d'accord] 7. a. a acquis̲e̲ b. a bien servi 8. a. as acheté b. ai trouvé 9. a peint̲e̲s̲ [accord avec toiles] *ou* a peinte [accord avec série] 10. a écrit̲e̲s̲ 11. ont valu 12. ai bu̲s̲ 13. avez choisi̲s̲ 14. a promis [l' = pronom neutre ⇒ pas d'accord] 15. ai acheté

10-12 1. as rapporté̲s̲ 2. a acheté 3. as rencontré̲e̲ 4. a mangé 5. a. a perdu b. avais recopié̲e̲

10-13   1. **a.** sont sorti<u>es</u>   **b.** sont allé<u>es</u>   2. **a.** as sorti   **b.** ai descendu<u>es</u>   3. as monté<u>es</u>   4. sont monté<u>s</u>   5. ont passé<u>s</u>
6. sont passé<u>s</u>   7. sont rentré<u>s</u>   8. ai rentré   9. ai retourné<u>e</u>   10. est retourné

10-14   1. sont allé<u>es</u>   2. a passé   3. sont passé<u>s</u>   4. **a.** avais laissé<u>s</u>   **b.** as rentré<u>s</u>

10-15   1. s'est baissé<u>e</u>   2. se sont dirigé<u>s</u>   3. se sont téléphoné [ON DIT: **téléphoner à qqn**]   4. se sont mi<u>ses</u>   5. se sont mis
6. se sont passé<u>s</u>   7. **a.** se sont rencontré<u>s</u>   **b.** se sont plu [ON DIT: **plaire à qqn**]   8. s'est coupé   9. s'est mi<u>se</u>   10. s'est
brûlé [*ou* brulé]   11. **a.** ne s'étaient pas vu<u>es</u>   **b.** se sont aperçu<u>es</u>   **c.** se sont reconnu<u>es</u>   **d.** se sont promis [ON DIT:
promettre qqch à qqn]

10-16   1. se sont disputé<u>s</u>   2. se sont souri [ON DIT: **sourire à qqn**]   3. s'est réveillé<u>e</u>   4. ne se sont pas rendu compte   5. s'est
lancé<u>e</u>   6. s'est absenté   7. se sont rappelé [ON DIT: **rappeler qqch à qqn**]   8. se sont certainement envoyé [ON DIT: **envoyer
qqch à qqn**]   9. se sont lavé   10. se sont succédé [ON DIT: **succéder à qqn**]   11. s'est ravisé<u>e</u>   12. se sont montré<u>s</u>
13. s'est permis [ON DIT: **permettre qqch à qqn**]   14. se sont moqué<u>s</u>

10-17   PAR EXEMPLE: 1. pris   2. téléphoné   3. arrivé<u>e</u>   4. allé<u>e</u>   5. bu *ou* pris *ou* commandé   6. mangé *ou* dégusté   7. entrepris
ou décidé   8. dirigé<u>e</u>   9. retrouvé   10. donné   11. allé<u>es</u>   12. fallu   13. fait   14. vu *ou* admiré *ou* examiné   15. décidé
ou entrepris   16. passé<u>es</u>   17. descendu<u>es</u>   18. emmené *ou* invité   19. préparé *ou* mangé *ou* dîné d'   20. donné *ou* offert
ou réservé *ou* procuré *ou* vendu

10-18   1. s'est endormi<u>e</u>   2. s'est coupé   3. se sont inscrit<u>es</u>   4. se sont promis   5. se sont envoyé<u>s</u>

10-19   1. a vu<u>e</u>   2. ai vu   3. ont pu   4. avons regardé<u>s</u>   5. ai pas entendu<u>s</u>   6. ai laissé [*ou* laissé<u>s</u>]   7. aurais voulu   8. a dû
9. a fait   10. n'avons pas pu   11. a fait   12. ont accepté   13. a toujours laissé [*ou* laissé<u>s</u>]   14. ont autorisé(<u>e</u>)   15. n'ai
pas voulu

10-20   1. **a.** a fait   **b.** a eu   2. ont [ET NON: ~~avons~~] confectionné<u>es</u>   3. avons eu<u>e</u>   4. a valu   5. avons vécu   6. ont vécu<u>es</u>
7. ont coûté [*ou* couté]   8. a coûté<u>s</u> [*ou* couté<u>s</u>]   9. a couru   10. a mûrement [*ou* murement] pesé<u>s</u>   11. a fallu

10-21   1. **a.** as acheté   **b.** ai acheté   2. s'est dirigé<u>e</u>   3. se sont dit   4. **a.** a fini   **b.** a terminé<u>s</u>   5. se sont heurté<u>es</u>   6. ai oublié<u>e</u>
7. s'est achet<u>ées</u>   8. a eu

10-22   1. **a.** se sont parlé   **b.** se sont séparé<u>s</u>   2. **a.** ont fait   **b.** a coûté [couté]   3. se sont parlé   4. a dû   5. avez entendu<u>s</u>
6. a volé<u>e</u>   7. se sont retrouvé<u>es</u>   8. a demandé   9. a laissé<u>s</u>   10. a laissé [*ou* a laissé<u>s</u>]

Chapitre Onze

11-1   1. allons partir   2. est sur le point d'entrer *ou* va entrer   3. allais m'appeler   4. a l'intention de le leur faire   5. doivent
nous rejoindre   6. va pleuvoir   7. vas la faire   8. suis sur le point d'aller me coucher *ou* m'apprête à aller me coucher
9. devons nous retrouver   10. n'allais pas t'en aller   11. ne sommes pas près de revenir

11-2   1. va neiger   2. allait neiger   3. ne neigera pas   4. vais la rappeler   5. la rappellerai   6. vas enfin pouvoir   7. pourras
8. allions partir *ou* étions sur le point de partir   9. repartirons   10. verrons

11-3   1. aiderai   2. **a.** auras terminé   **b.** iras   3. ne pourrons pas   4. aura oublié   5. **a.** aurez vu   **b.** direz   6. **a.** irons
b. aurons fini   7. se sera arrêté

11-4   1. retournerai   2. **a.** serez arrivées   **b.** téléphonerez [ET NON: ~~téléphonerons~~]   3. **a.** aurai enlevé   **b.** arroserai
4. **a.** s'arrêtera   **b.** aura *ou* aura eu   5. **a.** rendrai   **b.** aurai lus   6. **a.** voudras   **b.** seras   7. allons voir   8. **a.** n'auront
pas mangé *ou* ne mangeront pas   **b.** restera

11-5   1. pourrez   2. sauras   3. essayerons *ou* essaierons   4. vas te faire   5. va commencer   6. **a.** regarderas   **b.** auras travaillé
7. aurai fini   8. seras   9. **a.** sera   **b.** voudras   10. irai

11-6   *Answers will vary.*

11-7   *Answers will vary.*

11-8   1. pleuvrait   2. aurait bientôt trouvé   3. serait   4. auraient bientôt fini   5. aurait   6. commencerait   7. **a.** changerait
b. aurait lu   8. se serait redressée

11-9   PAR EXEMPLE: 1. Pourriez-vous m'indiquer où il se trouve?   2. Aurais-tu un programme, par hasard? *ou* Le saurais-tu par
hasard? *ou* Aurais-tu une idée *ou* Pourrais-tu me le dire?   3. Ça te dérangerait de me prêter la tienne?   4. Seriez-vous assez
aimable pour nous le traduire?   5. Vous n'auriez pas une petite pièce?

11-10   1. aimerais bien   2. aurais bien aimé   3. aurait tant voulu   4. aimerais   5. aurais dû   6. n'aurais pas dû   7. faudrait
8. aurait fallu

11-11 PAR EXEMPLE: **1.** Tu devrais te dépêcher! [conseil] *ou* Tu aurais dû te lever plus tôt [reproche]! **2.** Vous auriez dû nous téléphoner. **3.** Il faudrait que tu fasses un peu attention à ce que tu fais! **4.** Tu n'aurais pas pu prendre le métro? **5.** Vous auriez mieux fait d'aller au cinéma. **6.** Vous pourriez aller jouer dehors. **7.** Il faudrait que tu t'achètes un GPS. **8.** Tu ferais mieux de t'allonger.

11-12 *Answers will vary.*

11-13 **1.** ne serais pas **2.** aurait pu **3.** saurais **4.** aurait menti **5.** abandonneriez **6.** serait parti **7. a.** pourrions **b.** voudriez

11-14 **1.** n'auriez pas pu **2.** dérangerait **3.** ne pourrais pas **4.** ennuierait **5.** gênerait **6.** n'aurais pas pu

11-15 **1. a.** serait **b.** pêcherait **c.** prendrait **d.** ferait **e.** se promènerait **2.** aurions mieux dormi **3.** auriez **4.** arriverais

11-16 **1.** aurait **2.** aurait incendié **3.** serait **4.** entrerions **5.** resterait **6.** arriverait **7.** porterait **8.** se serait cassé

11-17 **1.** seraient **2.** aurait **3.** voyagerais **4.** se serait déguisé **5.** serais **6.** aimerais bien *ou* aurais bien aimé **7.** aurais pu **8.** aurait coûté [*ou* couté] **9.** serions venus **10.** auriez

11-18 **1.** devrait être de retour **2. a.** devrais y aller **b.** t'amuserais **3.** n'ai pas pu comprendre *ou* ne pouvais pas comprendre **4. a.** aurait bien aimé **b.** n'a pas pu *ou* ne pouvait pas **5.** intéresserait **6.** ferais **7.** pourrais **8.** n'ai pas pu *ou* ne pouvais pas **9.** prêterais **10.** prêtais

11-19 *Answers will vary.*

11-20 *Answers will vary.*

Chapitre Douze

12-1 **1.** soit **2.** n'apprenne pas **3.** veuille **4.** allions **5.** compreniez **6.** puisses **7.** fasse **8.** obéisse

12-2 **1.** Je veux que tu finisses ton petit déjeuner. **2.** Je ne veux pas que tu sortes ce soir. **3.** Je ne veux pas que vous alliez par là. **4.** Je veux que tu prennes ton portable. **5.** Je veux que vous alliez lui dire au revoir. **6.** Je veux que vous répondiez quand on vous appelle. **7.** Je veux que tu me dises la vérité. **8.** Je ne veux pas que tu reviennes trop tard. **9.** Je veux que vous fassiez très attention. **10.** Je ne veux pas que tu conduises trop vite.

12-3 **1.** montiez **2.** partions **3.** fasse **4.** buviez **5.** voie **6.** sois **7.** suiviez **8.** finisses **9.** apprennes **10.** choisisse

12-4 **1.** écoutiez **2.** se serve **3.** viennes **4.** preniez **5.** aille **6.** croies **7.** fasses **8.** nous retrouvions **9.** revoies **10.** ayez

12-5 **1.** n'aient pas encore téléphoné **2.** ne téléphonent plus **3.** engagiez **4.** ayez engagé **5.** plaise **6.** ait plu **7.** fasse **8.** ait fait **9.** (ne) nous trompions **10.** (ne) nous soyons trompé(**e**)**s**

12-6 **1.** puissiez **2.** ayez pu **3.** n'ait pas fait **4.** ne fasse pas **5.** effectuiez **6.** ayez effectué **7.** parvienne **8.** soit parvenu **9.** aie obtenu **10.** obtienne

12-7 **1.** interdise **2.** ait interdit **3.** aies dû **4.** doives **5.** soit **6.** ait été **7.** ayez terminé **8.** terminiez **9.** ait réagi **10.** (ne) réagisse

12-8 **1.** veniez **2.** ait pu **3.** soit **4.** ait été [ET NON: ~~était~~] **5.** arrivions **6.** ayons terminé [*ou* terminions] **7.** aies aimé **8.** n'ailles pas **9.** veuille **10.** ait abandonné

12-9 PAR EXEMPLE: **1.** fasses ce genre de remarque **2.** partions un peu plus tôt **3.** relises ce chapitre avant de faire les exercices **4.** prennes un parapluie **5.** l'aidions à déménager ce week-end

12-10 PAR EXEMPLE: **1.** m'aides à écrire cette lettre **2.** leur dise ce que j'ai fait hier soir **3.** connaissiez le chemin pour y aller **4.** nous retrouvions à huit heures **5.** allions passer quelques jours au bord de la mer **6.** soyez à l'heure pour le spectacle

12-11 PAR EXEMPLE: **1.** soit déjà parti **2.** aies reçu un A **3.** ne soit pas aussi éloquent que son rival **4.** ne réponde pas lorsqu'on l'appelle sur son portable **5.** fasse du bruit quand il travaille **6.** n'aie pas aimé le spectacle **7.** il fasse aussi chaud en décembre **8.** nous ait averti(e)s

12-12 PAR EXEMPLE: **1.** sois un peu en retard **2.** trouvions des places pour le spectacle de ce soir **3.** obtienne cette bourse **4.** prenne la voiture pour aller au travail, mais c'est rare

12-13 **1.** (ne) se rende **2.** (n') achetions **3.** plaise **4.** (ne) sachiez **5. a.** soit **b.** ne se batte pas **6.** saches **7.** s'en aperçoive *ou* s'en soit aperçu **8.** montriez **9.** se prenne **10.** n'ait pas

12-14 PAR EXEMPLE: **1.** ne ratiez pas le dernier bus pour rentrer **2.** restions enfermé(e)s toute la journée **3.** (n')arrivent **4.** (ne) préfériez rentrer à pied **5.** n'aie que très peu de temps

12-15 1. bien qu'elle *ou* quoiqu'elle fasse   2. à [la] condition que vous ne dépensiez pas   3. pour que *ou* afin que je lui dise   4. jusqu'à ce que tu reviennes [ON PEUT DIRE AUSSI: jusqu'à ton retour]   5. [pour/afin] que je sache   6. pour que *ou* afin que nous partions   7. sans que nous ayons pu   8. pour que *ou* afin que leur fille fasse   9. en attendant que *ou* jusqu'à ce que sa mère vienne   10. à moins qu'il (ne) pleuve

12-16 1. Bien qu'il fasse *ou* Quoiqu'il fasse   2. à condition que tu remettes *ou* à la condition que tu remettes *ou* pourvu que tu remettes   3. à moins que tu (ne) sois   4. À supposer que leur avion atterrisse   5. quoi qu'on fasse   6. jusqu'à ce que tu puisses   7. sans qu'il s'en aperçoive   8. jusqu'à ce que tu sois   9. de peur qu'elle (ne) se fasse   10. qu'on puisse *ou* pour qu'on puisse *ou* afin qu'on puisse

12-17 1. (n') ayons   2. aura   3. soient   4. seront   5. parviendra   6. parvienne   7. a suivi   8. n'ait pas suivi   9. finira   10. finisse   11. ont atteint   12. aient atteint *ou* atteignent   13. plaît [*ou* plait]   14. plaise   15. soient

12-18 1. n'as pas oublié   2. n'aies pas oublié   3. étaient   4. soient   5. sont   6. soient   7. communiquiez   8. communiquerez   9. n'ait pas retenu   10. n'a pas retenu   11. (ne) soyez   12. serez   13. ne leur convienne pas *ou* ne leur convient pas *ou* ne leur ait pas convenu *ou* ne leur a pas convenu   14. aient *ou* ont beaucoup augmenté   15. ont beaucoup augmenté

12-19 1. (ne) soit   2. puisse   3. (n')ayez   4. a. avertissions   b. sachent   5. aille   6. ne me téléphonera pas *ou* ne va pas me téléphoner   7. a *ou* avait complètement oublié   8. repassiez   9. suis [*ou* serais]   10. sois

12-20 1. soit [*ou* est, s'il s'agit d'une conviction]   2. a   3. a pris   4. ait pris   5. fasse   6. ait fait   7. ne veut pas   8. ne veuille pas   9. n'aient pas signé   10. n'ont toujours pas signé

12-21 PAR EXEMPLE :   1. fasse du français   2. saches à quelle heure tu dois les retrouver   3. faites de votre mieux   4. participiez à la discussion   5. viennes me chercher un peu plus tard   6. serons libres ce jour-là

12-22 1. reçoive   2. risquiez   3. comprenne   4. a. prennes   b. finira   5. rations   6. soit [*ou* est, s'il s'agit d'une conviction]   7. soit   8. (n') aies attrapé   9. n'as pas attrapé   10. a. laissions   b. avons fini   11. aie souvent entendu *ou* entende souvent   12. ait commis   13. a. soit revenu   b. devait   14. a. arrivera   b. parvienne   15. sache

12-23 1. écrive [ET NON: ~~écrivions~~]   2. regretterez   3. regrettez   4. as saisi   5. a. insistiez   b. dis *ou* ai dit   6. viennes   7. es venue   8. fasse   9. plaira   10. ait plu *ou* plaise

12-24 1. rencontriez   2. soyez *ou* ayez été   3. aille   4. ayez   5. connaisse [*ou* connaît (connait), s'il s'agit d'une conviction]   6. boives   7. (ne) soient parties   8. ne descendions pas   9. ait eu *ou* a eu   10. a eu

12-25 1. que tu viennes   2. venir   3. de revenir   4. que je l'aide   5. avant d'aller [ET NON: ~~avant que tu ailles...~~]   6. avant que nous (n')allions   7. en attendant de partir [ET NON: ~~en attendant qu'elle parte...~~]   8. que tu n'aies pas compris   9. à moins qu'il (ne) fasse   10. à moins de louer

12-26 1. que vous partiez   2. que vous partiez   3. que vous ne partiez pas   4. partir *ou* que vous partirez   5. que vous pourrez *ou* que vous puissiez   6. que vous pourrez   7. que vous partiez   8. que vous partiez   9. que vous partez   10. partir *ou* que vous partirez

12-27 1. parlions   2. connaisse   3. aie rencontrée   4. plaise   5. sache   6. fasse   7. ait loué   8. aient fait   9. aie   10. me souvienne

12-28 1. ayons   2. soit   3. a. fait   b. connaisse   4. a choquée   5. puisse   6. convienne   7. convient   8. puisse   9. aie vus   10. a. n'ayez pas compris   b. n'ai pas compris   11. disposions   12. sache   13. connaît [*ou* connait]   14. n'aie encore jamais visitée   15. corresponde   16. correspond   17. veuille   18. veut

12-29 PAR EXEMPLE: 1. J'aimerais dormir.   2. J'aimerais que tu dormes.   3. Je veux qu'il s'en aille.   4. Je veux aller en ville avec lui.   5. Je suis contente qu'elle ait trouvé du travail.   6. Il est content d'avoir trouvé un studio.   7. Il est possible qu'elle ait oublié son rendez-vous.   8. Il est probable qu'elle a oublié son rendez-vous. [ON PEUT DIRE AUSSI: Elle aura oublié son rendez-vous.]

12-30 PAR EXEMPLE: 1. Il serait bon que vous lui parliez.   2. Je cherche un hôtel qui ait vue sur l'océan.   3. Il a mangé avant que nous (n')arrivions.   4. C'est le meilleur roman que j'aie lu depuis longtemps.   5. Nous irons à la plage demain, à moins qu'il (ne) pleuve.   6. Il faut que tu fasses un peu plus attention à ce que tu dis.   7. J'espère qu'il obtiendra ce poste.

12-31 1. Qu'elle ait un talent extraordinaire   2. Qu'ils aient des problèmes de couple   3. Qu'il se soit opposé à cette décision injuste   4. Que les deux partis puissent trouver un compromis   5. Que tout finisse par s'arranger   6. Qu'on ait choisi Pierre à ma place   7. Que tu sois furieux   8. Que ce soit lui qui ait raconté cette histoire à tout le monde   9. Qu'il ait eu tort   10. Que tu veuilles le lui annoncer toi-même

12-32 *Answers will vary.*

Chapitre Treize

13-1   1. avoir parlé   2. parler   3. avoir dérangé   4. déranger   5. inviter   6. avoir invité<u>s</u>   7. rentrer   8. avoir fait   9. ne pas l'avoir accompagné *ou* ne l'avoir pas accompagné   10. l'accompagner

13-2   *Answers will vary.*

13-3   1. repeindre   2. avoir repeint   3. être repeint<u>e</u>   4. avoir été repeint<u>e</u>

13-4   1. Choisir   2. nager   3. Pleurer   4. Fumer   5. se disputer   6. me baigner   7. manger   8. Mentir   9. **a.** coudre   **b.** créer   10. cuisiner   11. savoir-vivre   12. détruire

13-5   1. Éteindre   2. téléphoner   3. Prévoir   4. S'adresser   5. Ne rien boire   6. Ne venir   7. s'abstenir

13-6   1. Ne répondez   2. ne vous penchez pas   3. Entreposez   4. ne prenez pas   5. Faites   6. Ne vous asseyez pas   7. Prenez

13-7   1. de   2. à   3. de   4. à   5. d'   6. à   7. à   8. de   9. de   10. à   11. à   12. de   13. **a.** à   **b.** à   14. de

13-8   1. de   2. à   3. à   4. à   5. de   6. à   7. de   8. à   9. d'   10. de   11. à   12. à   13. à   14. de   15. à

13-9   *Answers will vary.*

13-10   1. **a.** à   **b.** à   **c.** x   2. **a.** x   **b.** à   3. de   4. x   5. à   6. x   7. x   8. à   9. x   10. de   11. **a.** d'   **b.** x   12. à   13. x   14. de   15. x   16. x

13-11   1. à   2. à   3. de   4. de   5. x   6. à   7. à   8. **a.** à   **b.** x   9. de   10. à   11. x   12. de   13. à   14. à   15. de   16. d'   17. à   18. x   19. de   20. x

13-12   1. cuisiner   2. d'avoir   3. à prendre   4. de faire   5. à comprendre   6. accompagner   7. à ramasser   8. de me promener   9. gazouiller   10. réussir   11. d'avoir eu   12. de n'avoir pas vu *ou* de ne pas avoir vu

13-13   1. de ne pas avoir   2. qu'elle n'ait pas eu   3. que tu aies   4. d'avoir eu   5. d'être   6. que tu sois   7. d'être   8. que vous vous leviez *ou* vous lever   9. de vous lever   10. ne pas nous lever

13-14   1. rien dire *ou* avoir rien dit   2. que je puisse   3. que vous (n') arriviez   4. d'arriver   5. avoir enregistré [*ou* qu'elle a enregistré, mais cette formulation est moins courante]   6. d'éviter   7. que ça aille   8. qu'on (ne) me le vole   9. qu'on parte   10. les remercier

13-15   1. arriver   2. être   3. s'amuser   4. de rentrer   5. presser   6. avoir laissé   7. se briser   8. faire   9. patiner   10. d'avoir vu

13-16   1. que vous retrouviez   2. retrouver [*ou* que vous retrouverez]   3. que vous avez déjà retrouvé   4. que vous avez retrouvé   5. que vous ayez retrouvé   6. d'avoir trouvé   7. que vous retrouviez   8. à retrouver   9. que vous retrouverez   10. que vous retrouviez   11. à trouver   12. que vous ayez retrouvé   13. à retrouver   14. de retrouver   15. que vous retrouviez

13-17   1. revenir *ou* qu'ils reviendront   2. me promener   3. de sortir   4. que j'avais pris *ou* avoir pris   5. de lui avoir dit   6. à dire   7. d'avoir oublié   8. d'avoir dû

13-18   1. à mémoriser   2. de ne pas s'en faire [*ou* qu'ils ne s'en fassent pas]   3. d'avoir vu *ou* que j'ai vu   4. à louer   5. de ne pas l'avoir rappelé *ou* de ne l'avoir pas rappelé   6. avoir terminé [ON PEUT DIRE AUSSI: qu'il eut terminé *ou* qu'il a eu terminé, mais ces tournures sont peu courantes.]   7. à repasser   8. avoir fini *ou* qu'ils auront fini

Chapitre Quatorze

14-1   1. reste [*ou* resterai]   2. irons   3. allons   4. pourrions

14-2   1. fais-toi   2. peux   3. préparerai   4. pourrions   5. n'était pas   6. ne l'a pas fait

14-3   PAR EXEMPLE: 1. Si tu n'as pas compris ces équations, demande à quelqu'un de te les expliquer.   2. Si ça ne te dérange pas, j'emprunterai ta voiture cet après-midi.   3. Quelque chose de grave a dû se passer s'ils ont fermé tous les aéroports.   4. Si vous tenez vraiment à voir ce film, allez-y!   5. Si tu as besoin d'une imprimante, tu peux te servir de celle-ci.   6. S'ils ne répondent pas à ton courriel, tu devrais les appeler.   7. Si tu ne t'es pas encore inscrit(e) à ce cours, fais-le tout de suite.

14-4   PAR EXEMPLE: 1. ne pourra pas aller au mariage de son amie Marie   2. appelle-moi sur mon portable   3. mets un pull *ou* prends une écharpe   4. devrais prendre des médicaments   5. ferais bien de suivre un cours de français ce semestre

14-5   PAR EXEMPLE: 1. es en retard   2. y tiens absolument   3. as besoin de mon aide   4. m'as menti

14-6   1. dépêche-toi   2. devront   3. seront   4. t'es trompé(e)   5. a mangé   6. risques   7. ne l'as pas appelée

14-7   1. ferais   2. réussirais   3. aurait réussi   4. aurions invité<u>e</u>   5. pourriez

14-8   1. ne serait pas   2. n'avais pas écrit   3. aurions agi   4. vivrais   5. aurais pardonné

14-9   1. étais   2. avais été   3. réagirais   4. aurais réagi   5. ne nous rembourserait pas   6. avions annulé   7. a. n'avait pas plu
b. serais allé(**e**)   8. a. ne pleuvait pas   b. irais

14-10   1. aurait trouvé [ET NON: ~~aurions trouvé~~]   2. a. avais fait   b. n'aurions pas raté   3. a. faisais   b. te tromperais
4. obtiendrait   5. aurait obtenu   6. n'aurait pas pu *ou* ne pourrait pas   7. a. avais lâché**es**   b. auraient été   8. oubliais *ou*
avais oublié

14-11   PAR EXEMPLE: 1. je ferais le tour du monde   2. je visiterais le Louvre   3. j'améliorerais les transports en commun (*public
transportation*)

14-12   1. étais   2. peux   3. va   4. as   5. n'avaient pas été   6. serions   7. aurions fait   8. aurions échangé**s**   9. prendrais
10. aurions pris   11. appellerai   12. irais

14-13   PAR EXEMPLE: 1. S'il refuse, qu'est-ce qu'elle fera?   2. S'il refusait, qu'est-ce qu'elle ferait?   3. S'il avait refusé, qu'est-
ce qu'elle aurait fait?   4. Si tu ne pars pas tout de suite, tu seras en retard!   5. S'il fait beau demain, nous irons pique-niquer.
6. Si j'avais de l'argent, j'irais en Espagne.   7. Si nous avions su que cette petite route était en si mauvais état, nous aurions
pris l'autoroute.   8. S'il te propose un rendez-vous, dis-lui que tu n'es pas libre.

14-14   1. sera [*if* = *whether*]   2. peux [**si** de condition]   3. aurons terminé [*if* = *whether*]   4. sommes [**si** de condition]   5. seront
[*if* = *whether*]

14-15   1. ne me reconnaissait pas *ou* ne m'avait pas reconnu(e)   2. ai trouvé**e**   3. téléphone   4. avait écouté   5. êtes

14-16   1. au cas où   2. à [la] condition que   3. sinon   4. à [la] condition d'   5. En admettant que   6. Pourvu qu'   7. Tant qu'
8. En cas de   9. dans la mesure où

14-17   1. avais raconté   2. faisiez   3. avait pris   4. aurait marché   5. ne seraient pas   6. te serais réveillé**e**

14-18   1. aurais   2. partirai   3. étions   4. aurais pu   5. risque   6. permet   7. fasses   8. se dépêche

Chapitre Quinze

15-1   1. que Nina revenait   2. que Paul passerait   3. que Marianne était partie   4. qu'il fallait qu'il revienne   5. qu'elle aimerait
6. que Nicolas appellerait dès qu'il aurait   7. qu'elle venait   8. qu'elle allait   9. qu'elle n'avait pas encore terminé ses
10. qu'elle irait déjeuner une fois qu'elle aurait fini son

15-2   1. que c'était   2. que cela finirait   3. que Tom viendrait   4. qu'il avait réservé leurs   5. qu'il n'était pas libre   6. qu'elle
allait se sentir   7. qu'il s'était trompé   8. qu'il ne fallait pas qu'ils nous attendent   9. qu'elle lui défendait de sortir
10. que ça *ou* cela ne les regardait pas

15-3   1. Je n'arriverai pas avant ce soir   2. Je viens de passer mon permis   3. On a battu tous les records de froid   4. Je serais
ravie d'aller à New York *ou* Je serai ravie d'aller à New York   5. Je ne veux pas que vous rentriez tard

15-4   1. pourquoi il insistait   2. si nous aurions   3. s'il finirait   4. ce qu'il fallait faire [ON PEUT DIRE AUSSI: que/quoi faire
(voir Chapitre 13, page 179, note 2)]   5. comment elle avait réussi   6. si j'aimerais   7. ce qui l'intéressait
8. ce qu'elle avait acheté   9. quand ils partiraient   10. avec qui ils en avaient parlé

15-5   1. qui avait appelé   2. ce qui n'allait pas   3. ce qu'il/elle allait faire   4. ce qui vous gênait   5. ce qu'ils aimeraient
6. ce que nous avions fait   7. ce que je désirais   8. ce qui s'était passé [*ou* ce qu'il s'était passé]

15-6   1. si elles avaient envie   2. ce que nous avions prévu   3. combien il voulait   4. ce qui était arrivé [*ou* ce qu'il était arrivé]
5. quelles étaient leurs intentions   6. si le concert avait été annulé   7. comment j'allais m'en tirer   8. qui paierait
[*ou* payerait]   9. à qui [elle devait] s'adresser   10. si elle changerait

15-7   1. ce que je voulais pour mon anniversaire   2. où il avait mis ses clés   3. si elle était malade   4. ce que nous aurions fait à sa
place   5. quand il reviendrait   6. quel bus il fallait prendre pour aller chez elle   7. s'ils allaient se marier   8. quel âge elle
pouvait bien avoir

15-8   1. Combien de cours suivez-vous ce semestre *ou* Combien de cours est-ce que vous suivez ce semestre   2. Où se trouve la
gare [*ou* Où est-ce que la gare se trouve]   3. Est-ce que vous aimeriez *ou* Aimeriez-vous skier avec nous ce week-end
4. Comment t'appelles-tu *ou* Comment vous appelez-vous [*ou* Comment est-ce que tu t'appelles *ou* Comment est-ce que
vous vous appelez]   5. Est-ce que tu seras là demain *ou* Seras-tu là demain *ou* Est-ce que vous serez là demain *ou* Serez-vous
là demain

15-9   1. de m'asseoir   2. de ne pas nous déranger   3. de leur répondre au plus vite   4. de ne pas regarder les gens comme ça   5. d'avoir un peu de patience avec elle   6. de les rappeler le plus vite possible   7. de ne pas nous disputer   8. de ne pas me fâcher

15-10   1. de fermer la porte à clé   2. de ne pas attendre le dernier moment pour réserver nos billets   3. d'entrer et <u>de</u> m'installer   4. d'être   5. de ne pas lui faire

15-11   1. de le prévenir   2. de faire   3. de prendre   4. de l'attendre   5. de ne pas le quitter   6. de changer

15-12   1. Allez visiter le musée d'Orsay   2. Ne me faites pas attendre trop longtemps   3. Ne vous inquiétez pas   4. Ne vous éloignez pas trop   5. Aide-moi à trier mes photos

15-13   1. ce qui s'était passé [*ou* ce qu'il s'était passé]   2. qu'ils allaient se marier   3. ce qu'il ferait quand il aurait fini ses études   4. de partager   5. où nous irions   6. que je ne retournerais jamais *ou* de ne jamais retourner   7. qu'elle s'était trompée [*ou* s'être trompée]   8. si le pique-nique de dimanche était maintenu

15-14   1. a. où j'avais appris le français   b. si je l'étudiais depuis longtemps   2. a. d'arrêter de se chamailler   b. de finir leurs devoirs   3. a. qu'il avait tort   b. qu'elle n'appréciait pas son attitude   4. a. si j'étais heureuse   b. si je ne regrettais pas trop ma décision   5. a. de lui envoyer ses skis   b. de ne pas oublier son anorak

15-15   1. a. qu'il travaillait   b. qu'il allait   c. continuait   2. a. ce qu'elle avait fait   b. avec qui elle était   c. pourquoi elle ne leur avait pas téléphoné   3. a. de cesser de faire   b. d'aller les attendre   4. a. qu'elle partirait   b. qu'elle ne savait   5. a. que Max avait eu   b. qu'il serait opéré   c. on l'aurait transporté   6. a. ce que je ferais   b. si je connaissais au moins quelqu'un à qui m'adresser   7. a. que Caroline était   b. que c'était bien dommage pour lui qu'elle ait déjà un copain

15-16   1. a. de faire   b. de ne pas courir   c. il allait   2. a. qu'il avait   b. il n'avait rien mangé   3. a. de prendre ma   b. de m'habiller   c. que j'étais toujours   d. que ça commençait

15-17   1. a. quel était son vrai nom   b. où il habitait   c. depuis combien de temps il vivait à Paris   d. s'il avait un complice   2. a. qu'il était innocent   b. qu'il ne parlerait que devant son avocat   3. a. de ne pas faire le malin avec lui   b. que c'était lui qui en était l'auteur   c. que s'il passait aux aveux   d. il aurait une remise de peine

15-18   1. l'année précédente [*ou* l'année d'avant]   2. ce soir-là   3. a. le lendemain *ou* le jour d'après *ou* le jour suivant   b. le surlendemain *ou* deux jours après *ou* deux jours plus tard   4. trois jours plus tôt *ou* trois jours avant   5. la veille [*ou* le jour d'avant *ou* le jour précédent]   6. la semaine suivante [*ou* la semaine d'après]

15-19   1. a. d'aller   b. s'il préférait   2. qu'il préférait   3. a. qu'ils sortaient   b. que ce/ça n'était   4. a. que s'il s'inquiétait   b. il ferait   c. d'arrêter de fumer   d. de faire   5. elle n'avait pas   6. a. ce qui n'allait pas   b. pourquoi elle se fâchait   7. a. qu'il ne voulait pas la critiquer   b. que c'était   8. a. que c'était lui   b. ferait

15-20   PAR EXEMPLE: 1. Véronique a appelé Katia pour savoir comment elle allait; elle lui a fait remarquer que cela faisait une éternité qu'elles ne s'étaient pas vues.   2. Katia a répondu qu'elle se portait comme un charme. Elle lui a demandé ce qu'elle devenait et si Julio et elle étaient toujours ensemble.   3. Véronique s'est exclamée que c'était toujours le grand amour entre eux, mais elle a tout de même avoué qu'elle s'inquiétait un peu depuis quelque temps parce que Julio [*ou* parce qu'il] voulait émigrer au Canada.   4. Katia, stupéfaite, lui a demandé pourquoi il voulait faire une chose pareille et s'il n'était pas heureux à Paris.   5. Après quelques hésitations, Véronique lui a expliqué qu'en fait, Julio avait envie de fonder une école de tango à Montréal et qu'il lui avait demandé de partir là-bas avec lui.   6. Abasourdie, Katia a dit à Véronique qu'elle espérait qu'elle n'allait pas tout lâcher pour suivre son bel Hidalgo. Elle l'a suppliée de penser à sa carrière, à ses amis, à sa famille.   7. Véronique a répondu en soupirant qu'elle ne savait pas ce qu'elle allait faire, que ce n'était pas une décision facile, mais que Montréal la faisait rêver depuis longtemps.   8. Tout à coup, Véronique s'est rendu compte qu'il était tard et qu'il fallait qu'elle se sauve car elle avait rendez-vous avec Julio justement.   9. Elle a dit au revoir à Katia en lui promettant qu'elle la rappellerait [*ou* en lui promettant de la rappeler] bientôt.

15-21   *Answers will vary.*

15-22   *Answers will vary.*

Chapitre Seize

16-1   1. qui devrait arriver ce matin   2. qu'on m'a prêté<u>e</u> [*ou* que l'on m'a prêté<u>e</u>]   3. que nos amis viennent de découvrir   4. qui vivent à Washington   5. qu'il n'a pas du tout appréci<u>ée</u>   6. que tu avais égaré<u>s</u>   7. qu'elle a rencontré pendant les vacances   8. qui m'ont demandé de tes nouvelles

16-2   1. que   2. qui   3. que   4. qui   5. que   6. qui   7. qui   8. que   9. qui   10. qu'

16-3 1. que 2. a. qui b. que 3. a. que b. qui 4. a. qui b. que c. qui 5. qui 6. que

16-4 1. qui as [ET NON: ~~qui a~~ ni ~~qu'a~~] 2. qui passerons [ET NON: ~~qui passeront~~] 3. que j'ai vu 4. qui t'ai raconté [ET NON: ~~qui t'a raconté~~] 5. que vous me posez 6. qui ne fonctionne pas 7. qui s'appelle 8. qui devez vous lever [ET NON: ~~qui doivent vous lever~~]

16-5 PAR EXEMPLE: 1. habite près de chez moi 2. j'aime beaucoup 3. conduisons a plus de dix ans 4. a heurté le vieux monsieur ne s'est pas arrêtée

16-6 1. dont je me servais 2. dont je t'ai parlé 3. dont il est très satisfait 4. dont nous entendons beaucoup parler 5. dont le chien ne cesse d'aboyer 6. dont je n'ai pas retenu le nom 7. dont le frère est dans le même cours que moi 8. dont je ne me sers plus 9. dont je me méfie un peu 10. dont il ne joue que rarement

16-7 1. a. dont b. que 2. dont 3. que 4. dont 5. que 6. dont 7. dont 8. que 9. que 10. dont

16-8 1. dont 2. qu' 3. dont 4. dont 5. qu' 6. que 7. dont 8. qu'

16-9 1. qui sont assis 2. dont elle n'est même pas 3. qu'elle préfère 4. que j'ai trouvé**e** 5. dont elle chante 6. que j'aime 7. dont la mélodie me fait 8. qu'on ne peut pas

16-10 PAR EXEMPLE: 1. le père est journaliste 2. tu apprécierais 3. te connaît [ou te connait] 4. ils rêvaient 5. le fils est médecin

16-11 1. où [l'] on mange [ET NON: ~~où (l') on y mange~~] 2. où nous avons rencontré 3. où nous venons souvent nous baigner [ET NON: ~~où nous venons souvent nous y baigner~~] 4. où les écoliers sortaient de l'école 5. où il y avait une terrible tempête 6. où ils se sont perdus 7. où nous pourrons déjeuner tranquillement [ET NON: ~~où nous pourrons y déjeuner~~] 8. où ils font pousser [ET NON: ~~où ils y font~~]

16-12 1. où 2. que 3. où 4. a. où b. qu' c. que 5. où 6. où 7. que 8. que ou où 9. où [ou lesquels] 10. où [ON PEUT DIRE AUSSI: dans lequel]

16-13 1. que 2. que 3. que ou où 4. où 5. où 6. a. où b. qu' 7. a. que b. où c. où 8. que 9. où 10. où [ou lequel] 11. qu' 12. où

16-14 1. où 2. qui 3. que 4. dont 5. dont 6. où 7. qui 8. dont 9. qui 10. où

16-15 1. C'est un parc que j'aime [ET NON: ~~que je l'aime~~] beaucoup 2. C'est un parc où je vais souvent courir 3. C'est un parc qui se trouve sur la rive gauche 4. C'est un parc dont les arbres sont magnifiques 5. C'est quelqu'un dont tu devrais faire la connaissance 6. C'est quelqu'un que tu apprécierais beaucoup 7. C'est quelqu'un qui apprécierait tes talents 8. C'est un jour qui ne me convient pas 9. C'est un jour où je ne suis pas libre 10. C'est un jour dont je me souviendrai toute ma vie

16-16 1. qu' 2. dont 3. que 4. dont 5. qu' 6. où 7. a. où b. dont 8. où 9. qui 10. a. que b. dont 11. qui 12. a. que b. que

16-17 1. que nous avons 2. dont Anna est la trésorière 3. où se réunit 4. que je vais 5. dont tout le monde a entendu parler 6. qui font partie 7. qui assisteront

16-18 PAR EXEMPLE: 1. a beaucoup changé ces dernières années 2. j'ai visité il y a deux ans 3. il y a beaucoup de musées 4. la population a beaucoup changé ces dernières années 5. mon père est né 6. les ouvriers sortent des usines 7. j'ai trouvé un travail, il faut que je me trouve un studio 8. elle m'a parlé 9. devrait vous intéresser 10. les touristes affluent sur ces plages

16-19 1. à qui ou auquel elle s'est adressée 2. au cours duquel nous avons visité 3. pour qui ou pour laquelle je ferais 4. avec qui je fais du ski [ET NON: ~~avec laquelle~~; on ne peut pas employer **lequel/laquelle** après **quelqu'un.**] 5. à côté de qui ou de laquelle j'étais assise dans l'avion 6. parmi lesquels [ET NON: ~~parmi qui~~] nous nous trouvions 7. au milieu de laquelle se trouve [ON PEUT DIRE AUSSI: où se trouve] 8. dans laquelle elle avait jeté tous ses vêtements [ON PEUT DIRE AUSSI: où elle avait jeté tous ses vêtements] 9. par lequel ou par où vous êtes passés 10. à qui ou auquel je parlais l'autre jour

16-20 1. avec lequel 2. dans lequel ou où 3. sans lequel 4. qui 5. où (where) ou sur laquelle (on which) 6. qu' 7. auquel 8. que 9. à laquelle 10. dont

16-21 1. auxquels 2. qui 3. où (when) ou au cours de laquelle ou durant laquelle ou pendant laquelle (during which) 4. pour qui ou pour lequel 5. auquel 6. qui 7. auxquels 8. dont 9. à qui ou auxquels 10. où ou dans lequel

16-22 1. C'est un roman que j'aime [ET NON: ~~que je l'aime~~] énormément 2. C'est un roman dont on a beaucoup parlé [ET NON: ~~dont on en a beaucoup parlé~~] dans les journaux 3. C'est un roman dans lequel ou où l'auteur brosse un portrait fascinant de l'Amérique des années soixante-dix 4. C'est un roman dont on a fait [ET NON: dont ~~on en a fait~~] un film 5. C'est un roman qui m'a beaucoup plu 6. C'est un roman auquel l'auteur a consacré dix ans de sa vie 7. C'est un roman dont l'auteur [ET NON: ~~dont son auteur~~] a gagné plusieurs prix littéraires **8.** C'est un roman dont la critique a été très élogieuse **9.** C'est un roman pour lequel l'auteur a reçu le Prix Goncourt **10.** C'est un roman qui vient de gagner un prix littéraire **11.** C'est un auteur dont tout le monde parle [ET NON: ~~dont tout le monde parle de lui~~] **12.** C'est un auteur que la critique a salué [ET NON: ~~que la critique l'a salué~~] comme le meilleur écrivain de sa génération **13.** C'est un auteur dont j'ai fait la connaissance il y a dix ans **14.** C'est un auteur qui a donné une conférence de presse hier soir **15.** C'est un auteur à qui *ou* auquel le journal a consacré un article de deux pages

16-23 **1.** aille **2.** soit *ou* soient **3.** s'agit **4.** ait construit**e** **5.** vienne **6.** dis *ou* ai dit **7.** s'entende **8.** ont *ou* auraient **9.** pourrions *ou* pourrons *ou* pouvons **10.** comprenne *ou* ait compris

16-24 **1.** celle qu' **2.** celui qui **3.** celle dont **4.** celui avec lequel **5.** celle dont **6.** celui qui

16-25 **1.** dont **2.** ce qui **3.** qu' **4.** ce à quoi **5.** Ce que **6.** ce qu' **7.** ce que **8.** ce qui **9.** ce dont **10.** ce qui **11.** ce à quoi [ON DIT **penser à qqch/qqn**] **12.** ce qui **13.** qui **14.** que **15.** ce que

16-26 **1.** Ce que **2.** ceux que **3.** celle dont **4.** ce dont [ON DIT: **s'agir de qqch**] **5.** Ce dont *ou* Ce à quoi [ON DIT **rêver de** *ou* **à qqch**] **6.** ce qui **7.** ce que **8.** celui qui

16-27 **1.** dont **2.** duquel **3.** desquelles **4.** dont **5.** dont **6.** de qui *ou* duquel [ET NON: ~~auprès dont~~] **7.** dont **8.** de qui *ou* de laquelle [ET NON: ~~dont~~]

16-28 **1.** sans quoi *ou* faute de quoi *ou* à défaut de quoi [ON PEUT DIRE AUSSI: sinon] **2.** ce contre quoi [*ou* contre quoi] **3.** de quoi **4.** Ce à quoi **5.** Ce à quoi **6.** Ce sur quoi **7.** de quoi [ET NON: ce dont, car *what* est ici interrogatif indirect—voir *Contrastes*, chapitre 16, section 12f] **8.** de quoi [idiomatique]

16-29 PAR EXEMPLE: **1.** J'ai égaré l'outil dont j'ai besoin pour réparer le robinet. **2.** L'ordinateur sur lequel je travaille d'habitude est un Mac. **3.** Il me faut absolument trouver quelqu'un qui sache [subjonctif] lire le chinois. **4.** Ce dont il se plaint le plus, c'est la façon dont on traite les employés. **5.** Crois-moi: ce n'est pas le seul problème que nous ayons [subjonctif] en ce moment! **6.** Tout ce que je te demande, c'est de nous téléphoner en arrivant. **7.** Il n'y a vraiment pas de quoi se vanter! **8.** Je cherche quelqu'un qui veuille bien *ou* voudrait bien s'occuper de mon chien pendant mon absence. **9.** C'est un voyage dont je garderai un souvenir inoubliable. **10.** J'ai lu un article selon lequel le chômage serait en train d'augmenter.

Chapitre Dix-sept

17-1 **1.** tous les deux jours **2.** il y a un an [*ou* il y a une année] **3. a.** Le matin **b.** le soir **4.** Les matinées **5.** le jour de l'an/An *ou* le nouvel an *ou* le Nouvel An **6. a.** cette année **b.** l'année prochaine *ou* l'an prochain **7.** la soirée **8.** par jour

17-2 **1.** Quelle journée **2.** la matinée **3.** la journée **4.** soir **5.** une soirée **6.** année **7.** soir-là **8.** la nuit

17-3 **1. a.** toujours *ou* encore **b.** plus **2. a.** dernière **b.** prochaine **3.** plus **4. a.** Avant **b.** après **5. a.** passée *ou* dernière **b.** prochaine **6. a.** pas encore **b.** déjà **7. a.** toujours **b.** jamais **8. a.** Au début *ou* Au commencement **b.** à la fin **9. a.** il y a **b.** dans **10. a.** déjà **b.** pas encore

17-4 **1.** pas encore *ou* elle n'est pas encore rentrée **2.** encore *ou* toujours **3.** plus **4.** [encore] jamais *ou* pas encore **5.** la suivante *ou* il fallait mémoriser la suivante **6.** au début *ou* au commencement **7.** toujours *ou* tout le temps *ou* constamment **8.** dans

17-5 *Answers will vary.*

17-6 **1.** Chaque année *ou* Tous les ans **2.** Elle a dix-huit ans **3. a.** Avant-hier **b.** la journée **4.** de [toute] la matinée **5.** tôt le matin *ou* de bonne heure **6. a.** le lendemain *ou* le jour suivant *ou* le jour d'après **b.** la veille [*ou* le jour d'avant *ou* le jour précédent] **7.** au même moment *ou* en même temps [ET NON : ~~au même temps~~] **8.** en huit **9.** tout à l'heure **10.** deux semaines de **11. a.** le lendemain **b.** le surlendemain *ou* deux jours plus tard *ou* deux jours après **12. a.** de temps en temps **b.** parfois *ou* quelquefois **13.** À tout à l'heure *ou* À bientôt **14. a.** Désormais *ou* Dorénavant *ou* À partir de maintenant *ou* À partir d'aujourd'hui **b.** chaque jour *ou* tous les jours *ou* par jour

17-7 **1.** après [*ou* une fois] qu'elle aura terminé *ou* après avoir terminé **2.** pendant qu'ils étaient *ou* tandis qu'ils étaient **3.** Depuis qu'il s'est fait **4.** Quand *ou* Lorsqu' *ou* Au moment où il est sorti **5.** quand *ou* au moment où *ou* lorsqu'elle a commencé **6.** dès que *ou* aussitôt ~~que~~ nous aurons [ET NON : ~~avons~~] **7.** chaque fois *ou* toutes les fois qu'ils font **8.** Tant qu'il y a **9.** une fois qu'il s'arrêtera *ou* après qu'il s'arrêtera *ou* après qu'il se sera arrêté *ou* une fois qu'il se sera arrêté [ET NON : ~~s'arrête/s'est arrêté~~] **10.** au moment où personne ne s'y attendait

17-8 **1. a.** temps que **b.** prennes **2. a.** avant qu' **b.** (ne) fasse **3. a.** jusqu'à ce qu' **b.** soit **4. a.** Le temps que *ou* D'ici [à] que **b.** arrive **5.** en attendant que je finisse [MAIS ON PEUT DIRE AUSSI (à l'indicatif): pendant *ou* tandis que je finis]

17-9 **1. a.** un jour où **b.** me promenais **2. a.** avant qu' **b.** (ne) parte **3. a.** après **b.** avoir embrassé **4. a.** Maintenant que **b.** vit **5. a.** temps que **b.** fasses **6. a.** dès que *ou* aussitôt que **b.** serai [ET NON: ~~suis~~] **7. a.** avant qu' **b.** (n') ait pu *ou* (ne) puisse **8. a.** jusqu'à ce que **b.** aperceviez **9. a.** comme *ou* alors que *ou* au moment où **b.** montais **10. a.** D'ici [à ce] que *ou* Le temps que **b.** soyez

17-10   1. a. dès que *ou* aussitôt que   b. rentrera *ou* sera rentré   2. a. avant   b. (ne) commence   3. a. Depuis qu'   b. a entrepris
4. a. une fois que *ou* après que   b. auras fini   5. a. Il est temps que   b. partions   6. a. quand *ou* lorsque   b. étais
7. a. avant   b. de sortir   8. a. une fois que [*ou* après que]   b. aurez décidé [ET NON: ~~avez décidé~~]   9. a. Tant qu'   b. avait
10. a. maintenant qu'   b. a licencié

17-11   1. avoir fait   2. (ne) disparaisse *ou* (n')ait disparu   3. travaille   4. aille   5. de trouver   6. saches   7. seras   8. passait
9. avait aperçue   10. finisse *ou* ait fini

17-12   1. dès que tu seras [ET NON: ~~es~~]   2. que [ET NON: ~~quand~~] la télévision est tombée   3. avant que vous (ne) vous mettiez
4. Il est temps que je vive   5. avant d'avoir fini   6. Une fois qu'il a pris   7. a. Quand *ou* Lorsque tu iras [ET NON: ~~vas~~]
b. que tu la verras [ET NON: ~~vois~~]   8. d'ici [à ce] qu'on ait *ou* le temps qu'on ait

17-13   1. depuis   2. Il y a *ou* Cela (Ça) fait   3. pendant *ou* x   4. Depuis   5. a. Cela (Ça) fait *ou* Il y a   b. depuis [lors]   6. en
7. a. il y a   b. pour   c. dans   8. Au   9. pendant *ou* x   10. il y a   11. pour *ou* pendant *ou* x   12. a. au   b. en

17-14   PAR EXEMPLE: 1. La bombe qui a éclaté il y a deux jours a fait un grand nombre de victimes.   2. Elle a fini son internat
depuis/il y a un an. *ou* Il y a/Cela (Ça) fait un an qu'elle a fini son internat.   3. Ils ont divorcé il y a deux ans *ou* Il ya/Cela
(Ça) fait deux ans qu'ils ont divorcé.

17-15   PAR EXEMPLE: 1. Il y a/Cela (Ça) fait deux jours qu'il est [ET NON: ~~a été~~] malade. *ou* Il est [ET NON: ~~a été~~] malade depuis deux
jours.   2. Elle a dansé dans cette compagnie pendant près de dix ans.   3. Sophie est allée à Londres pour le week-end.
4. David ne joue plus *ou* n'a pas joué au hockey depuis deux ans. *ou* Il y a/Cela (Ça) fait deux ans que David ne joue plus *ou*
n'a pas joué au hockey.

17-16   PAR EXEMPLE: 1. Mon père a terminé ses études en 1985.   2. Je ne l'ai pas vu *ou* Je ne le vois plus depuis longtemps *ou* Il y
a/Cela (Ça) fait longtemps que je ne l'ai pas vu *ou* que je ne le vois plus.   3. Victor Hugo est né au dix-neuvième siècle.
4. Les examens ont lieu au printemps.   5. J'arrive dans deux minutes.   6. J'ai réussi à finir mon travail en moins de deux
heures.   7. Nous ne sommes pas allés *ou* n'allons plus dans ce restaurant depuis des années. *ou* Cela (Ça) fait/Il y a des
années que nous ne sommes pas allés *ou* que nous n'allons plus dans ce restaurant.

17-17   PAR EXEMPLE: 1. Depuis qu'il a rencontré Marie, il est [ET NON: ~~a été~~] très heureux. *ou* Il est [ET NON: ~~a été~~] très heureux
depuis qu'il a rencontré Marie .   2. Il y a/Cela (Ça) fait des années que je ne parle plus français *ou* que je n'ai pas parlé
français. *ou* Je n'ai pas parlé *ou* Je ne parle plus français depuis des années. [ET NON : ~~Il y a/Cela (Ça) fait des années depuis~~
~~que j'ai parlé...~~]   3. Cela (Ça) fait/Il y a longtemps qu'ils ont déménagé. *ou* Ils ont déménagé depuis/il y a longtemps.
4. Nous faisons [ET NON: ~~avons fait~~] la queue depuis neuf heures.

17-18   PAR EXEMPLE: 1. Il est [ET NON: ~~a été~~] de très bonne humeur depuis hier.   2. Elle a [ET NON: ~~a eu~~] mal à la tête depuis deux
jours. *ou* Il y a/Cela (Ça) fait deux jours qu'elle a [ET NON: ~~a eu~~] mal à la tête.   3. Ils se sont mariés il y a trois ans *ou* Il y
a/Cela (Ça) fait trois ans qu'ils se sont mariés.   4. Nous sommes restés là-bas [pendant] trois jours.   5. Il y a/Cela (Ça) fait
deux ans qu'il ne neige plus *ou* qu'il n'a pas neigé dans cette région. *ou* Il ne neige plus/Il n'a pas neigé dans cette région
depuis deux ans.   6. Je serai là dans une heure.

17-19   PAR EXEMPLE: 1. Ils habitent [ET NON: ~~ont habité~~] ici depuis dix ans. *ou* Il y a/Cela (Ça) fait dix ans qu'ils habitent [ET NON:
~~ont habité~~] ici.   2. Ils ont vécu en Californie pendant deux ans. *ou* Ils ont vécu deux ans en Californie.   3. On a travaillé très
dur pendant une semaine.   4. Elles sont parties [pour] deux mois.   5. Ils ont quitté Paris il y a dix ans. *ou* Il y a/Cela (Ça)
fait dix ans qu'ils ont quitté Paris.   6. Cela (Ça) fait des années qu'on ne le voit plus/qu'on ne l'a pas vu. *ou* Il y a des années
qu'on ne le voit plus/qu'on ne l'a pas vu. *ou* On ne le voit plus/On ne l'a pas vu depuis des années.   7. Il y a/Cela (Ça) fait
trois mois qu'il ne pleut pas. *ou* Il y a/Cela (Ça) fait trois mois qu'il n'a pas plu. *ou* Il ne pleut pas/n'a pas plu depuis trois
mois.   8. Je n'ai pas joué/Je ne joue plus à ce jeu depuis longtemps. *ou* Il y a/Cela (Ça) fait longtemps que je n'ai pas joué/que
je ne joue plus à ce jeu. [ET NON : ~~Il y a/Cela (Ça) fait longtemps depuis que j'ai joué à ce jeu.~~]   9. J'ai terminé mes études
depuis longtemps. *ou* Il y a/Cela (Ça) fait longtemps que j'ai terminé mes études.   10. Il y a/Cela (Ça) fait deux jours qu'il
fait beau [ET NON: ~~a fait~~]. *ou* Il fait [ET NON: ~~a fait~~] beau depuis deux jours.

Chapitre Dix-huit

18-1   1. ont été réalisés   2. sera remplacée   3. soit terminée [*ou* se termine]   4. a déjà été réservé   5. va être complètement
rénové   6. vient d'être achetée   7. aurait été détectée   8. n'ait pas été avertie

18-2   1. ont été tuées   2. ont été perturbés   3. serez accueillies   4. être dérangé   5. soit publié   6. a toujours été soutenu
7. seront remboursés   8. a été réélu

18-3   1. (b)   2. (a)   3. (a)   4. (b)   5. (b)   6. (a)   7. (a)   8. (b)

18-4   1. des délinquants ont brisé   2. On a volé   3. La police a interpellé   4. On va intensifier   5. autorise

18-5   1. par   2. par   3. de   4. de   5. par [ON PEUT DIRE AUSSI: dans]   6. d'   7. d'   8. par   9. par   10. par   11. de   12. par

18-6   1. **a.** a été attaqué *ou* fut attaqué   **b.** par   2. **a.** être entouré   **b.** de   3. **a.** avons été frappés   **b.** par [à cause du sens non affectif de **pâleur**]   4. **a.** ont été frappés *ou* furent frappés   **b.** de [émotion]   5. **a.** ont été atteints *ou* furent atteints   **b.** de   6. **a.** a été atteint *ou* fut atteint   **b.** par   7. **a.** est cousue   **b.** de   8. **a.** sont cousues   **b.** par

18-7   1. **a.** a été critiquée [ET NON: ~~était critiquée~~]   **b.** par les   2. **a.** avait été décorée   **b.** de   3. **a.** avait été décoré   **b.** par un   4. **a.** était aimée   **b.** de   5. **a.** a été racheté [ET NON: ~~était racheté~~]   **b.** par une   6. **a.** était entouré   **b.** de   7. **a.** a été saccagée [ET NON: ~~était saccagée~~]   **b.** par des   8. **a.** est connue   **b.** de

18-8   1. On l'a mis   2. On va nous appeler   3. l'encouragent   4. On aurait asphyxié   5. On devrait changer

18-9   PAR EXEMPLE: 1. J'ai peur que le budget (ne) soit coupé. *ou* J'ai peur qu'on (ne) coupe le budget.   2. On nous a dit de ne pas nous inquiéter.   3. Ce tableau a été vendu pour plusieurs millions de dollars. *ou* On a vendu ce tableau pour plusieurs millions de dollars.   4. On a donné un tableau d'une très grande valeur à ce musée. *ou* Ce musée a reçu un tableau d'une très grande valeur. [ET NON: ~~Ce musée a été donné~~... parce qu'on dit **donner qqch à qqn**.]   5. J'ai appris *ou* On m'a dit que tu venais de finir tes études. [ET NON: ~~J'ai été dit~~... parce qu'on dit **dire qqch à qqn**.]   6. Ce paysage a été peint par Monet. *ou* C'est Monet qui a peint ce paysage.   7. On lui a donné une augmentation. *ou* Elle a reçu une augmentation. [ET NON: ~~Elle a été donnée une augmentation.~~]   8. Cette maison a été construite par un célèbre architecte. *ou* C'est un célèbre architecte qui a construit cette maison.

18-10   1. elle a été sélectionnée *ou* on l'a sélectionnée   2. être prise *ou* qu'on la prenne   3. Les résultats viennent d'être affichés *ou* On vient d'afficher les résultats   4. On nous a donné (un)[ET NON: ~~Nous avons été donnés~~...]   5. la décision a été prise *ou* on a pris la décision   6. il ait été retenu *ou* on l'ait retenu   7. On a volé mon passeport. *ou* On m'a volé mon passeport *ou* Mon passeport (m')a été volé.

18-11   PAR EXEMPLE: 1. En 1903, le prix Nobel de physique a été remporté par Pierre et Marie Curie. *ou* En 1903, ce sont Pierre et Marie Curie qui ont remporté le prix Nobel de physique.   2. Nous avons été prévenus par la météo que nous aurions un blizzard. *ou* La météo nous a prévenus que nous aurions un blizzard.   3. Cette maison a été bâtie en six semaines. *ou* On a bâti cette maison en six semaines.   4. Chaque semaine, une étudiante de dernière année lui donne des leçons de français [ET NON: ~~Chaque semaine, elle est donnée~~...].

18-12   1. s'aperçoivent   2. s'est vendue   3. s'emploie   4. s'entendait   5. se mange   6. se porte   7. se feront   8. se comprend   9. se remarque   10. s'entend

18-13   1. Les clémentines se cueillent *ou* On cueille les clémentines   2. est elle qui a fait   3. Ce genre de pantalon se porte *ou* On porte ce genre de pantalon   4. **a.** ne se prononce pas   **b.** s'écrit   5. s'est beaucoup vendu

18-14   1. la fais pleurer   2. l'a rendue [ET NON: ~~l'a faite~~]   3. fasse réparer   4. rends   5. faire venir   6. a été rendue [ET NON: ~~était rendue/était faite/ a été faite~~]   7. fais-moi voir *ou* fais voir

18-15   1. Ils l'ont fait installer.   2. Ils lui ont fait installer le chauffage central.   3. Ils le lui ont fait installer.   4. Nous aurions voulu la faire refaire.   5. Qui le lui fait travailler?   6. Je ne sais pas comment la lui faire avaler.   7. Ils les leur ont fait payer.

18-16   1. se faire   2. se sont fait [ET NON: ~~se sont faits~~]   3. avons fait   4. s'est fait [ET NON: ~~s'est faite~~]   5. se faire

18-17   1. te laisser   2. as laissé   3. se sont laissé [*ou* laissés]   4. Laisse-le *ou* Laissez-le   5. nous laisserons   6. laisseront   7. Ne te laisse pas *ou* Ne vous laissez pas

Chapitre Dix-neuf

19-1   1. moins forte que   2. aussi difficiles que   3. moins vite que   4. plus grande que   5. moins fatigant que   6. aussi importante que   7. plus fruité que   8. moins facilement que

19-2   1. La littérature m'intéresse plus *ou* davantage que la chimie   2. Jean fait autant de tennis que Janine   3. Maintenant, elle étudie plus *ou* davantage [*ou* mieux] qu'avant   4. Aujourd'hui, il pleut moins qu'hier *ou* Il pleut moins aujourd'hui qu'hier   5. Cette semaine, j'ai plus *ou* davantage de rendez-vous que la semaine dernière *ou* J'ai plus *ou* davantage de rendez-vous cette semaine que la semaine dernière   6. En général, tu fais moins de fautes que moi   7. Ils connaissent plus *ou* davantage de gens que nous   8. J'ai eu moins de chance que vous   9. Londres a autant d'habitants que Paris   10. Daniel gagne maintenant plus *ou* davantage que son père *ou* Daniel gagne plus *ou* davantage que son père maintenant

19-3   1. ne le pensais   2. n'en aurai   3. ne s'y attendait   4. le [ET NON: ~~la~~] craint   5. ne l'imaginais   6. le pensais   7. n'en ai besoin

19-4   1. autant que le camembert   2. bien *ou* beaucoup plus chère que   3. que je (ne) (le) pensais   4. que je (le) croyais   5. que je (ne) m'y attendais   6. plus *ou* davantage de patience que toi   7. plus jeune mais plus grande que   8. de plus *ou* supplémentaires   9. plus *ou* davantage de romans que de poèmes   10. si *ou* aussi difficile que   11. aussi spectaculaire que celui d'hier soir   12. plus confortables que celles-là

19-5   1. plus souvent malade que toi *ou* malade plus souvent que toi   2. vingt dollars <u>de</u> plus que le tien   3. bien plus *ou* beaucoup plus spacieuse que la mienne   4. a. autant de   b. que de   5. a. plus facile   b. qu'à faire   6. davantage que *ou* plus que   7. a. plus jeune   b. (ne) (le) pensais   8. aussi bête qu'il en a l'air

19-6   1. la plus petite rue *ou* la rue la plus petite <u>de</u> [ET NON: ~~dans~~]   2. le plus grand aéroport *ou* l'aéroport le plus grand <u>de</u> [ET NON: ~~dans~~]   3. le moins [souvent]   4. la plus agréable <u>de</u> [ET NON: ~~sur~~]   5. le plus vite <u>de</u> [ET NON: ~~dans~~]   6. le plus rapidement/vite possible *ou* aussi rapidement/vite que possible   7. le plus beau vitrail *ou* le vitrail le plus beau <u>de</u> [ET NON: ~~dans~~]   8. le plus ancien café *ou* le café le plus ancien <u>de</u> [ET NON: ~~dans~~]

19-7   1. les plus connus   2. le moins de clients   3. le plus de   4. travaille le moins   5. au plus tard   6. <u>la</u> plus stressée   7. a. <u>le</u> plus stressée   b. <u>le</u> plus difficile   8. rarissime

19-8   1. les gratte-ciel(s) les plus hauts <u>du</u> *ou* les plus hauts gratte-ciel(s) <u>du</u> [ET NON: ~~dans le~~]   2. plus haute que   3. moins haut que   4. le fleuve le plus long <u>de</u> *ou* le plus long fleuve <u>de</u> [ET NON: ~~dans la/en~~]   5. des plus petits pays <u>d'</u> *ou* des pays les plus petits <u>d'</u> [ET NON: ~~en~~]   6. plus petit que   7. aussi grande que   8. plus épicée que je (ne) m'y attendais

19-9   1. très bien l'espagnol   2. mieux l'espagnol *ou* l'espagnol mieux que   3. le mieux l'espagnol *ou* l'espagnol le mieux   4. pires que   5. a. Les meilleurs restaurants *ou* Les restaurants les meilleurs   b. les plus chers   6. la moindre   7. pire en France qu'en Espagne   8. de mal en pis   9. mieux que moi   10. va mieux que

19-10   1. Au mieux   2. de mon mieux   3. rien de mieux   4. ferions mieux   5. faute de mieux   6. ce qui se fait de mieux *ou* ce qu'il y a de mieux   7. a. Le mieux   b. Il vaut mieux *ou* Le mieux est de *ou* Mieux vaut   8. meilleur marché

19-11   1. plutôt que   2. a. Telle   b. telle   3. comme [ET NON : ~~comme un~~]   4. comme un   5. comme s'ils <u>l'</u>étaient   6. comme nous   7. la même couleur que la mienne   8. plutôt qu'une robe   9. comme du   10. comme

19-12   1. e   2. g   3. h   4. j   5. i   6. a   7. c   8. f   9. b   10. d

19-13   1. d'autant plus   2. de plus en plus   3. a. Plus   b. mieux   4. a. plus   b. plus   5. a. autant pour   b. que pour   6. a. aussi   b. que   c. Autant   d. autant   7. a. Moins [ET NON: ~~Le moins~~]   b. mieux [ET NON: ~~Le mieux~~]   8. autant

19-14   PAR EXEMPLE: 1. J'ai un an de plus que toi   2. Ce n'est pas si [*ou* aussi] grave que ça   3. J'ai autant de frères que de sœurs   4. C'est de loin le devis le moins cher   5. Il est richissime *ou* Il est riche comme Crésus   6. C'est avec toi qu'elle est <u>le</u> plus gentil<u>le</u>   7. Nous prendrons le bus, faute de mieux   8. La situation va de mal en pis   9. Tu ferais mieux *ou* Tu ferais bien de lui téléphoner   10. Les jeans sont meilleur marché dans ce magasin

19-15   1. a. Autant   b. autant   c. aussi   d. que   2. de moins en moins de temps pour *ou* de moins en moins le temps de   3. De plus en plus   4. J'aimerais autant (*ou* mieux) *ou* Je préférerais [*ou* préfèrerais]   5. a. Plus   b. moins tu arriveras   6. différent <u>de</u> [ET NON: ~~que~~]   7. comme si   8. plutôt que *ou* au lieu

19-16   *Answers will vary.*

19-17   *Answers will vary.*

Chapitre Vingt

20-1   1. a. aucun rendez-vous   b. aucun   2. a. aucuns ciseaux   b. aucuns   3. a. aucune patience   b. aucune   4. a. aucunes lunettes de soleil   b. aucunes   5. a. Aucun sportif   b. Aucun   6. a. aucunes représailles   b. aucunes   7. a. aucune étudiante   b. aucune   8. a. aucun film   b. aucun

20-2   1. d'autres   2. des autres   3. les autres   4. d'autres   5. les autres   6. des autres   7. d'autres   8. les autres

20-3   1. personne d'autre   2. d'autres   3. les uns les autres   4. des autres   5. quelque chose d'autre   6. les uns que les autres   7. un autre   8. les autres   9. rien d'autre   10. l'une de l'autre   11. aucun autre   12. quelqu'un d'autre

20-4   PAR EXEMPLE: 1. Monsieur Durand est un monsieur d'un certain âge.   2. Il a une bonne volonté certaine.   3. Certaines réactions me surprendront toujours.   4. Nous avons vu quelques bons films dernièrement.   5. Certains des films que nous avons vus récemment sont très drôles.   6. Regarde! Certaines de ces chaussures sont en solde.   7. Elle a fait un certain progrès [*ou* (au <u>pluriel</u>) certains progrès *ou* quelques progrès].   8. Elle a fait <u>des</u> progrès certains.

20-5   1. chaque   2. Chacun   3. Chacune   4. chacun   5. Chaque   6. chacun   7. chaque   8. Chacun   9. chacune   10. chaque   11. Chacun   12. chacune

20-6   1. des choses qui arrivent   2. de choses et d'autres   3. [c'est une *ou* voilà une] bonne chose de faite   4. Avant toute chose   5. De deux choses l'une   6. des choses [de ma part]   7. grand-chose   8. c'est chose faite   9. tout chose [ET NON: ~~toute chose~~]   10. Elle a (très) mal pris la chose *ou* les choses

20-7   1. différentes reprises [ON PEUT DIRE AUSSI: plusieurs/diverses reprises]   2. des raisons différentes   3. différents modèles [ON PEUT DIRE AUSSI: plusieurs/divers modèles]   4. moi-même   5. ce matin même   6. les rez-de-chaussée même *ou* même les rez-de-chaussée [ET NON: ~~mêmes~~]   7. nulle part   8. Même ses amis *ou* Ses amis même   9. Ses parents même<u>s</u> *ou* eux-même<u>s</u>   10. Nul [ON PEUT DIRE AUSSI: Personne]

20-8   1. on comprend   2. on a frappé   3. nous allions   4. On a inauguré   5. Nous devrions

20-9   EXEMPLES: 1. ont été arrêtés   2. vous vous êtes   3. Quelqu'un est entré   4. qu'il faut   5. Tout le monde doit faire *ou* Chacun doit faire *ou* Nous devons tous faire   6. Nous ne sommes pas encore arrivés   7. tu ne m'embrasses pas   8. a. nous ne partons pas   b. nous serons pris   9. a été fermée   10. ils sont

20-10   1. personne n'a vu   2. plusieurs *ou* plusieurs (de ces) cravates *ou* plusieurs d'entre elles   3. je n'ai rencontré personne d'intéressant *ou* je n'ai rencontré personne   4. plusieurs *ou* maintes   5. quelconque [ON PEUT DIRE AUSSI: nul]   6. personne ne s'est plain<u>t</u>   7. un quelconque désir *ou* un désir quelconque   8. personne

20-11   1. quelquefois   2. quelques fois   3. quelque chose <u>d</u>'   4. quelque peu   5. quelques-uns   6. quelque part   7. quelques   8. quelque [ET NON: ~~quelques~~]   9. Quelqu'un <u>d</u>'

20-12   1. quelques   2. quelque   3. quelques-unes   4. quelque [ET NON: ~~quelques~~; <u>temps</u> est singulier]   5. Quelques-uns   6. quelque   7. quelques-uns   8. quelque   9. quelques   10. quelque

20-13   1. quelque pressantes qu' [<u>pressantes</u> est adjectif attribut → **quelque** (invariable); ON PEUT DIRE AUSSI: si pressantes qu']   2. quelque façon que [<u>façon</u> (f. sg.) dépend de la préposition <u>de</u> → **de quelque**]   3. Quelque percutants que [<u>percutants</u> est adjectif attribut → **quelque** (invariable); ON PEUT DIRE AUSSI: si percutants que]   4. quelle que [<u>nationalité</u> (f. sg.) est sujet de <u>soit</u> → **quelle que**; ON PEUT DIRE AUSSI: <u>de</u> quelque nationalité qu'elles soient, car on dit: **être** d'une nationalité ou d'une autre]

20-14   1. quels que [<u>problèmes</u> (m. pl.) est sujet de <u>soient</u> → **quel<u>s</u> que**]   2. quelque fortes que [<u>fortes</u> est adjectif attribut → **quelque** (invariable); ON PEUT DIRE AUSSI: si fortes que]   3. quelles que [<u>conséquences</u> (f. pl.) est sujet de <u>soient</u> → **quell<u>es</u> que**]   4. quelque prix qu'

20-15   1. quelque pressés qu'ils soient [ON PEUT DIRE AUSSI: si pressés qu'ils soient]   2. quelque pauvres qu'ils soient [ON PEUT DIRE AUSSI: si pauvres qu'ils soient]   3. quelque façon que ce soit   4. quelle que soit l'heure   5. quel que soit son prix *ou* <u>à</u> quelque prix qu'il soit   6. quelle que soit sa nationalité *ou* <u>de</u> quelque nationalité qu'il soit

20-16   PAR EXEMPLE: 1. Ne t'inquiète pas, ce n'est rien <u>d</u>'important.   2. Tu ne pourras pas marcher avec de telles chaussures.   3. Un rien l'habille.   4. As-tu jamais entendu rien de plus beau? *ou* As-tu jamais rien entendu de plus beau?   5. Élever trois enfants sur un seul salaire, ce/ça n'est pas rien!   6. J'ai laissé la chambre telle quelle.   7. Cela ne me dit rien <u>de</u> bon *ou* rien qui vaille.   8. Telle mère, telle fille.   9. Il n'y a rien de tel [ET NON: ~~telle~~] qu'une bonne tasse de café.   10. Un tel manque de réaction est surprenant.

20-17   1. tout le monde   2. a. tout   b. toute   3. tout feu tout flamme   4. tous   5. tout bête *ou* tout simple *ou* simple comme tout   6. tout ce   7. a tout d'une   8. toutes   9. Le tout   10. gentil comme tout [*ou* gentil tout plein (familier)]

20-18   1. a. tout   b. tout [ET NON: ~~tous~~]   2. tout   3. a. toutes   b. toute   4. a. tout   b. toute   5. tout   6. tout   7. toute

20-19   1. tout le monde   2. Tout en   3. tout   4. toutes   5. tous   6. Tout ce   7. Le tout   8. toute   9. tout   10. tout

20-20   1. toutes [<u>nerveuses</u> est f. pl. et commence par une consonne → **toutes** (adverbe variable)]   2. Toute [= N'importe quelle]   3. toute   4. tout   5. tout   6. toutes [<u>surprises</u> est f. pl. et commence par une consonne → **toutes** (adverbe variable)]   7. tous   8. toutes

20-21   1. soi   2. soi *ou* eux   3. ses [chacun est sujet → ses]   4. a. nos   b. ses   5. a. sa   b. votre   6. ses   7. son *ou* à son

20-22   1. n'importe lequel   2. Tout compte fait *ou* À tout prendre   3. je ne sais quoi   4. à toutes jambes   5. Dieu sait qui   6. De toute façon/manière   7. tout de suite   8. Toutes *ou* Quelque *ou* Si   9. à tout hasard [*ou* au cas où]   10. Tout à *ou* Tout d'un   11. tout à l'heure   12. a. tel quel   b. tout de suite [*ou* immédiatement]   13. tous les deux jours

20-23   1. comme tout [*ou* tout plein]   2. n'importe où   3. de tout repos   4. tout pour réussir *ou* tout pour eux   5. tout sourire   6. n'importe quoi   7. a. tel   b. le tout pour le tout   8. chacun son goût [*ou* gout] *ou* chacun ses goûts [*ou* gouts]   9. tout en larmes   10. Pour tout

20-24   1. Tel et tel *ou* Un tel *ou* Untel   2. comme si <u>de</u> rien n'était   3. quoi que [en <u>deux</u> mots] ce soit   4. n'importe quand   5. n'importe comment   6. quelconque   7. telles qu'elles   8. quiconque *ou* qui que ce soit

20-25   1. Où que vous alliez   2. quoi que ce soit   3. quoi que [ET NON: ~~quoique~~] tu fasses   4. qui que ce soit *ou* quiconque [*ou* personne]   5. Qui que vous soyez   6. quoi qu'on (en) dise [ET NON: ~~quoique~~]   7. quoi que [ET NON: ~~quoique~~] ce soit   8. où que ce soit

20-26   1. où qu'il aille   2. qui que ce soit *ou* quiconque   3. **a.** quelque *ou* si   **b.** qu'il soit   4. quoi que ce soit   5. Quelles que soient [<u>raisons</u> (f. pl.) est sujet ⇒ **quelles que**]   6. **a.** quiconque *ou* qui que ce soit   **b.** personne   7. **a.** quelle que [<u>marque</u> (f.) est sujet ⇒ quelle que]   **b.** quelque   8. quoi qu' [ET NON: ~~quoique~~]

20-27   1. Aucun   2. chacune (d'entre elles)   3. nulle part   4. quelque chose   5. rien   6. **a.** l'une   **b.** l'autre   7. quelqu'un   8. On   9. personne *ou* quiconque *ou* n'importe qui   10. **a.** Certaines   **b.** d'autres

20-28   1. chaque   2. Nul *ou* Personne   3. Chacun *ou* Tout le monde   4. Aucun(e)   5. On   6. grand-chose   7. nullement   8. nulle part   9. quiconque [*ou* n'importe qui]   10. on

20-29   *Answers will vary.*

20-30   *Answers will vary.*

Chapitre Vingt-et-un

21-1   1. les Monet   2. lundi<u>s</u> soir   3. petites-filles   4. **a.** Les Lagarde [ET NON: ~~Les Lagardes~~]   **b.** vieill<u>es</u> [l'adjectif est devant **gens** ⇒ f. pl.]   **c.** charmant<u>s</u> [l'adjectif est après **gens** ⇒ m. pl.]   5. pneu<u>s</u> avant   6. **a.** passionnées   **b.** sont proverbiales   7. le mardi [ET NON: ~~les mardis~~]   8. Les nouvelles ne sont pas bonnes.

21-2   1. **a.** spaghettis   **b.** nouilles   2. Allemagne   3. **a.** Mesdames   **b.** messieurs   4. gratte-ciel [*ou* gratte-ciels]   5. **a.** camembert<u>s</u>   **b.** roquefort<u>s</u>   6. leurs fiançailles   7. les Plantagenêt<u>s</u> [famille régnante ancienne ⇒ accord]   8. finaux *ou* finals   9. Pâques   10. **a.** arc<u>s</u>-en-ciel   **b.** spectaculaires

21-3   1. grand-tantes [ET NON: ~~grandes-tantes~~]   2. les deuxième et troisièm<u>e</u> dimanche<u>s</u>   3. blanches   4. mûres [*ou* mures]   5. bleu-vert [ET NON: ~~bleus-verts~~]   6. content *ou* contente   7. pneus arrière [adverbe ⇒ invariable]   8. **a.** vieilles   **b.** gentils   9. dem<u>i</u>-mang<u>ée</u> [noter le trait d'union] *ou* moitié mangeé   10. délic~~ieuses~~ [ET NON: délicieux]

21-4   1. nouvel   2. nu-pieds *ou* pieds nu<u>s</u>   3. dur   4. **a.** beaux   **b.** noisette   5. vieil   6. **a.** rose<u>s</u> [rose est devenu un adjectif variable]   **b.** bleu lavande [couleur composée de deux mots, dont un seul est un adjectif de couleur ⇒ invariable, <u>sans</u> trait d'union]   7. chic   8. mieux   9. **a.** rouge-orange [couleur composée de deux adjectifs de couleur ⇒ invariable + trait d'union]   **b.** rouge sombre [couleur composée de deux adjectifs dont un seul de couleur ⇒ invariable et sans trait d'union]   10. **a.** noirs   **b.** poivre et sel [invariable]

21-5   1. a voté *ou* ont voté   2. ont pu   3. a été perdu<u>e</u> [accord avec la récolte] *ou* ont été perdu<u>s</u> [accord avec 50 %]   4. ne seront libre<u>s</u> *ou* ne sera libre [après **ni l'un ni l'autre**, le verbe peut être soit au <u>singulier</u>, soit au <u>pluriel</u>]   5. fera [après **l'un ou l'autre**, le verbe est toujours au singulier]

21-6   1. est   2. ont battu [énumération ⇒ verbe au pluriel]   3. sont vendu<u>es</u> [accord avec <u>oranges</u> ⇒ f. pl.] *ou* est vendu<u>e</u> [accord avec la moitié ⇒ f. sg.]   4. se pressaient [avec **millier**, il faut toujours le pluriel]   5. seront nécessaires [avec **moins de deux**, il faut le pluriel]

21-7   1. a porté [gradation ⇒ accord avec le sujet le plus proche]   2. sont sorti<u>s</u> indemnes   3. a guidé [gradation ⇒ accord avec le sujet le plus proche]   4. ont guidé [énumération]   5. veut [**comme** introduit ici une comparaison ⇒ sg.]   6. veulent [**comme** introduit ici un 2ᵉ sujet ⇒ pl.]   7. a coûté [*ou* a couté] [c'est **la douzaine** qui coûte/coute cher ⇒ sg.]   8. a remporté [sujets mutuellement exclusifs (un seul peut gagner) ⇒ sg.]   9. se sont sold<u>ées</u> [énumération ⇒ pl.]   10. a gagné [sujets mutuellement exclusifs (une seule équipe peut gagner) ⇒ sg.]   11. continue [titre ⇒ sg.]   12. ont [ET NON: ~~avez~~]   13. bénéficiera [ET NON: ~~bénéficierons~~]   14. bénéficieront *ou* bénéficierons [avec **la plupart d'entre <u>nous</u>**, l'accord avec **nous** est aussi possible]   15. ne suffiraient pas [avec **un millier**, l'accord est toujours au pluriel]

21-8   1. pouvons   2. habite<u>s</u> [ET NON: ~~habite~~]   3. a accueilli [sujets mutuellement exclusifs ⇒ sg.]   4. avez vu   5. avons gagné

21-9   1. partez   2. était [*ou* étiez]   3. irons   4. devriez   5. voulons

21-10   1. ce sont [*ou* c'est, mais cette tournure appartient plutôt à la langue orale]   2. C'est *ou* Ce sont *ou* Est-ce [*ou* Sont-ce, mais c'est beaucoup plus rare]   3. c'est   4. Ce sont [*ou* C'est, mais cette tournure appartient plutôt à la langue orale]   5. **a.** C'est   **b.** ce soit   6. C'est   7. c'était   8. C'est *ou* Ce sont   9. Ce sont [ET NON: ~~C'est~~ car le premier sujet réel (**nos voisins**) est au pluriel]   10. c'est

21-11   1. a-t-elle besoin   2. tu as eu tort   3. sont-ils déjà partis *ou* qu'ils sont déjà partis   4. est-il   5. faut-il   6. étions-nous arrivé(e)s

Appendices

A-1 1. a. De b. du c. des 2. a. en b. aux 3. a. au b. en 4. en 5. x 6. en [*ou* dans l']

A-2 1. a. de b. à c. à La 2. au 3. a. en b. dans le [ET NON: ~~au~~] c. au [*ou* dans le] d. à e. au [*ou* dans le] f. en [*ou* dans l'] g. au *ou* à [ET NON: ~~dans le~~] 4. a. en b. au [ET NON: ~~en~~] 5. à 6. a. du b. du 7. a. à b. en c. [dans] les 8. a. à la b. à la c. en d. à 9. a. Du b. d' c. des d. du 10. dans le 11. d' 12. x

A-3 1. à 2. de 3. en 4. à 5. de 6. a. de b. au c. à d. dans le 7. a. à b. en c. en d. en e. à f. à g. à h. à i. à j. à k. à l. à 8. a. Dans b. sur 9. de [ET NON: ~~par~~]

A-4 1. par 2. a. à b. aux c. de 3. a. par b. pour 4. à 5. du 6. a. en b. en [*ou* par le] 7. Dans 8. de 9. a. à b. de 10. aux 11. d' 12. des [ET NON: ~~par les~~] 13. a. à b. en 14. a. chez b. au 15. dans 16. à 17. à 18. a. de b. pour

A-5 PAR EXEMPLE: 1. Elle s'est couch**é**e à minuit. 2. Ne vous levez pas! 3. Ne t'en fais pas! *ou* Ne t'inquiète pas! 4. Il ne s'agit pas de ça/cela. *ou* Ce n'est pas de cela/ça qu'il s'agit. 5. Nous ne nous y attendions pas. 6. Nous aurions dû nous téléphoner *ou* nous appeler. 7. Comment s'y est-elle pris**e**? *ou* Comment est-ce qu'elle s'y est prise? 8. Ils se sont lavé**s** à l'eau de la fontaine. 9. Elle s'est lav**é** [ET NON: ~~lavée~~] les cheveux. 10. Je n'arrive pas à m'y faire.

A-6 PAR EXEMPLE: 1. Ils se sont dépêché**s** de rentrer *ou* de rentrer chez eux/à la maison. 2. Vous ne vous ressemblez pas du tout. 3. Cessez de vous envoyer des SMS pendant les repas! 4. Nous nous sommes croisé(**e**)**s** l'autre jour au cinéma. 5. Ils ne s'entendent pas. 6. Ça ne se fait pas. 7. Que s'est-il passé? *ou* Qu'est-ce qui s'est passé? 8. Tu ne te plais pas à New York? 9. Je ne me souviens pas du tout <u>de</u> cette fille. *ou* Je ne me rappelle pas du tout cette fille. 10. Dépêche-toi! 11. Arrêtez de vous disputer *ou* de vous chamailler *ou* de vous quereller. 12. Comment se sont-ils échappé**s**/enfui**s**? *ou* Comment est-ce qu'ils se sont échappés/enfuis? 13. Est-ce qu'elle s'est plu [ET NON: ~~plue~~] à Toulouse? 14. Elle s'est fait [ET NON: ~~faite~~] couper les cheveux. 15. Il s'agit d'un programme sur l'énergie renouvelable.

A-7 1. a. partit b. détala 2. a. naquit b. mourut 3. applaudit 4. a. s'arrêta b. attendit 5. a. furent b. dut 6. démissionna

A-8 1. a. posa b. sut c. resta 2. a. purent b. finirent 3. a. eûmes b. annonça 4. a. arrivèrent b. fit c. remit 5. a. aperçurent b. coururent

A-9 1. a. eut ouvert b. découvrit 2. a. se furent mis b. signèrent 3. a. fut entré**e** [MAIS ON PEUT DIRE AUSSI: entra] b. chercha 4. a. eut compris b. put 5. a. eut fini b. rendit 6. a. eut refermé b. se mit 7. a. eut terminé b. proposa immédiatement 8. a. fut parti b. réalisèrent

A-10 1. a. eut enfin compris b. n'osa plus 2. a. eurent fait b. réalisèrent 3. a. eut annoncé b. se répandit 4. a. furent sorti<u>s</u> b. purent

A-11 1. naquit 2. avait vendu**e** 3. était 4. était 5. manquait 6. participa 7. rendirent 8. eut pris 9. s'assura 10. devint 11. se fit 12. créa 13. fixa 14. réforma 15. consolida 16. cessa *ou* cessait 17. eut remporté [ON PEUT DIRE AUSSI: Après avoir remporté] 18. subit 19. abdiqua 20. exilèrent 21. réussit 22. furent *ou* fut 23. allait 24. eut 25. infligèrent 26. dut 27. envoyèrent 28. mourut 29. laissait 30. devait 31. avait épous**é**e 32. n'avait (pas) pu

A-12 1. changea *ou* changeait 2. fit *ou* faisait 3. avait vécu 4. rendait 5. était 6. perdait *ou* avait perdu 7. n'était pas *ou* n'avait pas été 8. mit *ou* avait mis 9. fallut *ou* avait fallu 10. devienne 11. commença 12. retira *ou* retirait 13. verrait

A-13 *Answers will vary.*